元代政治法制史年代索引

植　松　　正　編

汲　古　書　院

目　　次

凡　例

1.　本索引は、編者が以前に作成した『元典章年代索引』(1980、同朋舎出版）をもととしながら、それを元代史全體に增廣したものである。本書作成の直接の動機は、近年韓國における元末の法典『至正條格』の出現である。同書は完本で發見されたのではないが、英宗の至治3年（1323）頒布の『大元通制』をうけて順帝の至正5年（1345）に頒布されたものである。『大元通制』と『至正條格』はともに條格と斷例に分かれており、『大元通制』の條格部分の殘卷抄本が今日に傳わり『通制條格』として知られていたが、『至正條格』は、『通制條格』と一部に重複がありながらも、斷例をはじめとして、元代史全般にわたって新史料を提供するものである。

2.　『元典章年代索引』は、文字通り『元典章』を讀むことを直接の目的として、『元典章』が覆う至治2年（1322）までの年時にあわせて、『通制條格』はじめ13種の政書の年時をも併せ収錄したものであった。このたび元代法制史にとって第三の重要な法制史料ともいうべき『至正條格』が刊行された機會に、『至正條格』はもとより、以前の索引で採擇すべくしてかなわなかった政治・法制に關わる諸書をも加え、すべて29種の文獻について、元代史全般にわたって年時を採錄して作成したのが本書である。以前のものよりも汎用性が增すことを期している。

3.　『至正條格』では、世祖時の「至元」(1264〜94)と順帝時の「至元」(1335〜40)の年號を區別していない。後者は一般には「後至元」と稱するのを例としている。そのため韓國で『至正條格』の校註本を編集刊行する際にも苦勞のあとが見受けられるが、各箇條の內容からある程度判別することも可能である。しかし確實な根據を示すことができない場合には、前の「至元」と「後至元」の兩所に書體を變えて重複させて編入することとした。

4.　石刻關係史料の年時も研究のためには重要である。いまや古典的ともいうべき『元代白話碑集録』はもちろんのこと、近年、元人の墓碑などの發見や公表が相次いでいるし、今後とも拓本も含めて發見は續くであろう。しかしここでは、中途半端に終わることを懸念して採録しなかった。これらは石學の専門家による別途の整理を俟ちたい。ただ、刊本となっている『秘書志』や『至正金陵新志』所収の人事記録（題名記）などは、石刻と關係あることは承知しているが、文獻の記録であるので収録することにした。

5. 年號に非ず、干支で示される年次や鶏兒年などの表記は、ある程度の考證を加えて該當すると思われる年次に配列したが、その考證の詳細については省略することが多い。

6. 第１欄の年月日の表記にはアラビア數字を用いる。たとえば、「大徳元年正月初八日」のごときは、「大徳 1. 1. 8」と表記する。また閏月の表記にも、簡便を旨として「R」（閏 run）を以て表記した。

7. 第２欄の典據史料の略號と、用いた刊本、採録の當該部分などはつぎに示す通りである。

典	大元聖政國朝典章（元典章）（元至正刊本景印本）
通	通制條格（大元通制條格）（民國 19 年北平圖書館景印本）
正	至正條格（2007 年，韓國學中央研究院校註本）
憲	憲臺通紀（永樂大典卷 2608、續集：永樂大典卷 2609）
南	南臺備要（永樂大典卷 2610、2611）
馬	大元馬政記（史料四編、即學術叢編）
官	大元官制雜記（史料四編、即學術叢編）
倉	大元倉庫記（史料四編、即學術叢編）
海	大元海運記（史料四編、即學術叢編）
站	站赤（國學文庫）
驛	驛站（國學文庫）
高	元高麗記事（史料四編、即學術叢編）
畫	元代畫塑記（學術叢編）
氈	大元氈罽工物記（學術叢編）
秘	秘書志（學術叢編）

廟　廟學典禮（元代史料叢刊，王頲點校，1992，浙江古籍出版社）

疏　刑統賦疏（枕碧樓叢書）

無　無冤錄（枕碧樓叢書）

洗　宋提刑洗冤集錄（岱南閣叢書）

婚　元婚姻貢擧考（元代史料叢刊，王頲點校，1992，浙江古籍出版社）

服　五服義解（續修四庫全書）

青　青崖集（元・魏初撰）卷4、奏議（四庫全書）

許　至正集（元・許有壬撰）卷74～77、公移（元人文集珍本叢刊）

永　永樂大典

檢　大元檢屍記（元代史料叢刊，黃時鑑輯點，1988，浙江古籍出版社；永樂大典卷914）

水　水利集（元・任仁發撰、續修四庫全書）

山　山居新話（元・楊瑀撰、知不足齋叢書）

輟　南村輟耕錄（明・陶宗儀撰）卷13（1980，中華書局）

金　至正金陵新志卷6、官守志、行御史臺題名（静嘉堂文庫藏元刊本）

この欄に用いた数字は卷數、葉數であり、a 及び b を以てその表裏を示すのが原則であるが、新刊の洋裝本にあっては頁數を示す場合もある。また『至正條格』は校註本の番號をも採錄した。

8.　第3欄に何ら表記のないものは、その年時が條頭に記されているものである。條頭に年時の記載がなく條中から採錄した年時については、第 3 欄に條頭の年時を記入している。條頭に年時の記載が缺けている場合には、☆印を以て示す。

9.　第4欄には題目を記す。同じ題目のもとにいくつかの箇條が並べられている場合には、「又」の字がなくとも、「又（題目）」を以て示す。數多く一括した標題のもとに示される事例は「〈標題〉」を以て示す。

10.　第5欄には年時に續く文言を適宜に示す（節略する場合もある）。＊印は年時の位置を示す。その文書の位置づけや、その箇條の概容がある程度推察可能となることを意圖している。

11. 末尾に「年次未確定、不明のもの」の一覧を付した。
12. 附録として、巻数對照の「元典章綱目」と「通制條格存巻目錄」及び「至正條格存巻目錄」を最後に掲げる。
13. 索引本文には舊漢字を用いるのを原則としたが、徹底してはいない。たとえば「祐」字のごときはゴチック體にするのが容易でないので、「祐」としたし、ほかにも世祖の「祖」、大徳の「徳」なども、實用を旨として通行の字體のままにした。

索　　引

太祖11年(丙子, 1216)

太祖11	高 2			契丹人金山元帥六哥等

太祖12年(丁丑, 1217)

太祖12.9	高 2			攻拔江東城池拒守

太祖13年(戊寅, 1218)

太祖13	高 2			上遣哈只吉・劄剌
太祖13.12.2	高 2			劄剌移文取兵糧

太祖14年(己卯, 1219)

太祖14.1.13	高 2			高麗遣知權閤門祗候尹公就
太祖14.1.14	高 2			劄剌遣人答謝
太祖14.1.24	高 2			遣蒲里帒也
太祖14.9.11	高 2			皇大弟國王及元帥合臣

太祖15年(戊寅, 1220)

太祖15.9	高 3			大頭領官堪古若著古歟

太祖16年(辛巳, 1221)

太祖16.7	高 3			宣差山木鰐等
太祖16.8	高 3			著古歟
太祖16.10	高 3			喜速不瓜

太祖17年(壬午, 1222)

太祖17.10	高 3			詔遣使著古歟十二人

太祖18年(癸未, 1223)

太祖18.8	高 3			宣差山木解

太祖19年(甲申, 1224)

太祖19.2	高 3			宣差著古科等
太祖19.12	高 3			又使其國

太宗2年(庚寅, 1230)

太宗2	高 4			積途絶信使

太宗3年(辛卯, 1231)

辛卯年	倉 13			元科州府
太宗3.8	高 4			命撒禮答征其國
太宗3.9	高 4			上命將撒禮塔·火里赤領兵爭討
太宗3.11.29	高 4			元帥蒲桃·迪巨·唐古等三人
太宗3.12.1	高 4			高麗王瞰遣曦
太宗3.12.2	高 4			曦與元帥下四十四人, 入王城
太宗3.12.5	高 5			國王瞰遣懷安公

太宗4年(壬辰, 1232)

壬辰年	倉 13			元科州府
太宗4.1	高 5			遣使持璽書
太宗4.3	高 5			高麗遣中郎將池義源
太宗4.4	高 5			國王瞰遣將軍趙叔璋
太宗4.5	高 5			復降旨諭高麗
太宗4.6	氈 6b		〈雜用〉	敕諭豊州雲内·東勝二州達魯花赤官人等
太宗4.6	高 5			本國叛, 殺各縣達魯花赤
太宗4.6.24	馬 46		〈馬政雜例〉	聖旨
太宗4.8	高 5			降旨

太宗4.10	高 5			國王暾遣將軍金寶鼎…上表

太宗5年(甲午, 1233)

太宗5	馬 41		<抽分羊馬>	聖旨
太宗5	倉 12			詔
太宗5.4.24	高 5			諭王暾悔過來朝

太宗6年(甲午, 1234)

甲午年	典 17,戸3,4a	至元8.3	戸口條畫	欽奉合罕皇帝聖旨
甲午年	通 2,9a	至元8.3	又(戸例)	欽奉哈罕皇帝聖旨
太宗6	氈 7a		<雜用>	元帥習剌奉刺聚諸工七千餘戸
太宗6.5.1	高 7			賜高麗降人

太宗7年(乙未, 1235)

乙未年	典 17,戸3,1b	至元8.3	戸口條畫	元欽奉合罕皇帝聖旨
乙未年	典 34,兵1,4b	至元9.4	分揀軍戸	本主戸下
乙未年	典 34,兵1,20a	至元6.10	蒙古軍驅條畫	之後
羊兒年	典 34,兵1,20a	至元6.10	蒙古軍驅條畫	數目裏
乙未年	典 34,兵1,20b	至元6.10	蒙古軍驅條畫	不曾付籍
乙未年	通 2,2a	至元8.3	又(戸例)	元欽奉合罕皇帝聖旨
乙未年	通 2,26a	至元9.1.4	又(以籍爲定)	本主戸下
乙未年	通 3,23a	至元14.7	良賤爲婚	不曾附籍
太宗7	高 8			命將唐古拔都魯

太宗9年(丁酉, 1237)

丁酉年8.25	廟 1,9		選試儒人免差	皇帝聖旨
丁酉年8.25	廟 2,28	至元24.2.15	左丞葉李奏立太學‥	先朝聖旨

太宗10年(戊戌, 1238)

太宗10.5.12	高 8			降旨,宣諭高麗新降人趙玄習
太宗10.6.2	馬 4			降聖旨

太宗10. 12. 24	高 8			暾遣其將軍金寶鼎…奉表入朝

太宗11年(己亥, 1239)

太宗11. 4	高 9			奉旨, 遣寶鼎僚屬
太宗11. 5	高 9			降詔
太宗11. 5. 11	高 9			詔告取洪福源族屬
太宗11. 6	高 9			寶鼎･彦琦從詔使還國
太宗11. 10. 13	高 9			降旨, 宣諭暾曰
太宗11. 12. 12	高 9			暾遣其新安公王佺…奉表入貢

太宗12年(宋嘉熙4年、庚子, 1240)

嘉熙庚子	山 48a			大旱, 杭之西湖爲平陸
太宗12. 3	高 10			暾遣右諫議大夫趙修…貢獻
庚子年12. 18 (1)	通 4, 3a		又 (嫁娶)	懷州劉海奏

太宗13年(宋淳祐元年、辛丑, 1241)

淳祐1	典 19, 戸5, 20b	大徳6. 12	趙若震爭柑園	亡宋＊經税文契

定宗2年(丁未, 1247)

羊兒年2. 26	廟 1, 10	羊兒年3. 1	秀才免差發	青山子根底有時分寫來
羊兒年3. 1	廟 1, 10		秀才免差發	欽奉聖旨條畫
定宗2	高 12			將命阿母侃與洪福源一同征討

定宗4年(己酉, 1249)

己酉年8. 15	高 12			皇后太子懿旨, 宣諭王暾曰

定宗5年(庚戌, 1250)

定宗5. 5. 8	馬 41		〈抽分羊馬〉	奉旨

憲宗2年(壬子, 1252)

壬子年	典 17, 戸3, 1b	至元8. 3	戸口條畫	欽奉聖旨
壬子年	典 17, 戸3, 12b	至元7. 8	抄數後分房者聽	合併抄上
壬子年	典 18, 戸4, 30a	至元8. 7	逃驅妾冒良人爲婚	作驅口附籍
壬子年	典 19, 戸5, 8b	至元8. 6	戸絶家産斷例	…伊父戸下附籍
壬子年	典 19, 戸5, 9a	至元8. 6	戸絶家産斷例	依＊元籍另行供抄了當
壬子年	典 19, 戸5, 9b	至元10. 7. 19	戸絶有女承繼	元籍口數
壬子年	典 34, 兵1, 4a	至元9. 4	分揀軍戸	同籍親屬
壬子年	典 34, 兵1, 6b	至元9. 3	査照軍籍當役	元籍
壬子年	典 34, 兵1, 7a	至元9. 3	査照軍籍當役	同戸者
壬子年	典 34, 兵1, 20a	至元6. 10	蒙古軍驅條畫	民戸裏
壬子年	典 34, 兵1, 20a	至元6. 10	蒙古軍驅條畫	已前
鼠兒年	典 34, 兵1, 20a	至元6. 10	蒙古軍驅條畫	已後
壬子年	典 34, 兵1, 20b	至元6. 10	蒙古軍驅條畫	已前
壬子年	典 34, 兵1, 20b	至元6. 10	蒙古軍驅條畫	抄上
壬子年	典 34, 兵1, 21a	至元6. 10	蒙古軍驅條畫	抄過當差
壬子年	通 2, 1a	至元7. 8	戸例	合併抄上
壬子年	通 2, 2a	至元8. 3	又(戸例)	欽奉先帝聖旨
鼠兒年	通 2, 21b	至元28. 5. 19	投下收戸	抄數戸計
壬子年	通 2, 25b	至元9. 1. 4	又(以籍爲定)	同戸附籍
壬子年	通 2, 26a	至元9. 1. 4	又(以籍爲定)	本主戸下
壬子年	通 3, 1a	大德3. 1	隱戸占土	抄數戸計
壬子年	通 3, 10a	中統3. 3. 28	蒙古人差發	雖是青冊上附籍
壬子年	通 3, 23a	至元14. 7	良賤爲婚	不曾附籍
壬子年	正 斷2, 職制37	大德1. 5	又(棄毀官文書)	自行檢照＊元籍
憲宗2. 10. 11	馬 42		〈抽分羊馬〉	奉旨

憲宗3年(癸丑, 1253)

憲宗3	高 14			命宗王耶虎, 與洪福源…征高麗

憲宗4年(甲寅, 1254)

甲寅	典 17, 戸3, 17a	至元2. 2	復業戸爭軍産	乙卯年間簽軍時
憲宗4	高 14			改命劄剌觧, 與洪福源同征高麗

憲宗4. 3	高 14			命洪茶丘領兵

憲宗5年(乙卯, 1255)

乙卯	典 17, 戸3, 17a	至元2. 2	復業戸爭軍産	甲寅＊年間簽軍

憲宗7年(丁巳, 1257)

丁己	典 17, 戸3, 17a	至元2. 2	復業戸爭軍産	至＊己未二年査對軍時
憲宗7. 2	高 14			自＊被虜逃來人民乞放還事

憲宗8年(戊午, 1258)

戊午年	典 22, 戸8, 43a	至元10. 4	葡萄酒三十分取一	自＊至至元五年

憲宗9年(己未, 1259)

己未	典 17, 戸3, 17a	至元2. 2	復業戸爭軍産	至丁巳＊二年査對軍時

中統元年(庚申, 1260)

中統1	典 3, 聖2, 12b	至元19	〈恵鰥寡〉	已降詔書
中統1	典 17, 戸3, 2a	至元8. 3	戸口條畫	詔書内一款
中統1	典 25, 戸11, 1b	中統2. 4. 20	差發從實科徴	科訖差發
中統1	典 新吏, 官制3b	至元24. 6	長官首領官提調錢糧造作	自＊至今
中統1	通 2, 3b	至元8. 3	戸例	詔書内一款
中統1	通 4, 14a	至元19. 10	又 (鰥寡孤獨)	已降詔書
中統1	通 6, 7b	至元5. 2	廕例	以後
中統1	正 斷2, 職制43	天暦1. 4	遠年冒廕	自＊以後
中統1	站 3, 上74	至元27. 8. 1		直渾都海
中統1	氈 7a	太宗6	〈雜用〉	聚二萬九千餘戸
庚申年4	典 3, 聖2, 12b		〈恵鰥寡〉	欽奉世祖皇帝登寶位詔書
庚申年4	典 3, 聖2, 17b		〈崇祭祀〉	欽奉詔旨節文
庚申年4	典 30, 禮3, 14a	至元9. 9	祭祀典神祇	詔書條畫
庚申年4	通 17, 2a		科差	欽奉詔書
庚申年4	正 條27, 賦役133		科差均平	詔書内一款
中統1. 4. 2	高 14			降旨, 宣諭高麗國王倎曰

庚申年4.6	典 1,詔1,1a		皇帝登寶位詔	欽奉聖旨
庚申年4.6	典 2,聖1,13b		〈撫軍士〉	欽奉詔書
庚申年4.6	典 2,聖1,19b		〈止貢獻〉	詔書内一款
庚申年4.6	典 3,聖2,1a		〈均賦役〉	欽奉詔書
中統1.5	典 1,詔1,1b		中統建元	欽奉詔書
中統1.5	典 2,聖1,9a		〈求直言〉	欽奉詔書
中統1.5	典 2,聖1,13b		〈撫軍士〉	欽奉詔書
中統1.5	典 3,聖2,1a		〈均賦役〉	中書省奏准宣撫司條款
中統1.5	典 3,聖2,19b		〈理冤滯〉	欽奉詔書
中統1.5	典 25,戸11,1a		包銀從實科放	中書省奏准宣撫司條款
中統1.5	典 25,戸11,1a		驗土産均差發	中書省奏准宣撫司條款
中統1.5 (2)	典 25,戸11,5a		被災去處,量減科差	中書省奏准宣撫司條款
中統1.5	典 30,禮3,11a		收埋暴露骸骨	中書省奏准宣撫司條款
中統1.5	通 4,13a		鰥寡孤獨	欽奉詔書
中統1.5 (3)	通 27,26a		掩骼埋胔	欽奉聖旨
中統1.5	馬 7		〈和買馬〉	奉聖旨
中統1.5	站 1,上15			奉聖旨
中統1.5	站 1,上15			奉聖旨
庚申年5.19	典 1,詔1,1b	中統1.5	中統建元	自＊建號
中統1.5.21	站 1,上15			忽都不花奉旨
中統1.6	高 15			復降詔諭倎
中統1.7	站 1,上15			劉天麟奏告
中統1.8	賦 63b		因走而殺	中書省,刑部
中統1.8.4	典 19,戸5,8b	至元8.6	戸絶家産斷例	欽奉聖旨

中統2年(辛酉,1261)

中統2	典 19,戸5,5a	至元5	荒閑田地,給還招收逃戸	已降聖旨存恤
中統2	典 22,戸8,46a	延祐6.5	私造酒麴,依匿税例科斷	欽奉聖旨條畫
中統2	典 36,兵3,5a		使臣驛内安下	欽奉聖旨
中統2	典 57,刑19,14b	至大4.2	私宰牛馬	欽奉聖旨
中統2	倉 1		〈在京諸倉〉	建相應倉
中統2	倉 2		〈在京諸倉〉	建千斯倉
中統2	倉 2		〈在京諸倉〉	建通濟倉
中統2	倉 2		〈在京諸倉〉	建萬斯北倉
中統2	氈 7a	太宗6	〈雜用〉	立都總管府以統屬之
中統2	廟 2,42	至元25	文廟禁約騷擾	聖旨節文
中統2.1	通 4,13a		鰥寡孤獨	欽奉詔書
中統2.1.25	馬 146		〈馬政雜例〉	聖旨

中統2.2	站 1,上16			奉旨
中統2.3.15	典 58,工1,2a		毛段上休織金	中書右三部
中統2.4	典 19,戸5,5a	至元5	荒閑田地,給還招收逃戸	欽奉聖旨
中統2.4	典 28,禮1,11a	大徳7.9.20	迎接	欽奉聖旨條畫
中統2.4	典 28,禮1,12a	至元16.3	察司不須迎送接待	設立十路宣撫司
中統2.4	站 1,上16			中書省奏
雞兒年4.15	通 3,9b		儒人被虜	欽奉聖旨
中統2.4.19	高 15			世子禃入朝
中統2.4.20	典 13,吏7,5a		公事置立信牌	奏准條畫
中統2.4.20	典 25,戸11,1b		差發從實科徴	奏准條畫
中統2.5	典 32,禮5,9a		立司天臺	欽奉聖旨
中統2.5	典 57,刑19,12b	大徳7	倒死牛馬,里正主首告報過開剥	欽奉聖旨
中統2.5.19	站 1,上16			奉聖旨
中統2.6	典 22,戸8,2a		恢辦課程條畫	欽奉聖旨
中統2.6	典 31,禮4,4a		禁治搔擾文廟	欽奉聖旨
中統2.6	通 2,20a		投下収戸	欽奉聖旨
中統2.6	通 27,13a		文廟褻瀆	欽奉聖旨
中統2.6	廟 1,12		先聖廟歳時祭祀…	欽奉聖旨節該
中統2.7	典 40,刑2,1a表		〈獄具〉	懷孟路承奉大名等路宣撫司指揮
中統2.7	典 27,戸13,3a		錢債止還一本一利	欽奉聖旨
中統2.7	正 條34,獄官350		獄具	中書省欽奉聖旨
中統2.7	正 斷7,戸婚201	至元19.10	逃戸差税	已降聖旨
中統2.8	廟 1,12		設提擧學校官	欽奉聖旨
中統2.8.3	高 15			賜世子禃
中統2.9	典 19,戸5,5a	至元5	荒閑田地,給還招收逃戸	欽奉聖旨
中統2.9	通 27,28a		毛段織金	欽奉聖旨
中統2.9	高 15			倎遣張鎰
中統2.10	高 15			遣阿的迷失
中統2.10.6	典 45,刑7,12a	☆	赦前犯奸,告發在後	拐帶張興妻阿丁
中統2.10.29	高 15			使回
中統2.11.15	馬 7		〈和買馬〉	奉聖旨
中統2.11.15	馬 8		〈和買馬〉	奉旨
中統2.12	站 1,上16			聖旨
中統2.12.7	馬 8		〈和買馬〉	奉聖旨
中統2.12.28	馬 8		〈和買馬〉	奉旨
中統2.12.28	馬 46		〈馬政雜例〉	聖旨

中統3年(壬戌, 1262)

中統3	典 32,禮5,1b		免醫人雜役	皇帝聖旨
中統3	典 34,兵1,21a	至元6.10	蒙古軍驅條畫	石高山刷充正軍
中統3	典 35,兵2,7a	至元7.6	開元路打捕不禁弓箭	欽奉聖旨

中統3	典 37, 兵4, 5a	大徳5. 5	入遞文字	奉聖旨
中統3	通 6, 7b	至元5. 2	廕例	元報冊上
中統3	驛 1, 下168			欽奉聖旨
中統3	氈 7a		〈雜用〉	敕也的迷失
中統3. 3	典 36, 兵3, 5b		禁使臣條畫	欽奉聖旨
中統3. 3	站 1, 上16			中書省奉旨
中統3. 3	站 9, 下98		禁使臣條畫	欽奉聖旨
中統3. 3. 7	高 15			張鎰受旨還
中統3. 3. 28	通 3, 10a		蒙古人差發	中書省奏
中統3. 4	站 1, 上17			聖旨
中統3. 4. 1	典 36, 兵3, 6a	中統3. 3	禁使臣條畫	軍馬草料截自＊住支者
中統3. 4. 5	高 15			典遣朴倫
中統3. 4. 7	站 1, 上17			中書省奏
中統3. 4. 10	站 1, 上17			中書省奏
中統3. 4. 12	站 1, 上17			聖旨
中統3. 4. 20	站 1, 上17			聖旨
中統3. 8. 18	高 15			朴倫受旨還
中統3. 9	典 32, 禮5, 1a		設立醫學	欽奉聖旨
中統3. 9	典 32, 禮5, 3b	大徳9	醫學科目	欽奉聖旨
中統3. 9	典 32, 禮5, 5a	大徳9	醫學官罰俸例	設立醫學條
中統3. 10	通 28, 10a		圍獵	欽奉聖旨
中統3. 10. 29	高 15			詔諭國王禃

中統4年(癸亥, 1263)

中統4	典 17, 戸3, 6b	至元8. 3	戸口條畫	不經分揀
中統4	典 35, 兵2, 3a	至元16	禁斷軍器弓箭	行來時聖旨
中統4	典 40, 刑2, 9a	大徳1. 3	又(罪囚無親給糧)	欽奉
中統4	通 2, 15b	至元8. 3	又(戸例)	分揀過儒人
中統4	通 2, 15b	至元8. 3	又(戸例)	不經分揀附籍漏籍儒人
中統4	官 68		〈修内司〉	立宮殿府
中統4	站 2, 上25	至元5. 2		奉命總管諸路站赤
中統4. 1	典 53, 刑15, 17a		告罪不得越訴	欽奉聖旨, 宣諭燕京路總管府條畫
中統4. 1	通 16, 27a		軍馬擾民	欽奉聖旨
中統4. 1	正 條26, 田令80		禁擾農民	聖旨
中統4. 3	站 1, 上2			中書省定議, 乘坐驛馬
中統4. 3	站 1, 上18			中書省定擬, 乘坐驛馬
中統4. 4. 21	典 16, 戸2, 2a		定下使臣分例	河東宣慰司准中書左三部關
中統4. 4. 28	站 1, 上18			聖旨
中統4. 5	站 1, 上3			雲州設站戸

中統4.5.17	站 1，上19			聖旨
中統4.6	正 條34，獄官353		男女罪囚異處	中書省奏奉聖旨
中統4.6	高 16			聖旨諭禃曰
中統4.6.13	典 27，戸13，3a		卑幼不得私借債	欽奉皇帝聖旨
中統4.6.13	通 27，15a		卑幼私債	欽奉聖旨
中統4.7	典 25，戸11，3a		禁起移㧾差發	燕京路總管府奏准條畫
中統4.7	典 40，刑2，8a		罪囚分別輕重	中書省奏准條畫
中統4.7	典 40，刑2，9a		罪囚無親給糧	中書省奏准條畫
中統4.7	典 40，刑2，10b		病囚醫人看治	中書省奏准條畫
中統4.7	典 40，刑2，12a		孕囚産後決遣	中書省奏准條畫
中統4.7	典 40，刑2，13a		鞫囚公同磨問	中書省奏准條畫
中統4.7	典 40，刑2，17a		幕職分輪提控	中書省奏准條畫
中統4.7	通 27，13b		侵占官街	欽奉聖旨
中統4.7.18	正 條33，獄官323		犯罪有孕	聖旨内一款
中統4.7.18	正 條34，獄官355		提調刑獄	聖旨内一款
中統4.7.18	正 條34，獄官360		罪囚衣糧等	聖旨内一款
中統4.7.18	正 條34，獄官368		囚病醫藥	聖旨内一款
中統4.8	典 21，戸7，10b	至元5.4.23	擬支年銷錢數	隨路＊至元二年七月
中統4.8	典 21，戸7，10b	至元5.4.23	擬支年銷錢數	自＊爲頭
中統4.8	典 21，戸7，11a	至元5.8	又（擬支年銷錢數）	至至元二年七月
中統4.8.4	馬 9		〈和買馬〉	聖旨
中統4.10.11	站 1，上20			聖旨
中統4.11.23	正 條33，獄官310		重刑覆奏	聖旨

中統5年，至元元年（甲子，1264）

至元1	典 17，戸3，2a	至元8.3	戸口條畫	諸王共議定聖旨條畫
至元1 (4)	典 36，兵3，2a		立站赤條畫	中書省奏奉聖旨
中統5	典 37，兵4，5b	大徳5.5	入遞文字	奏奉聖旨
中統5	典 37，兵4，7a	至元8.3	鋪兵不轉諸物	欽奉聖旨
中統5	典 40，刑2，5a	大徳7.12	巡檢司獄具不便	欽奉聖旨條畫
中統5	典 53，刑15，6a		告罪不得稱疑	欽奉聖旨條畫
中統5	典 新刑，刑獄3a	延祐4.7	巡尉司囚月申	欽奉聖旨條畫
至元1 (5)	通 2，3b	至元8.3	又（戸例）	諸王共議定聖旨條畫
中統5	通 29，11a	大徳8.4.5	又（商税地税）	中書省官人每世祖皇帝根底奏
至元1	站 2，上25	至元5.2		改革漢站
至元1	站 2，上25	至元5.2		定制
至元1 (6)	站 9，下82		立站赤條畫	中書省奏奉聖旨
中統5.1	典 24，戸10，1a		種田納税	中書省奏
中統5.1	通 29，9a		又（商税地税）	中書省奏准節該
中統5.1	高 16			諭高麗回使
中統5.4.11	高 16			遣古乙獨

中統5.5.7	站 1，上20			樞密院據成都四川等路行樞密院參政呈
中統5.5.16	高 17			禃遣張鎰
至元1.7	通 28，28b		刺驅面	中書省，御史臺呈
中統5.7.12	通 3，10a		蒙古人差發	線眞丞相奏
中統5.8	典 1，詔1，2a		建國都詔	欽奉聖旨
中統5.8	典 11，吏5，3a		放假日頭體例	中書省欽奉聖旨條畫
中統5.8	典 13，吏7，5b		又（公事置立信牌）	欽奉聖旨
中統5.8	典 19，戸5，8a		絶戸卑幼產業	欽奉聖旨條畫
中統5.8	典 24，戸10，5a		弓手戸免差税	欽奉聖旨
中統5.8	典 25，戸11，5a	至元29.2	投下五戸不科要	條畫内一款
中統5.8	典 26，戸12，6a		月申諸物價値	欽奉詔書
中統5.8	典 49，刑11，30b	至大1.9	警跡人獲賊功賞	欽奉
中統5.8	典 51，刑13，11a	至元8.1	事主獲賊無賞	欽奉聖旨
中統5.8	典 56，刑18，1a		拘収孛蘭奚人口	欽奉聖旨條畫
中統5.8	典 57，刑19，又15a		禁夜	欽奉聖旨條畫
中統5.8	通 3，4a		戸絶財産	欽奉聖旨條畫
中統5.8	通 4，13a		又（鰥寡孤獨）	欽奉聖旨條畫
中統5.8	通 6，4b		五事	欽奉聖旨條畫
中統5.8	通 8，3b		賀謝迎送	欽奉聖旨條畫
中統5.8	通 14，4a		又（關防）	欽奉聖旨條畫
中統5.8	通 16，19a		又（司農事例）	欽奉聖旨條畫
中統5.8	通 17，2b		又（科差）	欽奉聖旨條畫
中統5.8	通 22，4a		給假	欽奉聖旨條畫
中統5.8	通 28，19b		闌遺	欽奉聖旨條畫
中統5.8	通 28，31b		受納饋獻	欽奉聖旨條畫
中統5.8	通 30，11a	至元28.12	投下織造	欽奉聖旨條畫
中統5.8	正 條26，田令81		又（禁擾農民）	聖旨條畫内一款
中統5.8	正 條27，賦役134		科差文簿	聖旨内一款
中統5.8	正 條32，假寧300		給假	聖旨内一款
中統5.8	站 1，上3			詔
中統5.8	站 1，上20			聖旨
中統5.8.4	典 2，聖1，5a		〈飭官吏〉	中書省欽奉聖旨
中統5.8.4	典 13，吏7，4a		印信長官収掌	中書省欽奉聖旨
中統5.8.4	典 16，戸2，12a		長行馬斟酌盤纏	中書省欽奉聖旨
中統5.8.4	典 40，刑2，8a		疑獄毋得淹滯	欽奉聖旨立中書省條畫
中統5.8.4	典 49，刑11，15b	大德4.4	遇格免徵倍贓	欽遇聖旨條畫
中統5.8.4	典 49，刑11，30a		盜賊刺斷充警跡人	欽奉聖旨條畫
中統5.8.4	典 51，刑13，1a		設置巡防弓手	欽奉聖旨
中統5.8.4	典 51，刑13，1b		路人驗引放行	欽奉聖旨條畫
中統5.8.4	典 51，刑13，2a		商賈於店止宿	欽奉聖旨條畫
中統5.8.4	典 51，刑13，8b		獲強切盜給賞	欽奉聖旨條畫
中統5.8.4	典 51，刑13，13a		失過盜賊責罰	欽奉聖旨條畫
中統5.8.9	站 1，上20			線眞等奏
中統5.8.11	高 17			禃親朝

至元1.8.16	典 1,詔1,2a	至元1.8.19	至元改元	昧爽以前
至元1.8.16	典 3,聖2,20b	至元1.8.19	〈霈恩宥〉	昧爽以前
至元1.8.19	典 1,詔1,2a		至元改元	欽奉詔書
至元1.8.19	典 3,聖2,20b		〈霈恩宥〉	欽奉詔書
中統5.9.16	高 17			遣路得成
至元1.10	典 42,刑4,3a	☆	因奸謀殺本夫	去何饅頭家
至元1.11	驛 1,下171			中書右三部區處
至元1.12	典 13,吏7,4a		封掌印信體例	左三部承奉
至元1.12.8	*正 斷10,廄庫347*		*倉庫軍人交換*	*樞密院奏*
中統5.12.23	高 17			遣還國
至元1.12.27	典 22,戸8,59a	至元2.2	民戸淘辦金課	聞奏過

至元2年(乙丑,1265)

至元2	典 15,戸1,3a		俸錢按月支付	中書省欽奉聖旨
至元2	典 17,戸3,2b	至元8.3	戸口條畫	中書省欽奉聖旨
至元2	典 43,刑5,6a	皇慶1.3	又(殺人償命,仍徵燒埋銀)	欽奉
至元2	通 2,4a	至元8.3	又(戸例)	中書省欽奉聖旨
至元2.1	典 17,戸3,17a		復業戸爭軍産	樞密院據東平路奥魯總管府申
至元2.1.6	站 1,上21			中書丞相奏
至元2.2	典 22,戸8,59a		民戸淘辦金課	御史臺准行臺咨
至元2.2	典 25,戸11,1b		投下戸絲銀,驗貧富科	欽奉聖旨立總管府新定條畫
至元2.2	典 29,禮2,12a		官員付身不追	欽奉聖旨立總管府新定條畫
至元2.2	典 43,刑5,6a		殺人償命,仍徵燒埋銀	欽奉聖旨條畫
至元2.2	典 43,刑5,9b	至元2.9	無苦主,免徵燒埋銀	欽奉聖旨條畫
至元2.2	典 53,刑15,21a		諸色戸計詞訟約會	欽奉聖旨立總管府條畫
至元2.2	通 2,20b		又(投下收戸)	欽奉聖旨諸王共議條畫
至元2.2	通 29,1b		選試僧人	欽奉聖旨條畫
至元2.2	通 29,2b		還俗	欽奉聖旨條畫
至元2.2	正 斷12,廄庫400		匿税	聖旨内一款
至元2.3	典 49,刑11,15b	大徳4.4	遇格,免徵燒埋銀	欽奉
至元2.3	通 2,23b	大徳8.3	非法賦斂	欽奉聖旨
至元2.3	*正 斷6,職制187*		*揹除俸給*	*刑部議得*
至元2.3	驛 1,下166			中書省區處
至元2.3.12	典 42,刑4,20a	☆	打死強奸未成奸夫	隨逐邵縣令
至元2.4	典 16,戸2,2a	中統4.4.21	定下使臣分例	一款同
至元2.4	典 42,刑4,9a		因鬪誤傷傍人致死	濟南路歸問
至元2.4.15	典 42,刑4,14a	☆	打死妻	使妻喂馬
至元2.5	*正 條26,田令125*		*典質限滿不放贖*	*刑部議得*
至元2.R5	站 1,上22			大明等路工匠府

至元2. R5. 6	站 1, 上21			中書兵刑部據西京路總管府申
至元2. R5. 6	站 1, 上21			管領諸路蒙古漢人甲匠言
至元2. R5. 23	站 1, 上21			丞相塔察兒等奏奉聖旨
至元2. 6	馬 47		〈馬政雜例〉	聖旨
至元2. 6. 5	典 34, 兵1, 6a		軍人正身當役	欽奉聖旨
至元2. 6. 22	*正 斷10, 廄庫357*		*起運上都段匹*	*中書省奏*
至元2. 7	典 21, 戸7, 10b	至元5. 4. 23	擬支年銷錢數	終二周歳
至元2. 7	典 21, 戸7, 10b	至元5. 4. 23	擬支年銷錢數	終本路已支
至元2. 7	典 21, 戸7, 11a	至元5. 8	又(擬支年銷錢數)	終年銷祗應
至元2. 7. 11	賦 27b		身自傷殘者	出征日本國
至元2. 8	*正 條23, 倉庫16*		*庫官庫子託病在逃*	*戸部呈*
至元2. 8	*正 斷6, 職制189*		*子受贓不坐父罪*	*刑部議得*
至元2. 9	典 43, 刑5, 9b		無苦主, 免徵燒埋銀	中書兵刑部奉
至元2. 9	*正 斷4, 職制115*		*推稱遷葬遇革*	*刑部議得*
至元2. 9	*正 斷6, 職制194*		*回付不盡*	*刑部議得*
至元2. 10	*正 斷2, 職制46*		*匿過求仕*	*刑部議得*
至元2. 10	*正 斷11, 廄庫392*		*促獲醃魚給賞*	*刑部議得*
至元2. 11. 3	典 45, 刑7, 2a	☆	強奸無夫婦人	夤夜強奸

至元3年(丙寅, 1266)

至元3	典 8, 吏2, 1b表	☆	〈官制〉	遷轉者
至元3	典 8, 吏2, 8b	大徳9. 6. 5	外任減資陞轉	遷轉者
至元3	典 34, 兵1, 6b	至元9. 3	查照軍籍當役	元報手状
至元3	典 53, 刑15, 13a		誣告本屬多科	省准部擬
至元3	典 53, 刑15, 22a	大徳4. 12. 21	投下詞訟約會	省官人每商量
至元3	驛 1, 下147			通制＊都省議得
至元3	永 15950, 13b		〈漕運〉成憲綱要	欽奉聖旨
至元3. 1. 21	典 42, 刑4, 15a	☆	打死婿	使令女婿
至元3. 2	通 28, 17b		違例取息	欽奉聖旨
至元3. 2	賦 31b		詛父母爲不孝	刑部送法司
至元3. 2. 9	典 42, 刑4, 14a	☆	又(打死妻)	因爲妻哇哇
至元3. 4	典 10, 吏4, 1a		告敍本路保申	中書省據隨處告
至元3. 4	典 28, 禮1, 4a		表章定制體式	中書禮部承奉
至元3. 4. 1	典 42, 刑4, 20b	☆	打死定婚夫還俗	與孫歪頭
至元3. 4. 3	站 2, 上23			中書右三部奉
至元3. 4. 5	站 2, 上23			制國用使司奏准
至元3. 5	典 18, 戸4, 2b	至元8. 7	女婿財錢定例	承中書省劄付
至元3. 5	*正 條23, 倉庫13*		*庫官相妨不須等候*	*中書省議得*
至元3. 5. 29	典 42, 刑4, 16a	至元3. 7	渰死親女	將女定哥抱去撇放滹沱河内
至元3. 5. 29	典 44, 刑6, 3a		刀刃傷人	省劄
至元3. 6	典 41, 刑3, 17b		打死妻夫	河間路申
至元3. 6	典 55, 刑17, 1a		脱囚監守罪例	平陽路弓手鄭進

世祖至元３年 (1266)

至元3. 6	典 55, 刑17, 1a		又 (脱囚監守罪例)	中都路申
至元3. 6	站 2, 上23			制國用使司言
至元3. 6	驛 1, 下155			中書省劄付
至元3. 6. 25	典 42, 刑4, 18a		殺放良奴	省判送下制國用使司呈
至元3. 7	典 42, 刑4, 16a		渰死親女	眞定路申
至元3. 7	通 2, 24a		以籍爲定	中書省
至元3. 7	通 2, 28b		冒戶	中書省照得
至元3. 7	通 3, 11a		弓手差發	中書省, 右三部呈
至元3. 7	賦 27a		身自傷殘者	左三部呈, 上都路
至元3. 7	賦 120a		特赦免死殺人	刑部議得
至元3. 7. 13 (7)	典 51, 刑13, 1b	☆	又 (設置巡防弓手)	聞奏過
至元3. 7. 21	典 42, 刑4, 3b	☆	又 (因奸謀殺本夫)	夜, 賺出
至元3. 7. 23	通 3, 11a	至元3	弓手差發	聞奏過
至元3. 7. 23	賦 55a		責其已越	監修官呈
至元3. 8	典 55, 刑17, 1a		又 (脱囚監守罪例)	河間路爲強盗
至元3. 8	典 新刑, 頭疋1b	延祐7	禁宰馬牛及婚姻筵席品味	欽奉聖旨
至元3. 8	高 17			遣國信使…黑的·…奉旨至䄂國
至元3. 8. 3	典 42, 刑4, 4a		藥死本夫	東平路捉獲
至元3. 8. 8	典 42, 刑4, 28a	☆	碾死人移屍	本宅後碾黍
至元3. 8. 9	站 2, 上23			安童·伯顏奏
至元3. 8. 21	通 27, 10b		筵會宰馬	中書省欽奉聖旨
至元3. 8. 24	典 41, 刑3, 22a		奸弟妻	奉省劄
至元3. 9	典 55, 刑17, 1a		又 (脱囚監守罪例)	東平路申
至元3. 10	典 32, 禮5, 10a		禁収天文圖書	欽奉聖旨
至元3. 10	典 33, 禮6, 14a		禁割肝剜眼	中書左三部承奉
至元3. 10	通 27, 12b		非理行孝	中書省, 左三部呈
至元3. 10	*正 條33, 獄官317*		*處決重刑*	*刑部議得*
至元3. 10	*正 斷11, 廄庫386*		*滷水合醬*	*刑部與戶部議得*
至元3. 10	站 2, 上23			安童等奏
至元3. 10. 3	典 41, 刑3, 21a	☆	強奸男婦未成	夜, 帶酒走去
至元3. 10. 23	站 2, 上23			中書省奏
至元3. 11	典 24, 戶10, 1b	至元28. 8	徴納税糧	欽奉聖旨
至元3. 11. 9	典 53, 刑15, 13a		奴誣告主斷例	承省判送下
至元3. 11. 9	*正 斷10, 廄庫330*		*用斛支糧*	*中書省奏*
至元3. 11. 10	倉 5		〈御河倉〉	省臣稟
至元3. 11. 12	典 15, 戶1, 3a		上任罷任俸例	中書戶部奉
至元3. 11. 17	通 28, 29b		禁書	中書省欽奉聖旨
至元3. 11. 22	典 42, 刑4, 21a	☆	因奸殺人, 偶獲生免	夜, 拐帶本婦
至元3. 12	高 17			䄂遣宋君斐
至元3. 12. 18	典 38, 兵5, 7a	至元7. 9	蒙古軍圍獵不斷鞍馬	奏奉聖旨
至元3. 12. 29	*正 斷10, 廄庫325*		*盗賣官糧*	*中書省奏*

至元4年(丁卯, 1267)

至元4	典 11, 吏5, 7a		代官到任, 方許離職	中書省札付
至元4	典 22, 戸8, 59a		立洞治總管府	欽奉聖旨
至元4	典 34, 兵1, 6b	至元9. 3	查照軍籍當役	軍官報院
至元4	典 36, 兵3, 33a		借騎鋪馬斷例	中書戸部據
至元4	典 41, 刑3, 16a		驅奴斫傷本使	曹州申
至元4	典 41, 刑3, 16a		奴殺本使	省准部擬
至元4	典 45, 刑7, 12a	☆	赦前犯奸, 告發在後	告發到官
至元4	倉 2		〈在京諸倉〉	建永濟倉
至元4	倉 2		〈在京諸倉〉	建豐實倉
至元4	倉 2		〈在京諸倉〉	建廣貯倉
至元4	站 3, 上71	至元26. 10		各路報到
至元4	驛 1, 下129表			中書省議斷
至元4	賦 44b		棄囚拒捕	斷過象家奴
至元4. 1	*正 斷10, 廐庫326*		*又(盜賣官糧)*	*刑部議得*
至元4. 1. 2	典 42, 刑4, 12a	☆	走馬撞死人	爲是節假
至元4. 1. 14	站 2, 上23			線眞·脱歡等傳旨
至元4. 1. 28	典 45, 刑7, 9a	☆	男婦執謀翁奸	於翁袁用昌
至元4. 2	典 15, 戸1, 8a		官員標撥職田	中書左三部承奉
至元4. 2. 19	高 18			補遣宋君斐
至元4. 3	通 18, 6a		和雇和買	欽奉詔書
至元4. 3. 14	典 41, 刑3, 16a	至元4	奴殺本使	對同驅安馬兒
至元4. 4	典 22, 戸8, 63a		以典就賣税錢	制國用使司
至元4. 4	典 41, 刑3, 10a	☆	誣告謀反者流	謀反罪犯
至元4. 4	站 2, 上24			中書省遣…賚奉御寶聖旨
至元4. 4. 18	典 42, 刑4, 22b	☆	賺推攧死奸婦	爲恐事發
至元4. 5	典 22, 戸8, 63a		和買諸物依例投税	平章政事制國用使司
至元4. 5	*正 斷6, 職制176*		*冒易封裝軍數*	*刑部議得*
至元4. 5	賦 50a		配所犯徒	中都路
至元4. 5. 21	典 44, 刑6, 2a		毆人	中都路總管府申
至元4. 5. 21	站 2, 上24			中書省…賚奉御寶聖旨
至元4. 5. 27	典 44, 刑6, 3a		他物傷人	省劄
至元4. 6	通 17, 8a		田禾災傷	中書省, 左三部呈
至元4. 6	正 條27, 賦役144		災傷申告限期	左三部呈
至元4. 6. 5	典 44, 刑6, 3a		折跌支體	河間路歸問到
至元4. 6. 10	高 18			奉旨
至元4. 7	通 20, 8a		又(獲僞鈔賊)	中書省, 四川行省咨
至元4. 7. 1	站 2, 上25			中書省奏准新造船三十艘
至元4. 7. 2	典 41, 刑3, 16a	至元4	驅奴斫傷本使	夜, 將本使弟陳二

至元4.7.4	典 22, 戸8, 66a	至元4.8	入門不吊引者, 同匿税	因臨汾縣呉村収斂月税
至元4.7.8	典 42, 刑4, 11b	☆	船邊作戲渰死	飯時與焦大
至元4.7.17	站 2, 上25			都元帥言
至元4.8	典 22, 戸8, 66a		入門不吊引者, 同匿税	平章政事制國用使司據
至元4.8	典 41, 刑3, 16a	☆	又(奴殺本使)	將本使扎死
至元4.8	*正 斷9, 廐庫311*		*納鈔物色*	*御史臺呈*
至元4.8	驛 1, 下156			中書省劄付
至元4.9.11	高 18			禕遣潘阜
至元4.9.25	典 42, 刑4, 8a	☆	踢打致死	因差史義
至元4.10	典 8, 吏2, 10a		品官廕敍體例	欽奉聖旨
至元4.10	通 6, 8a	至元19.12	又(廕例)	欽奉聖旨
至元4.10	賦 83a		孫同於子者	中書省奏准職官承廕條畫
至元4.10.10	高 18			安童致書於高麗國王
至元4.11	*正 條33, 獄官320*		*刑名作疑咨稟*	*都省議得*
至元4.11.28	典 42, 刑4, 3b	☆	因奸同謀勒死本夫	用繩子將夫
至元4.12	典 22, 戸8, 63b		質當文契稅錢	制國用使司
至元4.12.9	典 9, 吏3, 7a	至元20	投下達魯花赤遷轉	中書省劄付
至元4.12.12	典 41, 刑3, 8a	☆	打死姪	中書省判送, 樞密院呈
至元4.12.23	典 42, 刑4, 21a	☆	殺死奸夫	夜, 親獲妻戴引兒

至元5年(戊辰, 1268)

至元5	典 5, 臺1, 3a	至元24.3	臺察咨稟等事	立臺條畫
至元5	典 19, 戸5, 5a		荒閑田地, 給還招収逃戸	行御史臺咨
至元5	典 21, 戸7, 10b	至元5.4.23	擬支年銷錢數	自＊爲頭
至元5	典 22, 戸8, 43a	至元10.4	葡萄酒三十分取一	自戊午年至＊
至元5	典 33, 禮6, 15a		碑上不得鐫寶	中書右三部近據
至元5	典 35, 兵2, 8a		隱藏軍器罪名	中書省咨該
至元5	典 42, 刑4, 23a		打死犯奸妾	東平路歸問到
至元5	典 45, 刑7, 4a	大德11.3	強奸幼女處死	陝西省軍人鄭忙古歹
至元5	典 45, 刑7, 15a		奴奸主幼女例	濟南路歸問到
至元5	典 46, 刑8, 7b	延祐2.2	臺察官吏犯贓不敍	立御史臺
至元5	典 50, 刑12, 5a		放火燒死人	河間路歸問得
至元5	典 53, 刑15, 29b	至大4.6.13	傳聞不許言告	欽奉世祖皇帝聖旨立御史臺條畫
至元5	正 條30, 賞令256	至元6.2.12	告獲謀反	親手拏住胡王先生
至元5	憲 2608, 4a	至元24.3	臺察咨稟等事	立臺條畫
至元5	憲 2608, 24b	後至元1.11.26	不許犯分糾言	世祖皇帝立御史臺條畫

至元5	憲 2609, 1a	至正12. 2	憲臺通紀續集序	立御史臺
至元5	憲 2609, 1b	至正12. 2	憲臺通紀續集序	＊立御史臺以來
至元5	站 3, 上57	至元22. 4		前宣慰都元帥寶合丁
至元5	賦 56a		私造兵器	右三部定擬
至元5	無 上, 19b		正官檢屍及受理人命詞訟	中書右三部契勘
至元5. 1	典 11, 吏5, 3b	至元24. 2	病假人員給據	都省議擬到
至元5. 1. 23	典 50, 刑12, 5a	至元5	放火燒死人	挾恨舊讎燒訖
至元5. 1. 27	典 42, 刑4, 19a	☆	打死同驅	夜, 先將王宜兒
至元5. 1. 28	高 19			詔諭王禃曰
至元5. R1	通 19, 9a		又(追捕)	中書右三部, 益都路申
至元5. R1. 21	典 42, 刑4, 19a		殺死娼女	尚書刑部爲太原路申
至元5. R1. 23	典 42, 刑4, 12b	☆	馬駕車碾死	根趕本使
至元5. 2	典 20, 戸6, 13a		僞鈔自首免罪	欽奉聖旨
至元5. 2	典 38, 兵5, 2a		休賣海青鷹鶻	中書右三部承奉
至元5. 2	典 51, 刑13, 8a		獲賊隨時解縣	右三部會驗
至元5. 2	通 3, 17a		夫亡守志	中書戸部, 平陽府申
至元5. 2	通 6, 6b		廕例	中書省, 吏部呈
至元5. 2	通 14, 24b		倒換昏鈔	中書省, 制國用使司呈
至元5. 2	站 2, 上25			制國用使司呈
至元5. 2	賦 121b		罪有累加不累加	上都路警跡李買住
至元5. 2	賦 129a		傷重加凡鬪者	部擬, 平陽路夏縣
至元5. 2. 7	典 43, 刑5, 10b	大徳9. 3	打死奸夫, 不徴燒埋	夜, 被夫就屋内捉獲
至元5. 2. 10	典 36, 兵3, 11a		脱脱禾孫盤問使臣	中書右三部承奉
至元5. 2. 10	站 9, 下106		脱脱禾孫盤問使臣	中書右三部承奉
至元5. 2. 10	典 33, 禮6, 15a	至元5	碑上不得鐫寶	奏奉聖旨
至元5. 3	典 41, 刑3, 21a	☆	翁奸男婦已成	通奸
至元5. 3	典 42, 刑4, 18a	至元5. 9. 21	毆死有罪驅	將引次妻并驅婦乞赤斤前去
至元5. 3	典 45, 刑7, 16a	☆	奴婢相奸	與本婦通奸
至元5. 3. 3	典 35, 兵2, 8a	至元5	隱藏軍器罪名	聞奏過聖旨
至元5. 3. 4	站 2, 上25			安童奏
至元5. 3. 20	典 42, 刑4, 3b	☆	因奸同謀打死本夫	山山將伊夫
至元5. 3. 22	高 20			于也孫脱
至元5. 4	典 36, 兵3, 21a		鋪馬禁馳段匹	中書右三部承奉
至元5. 4. 5	高 20			禃遣李藏用
至元5. 4. 23	典 21, 戸7, 10b		擬支年銷錢數	中書省, 左三部呈
至元5. 5	典 45, 刑7, 12a		犯奸放火	尚書刑部據濟南路申
至元5. 5. 19	典 45, 刑7, 7a	☆	夫受財縱妻犯奸	有賣酒婦

世祖至元5年(1268)

至元5.5.26	典 42, 刑4, 8b		犯獄刦囚	兵刑部據益都路申
至元5.5.29	高 20			有旨, 諭李藏用
至元5.6	典 13, 吏7, 5b		首領官執覆不從, 許直申部	中書左三部近爲
至元5.6	洗 新例1a		聖朝頒降新例/初復檢驗本末	中書右三部契勘
至元5.6	無 上, 26a		檢復遲漫	尙書刑部爲淄萊路
至元5.6	無 上, 26a	至元28.5	檢屍不委巡檢	中書右三部符文
至元5.6	檢 111(永914, 30b)			中書右三部契勘
至元5.6.2	無 上, 30b	☆	寒暑變動	檢會到＊中書右三部徧行隨路符文
至元5.6.19	站 2, 上25			安童等奏
至元5.6.22	典 42, 刑4, 23a	☆	殺死奸婦	夜, 就阿尹家
至元5.6.25	典 52, 刑14, 2b	☆	許寫大王令旨	因與王阿郭先奸
至元5.7	典 5, 臺1, 1a		設立憲臺格例	欽奉皇帝聖旨
至元5.7	典 17, 戸3, 13a		軍民承繼絶戸	中書左三部爲藁城縣
至元5.7	典 40, 刑2, 13a		鞫囚職官同問	欽奉聖旨立御史臺條畫
至元5.7	典 42, 刑4, 9a		誤打死人	尙書刑部據濟南路申
至元5.7	典 44, 刑6, 2b		軍毆縣令	尙書刑部據平陽路夏縣
至元5.7	通 3, 5a		又(戸絶財産)	中書省, 樞密院呈
至元5.7	通 27, 23b	至元20.11	請謁	欽奉聖旨立御史臺條畫
至元5.7	憲 2608, 2a		設立憲臺格例	欽奉皇帝聖旨
至元5.7.5	典 22, 戸8, 60a		磁窑二八抽分	制國用使司, 來申
至元5.7.5	典 42, 刑4, 18a	☆	打死無罪驅	爲失了馬疋
至元5.7.12	典 42, 刑4, 21b	☆	殺死盜奸寢婦奸夫	晩, 記住於驢屋
至元5.7.20	高 20			詔都統領脱朶兒等使高麗
至元5.8	典 16, 戸2, 9a	至元7.6	祗應酒麹則例	至至元六年十二月
至元5.8	典 21, 戸7, 11a		又(擬支年銷錢數)	中書省, 左三部
至元5.8	典 30, 禮3, 2b		嫁娶禁約邀欄	中書右三部契勘
至元5.8	典 33, 禮6, 15a		得古器送官例	蔡國公男張弘範
至元5.8	典 44, 刑6, 5a		品官相毆	尙書刑部據
至元5.8	典 59, 工2, 1a		修理橋梁渡船	中書右三部呈奉
至元5.8	典 59, 工2, 11b		修造館驛廨宇	中書右三部呈奉
至元5.8	通 18, 3a		和雇和買	中書省奏
至元5.8	通 27, 19b		障車害禮	中書省, 右三部呈
至元5.8	高 22			至其國
至元5.8.3	典 41, 刑3, 21b	至元8.2.12	欲奸親女未成	節次將女季春引問意欲奸要

至元5.9	通 6, 24b		遷轉避籍	中書省, 吏禮部呈
至元5.9	高 22			遣黑的使日本
至元5.9.16	典 42, 刑4, 15b	☆	打死男婦	着言教道
至元5.9.21	典 42, 刑4, 18a		毆死有罪驅	承奉中書省判送
至元5.10	典 18, 戸4, 4a		母在, 子不得主婚	中書戸部, 來申
至元5.10	典 18, 戸4, 4a		携女適人, 從母主嫁	尚書戸部, 來申
至元5.10	典 18, 戸4, 21a		夫亡夫家守服	中書戸部, 來申
至元5.10	典 29, 禮2, 6a		娼妓服色	平陽路承奉
至元5.10	典 34, 兵1, 25a		處斷逃軍等例	欽奉聖旨
至元5.10.6	青 4, 4b		〈奏議〉	欽奉聖旨
至元5.11	典 13, 吏7, 1a		品從座次等第	中書吏禮部據河南府路申
至元5.11	典 14, 吏8, 1b		品從行移等第	中書吏禮部據河南府路申
至元5.11.18	典 45, 刑7, 5a	☆	和奸有夫婦人	信從安大姐
至元5.12	典 4, 朝1, 7a		體例酌古准今	四川行中書省移准中書省咨
至元5.12	典 57, 刑19, 26a		禁賣青藥, 亂行鍼醫	中書兵刑部承奉
至元5.12	通 21, 6b		假醫	欽奉聖旨
至元5.12	通 27, 8b		賣鷹鶻	中書省, 右三部呈
至元5.12	正 條31, 醫藥298		假醫	聖旨
至元5.12	高 23			禃遣申思全
至元5.12.7	典 8, 吏2, 10b		民官子孫承廕	中書吏禮部承奉
至元5.12.7	典 8, 吏2, 11a	大德3.2	民官子孫給據承襲	承奉中書省劄付
至元5.12.13	典 43, 刑5, 9a	至元6.12	打死二人, 燒埋銀止徵五十兩	奉中書省劄付
至元5.12.17	典 49, 刑11, 20a	☆	偸斫樹木免刺	夜, 爲首糾合
至元5.12.24	站 2, 上26			樞密院奏

至元6年(己巳, 1269)

至元6	典 16, 戸2, 12a	至元17.4	軍官有俸休應副飲食	定例
至元6	典 18, 戸4, 23a		弟收嫂出舍另居	樞密院承奉中書省劄付
至元6	典 22, 戸8, 43a	至元10.4	葡萄酒三十分取一	至＊七年
至元6	典 23, 戸9, 15a	至元9.6	災傷地税住催	七年透納
至元6	典 34, 兵1, 4a	至元9.4	分揀軍戸	終已前
至元6	典 34, 兵1, 4b	至元9.4	分揀軍戸	終已前
至元6	典 34, 兵1, 6a	至元9.3	查照軍籍當役	終已前
至元6	典 34, 兵1, 6b	至元9.3	查照軍籍當役	終已前
至元6	典 40, 刑2, 12b	大德8.9	罪囚季報起數	隨路見禁
至元6	典 43, 刑5, 9a	延祐3.9	殺死二人燒埋錢	省部定例
至元6	典 45, 刑7, 2a		強奸有夫婦人	省准部擬
至元6	典 45, 刑7, 12a		舍居女犯奸出舍	中書戸部, 來申
至元6	典 51, 刑13, 9b	大德6.11	捕獲強切盜賊, 准折功過	元奉都省定到

世祖至元6年(1269)

至元6	典 54, 刑16, 15×16b	皇慶2. 3	長官擅斷屬官	都省元行刑部見擬
至元6	通 2, 25b	至元9. 1. 4	以籍爲定	已前
至元6	通 2, 27a	至元9. 1. 4	以籍爲定	終已前
至元6	官 53		〈肅政廉訪司〉	西夏中興等路設提刑按察司
至元6	倉 16			始立常平倉
至元6	高 25	至元6. 9		實科差戸内
至元6	廟 4, 92	元貞1. 11	完顔簽事請令文資正官…	立按察司欽奉聖旨條畫内一款
至元6. 1	典 17, 戸3, 7b	至元8. 3	戸口條畫	中書省行下戸部
至元6. 1	典 31, 禮4, 2b	至元20. 2	蒙古生員免役	奏准聖旨條畫
至元6. 1	官 53		〈按察司官〉	降旨
至元6. 1	高 23			禃遣康允紹
至元6. 1. 1	典 18, 戸4, 30a	至元6. 2	奴婢不嫁良人	自＊已後
至元6. 1. 6	青 4, 5a		〈奏議〉	臣初等面奉聖旨
至元6. 1. 17	典 57, 刑19, 26a	☆	禁假醫遊行貨藥	准奉右三部符文
至元6. 1. 17	通 15, 4a		鷹食分例	欽奉聖旨
至元6. 2	典 6, 臺2, 1a		察司體察等例	中書省欽奉聖旨
至元6. 2	典 18, 戸4, 6b	至元10. 12	女婿在逃, 依婚書斷離	尚書戸部爲民間男女婚姻不一
至元6. 2	典 18, 戸4, 7a	至元10. 12	女婿在逃, 依婚書斷離	已前
至元6. 2	典 18, 戸4, 30a		奴婢不嫁良人	中書戸部據恩州申該
至元6. 2	典 53, 刑15, 27a		禁治風聞公事	提刑按察司欽奉聖旨條畫
至元6. 2	通 19, 5a		捕盜功過	中書省, 刑部呈
至元6. 2	*正 斷9, 廐庫290*		*懷恨割牛舌*	*刑部議得*
至元6. 2	站 1, 上3			詔各道憲司
至元6. 2	站 2, 上26			御史臺呈奉中書省定擬
至元6. 2	站 2, 上26			御史臺定擬
至元6. 2. 12	通 20, 1a		告獲謀反	伯顔右丞等奏
至元6. 2. 12	正 條30, 賞令256		告獲謀反	伯顔右丞等奏
至元6. 2. 13	典 1, 詔1, 2a		行蒙古字	欽奉詔書
至元6. 2. 22	馬 9		〈和買馬〉	樞密院奉旨
至元6. 2. 23	典 43, 刑5, 8b	至元6. 12	打死二人, 燒埋銀止徵五十兩	冀州解到數内
至元6. 3	典 17, 戸3, 11a		漏籍軍戸爲民	中書戸部, 來申
至元6. 3	典 18, 戸4, 21a		未過門夫死, 回與財錢一半	中書戸部, 來申該
至元6. 3	典 49, 刑11, 19a	延祐4. 3	女直作賊刺字	中書省劄付
至元6. 3	*正 斷7, 戸婚204*		*私取差發*	*戸部呈*
至元6. 3	站 2, 上26			制國用使司據運司申
至元6. 3. 11	典 18, 戸4, 2a		嫁娶寫立婚書	中書戸部契勘
至元6. 3. 11	典 新刑, 訴訟4a	延祐4. 10	告爭婚姻	中書戸部契勘

至元6. 3. 16	高 23			禃遣申思全
至元6. 3. 23	典 22, 戸8, 68a	至元7. 7	賃房租不合理税	於梁善信處借訖
至元6. 3. 24	馬 1			中書省奉旨
至元6. 4	典 16, 戸2, 6b		打算人吏分例	中書戸部據河間路申
至元6. 4	典 30, 禮3, 2a		指腹割衫爲親革去	中書戸部近爲
至元6. 4	典 31, 禮4, 4b		朔望講經史例	中書省欽奉聖旨定到條畫
至元6. 4	典 40, 刑2, 12a		孕囚出禁分娩	中書右三部據中都路來申
至元6. 4	典 51, 刑13, 8b		獲賊給賞等第	中書右三部近據博州等路狀申
至元6. 4	通 4, 3b		又(嫁娶)	戸部議得
至元6. 4	通 5, 1b		又(廟學)	中書省, 御史臺呈
至元6. 4	正 條29, 捕亡240		捕盜功過	刑部呈
至元6. 4	廟 1, 13		官吏詣廟學燒香講書	中書省＊欽奉聖旨定例條畫
至元6. 4	廟 6, 125	大徳3. 11	申明儒人課試	欽奉聖旨條畫内
至元6. 4. 20	高 23			禃遣世子愖
至元6. 5	典 43, 刑5, 6b		無財可賠, 家屬典雇	中書右三部據濟南路申
至元6. 5	高 26	至元6. 11. 2		馬亨呈
至元6. 5. 6	馬 50		〈馬政雜例〉	樞密院奏
至元6. 5. 12	站 2, 上26			安童等奏
至元6. 5. 26	典 18, 戸4, 4b		娶逃婦爲妻	彰徳路申
至元6. 6	*正 斷4, 職制103*		*縦吏擾民*	*刑部議得*
至元6. 6	站 2, 上26			西京路申
至元6. 7	典 19, 戸5, 14a		典賣田宅, 須問親鄰	中書戸部承奉
至元6. 7	典 42, 刑4, 18b	至元10. 6. 15	弟毆死兄所寵婢	買到婦人一名喚龍嫂收爲妾
至元6. 7	高 23			遣使相視
至元6. 7. 2	典 20, 戸6, 13a		兄首弟安藏造僞科罪	中書省劄付
至元6. 7. 5	高 45		〈耽羅〉	樞密官奉旨
至元6. 7. 8	典 18, 戸4, 13a	至元8. 8	夫自嫁妻	減斷罪囚已前
至元6. 8	典 30, 禮3, 17a		人病禱祭不禁	中書省欽奉聖旨條畫
至元6. 8	典 45, 刑7, 10a		非姦所捕獲勿論	中書右三部據大都路來申
至元6. 8	典 45, 刑7, 10b	大徳6. 1	指奸革撥	右三部擬
至元6. 8	高 24			禃世子愖來
至元6. 8. 1	典 42, 刑4, 18b	至元7	良人殺驅	周仲義驅男王小狗相爭
至元6. 8. 4	典 45, 刑7, 12b		犯奸休和理斷	御史臺據河北道按察司申
至元6. 8. 25	高 24			斡朶思不花等至高麗
至元6. 9	典 6, 臺2, 12a		監察巡按照刷	中書省據御史臺

世祖至元６年(1269)

至元6.9	典 53, 刑15, 7a		詞訟正官推問	中書右三部奉
至元6.9	*正 斷2, 職制48*		*發補不赴役*	*吏部議得*
至元6.9	高 25			抄不花奉旨
至元6.9	賦 101a		誤殺係尊長者	冀州
至元6.9.7	高 24			金方慶奉表
至元6.9.22	高 24			院臺奏
至元6.9.25	高 25			授世子愖
至元6.10	典 10, 吏4, 8a		百里外不公參	中書吏禮部承奉
至元6.10	典 12, 吏6, 1a		隨路歲貢儒吏	中書省據右三部
至元6.10	典 18, 戸4, 15a		品官取受被監人男婦爲妾	中書省據御史臺呈
至元6.10	典 34, 兵1, 20a		蒙古軍驅條畫	戸部近奉中書省判送
至元6.10	典 45, 刑7, 19a		奸婢生子, 隨母	中書右三部據曹州路來申
至元6.10	典 51, 刑13, 13a		巡軍捉賊, 不獲陪贓	中書右三部承奉
至元6.10	典 53, 刑15, 27a		禁寫無頭圓状	中書省判送
至元6.10	通 4, 20b		奸生男女	中書右三部, 益都路申
至元6.10	高 25	至元6.9		限＊終
至元6.10	高 25			撫定高麗
至元6.10.20	典 30, 禮3, 11a		中都西南許葬	孛羅・速魯傳奉聖旨
至元6.10.20	高 25	至元6.9.22		若＊不回
至元6.11	通 3, 5a		又(戸絶財産)	中書省, 戸部呈
至元6.11	通 3, 21a		嫁娶所由	中書省, 制國用使司呈
至元6.11	站 2, 上26			制國用使司
至元6.11.2	高 26			樞密院奏
至元6.11.8	廟 1, 13		設提擧學校官及教授	中書吏禮部＊劄付該
至元6.11.12	站 2, 上30	至元8.6.1		中書已擬
至元6.11.17	高 29			黑的至高麗
至元6.11.18	典 43, 刑5, 10a		打死奸夫, 不徵埋銀	中書右三部, 來申
至元6.11.23	高 29			禃受詔復位
至元6.11.23	高 29			禃遣朴杰
至元6.11.24	典 42, 刑4, 24b	至元8.3	心風殺人上請	夜, 不知怎生摸得棍棒
至元6.12	典 16, 戸2, 9a	至元7.6	祇應酒麴則例	終, 祇應錢穀
至元6.12	典 35, 兵2, 7a		打捕戸計把弓箭	欽奉聖旨
至元6.12	典 43, 刑5, 8b		打死二人, 燒埋銀止徵五十兩	中書右三部據眞定路申
至元6.12	典 53, 刑15, 10a		元告就被論問	御史臺奉
至元6.12	通 3, 15b		又(婚姻禮制)	中書戸部契勘
至元6.12	站 2, 上27			河南道提刑按察司言
至元6.12	賦 32b		許嫁有私約	戸部議得
至元6.12.10	高 26	至元6.10		限＊

至元6. 12. 11	典 39, 刑1, 7a	大徳3. 5	不得擅決品官	承奉中書省劄付
至元6. 12. 19	高 29			禃來朝
至元6. 12. 25	無 上, 9a	☆	親老無侍犯徒以上罪名	檢照＊平陽路臧彦松

至元7年(庚午, 1270)

至元7	典 19, 戸5, 18b	大徳7. 5. 26	貿易田宅	舊例
至元7	典 32, 禮5, 6b	至大4. 11	禁治庸醫	益都路醫人劉執中針犯
至元7	典 34, 兵1, 4a	至元9. 4	分揀軍戸	已後收當差役
至元7	典 34, 兵1, 4a	至元9. 4	分揀軍戸	已前軍籍内
至元7	典 34, 兵1, 4a	至元9. 4	分揀軍戸	已前軍籍
至元7	典 34, 兵1, 4b	至元9. 4	分揀軍戸	已後收當差役
至元7	典 34, 兵1, 6a	至元9. 3	查照軍籍當役	已前各年軍籍
至元7	典 34, 兵1, 7a	至元9. 3	查照軍籍當役	河南行省軍民
至元7	典 36, 兵3, 22a	至元8. 11	軍官起鋪馬例	冬季鋪馬
至元7	典 42, 刑4, 18b		良人殺驅	中都路申
至元7	典 42, 刑4, 26b	至元10. 8	男婦自害親屬, 要錢追還	未奉省府禁約
至元7	典 58, 工1, 5b		禁織龍鳳段疋	尚書刑部承奉
至元7	通 2, 25b	至元9. 1. 4	又(以籍爲定)	已後收差
至元7	通 2, 25b	至元9. 1. 4	又(以籍爲定)	以前軍籍
至元7	通 2, 28a	大徳3. 6. 10	又(以籍爲定)	僉充軍來
至元7	正 斷8, 戸婚275	至元19. 12	僧道娶妻	籍定
至元7	官 61		<巡行勸農司>	立司農司
至元7	站 2, 上36	至元13. 1. 15		上命設立本司
至元7	站 6, 上163	天暦3. 1. 17		設立諸站都統領使司
至元7	驛 1, 下166			行部議到事
至元7	驛 2, 下174			裕宗之在東宮
至元7	秘 7, 2a	至元12. 1. 19	<司天監>	太保奏奉聖旨
至元7	秘 7, 2b	至元12. 1. 19	<司天監>	若依＊試例
至元7	賦 8b		文有未備/又(過失殺)	斷過李狗兒
至元7	賦 88b		色目有異也	條畫内節該
至元7. 1	通 16, 23b		又(妄獻田土)	欽奉聖旨條畫
至元7. 1	通 19, 3a		捕盜責限	中書省, 右三部呈
至元7. 1	通 29, 7b		替人索債	尚書省奏准聖旨條畫
至元7. 1	通 29, 14b		漢僧紅衣	尚書省奏准聖旨條畫
至元7. 1	正 條26, 田令109		妄獻地土	聖旨内一款
至元7. 1	正 條29, 捕亡233		殺人同強盜捕限	右三部議得
至元7. 1	站 1, 上3			省部官定議
至元7. 1	賦 91a		稱人不及於奴婢	尚書省刑部呈

至元7. 1. 11	站 2, 上27			中書省臣阿里傳旨
至元7. 1. 15	高 29			詔諭高麗國
至元7. 2	典 2, 聖1, 12a		〈勸農桑〉	欽奉皇帝聖旨
至元7. 2	典 21, 戸7, 5b	延祐1. 5	義倉驗口數留粟	欽奉聖旨條畫
至元7. 2	典 22, 戸8, 62a		池魚難同河泊辦課	中書省奏准條畫
至元7. 2	典 23, 戸9, 6b	大徳6. 1	社長不管餘事	欽奉聖旨勸農條畫
至元7. 2	典 23, 戸9, 16b	至大3. 2	捕除虫蝗遺子	欽奉聖旨定到勸農條畫
至元7. 2	站 2, 上27			中書省據左三部
至元7. 2	驛 1, 下155			尚書省劄付
至元7. 2. 8	典 20, 戸6, 13b	至元7. R11. 20	僞鈔不堪行使流遠	爲頭糾合蘇瘦兒計七人
至元7. 2. 16	高 30			遣軍送禃
至元7. 2. 17	高 30			中書省奏
至元7. 2. 22	官 62		初立巡行勸農司條畫	不花斷事官･給事中賈拜
至元7. 2. 25	高 31	至元7. 5. 17		林衍＊死
至元7. 3	典 17, 戸3, 11a		年限女婿不入軍籍	中書右三部近據來申
至元7. 3. 29	典 45, 刑7, 2b	大徳11. 6	強奸幼女處死	強奸郭晩驢定婚妻
至元7. 4	典 18, 戸4, 4b		定妻不娶改嫁	尚書戸部, 來申
至元7. 4	典 30, 禮3, 2a		禁夜筵宴例	中書省, 戸部據太原路申
至元7. 4	典 51, 刑13, 11b		捉獲逃驅給賞	尚書省近據樞密院呈
至元7. 4	通 17, 16a		濫設頭目	尚書省, 御史臺呈
至元7. 4	通 27, 16b		私宴	中書戸部據太原路申
至元7. 4	正 條27, 賦役170		濫設郷司里正	御史臺呈
至元7. 4. 21	典 42, 刑4, 13a	☆	射鹿射死人	符文
至元7. 4. 29	典 42, 刑4, 25a	☆	割瘻割死人	符文
至元7. 5	典 43, 刑5, 9b		無妻男財産, 免徴燒埋銀	尚書刑部據河間路申
至元7. 5	通 17, 11b		孤老殘疾	尚書省, 戸部呈
至元7. 5	正 條27, 賦役152		孤老殘疾開除差額	戸部呈
至元7. 5. 6	高 31			東京行尚書省軍
至元7. 5. 11	典 42, 刑4, 24a	☆	年老打死人贖罪	早, 爲本庵驅奴跋僧問蒲民
至元7. 5. 15	高 31			洪文系
至元7. 5. 16	高 31			惟裀自剄
至元7. 5. 17	高 31			使回言
至元7. 5. 21	高 31			大軍次王京
至元7. 5. 23	高 31			行者與禃議定
至元7. 5. 24	高 31			累與禃議
至元7. 5. 27	高 31			禃入居舊京

至元7.5.29	高 31			禃始聽從
至元7.6	典 8, 吏2, 12a		達魯花赤弟男承廕	尚書省准中書省
至元7.6	典 16, 戸2, 9a		祗應酒麹則例	中書戸部承奉
至元7.6	典 35, 兵2, 7a		開元路打捕不禁弓箭	尚書省准中書省咨
至元7.6	典 38, 兵5, 7a		禁地圍場, 奴告主者爲良	尚書刑部承奉
至元7.6	典 40, 刑2, 17a		佐職提控罪囚	御史臺奉尚書省
至元7.6	典 51, 刑13, 17b		捕放火人, 同強盜罪賞	尚書刑部爲曹州申
至元7.6	通 19, 3b		又(捕盜責限)	尚書省, 刑部呈
至元7.6.1	高 31			禃遣人報
至元7.6.2	高 31			世子愖報言
至元7.6.2	高 31			晩, 禃報
至元7.6.3	高 31			世子愖報
至元7.6.12	典 36, 兵3, 5a	至元8.8	職官占住館驛	奏
至元7.6.12	站 2, 上28			速古兒赤明安答兒
至元7.6.12	站 9, 下97	至元8.8	職官占住館驛	奏
至元7.6.20	站 2, 上28			樞密院奏
至元7.6.21	典 34, 兵1, 35a	至元7.7.23	回軍米藥	本院奏
至元7.7	典 18, 戸4, 26a		姪兒不得收嬸母	尚書戸部據河間路申
至元7.7	典 22, 戸8, 68a		賃房租不合理税	尚書戸部據中都路申
至元7.7	典 42, 刑4, 25a		醫死人斷罪	尚書戸部承奉
至元7.7.9	站 2, 上28			益都路言
至元7.7.20	高 31			安童奉頭輦哥
至元7.7.23	典 34, 兵1, 35a		回軍米藥	尚書戸部承奉
至元7.8	典 13, 吏7, 1b		官職同者, 以先授在上	御史臺, 來申
至元7.8	典 17, 戸3, 12a		抄數後分房者聽	尚書戸部近據太原路申
至元7.8	典 18, 戸4, 26a		漢兒人不得接續	尚書省, 戸部呈
至元7.8	典 22, 戸8, 69a		倒死牛肉不須税	司農司據冠州申
至元7.8	通 2, 1a		戸例	尚書省, 戸部
至元7.8	站 2, 上28			省部定擬
至元7.8.8	典 36, 兵3, 5a	至元8.8	職官占住館驛	承奉兵部符文
至元7.8.8	站 9, 下97	至元8.8	職官占住館驛	承奉兵部符文
至元7.9	典 9, 吏3, 1a		勾當官九品職官内選任	尚書吏禮部承奉
至元7.9	典 38, 兵5, 7a		蒙古軍圍臘不斷鞍馬	尚書省據刑部呈
至元7.9	典 51, 刑13, 8b		獲賊准過不給賞	尚書刑部據東平府汶上縣
至元7.9	通 13, 15b		剋除俸祿	尚書省, 御史臺呈
至元7.9	通 30, 11b		堤渠橋道	近欽奉聖旨
至元7.9.5	典 42, 刑4, 9a	☆	主誤傷佃婦致死	劄付

世祖至元７年(1270)

至元7.9.7	典 45, 刑7, 2b	大徳11.6	強奸幼女處死	聞奏過, 奉聖旨
至元7.9.10	典 42, 刑4, 13a	至元8.4	神刀傷死	未時, 於張老家内祝神
至元7.9.28	站 2, 上28			大理鄯闡金齒宣慰司呈
至元7.10	典 14, 吏8, 1b		執政官外任不書名	尚書禮部會驗舊例
至元7.10	典 22, 戸8, 63b		貿易田産収税	尚書戸部承奉
至元7.10	典 30, 禮3, 17a		祈風雨不得支破官錢	尚書戸部承奉
至元7.10	典 33, 禮6, 14a		行孝割股不賞	御史臺爲新城縣
至元7.10	典 51, 刑13, 17a		捕盜官身故難議追罰	尚書刑部據益都路申
至元7.10	典 58, 工1, 9a		鞊休畫雲龍犀	大府監備
至元7.10	正 斷12, 廄庫404		貿易収税	戸部呈
至元7.10	賦 49a		議親議故/尊貴	禮部檢舊例
至元7.10.26	站 2, 上29			司農司言
至元7.11	典 19, 戸5, 15a		質壓田宅, 依例立契	尚書戸部照得
至元7.11	典 19, 戸5, 15a	至元7.11	質壓田宅, 依例立契	自＊爲始
至元7.11	站 1, 上3			立諸站都統領使司
至元7.11	站 2, 上29			河北按察司言
至元7.11.1	典 42, 刑4, 11a	至元10.11	戲殺准和	與小舅趙羊頭作戲, 相奪乾麻
至元7.11.9	站 2, 上29			始立諸站都統領使司
至元7.11.18	典 30, 禮3, 8b	至元7.12	禁喪葬紙房子	奏過數内
至元7.11.18	典 30, 禮3, 12a	至大1.12	禁約厚葬	奏過數内
至元7.11.18	通 16, 3a	至元7.R11	立社巷長	奏奉聖旨
至元7.11.18	正 條25, 田令67	至元7.R11	立社	奏奉聖旨
至元7.11.25	高 32			中書省奏
至元7.R11	典 18, 戸4, 15a		官員部内結婚	尚書省先爲來呈
至元7.R11	典 29, 禮2, 9a		改換海青牌面	中書兵刑部承奉
至元7.R11	典 45, 刑7, 2b	大徳11.6	強奸幼女處死	尚書省, 右三部呈
至元7.R11	典 45, 刑7, 2b	大徳11.3	重刑公事, 毋得亂行申覆	順徳路問到
至元7.R11 (8)	典 54, 刑16, 2a		被盜枉勘平民	尚書刑部奉
至元7.R11	通 16, 3a		立社巷長	尚書省, 司農司呈
至元7.R11	正 條25, 田令67		立社	尚書省, 司農司呈
至元7.R11	高 32			下詔, 諭王禃
至元7.R11	高 33			詔禃曰
至元7.R11	賦 70a		條不必正也	尚書省, 刑部呈
至元7.R11.15	典 58, 工1, 7b	大徳11.1	禁軍民段疋服色等第	承奉中書省劄付
至元7.R11.16	典 20, 戸6, 13b	至元7.R11.19	僞鈔堪以行使處死	聞奏過
至元7.R11.16	典 20, 戸6, 13b	至元7.R11.20	僞鈔不堪行使流遠	聞奏過
至元7.R11.19	典 20, 戸6, 13a		僞鈔堪以行使處死	尚書省據刑部來呈

至元7.R11.20	典 20,戸6,13b		僞鈔不堪行使流遠	尚書省,來呈
至元7.R11.23	典 30,禮3,11a		移葬嫁母骨殖	尚書省,刑部
至元7.12	典 18,戸4,33a		服内成婚	尚書戸部契勘
至元7.12	典 22,戸8,39b		任内失過私鹽	尚書吏部照得
至元7.12	典 30,禮3,8b		禁喪葬紙房子	尚書刑部奉
至元7.12	典 30,禮3,12a	至大1.12	禁約厚葬	尚書省准中書省
至元7.12	典 41,刑3,17a		居喪爲嫁娶者徒	尚書戸部契勘
至元7.12	通 3,9a		賣子圓聚	尚書省,御史臺呈
至元7.12	通 22,2a		曹狀	欽奉聖旨
至元7.12	青 4,11b	至元8.5.27	〈奏議〉	内般載至和擢所
至元7.12.2	高 34			下詔,諭禃
至元7.12.8	典 57,刑19,13b	大徳7.5	賞捕私宰牛馬	與尚書省并大司農司官勾集
至元7.12.17	典 42,刑4,26a	至元8.4.24	自傷致死	…令馮三兒與佃客趙丑斳草
至元7.12.27	典 30,禮3,15a	至元8.1	祭社稷風雨例	奏定事目
至元7.12.27	典 57,刑19,13b	大徳7.5	賞捕私宰牛馬	奏定事内

至元8年(辛未, 1271)

至元8	典 9,吏3,19a	至元22.4	選醫學教授	蒙省部已有議究
至元8	典 11,吏5,4之5b	大徳6.7	患病侍親格限	元定職官
至元8	典 14,吏8,10b	大徳4.2	檢目譯史繫歴	詔書内一款
至元8	典 18,戸4,15b	至元19.1	牧民官娶部民	欽奉聖旨
至元8	典 21,戸7,5a	至元19	設立常平義倉	奏准
至元8	典 22,戸8,28b	延祐6.8.13	鹽法通例	刑部准中書省劄付
至元8	典 22,戸8,31b	延祐6.8.13	鹽法通例	刑部呈准
至元8	典 22,戸8,68b		借絲還絹不税	尚書戸部,來申
至元8	典 28,禮1,2a	大徳7.8.20	禮儀社直	已定儀式
至元8	典 28,禮1,2a	大徳7.8.20	禮儀社直	奏准儀式行禮
至元8	典 29,禮2,6b		又(娼妓服色)	尚書省准中書省
至元8	典 31,禮4,2a	至元21.5	用蒙古字	欽奉聖旨條畫
至元8	典 35,兵2,6a		察司懸帶弓箭	御史臺據各道按察司申
至元8	典 37,兵4,5b	大徳5.5	入遞文字	兵刑部奉省判
至元8	典 49,刑11,21a	大徳7.3	親屬相盜免刺	前部議擬
至元8	典 57,刑19,13b	大徳7.5	賞捕私宰牛馬	承奉尚書省劄付
至元8	典 58,工1,9a		磁器上不用金	御史臺奉尚書省劄付
至元8	典 新禮,沈刻7a	大徳8.4	祭祀社稷體例	尚書奏准
至元8	典 新刑,頭疋1b	延祐7	禁宰馬牛及婚姻筵席品味	中書省與尚書省
至元8	典 新刑,頭疋1b	延祐7	禁宰馬牛及婚姻筵席品味	欽奉聖旨條畫
至元8	通 2,27a	至元9.1.4	又(以籍爲定)	軍籍爲定
至元8	通 4,5a	大徳1.5	又(嫁娶)	欽奉聖旨

至元8	通 27, 19a	大徳7. 8	拜賀行禮	奏准, 儀式行禮
至元8	正 斷11, 廏庫384		掃刮鹻土	刑部呈
至元8	官 58		〈籍田署〉	立
至元8	官 58	至元23. 11. 20	〈籍田署〉	元科
至元8	官 67		〈修内司〉	始置
至元8	倉 16			以和糴糧及諸河倉所撥
至元8	驛 1, 下145			兵部呈准
至元8	永 7507, 24a	至元19	設立常平倉事	奏准
至元8	賦 42b		事須追究而正	婚姻條畫内節該
羊兒年	通 3, 16b	至元25. 10. 16	又(婚姻禮制)	條畫聖旨裏
至元8. 1	典 12, 吏6, 40a		典史不得權縣事	尚書禮部承奉
至元8. 1	典 14, 吏8, 7a	至元19. 10	用蒙古字標譯事目	欽奉聖旨教習蒙古文字條畫
至元8. 1	典 30, 禮3, 11a		墓上不得蓋房舍	尚書省准中書省咨該
至元8. 1	典 30, 禮3, 15a		祭社稷風雨例	中書省據大司農司呈
至元8. 1	典 31, 禮4, 1a		蒙古學校	皇帝聖旨
至元8. 1	典 42, 刑4, 22a		男打死母奸夫	尚書省據刑部呈
至元8. 1	典 44, 刑6, 8a		毆詈不准攔告	尚書刑部承奉
至元8. 1	典 51, 刑13, 11a		事主獲賊無賞	尚書省近據樞密院呈
至元8. 1	典 57, 刑19, 15a	延祐3. 4	李萬戸宰馬	欽奉聖旨
至元8. 1	通 9, 4b		又(服色)	中書省照得
至元8. 1	通 20, 7a		又(獲賊)	尚書省, 樞密院呈
至元8. 1	通 27, 15b		又(卑幼私債)	尚書省, 御史臺呈
至元8. 1	正 條30, 賞令269		獲賊	樞密院呈
至元8. 1	正 條34, 獄官361		又(罪囚衣糧等)	刑部呈
至元8. 1	正 斷9, 廏庫282		私宰馬牛	中書省與尚書省并大司農司官
至元8. 1	站 1, 上3			中書省議
至元8. 1. 1	典 18, 戸4, 1b表	☆	〈婚姻〉	自＊爲始
至元8. 1. 1	典 18, 戸4, 33a	至元7. 12	服内成婚	自＊爲始
至元8. 1. 1	典 41, 刑3, 17a	至元7. 12	居喪爲嫁娶者徒	自＊爲始
至元8. 1. 12	高 34			禃遣金諫
至元8. 1. 23	典 新禮, 沈刻6b	大徳8. 4	祭祀社稷體例	尚書省奏過事内
至元8. 1. 25	典 18, 戸4, 2b	至元8. 2	嫁娶聘財體例	自＊爲始
至元8. 1. 25	典 18, 戸4, 29a	至元10	有妻許娶妾例	以前
至元8. 1. 25	站 2, 上29			中書省議
至元8. 1. 25	婚 152	至元8. 2	至元婚禮	截自＊爲始
至元8. 1. 28	典 28, 禮1, 12a	至元16. 3	察司不須迎送接待	劄付
至元8. 2	典 9, 吏3, 46a		縣尉專一巡捕	尚書吏部承奉
至元8. 2	典 13, 吏7, 5b		行移公事程限	欽奉聖旨
至元8. 2	典 13, 吏7, 7a		三催不報問罪	尚書省, 來呈
至元8. 2	典 18, 戸4, 2a		嫁娶聘財體例	欽奉聖旨
至元8. 2	典 18, 戸4, 6b	至元10. 12	女婿在逃, 依婚書斷離	申奉到尚書戸部符文

至元8.2	典 18,戸4,27a	至元13.3	守志婦不収繼	欽奉聖旨條畫
至元8.2	典 22,戸8,68b	至元8.8	農器不得収税	承奉尚書省劄付
至元8.2	典 28,禮1,6a		進表騎長行馬	尚書兵部奉
至元8.2	典 29,禮2,12a		宣敕給付子孫	中書省近准尚書省咨
至元8.2	典 33,禮6,14a		禁臥氷行孝	御史臺據山東東西道按察司申
至元8.2	典 43,刑5,10a		無人口,免徵燒埋銀	尚書省,刑部呈
至元8.2	典 48,刑10,8a		官吏取受錢物,御史臺作數	尚書省據御史臺呈
至元8.2	通 3,14b		又(婚姻禮制)	欽奉聖旨條畫
至元8.2	通 3,17a		又(夫亡守志)	欽奉聖旨
至元8.2	通 4,1a		嫁娶	欽奉聖旨
至元8.2	通 6,31b		除授身故	中書省議得
至元8.2	通 19,8b		追捕	中書省,刑部呈
至元8.2	正 條29,捕亡238		録事司捕盜	刑部呈
至元8.2	婚 151		至元婚禮	據中書省奏定民間嫁娶婚姻聘財等事
至元8.2.7	典 39,刑1,6a	至元8.3	都省不催重刑	奏讀
至元8.2.9	典 29,禮2,12a	至元8.2	宣敕給付子孫	聞奏過
至元8.2.12	典 41,刑3,21b		欲奸親女未成	尚書省近據來呈
至元8.2.24	典 51,刑13,4b		録事司巡捕事	刑部奉省劄
至元8.2.26	典 42,刑4,24b	至元8.3	心風殺人上請	奏奉聖旨
至元8.2.27	典 11,吏5,3a	至元8.5	官員患病曹状	自＊患病
至元8.3	典 10,吏4,8a		無照會急闕,許禮任	尚書吏部據平陽路恩州等處申
至元8.3	典 17,戸3,1b		戸口條畫	欽奉合罕皇帝聖旨
至元8.3	典 19,戸5,15b		賣業寺觀不爲隣	尚書省,來呈
至元8.3	典 22,戸8,63b		聘財依例投税	尚書戸部據眞定路申
至元8.3	典 36,兵3,21a		品從鋪馬例	尚書兵部承奉
至元8.3	典 37,兵4,7a		鋪兵不轉諸物	尚書兵部近准各部關
至元8.3	典 39,刑1,6a		都省不催重刑	御史臺承奉
至元8.3	典 42,刑4,24b		心風殺人上請	尚書刑部奉尚書省判
至元8.3	通 2,2a		又(戸例)	欽奉聖旨
至元8.3	通 3,4b		又(戸絶財産)	尚書省,戸部呈
至元8.3	通 4,4a		又(嫁娶)	中書省,戸部呈
至元8.3	通 27,1b		兵杖應給不應給	御史臺據各道提刑按察司申
至元8.3	官 53		〈肅政廉訪司〉	河東山西道
至元8.3	站 9,下84		品從鋪馬例	尚書兵部承奉
至元8.3	賦 98a		六贓計絹	刑部與戸部議得
至元8.3	青 4,22b	至元9.7.15	〈奏議〉	自＊爲始至今
至元8.3	青 4,23a	至元9.7.15	〈奏議〉	自＊至九年五月

世祖至元８年(1271)

至元8. 3. 9	典 35, 兵2, 6a	至元8	察司懸帶弓箭	聞奏過
至元8. 3. 9	通 27, 1b	至元8. 3	兵杖應給不應給	聞奏過
至元8. 3. 19	典 23, 戸9, 12a	至元8. 4. 3	開田栽桑年限	聞奏過
至元8. 3. 21	典 41, 刑3, 6b	☆	毆死弟	符文
至元8. 3. 23	青 4, 7a		〈奏議〉	監察御史言
至元8. 3. 26	典 42, 刑4, 8a	☆	因鬪咬傷致死	劄付
至元8. 4	典 11, 吏5, 9a		病假百日作闕	尚書吏部照得
至元8. 4	典 19, 戸5, 8a		寡婦無子承夫分	尚書省據戸部呈
至元8. 4	典 39, 刑1, 6a		重刑不待秋分	尚書省
至元8. 4	典 42, 刑4, 13a		神刀傷死	奉尚書省劄付
至元8. 4	通 4, 7b		又(嫁娶)	尚書省, 御史臺呈
至元8. 4	通 4, 11a		又(親屬分財)	尚書省, 戸部呈
至元8. 4	站 2, 上29			陝西四川等處提刑按察司言
至元8. 4	高 34			禃降旨, 諭禃
至元8. 4. 2	青 4, 7b		〈奏議〉	竊惟欲致天下之治
至元8. 4. 3	典 23, 戸9, 12a		開田栽桑年限	御史臺承奉
至元8. 4. 24	典 42, 刑4, 26a		自傷致死	尚書省, 來呈
至元8. 4. 24	青 4, 8a		〈奏議〉	竊見聖主即位
至元8. 4. 24	青 4, 9a		〈奏議〉	竊惟君猶天也
至元8. 5	典 11, 吏5, 3a		官員患病曹狀	中書省據御史臺
至元8. 5	典 18, 戸4, 19a		離異買休妻例	尚書戸部承奉
至元8. 5	典 21, 戸7, 14a		免追去官不應支錢	尚書戸部近奉
至元8. 5	通 13, 11b		又(俸祿職田)	尚書省中書省御史臺一同議得
至元8. 5	通 22, 2b		又(曹狀)	中書省, 御史臺呈
至元8. 5	站 2, 上29			御史臺言
至元8. 5	高 34			詔諭禃曰
至元8. 5	高 35			忻都等攻破
至元8. 5	賦 94a		妻非幼而准於幼	上都路留守司
至元8. 5. 7	青 4, 9a		〈奏議〉	照得, 近例州縣不滿千戸者
至元8. 5. 8	青 4, 10a		〈奏議〉	襄陽蕞爾一城
至元8. 5. 16	青 4, 10b		〈奏議〉	比聞, 朝廷以山東蝗旱
至元8. 5. 20	典 58, 工1, 9a	至元8. 6	解鏵休做龍頭	准蒙古文字譯該
至元8. 5. 27	青 4, 11b		〈奏議〉	今體知得, 外路客旅於上都
至元8. 5. 29	青 4, 13a		〈奏議〉	近爲察到上都萬盈倉飛鈔事
至元8. 6	典 18, 戸4, 6b	至元10. 12	女婿在逃, 依婚書斷離	承奉尚書省劄付
至元8. 6	典 19, 戸5, 8b		戸絶家産斷例	御史臺承
至元8. 6	典 58, 工1, 9a		解鏵休做龍頭	御史臺奉尚書省
至元8. 6	通 3, 2a		親在分居	尚書省, 御史臺呈
至元8. 6	通 13, 17a		作闕住俸	尚書省, 戸部呈
至元8. 6	高 35			世子愖

至元8.6.1	站 2,上30			東路都元帥也速解兒軍馬南征
至元8.6.5	青 4,14a		〈奏議〉	竊惟皇后之尊
至元8.6.6	高 35			禃遣鄭子璵
至元8.6.8	典 14,吏8,6b	至元9.4.22	禁治虚檢行移	自＊
至元8.6.17	青 4,14b		〈奏議〉	照得,唐制宰相修時政記
至元8.7	典 11,吏5,3b		官員違限責罰	御史臺准
至元8.7	典 17,戸3,12a		父母在,許令支析	御史臺承
至元8.7	典 18,戸4,2b		女婿財錢定例	平陽路奉尚書戸部符文
至元8.7	典 18,戸4,30a		逃驅妾冒良人爲婚	尚書戸部據中都路來申
至元8.7	典 22,戸8,66a		匿税房院二十年収税	尚書戸部據大都路來申
至元8.7	典 22,戸8,68a		無重納起税例	尚書戸部據都提擧漕運司申
至元8.7	典 30,禮3,2b		革去諸人拜門	尚書戸部承奉
至元8.7	典 42,刑4,9b		驚死年幼	尚書刑部,來申
至元8.7	通 4,8b		又(嫁娶)	尚書省,戸部呈
至元8.7	通 14,又17b		又(運糧作弊)	尚書省,御史臺呈
至元8.7.3	典 45,刑7,12b		容奸受錢追給	尚書刑部據中都路來申
至元8.7.13	青 4,15a		〈奏議〉	風聞,中書省奏特訥克國王
至元8.7.21	典 22,戸8,68a	至元8.8	農器不得収税	先令焦大押運犂耳七百
至元8.8	典 16,戸2,8a		應副鷹鶻分例	尚書省准
至元8.8	典 18,戸4,12b		夫自嫁妻	尚書省據大都路
至元8.8	典 22,戸8,68a		農器不得収税	尚書戸部據中都等處民匠打捕
至元8.8	典 35,兵2,6b		江南官員許把軍器	中書省准行省咨
至元8.8	典 36,兵3,5a		職官占住館驛	御史臺據河北河南按察司申
至元8.8	典 59,工2,1a		修理道路堤岸	尚書省據大司農司呈
至元8.8	通 13,1a		俸禄職田	中書省,戸部呈
至元8.8	通 17,12a		壹産參男	尚書省,御史臺呈
至元8.8	站 9,下97		職官占住館驛	御史臺據河北河南按察司申
至元8.8	驛 1,下158			中書省定到
至元8.8.6	站 2,上30			御史臺據河北河南道按察司申
至元8.8.11	高 36			忽林失至高麗
至元8.8.11	青 4,15b		〈奏議〉	竊惟國家開創以來,其增崇文物
至元8.9	典 30,禮3,1a		婚姻禮制	尚書禮部契勘

至元8.9	典 33,禮6,12b		一産三男免役	御史臺爲河北河南按察司申
至元8.9	典 53,刑15,6a		状外不生餘事	尚書戸部呈
至元8.9	通 3,12a		婚姻禮制	尚書省,戸部呈
至元8.9.6	高 36			補遣徐稱
至元8.9.25	典 50,刑12,5b		婿燒妻家房舎離異	尚書刑部符文
至元8.10	典 42,刑4,28a		狗咬死人	中書戸部據管鷹房打捕民匠總管伯帖木兒
至元8.10	典 57,刑19,33a		禁治貫刀乞化	尚書刑部,尚書省判送
至元8.10	通 22,3a		又(曹状)	尚書省,御史臺備殿中司呈
至元8.10	正 條32,假寧308		曹状	御史臺備殿中司呈
至元8.10	驛 1,下153			通制＊工部呈
至元8.10	高 36			遣惧還國
至元8.10.9	高 36			脱脱兒卒
至元8.10.10	通 3,5b		醫戸析居	太醫院奏
至元8.10.11	青 4,16a		〈奏議〉	竊惟古之將士
至元8.10.11	高 36			補遣李昌慶
至元8.10.20	典 42,刑4,24a	☆	年老打死人贖罪	聞奏過
至元8.10.20	無 上,9a	至元6.12.25	親老無侍犯徒以上罪名	奏准斷決
至元8.10.21	典 45,刑7,13a		篤疾犯奸免罪	尚書刑部符文該
至元8.10.23	青 4,16b		〈奏議〉	照得,在先提擧諸路交鈔如王渙
至元8.11	典 1,詔1,2b		建國號詔	欽奉聖旨
至元8.11	典 18,戸4,13b		舅姑不得嫁男婦	尚書戸部,來申
至元8.11	典 36,兵3,21b		軍官起鋪馬例	御史臺據山東東西道按察司申
至元8.11	典 38,兵5,2a		禁捕鵰鶻鵝鶬	尚書省劄付
至元8.11	典 42,刑4,26a	至元10.8	男婦自害,親屬要錢追還	刑部承奉尚書省劄付
至元8.11	典 42,刑4,26b	至元10.8	男婦自害,親屬要錢追還	禁約已前
至元8.11	典 58,工1,9a		鞍轡靴箭休用金	中書右三部承奉
至元8.11	通 8,12a		器物飾金	尚書省欽奉聖旨
至元8.11	通 8,12a		又(器物飾金)	中書省欽奉聖旨
至元8.11	正 條34,獄官362		又(罪囚衣糧等)	刑部呈
至元8.11.12	典 38,兵5,2a	至元8.11	禁捕鵰鶻鵝鶬	准中書省咨
至元8.11.15	典 28,禮1,8a		迎接合行禮數	斡耳朶裏奏准
至元8.11.15	通 8,3b		又(賀謝迎送)	大司農奏
至元8.12	典 18,戸4,23a		収小娘阿嫂例	中書省
至元8.12	典 18,戸4,23b	至元9.10	小叔収阿嫂例	欽奉聖旨
至元8.12	典 28,禮1,11a	大徳7.9.20	迎接	尚書省備御史臺呈
至元8.12	通 4,13b		又(鰥寡孤獨)	尚書省,御史臺呈

至元8. 12	通 8, 10a		又(賀謝迎送)	尙書省, 御史臺呈
至元8. 12	站 2, 上30			山東東西道提刑按察司言
至元8. 12	站 2, 上31			中書省據御史臺
至元8. 12. 3	典 8, 吏2, 18a	至元9. 10	品官子孫當儤使	承奉尙書省劄付
至元8. 12. 8	典 18, 戸4, 23a	至元8. 12	收小娘阿嫂例	荅失蠻·相哥二箇文字譯該
至元8. 12. 14	典 18, 戸4, 27a	至元13. 3	守志婦不收繼	欽奉聖旨
至元8. 12. 15	靑 4, 17a		〈奏議〉	竊見西南國家重地, 其所以撫養
至元8. 12. 25	靑 4, 27a		〈奏議〉	欽奉聖旨節該

至元9年(壬申, 1272)

至元9	典 12, 吏6, 29a	至元25. 4	通事宣使等出身	例革例
至元9	典 18, 戸4, 19a		定婦犯奸棄娶	御史臺據按察司
至元9	典 18, 戸4, 19b		犯奸妻轉賣爲驅	中書省劄付
至元9	典 29, 禮2, 3b		提控都吏目公服	中書禮部近據濮州申
至元9	典 41, 刑3, 23a		厭鎭	中書省劄付
至元9	典 53, 刑15, 20a		大名字折證的休提	中書兵刑部奉
至元9	典 54, 刑16, 29a		民官影占民戸	御史臺, 提刑按察司申
至元9	典 57, 刑19, 11a		禁殺羊羔兒例	中書省劄付
至元9	驛 1, 下142			兵部呈准
至元9	秘 1, 1b	大德9. 7. 13	〈立監〉	自＊設立
至元9	秘 1, 8a	大德9. 7. 13	〈設幕府〉	自＊設立
至元9	秘 3, 3a	大德9. 10. 25	〈印章〉	自＊設立
至元9	賦 8a		文有未備/戲殺	斷過高萬奴
至元9. 1	典 15, 戸1, 3a		假告事故俸例	中書左三部承奉
至元9. 1	典 30, 禮3, 17b		革去拜天	中書吏禮部承奉都堂鈞旨
至元9. 1	典 45, 刑7, 15b		主奸奴妻	中書兵刑部據延安路申
至元9. 1	通 6, 5a		又(五事)	中書省, 吏部呈
至元9. 1	高 36			王惟状言
至元9. 1	靑 4, 18b	至元9. 4. 25	〈奏議〉	大都自＊至今
至元9. 1. 4	通 2, 24b		又(以籍爲定)	樞密院奏
至元9. 1. 8	倉 5		〈各路倉〉	省劄
至元9. 1. 10	高 36			禃遣白鋸
至元9. 1. 17	高 37			與洪文系偕行
至元9. 1. 21	典 14, 吏8, 6b	至元9. 4. 22	禁治虛檢行移	至＊
至元9. 1. 21	典 14, 吏8, 6b	至元9. 4. 22	禁治虛檢行移	總府文解
至元9. 2	典 23, 戸9, 12a		道路栽植榆柳槐樹	欽奉聖旨
至元9. 2	典 23, 戸9, 14a		興擧水利	欽奉聖旨
至元9. 2	典 30, 禮3, 15b		祭郊社風雨例	中書省, 禮部承奉

世祖至元９年(1272)

至元9.2	典 42, 刑4, 26b	至元10.8	男婦自害, 親屬要錢追還	據延安縣軍戶張禄告
至元9.2	通 16, 5a		農桑	欽奉聖旨
至元9.2	正 條26, 田令82		又(禁擾農民)	聖旨節該
至元9.2	高 37			遣馬璘使高麗
至元9.2.2	青 4, 17b		〈奏議〉	竊惟京都天下之根本
至元9.2.13	高 37			禃致書於日本國王, 使通好天朝
至元9.2.19	青 4, 17b		〈奏議〉	竊見大都路
至元9.2.24	青 4, 18a		〈奏議〉	照得, 欽奉登寶位詔書
至元9.2.28	典 45, 刑7, 13a		定婚妻犯奸	尚書刑部承奉
至元9.3	典 28, 禮1, 6a		表匣不得支破官錢	中書戶部據太原京兆等路申
至元9.3	典 34, 兵1, 6a		查照軍籍當役	中書省據樞密院
至元9.3	通 8, 8a		又(賀謝迎送)	中書吏禮部, 濮州申
至元9.3	高 46		〈眈羅〉	鐵匠高棲
至元9.3.16	典 41, 刑3, 16b	☆	奴殺本使次妻	大名路申奉到
至元9.4	典 34, 兵1, 4a		分揀軍戶	欽奉聖旨
至元9.4	典 42, 刑4, 26a		自行渰死	中書兵刑部, 來申
至元9.4	典 51, 刑13, 13b		權官止依捕盜官停俸	中書省劄付
至元9.4	高 37			李益至高麗
至元9.4.11	典 57, 刑19, 11a	至元9	禁殺羊羔兒例	奉聖旨
至元9.4.22	典 14, 吏8, 6b		禁治虛檢行移	御史臺據監察呈
至元9.4.25	青 4, 18b		〈奏議〉	體察得, 大都
至元9.5	站 2, 上31			中書工部差委造甲官馳驛
至元9.5	青 4, 23a	至元9.7.15	〈奏議〉	至＊十五箇月內除元著包鈔
至元9.5.19	通 27, 11a		漢人毆蒙古人	中書省欽奉聖旨
至元9.5.25	青 4, 19a		〈奏議〉	至二十六日, 大都
至元9.5.26	青 4, 19a	至元9.5.25	〈奏議〉	大都大雨
至元9.6	典 23, 戶9, 15a		災傷地稅住催	中書省據御史臺
至元9.6	通 30, 13a		判署提調	中書工部照得
至元9.6.6	典 51, 刑13, 11a		事主獲盜, 官收賞錢	中書兵刑部近據大都路來申
至元9.6.21	倉 13			中書工部奉省判
至元9.6.28	典 18, 戶4, 21b		婿死不回財例	中書戶部, 來申
至元9.7	典 51, 刑13, 9a		別境獲賊, 准過捉事人旌賞	中書兵刑部據泰安州來申
至元9.7	通 4, 9a		又(嫁娶)	中書省議得
至元9.7	正 條34, 獄官343		非理鞫囚	御史臺呈
至元9.7.13	青 4, 21a		〈奏議〉	竊見天下之事
至元9.7.15	青 4, 22a		〈奏議〉	竊見上年包銀絲料稅糧

至元9. 7. 17	青 4, 20b		〈奏議〉	照得, 唐制常參官
至元9. 7. 21	典 41, 刑3, 23a	至元9	厭鎮	布布魯麻里奏
至元9. 7. 21	典 57, 刑19, 26b	至元9. 8	禁貨賣假藥	阿合馬奏
至元9. 7. 27	南 2611, 3a	至正11. 6. 17	建言燒鈔	與陝西省參政温中奉一同監督
至元9. 8	典 12, 吏6, 31a		人吏優假讀書	中書省判送
至元9. 8	典 53, 刑15, 18a		老疾合令代訴	中書兵刑部承奉
至元9. 8	典 57, 刑19, 26b		禁貨賣假藥	中書兵刑部承奉
至元9. 8	通 5, 18a		又 (科擧)	中書省, 御史臺呈
至元9. 8	通 8, 2b		臣子避忌	中書省木八剌脱因乃蒙古文字譯該
至元9. 8	通 28, 20a		又 (闌遺)	中書省, 刑部呈
至元9. 8	站 1, 上3			諸站都統領使司
至元9. 8	站 2, 上31			中興按察司言
至元9. 8	站 2, 上32			西京脱脱禾孫
至元9. 8	站 2, 上32			諸站都統領使司
至元9. 8	驛 1, 下153			兵部呈
至元9. 8	青 4, 25a	至元9. 9. 10	〈奏議〉	内承州帖
至元9. 8. 24	典 33, 禮6, 12b	至元10. 2	魏阿張養姑免役	承奉中書省判送
至元9. 9	典 30, 禮3, 14a		祭祀典神祇	中書吏部據各路
至元9. 9	典 40, 刑2, 9a		又 (罪囚無親給糧)	中書戸部承奉
至元9. 9. 10	青 4, 24b		〈奏議〉	竊惟父母三年之喪, 從古以來
至元9. 10	典 8, 吏2, 18a		品官子孫當傒使	中書禮部承奉
至元9. 10	典 14, 吏8, 6b		禁治無檢空解	中書兵刑部奉
至元9. 10	典 18, 戸4, 23a		小叔収阿嫂例	中書兵刑部, 來申
至元9. 10	典 22, 戸8, 61a		紫竹扇扞收買給引	中書戸部承奉
至元9. 10. 6	青 4, 25b		〈奏議〉	竊惟國家愛養百姓, 所以備用也
至元9. 10. 8	青 4, 26b		〈奏議〉	太廟省牲
至元9. 10. 22	典 49, 刑11, 15a		盗贓無償折償	歸德府爲睢陽縣賊人
至元9. 11	典 42, 刑4, 26b	至元10. 8	男婦自害, 親屬要錢追還	據安塞寨申
至元9. 11	站 2, 上32			河間路備清州會川縣言
至元9. 11	秘 1, 1a		〈立監〉	太保劉秉忠…奉聖旨
至元9. 11. 15	高 46		〈耽羅〉	中書省奏
至元9. 11. 24	通 6, 10b	至元19. 12	廕例	承奉中書省判送
至元9. 11. 30	典 42, 刑4, 11a		因戲殺人	中書刑部符文
至元9. 12	典 11, 吏5, 1a		管民官兼奥魯	欽奉聖旨
至元9. 12	典 39, 刑1, 8b		蒙古人犯罪散収	中書兵刑部承奉
至元9. 12	正 條34, 獄官363		又 (罪囚衣糧等)	大都路申
至元9. 12. 11	青 4, 26b		〈奏議〉	竊見大都修造宮闕
至元9. 12. 20	通 4, 12a		畏兀兒家私	欽奉聖旨

至元10年(癸酉, 1273)

至元10	典 15, 戸1, 4a	大德11. 11	枉被賍誣停職俸例	省部元擬
至元10	典 18, 戸4, 21b		夫亡聽婦守志	中書戸部, 來申
至元10	典 18, 戸4, 23b		叔収兄嫂	中書戸部符文
至元10	典 18, 戸4, 24a		叔収嫂, 又婚元定妻	中書戸部, 來申
至元10	典 18, 戸4, 29a		有妻許娶妾例	御史臺奉
至元10	典 29, 禮2, 3b		禮生公服	中書吏禮部, 河間路申
至元10	典 30, 禮3, 16b		立社稷壇	中書省據大司農司呈
至元10	典 45, 刑7, 19a		奸生男女	兵刑部擬
至元10	驛 1, 下122			省部議
至元10	驛 1, 下127			省部議到事内
至元10	驛 1, 下129			省部定到事内
至元10	驛 1, 下164			行部議得
至元10	秘 3, 17a	大德1. 4. 25	〈守兵〉	自＊設立秘書監
至元10	秘 7, 11a	至元13. 1. 21	〈司天監〉	欽奉聖旨, 合併司天臺
至元10. 1	典 51, 刑13, 17a		捕殺人賊同強盜罪賞	中書右三部爲彰德路申
至元10. 1	通 4, 1b		又 (嫁娶)	中書省, 御史臺呈
至元10. 1	通 13, 11a		又 (俸禄職田)	中書省, 戸部呈
至元10. 1	通 15, 4b		又 (鷹食分例)	中書省會驗
至元10. 1. 4	高 47		〈耽羅〉	左丞相奏
至元10. 1. 18	典 48, 刑10, 2b	大德8. 2	帶行人過錢, 斷罪發還元籍	御史臺呈
至元10. 2	典 28, 禮1, 5a		表章五品官進賀	中書省判送
至元10. 2	典 29, 禮2, 4b		秀才祭丁, 當備唐巾襴帶	中書吏禮部承奉
至元10. 2	典 33, 禮6, 12a		魏阿張養姑免役	中書吏部奉
至元10. 2	通 17, 16b		孝子義夫節婦	中書省, 御史臺備
至元10. 2	通 28, 30a		又 (禁書)	中書省, 大司農孛羅呈奏過
至元10. 2	正 條27, 賦役177		孝子節婦免役	御史臺呈
至元10. 2	秘 3, 1a		〈印章〉	秘書監承奉中書省劄, 省會
至元10. 2	秘 11, 8b		〈典書〉	設二人
至元10. 2. 7	秘 1, 2b		〈設官〉	大司農孛羅奏
至元10. 2. 7	秘 9, 5a	至元10. 2. 7	〈秘書監〉	設監二人
至元10. 2. 7	秘 9, 8a		〈秘書少監〉	設少監二人
至元10. 2. 7	秘 11, 1a		〈令史〉	設二人
至元10. 2. 29	廟 1, 14		釋奠服色	中書吏禮部＊符文
至元10. 3	典 1, 詔1, 3a		立后建儲詔	欽奉聖旨
至元10. 3	典 23, 戸9, 1a		復立大司農司	欽奉聖旨

至元10.3	典 29, 禮2, 5a	大德10.6	南北士服各從其便	吏部奉省判
至元10.3	秘 1, 2b	至元10.2.7	〈設官〉	給從三品印
至元10.3	秘 3, 1b		〈印章〉	中書省送吏禮部
至元10.3.4	典 19, 戸5, 9b		爺的錢物要分子	淄萊路承奉中書戸部
至元10.3.13	典 1, 詔1, 3a	至元10.3	立后建儲詔	授皇后以玉冊
至元10.3.17	典 41, 刑3, 21b		翁戲男婦斷離	中書兵刑部據平陽路申
至元10.3.19	高 47		〈耽羅〉	趙平章等奏
至元10.3.22	典 18, 戸4, 24a		定婚収繼	中書戸部符文
至元10.4	典 18, 戸4, 5a		定婚女再嫁	中書戸部據大都路申
至元10.4	典 22, 戸8, 43a		葡萄酒三十分取一	中書戸部承奉
至元10.4	典 48, 刑10, 8a		官吏贓罰鈔	御史臺據山東東西道按察司申
至元10.4.2	典 45, 刑7, 2a		奸幼女	中書刑部, 來申
至元10.4.9	高 47		〈耽羅〉	忻都·史樞
至元10.4.24	典 49, 刑11, 29a		年老停賊斷罪	中書兵刑據南京路申
至元10.4.28	高 37			忻都領兵入海
至元10.4.28	高 47		〈耽羅〉	攻破耽羅
至元10.5	典 18, 戸4, 24a		定婚夫亡, 小叔再下財求娶	中書戸部據大都路申
至元10.5	典 28, 禮1, 10a		迎接體例	中書吏禮部據平灤路申
至元10.5	典 53, 刑15, 10a		元告人在逃	中書省准尚書省
至元10.5	通 5, 21b		傳習差誤	大司農司, 各道勸農官申
至元10.5	通 19, 9b		又(追捕)	中書省, 兵刑部呈
至元10.5	正 條29, 捕亡231		捕盗責限	兵刑部呈
至元10.5	站 2, 上32			陝西提刑按察司僉事董奉議言
至元10.5	秘 3, 2a		〈印章〉	秘書監蒙中書省分付
至元10.5	無 上, 22a		自縊免檢	中書兵刑部爲中牟縣樊潤告
至元10.5	檢 111(永914, 31b)			汴梁路申
至元10.5.23	典 58, 工1, 7b	大德11.1	禁軍民段疋服色等第	中書省咨
至元10.5.24	典 34, 兵1, 28a		病死軍匠給糧	中書省欽奉聖旨
至元10.6	典 4, 朝1, 7a		依例處決詞訟	彰德路承奉中書戸部符文
至元10.6	典 18, 戸4, 5a		招到女婿棄妻再娶	中書戸部據大都路申
至元10.6	典 18, 戸4, 18a		軍民戸頭得爲婿	樞密院會驗
至元10.6	典 18, 戸4, 26b		兩戸不得収繼	尚書戸部, 來申
至元10.6	高 38			禮遣金忻
至元10.6.9	典 18, 戸4, 8a	至元12.11	定婚奸逃, 已婚爲定	欽奉聖旨

世祖至元10年(1273)

至元10.6.15	典 42, 刑4, 18b		弟毆死兄所寵婢	中書兵刑部符文
至元10.6.16	站 2, 上33			中書省議
至元10.6.18	典 39, 刑1, 7b		軍戸重刑, 總府歸結	樞密院據彰徳路
至元10.6.18	站 2, 上33			兵刑部侍郎奏
至元10.R6	典 17, 戸3, 17a		逃戸抛下地土不得射佃	中書吏禮部承奉
至元10.R6	典 51, 刑13, 13b		交替捕盗官不停俸	中書兵刑部爲博州路申
至元10.R6	通 4, 9b		又(嫁娶)	樞密院照得
至元10.R6	秘 1, 2b	至元10.2.7	〈設官〉	札馬剌丁
至元10.R6.2	秘 9, 5a		〈秘書監〉	扎馬剌丁*
至元10.R6.7	秘 3, 2b		〈印章〉	中書吏部承奉中書省判送
至元10.R6.13	典 42, 刑4, 13a		拴馬誤傷人命	中書兵刑部符文
至元10.R6.18	秘 2, 1a	至元10.10.9	〈禄秩〉	奏奉聖旨
至元10.R6.18	秘 7, 1a		〈司天監〉	太保傳奉聖旨
至元10.7	典 28, 禮1, 1a	大徳7.8.20	禮儀社直	西京路承奉中書兵部符文
至元10.7	典 30, 禮3, 17a		霖雨不止享祭	中書吏禮部奉
至元10.7	通 16, 29a		逃移財産	中書省, 戸部呈
至元10.7	正 條26, 田令129		逃移財産	戸部議得
至元10.7.11	典 30, 禮3, 17a	至元10.7	霖雨不止享祭	聞奏過
至元10.7.19	典 19, 戸5, 9a		戸絶有女承繼	中書戸部, 來申
至元10.7.26	秘 9, 5a		〈秘書監〉	焦友直*
至元10.8	典 42, 刑4, 26a		男婦自害, 親屬要錢追還	中書兵刑部會驗
至元10.8	典 51, 刑13, 17a		迥野失盗, 難議責罰	中書兵刑部, 來申
至元10.8	通 18, 1a		牙保欺蔽	中書省, 斷事官呈
至元10.8	正 條28, 關市221		牙行欺弊	斷事官呈
至元10.9	典 36, 兵3, 6b		使臣不過三站	河南等路行部見欽奉聖旨
至元10.9	典 38, 兵5, 7a		禁地内放鷹	中書兵刑部承奉
至元10.9	通 7, 10b		單丁雇覓	樞密院奏
至元10.9	站 2, 上33			中書兵部議
至元10.9	站 9, 下99		使臣不過三站	河南路行部
至元10.9.3	高 38			焦天翼還朝
至元10.9.12	典 34, 兵1, 30a		單丁殘疾雇替	樞密院奏過事内
至元10.9.18	秘 1, 14a		〈位序〉	秘書監扎馬剌丁
至元10.10	通 28, 34a		蒙古人粥飯	中書省體知得
至元10.10	正 斷2, 職制35		誤毀官文書	戸部呈
至元10.10	站 2, 上34			中書省所委整點站赤斷事官亦捏哥呈
至元10.10	秘 3, 16b		〈公使人〉	爲始設公使人
至元10.10	秘 7, 11a	至元13.1.21		欽奉聖旨
至元10.10	秘 7, 14b		〈司天監〉	北司天臺申
至元10.10	秘 9, 8a		〈秘書少監〉	趙秉温*
至元10.10	秘 9, 8a		〈秘書少監〉	史杠*

至元10.10	秘 11, 1a		〈令史〉	趙欽止＊
至元10.10	秘 11, 1a		〈令史〉	申傑＊
至元10.10	秘 11, 7a		〈奏差〉	設二名
至元10.10	秘 11, 7a		〈奏差〉	忽都魯伯＊
至元10.10	秘 11, 7a		〈奏差〉	蘇徳卿＊
至元10.10	秘 11, 8b		〈典書〉	李思齊＊
至元10.10	秘 11, 8b		〈典書〉	張琚琳＊
至元10.10.7	秘 2, 1a	至元10.10.9	〈禄秩〉	一同…奏
至元10.10.9	秘 2, 1a		〈禄秩〉	秘書監蒙太保大司農省會
至元10.10.19	典 42, 刑4, 13b		射耍鵓兒射死人	中書兵刑部＊符文
至元10.11	典 42, 刑4, 11a		戲殺准和	兵刑部符文
至元10.11	秘 3, 13b		〈紙劄〉	呈
至元10.11 (9)	秘 11, 4b		〈回回令史〉	沙不丁＊
至元10.11.7	秘 7, 17a		〈司天監〉	太保大司農奏過
至元10.12	典 18, 戸4, 5b		女婿在逃, 依婚書斷離	中書戸部承奉中書省判送
至元10.12	高 38			以周世昌充
至元10.12	站 2, 上34			諸站都統領使司
至元10.12.4	秘 3, 10a		〈公移〉	承奉中書省劄付
至元10.12.21	站 2, 上34	至元10.12		省部照擬

至元11年(甲戌, 1274)

至元11	典 32, 禮5, 8a	☆	試驗醫人	例量減二道
至元11	典 57, 刑19, 28a		禁跳神師婆	中書兵刑部
至元11.1	典 42, 刑4, 18b		主打驅死	奉安西王令旨
至元11.1	通 3, 2b		又(親在分居)	中書省, 御史臺呈
至元11.1	正 條27, 賦役178		又(孝子節婦免役)	吏部呈
至元11.1	秘 5, 13b		〈秘書庫〉	照得, 本監欽奉聖旨
至元11.1.14	通 17, 17b		又(孝子義夫節婦)	中書省, 吏禮部呈
至元11.2	典 10, 吏4, 4a		官滿在家聽候	中書吏禮部承奉
至元11.2	典 19, 戸5, 10a		嫡庶分家財例	大名路承奉中書戸部符文
至元11.2	賦 68b		可以殺傷	刑部斷過大都路
至元11.2.4	通 28, 14b		祈賽等事	中書省奏
至元11.2.14	典 57, 刑19, 38a	皇慶2.1	禁投醮捨身燒死賽願	奏
至元11.3	典 11, 吏5, 1a		首領官權奥魯	中書省據吏部呈
至元11.3.4	高 38			遣木速塔八撒木合, 持詔使高麗
至元11.3.5	通 27, 3a		又(兵杖應給不應給)	大司農司奏
至元11.4	典 45, 刑7, 3b	延祐2.2	強奸幼女處死	中書兵刑部, 來申
至元11.4	通 4, 20b		又(奸生男女)	中書省, 戸部呈

世祖至元11年（1274）

至元11.4.3	典 56, 刑18, 6a	至元13.R3	得宿藏物, 地主停分	相合到王四九
至元11.5	典 50, 刑12, 1a	☆	年幼掏摸剌斷	捉獲到
至元11.5	通 17, 1a		地税	中書省, 樞密院呈
至元11.5	正 條27, 賦役136		種地納税	樞密院呈
至元11.5	站 2, 上34			諸站都統領使司
至元11.5.11	高 38			忽都魯怯里迷石
至元11.5.16	典 57, 刑19, 28a	至元11	禁跳神師婆	省掾元仲明傳奉都堂鈞旨
至元11.5.24	典 10, 吏4, 4a	至元11.2	官滿在家聽候	爲待闕官員比及有闕
至元11.6	典 1, 詔1, 3a		興師征南詔	皇帝聖旨
至元11.6	通 4, 2b		又（嫁娶）	中書省, 刑部呈
至元11.6	通 4, 10b		又（親屬分財）	尚書戸部, 彰徳路申
至元11.6	正 斷8, 戸婚274		定婚夫爲盜斷離	刑部呈
至元11.6	洗 新例1a		聖朝頒降新例/屍首檢訖埋瘞	中書省, 兵刑部承奉中書省判送
至元11.6.16	典 19, 戸5, 10a		諸子均分財産	尚書戸部, 彰徳路來申
至元11.6.29	典 18, 戸4, 8a	至元12.11	定婚奸逃, 已婚爲定	平灤路申
至元11.7	典 43, 刑5, 5a	延祐5.2	漂流屍首埋瘞	云云
至元11.7	通 27, 26a		又（掩骼埋胔）	中書省, 御史臺呈
至元11.7	高 38			奇蘊奉表, 告王禃薨
至元11.7	高 38			詔世子愖襲爵
至元11.7.7	典 43, 刑5, 4a		屍首檢驗埋瘞	御史臺承奉
至元11.8.25	高 38			世子愖還國
至元11.8.25	高 38			襲位
至元11.9.24	高 38			愖遣王淑
至元11.10	典 49, 刑11, 32a		拾得物難同眞盜	中書兵刑部, 大都路申
至元11.10	典 57, 刑19, 33a		禁學散樂詞傳	中書兵刑部承奉
至元11.10	站 1, 上3			命隨路站赤
至元11.10.7	秘 7, 2a		〈司天監〉	太保大司農奏過
至元11.10.12	站 2, 上35			益都路總管府言
至元11.11	通 27, 21b		搬詞	中書省, 大司農司呈
至元11.11	高 38			愖遣李信孫
至元11.11	秘 7, 9a	至元12.8	〈司天監〉	已曾呈省
至元11.11.5	高 38			公主入京城
至元11.12	典 9, 吏3, 4b	至元22.12	軍功合指實跡	隨大軍渡江
至元11.12	高 38			以黑的爲高麗國達魯花赤
至元11.12.21	高 38			李益還朝

至元12年(乙亥, 1275)

至元12	典 14, 吏8, 7b	至元23. 11	明立檢目不得判送	中書省爲戸部批送東平府歸問
至元12	典 14, 吏8, 9b	元貞2. 2	又 (不得刮補字樣)	中書戸部符文該
至元12	典 18, 戸4, 9a	至元28. 6. 6	兄死嫂招後夫	承奉省劄
至元12	典 18, 戸4, 20b		妻犯姦出舍	中書省劄付
至元12	典 19, 戸5, 7a	大徳1. 6	多年宅院難令回贖	收附
至元12	典 57, 刑19, 33a		禁弄蛇虫喝貨郎	中書兵刑部承奉
至元12	海 上34	至元19		海中般運
至元12	秘 7, 8b	至元13. R3. 14	〈司天監〉	開除不當差戸
至元12. 1. 11	秘 3, 5b		〈廨宇〉	本監官焦秘監奏
至元12. 1. 18	典 22, 戸8, 69a	大徳5. 8	站馬不納税錢	申覆省部
至元12. 1. 19	秘 7, 2a		〈司天監〉	司天臺奉秘書監指揮
至元12. 2	典 39, 刑1, 7b		蒙古人自相犯重刑, 有司約會	中書刑部據平陽路申
至元12. 2	站 2, 上35			河南宣慰司言
至元12. 2. 2	馬 18		〈刷馬〉	樞密院奏
至元12. 2. 7	站 2, 上35			中書省奏奉聖旨
至元12. 2. 8	高 39			周世昌卒
至元12. 2. 9	典 42, 刑4, 24a		年幼不任加刑	中書兵刑部符文
至元12. 3	典 18, 戸4, 7b		女婿在逃	中書戸部先爲民戸招召女婿
至元12. 3	通 3, 21a		良嫁官戸	中書省, 戸部呈
至元12. 3	通 4, 3a		又 (嫁娶)	中書省, 戸部呈
至元12. 3. 7	站 2, 上35			中書省奏
至元12. 3. 12	站 2, 上35			阿合馬奏
至元12. 3. 30	馬 9	至元12. 4	〈和買馬〉	中書省與本院官同議
至元12. 4	典 10, 吏4, 5a		除授送赴各路祗受	中書省照得
至元12. 4	典 18, 戸4, 26b		兄收弟妻斷離	中書省據御史臺
至元12. 4	馬 9		〈和買馬〉	樞密院劄付
至元12. 4. 17	典 新禮, 沈刻6b	大徳8. 4	祭祀社稷體例	中書吏禮部承奉
至元12. 5	典 22, 戸8, 69a	大徳5. 8	站馬不納税錢	河南宣慰司承中書戸部關該
至元12. 5	典 35, 兵2, 6b		軍人交替, 許帶弓箭	中書省判送
至元12. 5	通 3, 22a		驅女由使嫁	中書省, 御史臺呈
至元12. 6	通 28, 17a		闌糴	中書省, 御史臺呈
至元12. 6	官 53		〈肅政廉訪司〉	以山東東西道·河北河南道
至元12. 6	站 2, 上35			中書省所委點站斷事官
至元12. 6. 22	秘 3, 2a		〈印章〉	秘書監呈
至元12. 7	典 14, 吏8, 2a		替官在家同見任行移	御史臺爲前東京路同知韓海山

至元12. 7	高 39			黑的還朝
至元12. 8	通 17, 11b		又 (孤老殘疾)	中書省據戸部呈
至元12. 8	秘 7, 9a		〈司天監〉	司天臺等歴科管勾曹震圭呈
至元12. 9. 29	秘 5, 10b		〈秘書庫〉	…焦秘監·趙侍郎一同奏
至元12. 10	典 49, 刑11, 32a		詐認物合同眞盜	中書兵刑部, 大都路歸問
至元12. 10. 11	秘 3, 14a		〈紙劄〉	本監照得
至元12. 11	典 18, 戸4, 8a		定婚奸逃, 已婚爲定	兵刑部承奉省判
至元12. 11	典 44, 刑6, 7a		保辜日限	中書兵刑部, 來申
至元12. 11	典 49, 刑11, 25a		賊人發付窰場配役	中書兵刑部承奉
至元12. 11	典 50, 刑12, 4a		奴拐主財不刺配	中書兵刑部據大都路申
至元12. 11	站 2, 上36			河南宣慰司言
至元12. 11	高 39			遣使諭愖
至元12. 11	高 39			愖遣王激
至元12. 11. 2	站 2, 上35			中書兵刑部據濟寧路備
至元12. 11. 9	秘 3, 19b	至元12. 11. 13	〈雜録〉	秘書監於＊…奏
至元12. 11. 13	秘 3, 19b		〈雜録〉	准少中大夫秘書監
至元12. 12. 6	典 57, 刑19, 33b		禁好手眼人乞化	中書省欽奉聖旨

至元13年(丙子, 1276)

至元13	典 2, 聖1, 8a		〈擧賢才〉	欽奉詔書
至元13	典 12, 吏6, 32b	大徳7. 7	遷轉人吏	内郡路府州縣
至元13	典 17, 戸3, 9b	大徳5. 2	儒醫抄數爲定	試中者
至元13	典 18, 戸4, 29a		有妻許娶次妻	御史臺爲孟奎有妻, 又娶王綉兒
至元13	典 20, 戸6, 5a	至元19. 9	打算平准行用庫	自＊已後
至元13	典 31, 禮4, 5b	至元24. R2	立儒學提擧司	除迤北路分於＊選試外
至元13	典 33, 禮6, 13 b	至大1. 9	旌表郭廷煒世守孝義	歸附
至元13	典 新戸, 課程5a	延祐5. 12	延祐五年整治茶課	呂都督管辦
至元13	通 16, 32a	皇慶2. 6. 6	又 (撥賜田土還官)	收附江南
至元13	正 條26, 田令95	皇慶2. 4. 26	撥賜田土	收附江南時分
至元13	站 6, 上163	天暦3. 1. 17		改陞通政院
至元13	秘 1, 8b	至元15	〈設屬官〉	＊承江南行臺咨
至元13	廟 1, 20	至元20. 9. 16	都省復還石國秀…	自＊照舊例行供
至元13	廟 2, 30	至元24. 2. 15	左丞葉李奏立太學	選試
至元13	廟 2, 33	至元24. 4	學校事宜儒戸免差	選試
至元13	廟 3, 57	至元27. 9. 10	抄戸局攢報儒籍始末	選試

至元13	廟 3, 57	至元27. 9. 10	抄戸局攢報儒籍始末	試中者
至元13	廟 3, 58	至元28. 1	儒戸照歸附初籍並葉提擧…	試中者
至元13	廟 3, 59	至元28. 4. 8	儒戸照抄戸手收入籍	試中者
至元13	廟 3, 61	至元28. 4. 8	儒戸照抄戸手收入籍	選試
丙子年	水 3, 30上	至元29. 1	潘應武條陳水利事宜	自＊歸附時招民官
丙子年	水 3, 32下	至元29. 1	潘應武條陳水利事宜	自＊水政廢弛, 積水不去
至元13. 1	典 22, 戸8, 5a		運司合行事理	中書戸部承奉
至元13. 1	典 45, 刑7, 9a		又 (男婦執謀翁姦)	中書兵刑部承奉
至元13. 1	通 27, 13a		前代遺跡	諭江南詔書條畫
至元13. 1	站 1, 上3			改諸站都統領使司, 爲通政院
至元13. 1	秘 3, 14b	至元12. 10. 11	〈紙劄〉	擬自＊爲始
至元13. 1	秘 7, 12a		〈司天監〉	秘書監會驗司天臺下項合行事
至元13. 1. 14	典 42, 刑4, 15b	至元13. 6. 8	婦	爲男婦賀丑兒偸訖燒餅
至元13. 1. 15	站 2, 上36			諸站都統領使司
至元13. 1. 18	典 1, 詔1, 3b	至元13. 2	歸附安民詔	賫爾綬奉表降附
至元13. 1. 18	站 2, 上36	至元13. 1. 15		改立通政院
至元13. 1. 21	秘 7, 11a		〈司天監〉	准秘書監可馬剌丁關該
至元13. 1. 22	山 43a			伯顏丞相入杭城
至元13. 2	典 1, 詔1, 3b		歸附安民詔	皇帝聖旨
至元13. 2	典 2, 聖1, 8a		〈擧賢才〉	平定江南詔書
至元13. 2	典 3, 聖2, 1a		〈均賦役〉	欽奉歸附安民詔書
至元13. 2	典 3, 聖2, 12b		〈惠鰥寡〉	欽奉收復江南詔書
至元13. 2	典 3, 聖2, 14b		〈賑飢貧〉	欽奉收復江南詔書
至元13. 2	典 3, 聖2, 17b		〈崇祭祀〉	欽奉平定江南詔書
至元13. 2	典 3, 聖2, 20b		〈霈恩宥〉	平定江南欽奉詔書
至元13. 2	廟 5, 115	大徳2. 2	行臺治書侍御史咨呈勉勵…	欽奉聖旨宣論内一款
至元13. 2. 22	山 43a			起發宋三宮赴北
至元13. 3	典 14, 吏8, 7a		人吏週年交案	御史臺奉
至元13. 3	典 18, 戸4, 27a		守志婦不收繼	中書戸部符文
至元13. 3	通 3, 17b		又 (夫亡守志)	中書省, 平陽路申
至元13. 3	正 條29, 捕亡228		申報盜賊	兵刑部據益都路
至元13. 3	秘 9, 1a		〈知秘書監事〉	張易＊

世祖至元13年（1276）

至元13. 3. 2	秘 3, 10a		〈公移〉	中書禮部承奉中書省判送
至元13. R3	典 56, 刑18, 6a		得宿藏物, 地主停分	中書戸部據西京路申
至元13. R3	通 6, 28b		擧保	御史臺欽奉聖旨條畫
至元13. R3	通 28, 27a		地内宿藏	中書戸部呈
至元13. R3	秘 11, 9a		〈典書〉	翟嗣祖＊
至元13. R3. 14	秘 7, 8b		〈司天監〉	戸部呈
至元13. 4. 13	通 18, 20a		私𧴩	中書省奏
至元13. 4. 13	正 條28, 關市203		雲南私𧴩	中書省奏
至元13. 4. 15	通 27, 16a		又（卑幼私債）	中書省今體知得
至元13. 4. 27	山 43b			到上都
至元13. 5	通 5, 18b		又（科擧）	中書省, 來申
至元13. 5	通 20, 7b		又（獲賊）	中書省, 來申
至元13. 5	正 條30, 賞令270		又（獲賊）	兵刑部呈
至元13. 5	秘 9, 8a	至元10. 10	〈秘書少監〉	趙秉温…＊
至元13. 5. 2	山 43b			拜世祖皇帝
至元13. 5. 11	山 43b			命幼主爲檢校大司徒
至元13. 5. 12	山 43b			内人安康夫人·安定陳才人
至元13. 5. 13	山 43b			奏聞, 露埋四尸
至元13. 5. 18	典 42, 刑4, 24b		篤疾傷人, 杖罪斷決	中書兵刑部
至元13. 6. 8	典 42, 刑4, 15b		婦	中書兵刑部
至元13. 6. 9	秘 5, 11a	至元13. 12	〈秘書庫〉	…奏
至元13. 6. 11	秘 7, 9b		〈司天監〉	奏奉聖旨
至元13. 7	站 2, 上36			中書省議
至元13. 7. 2	通 4, 22b		女多渰死	欽奉聖旨
至元13. 7. 20	高 39			慥遣金方慶
至元13. 9	秘 9, 8a	至元10. 10	〈秘書少監〉	趙秉温…＊
至元13. 9. 9	典 50, 刑12, 5b	至元14. 3	放火同強盜追賠	夜, 挾讎燒訖張鎖住等
至元13. 9. 10	通 8, 12a		又（器物飾金）	軍器監奏
至元13. 10	典 22, 戸8, 3a		江南諸色課程	行省會驗
至元13. 10	通 4, 21b		驅婦爲娼	中書省議得
至元13. 10	秘 11, 1a		〈令史〉	李思齊＊
至元13. 10. 12	典 57, 刑19, 11b	☆	宰老病死牛馬	大都路申
至元13. 11	典 22, 戸8, 44b	大徳5	犯界酒課不便	保定路准眞定河南都漕運司牒
至元13. 11	高 39			慥遣朱悦
至元13. 11	秘 2, 2b	至元15. 3. 9	〈禄秩〉	將都水監事併入工部
至元13. 11	秘 9, 8a	至元10. 10	〈秘書少監〉	史杠…＊
至元13. 11	秘 11, 7a		〈奏差〉	忻都＊
至元13. 11	秘 11, 9a		〈典書〉	趙琪＊
至元13. 11. 2	典 18, 戸4, 30b		驅口不娶良人	中書省奏准事内
至元13. 11. 6	典 57, 刑19, 11b	☆	宰老病死牛馬	奏

至元13.11.29	典 49,刑11,25b	至大1	流囚釋放通例	奏奉聖旨
至元13.12	典 19,戸5,3a		強占民田,回付本主	欽奉聖旨
至元13.12	官 54		〈肅政廉訪司〉	以省併衙門,罷按察司
至元13.12	秘 5,11a		〈秘書庫〉	今有樞密副使兼知秘書監事説
至元13.12	秘 7,17b		〈司天監〉	中書省奏奉聖旨,省併衙門

至元14年(丁丑,1277)

至元14	典 8,吏2,4b	至元19.10	官員遷轉例	都省未注江淮官員已前
至元14	典 8,吏2,4b	至元19.10	官員遷轉例	已後新附州郡,依上定奪
至元14	典 12,吏6,33b	大德11	試補司吏	承奉御史臺劄付
至元14	典 13,吏7,2a		圓坐署事	行省參照
至元14	典 14,吏8,7b	至元23.11	明立檢目,不得判送	買到張阿劉房
至元14	典 40,刑2,8a		斟酌監保罪囚	欽奉聖旨條畫
至元14	典 新戸,禄廩1b	延祐2.3	官員職田,依郷原例分収	起徵税糧
至元14	憲 2608,25a	後至元1.11.26	不許犯分糾言	立行御史臺條畫
至元14	南 2610,1b		立行御史臺,命相威爲御史大夫制	欽奉聖旨
至元14	南 2610,1b		立行御史臺於揚州	欽奉聖旨
至元14	官 54		〈肅政廉訪司〉	立江南行臺
至元14	官 69		〈廣誼司〉	改爲覆實司辦驗官, 兼提擧市令司
至元14	站 2,上39	至元16.5.20		伯答罕土里
至元14	站 7,下2		〈大都陸運提擧司〉	僉撥到站車
至元14	站 9,下85	至元16.9	站戸不便	伯答罕土里
至元14	秘 1,9b		〈設屬官〉	設秘書郎一員
至元14	秘 3,17b		〈守兵〉	呈中書省
至元14	廟 1,24	至元20	省臺復石國秀尹應元…	自＊奉宣慰司指揮
至元14	廟 3,59	至元28.4.8	儒戸照抄戸手収入籍	臨安府供報戸計須知文冊
至元14	廟 3,62	至元28.4.8	儒戸照抄戸手収入籍	有籍
至元14	金 6,32a		〈御史大夫〉	相威＊
至元14	金 6,34a		〈御史中丞〉	焦友直＊
至元14	金 6,34a		〈御史中丞〉	耶律老哥＊
至元14	金 6,37a		〈侍御史〉	劉琮＊
至元14	金 6,40a		〈治書侍御史〉	田滋＊
至元14	金 6,42a		〈都事〉	高源＊
至元14	金 6,42a		〈都事〉	尉昞＊

世祖至元14年 (1277)

至元14	金 6, 45a		〈照磨承發司管勾兼獄丞〉	趙英＊
至元14	金 6, 46a		〈架閣庫管勾〉	姚炯＊
至元14	金 6, 48a		〈監察御史〉	劉寅＊
至元14	金 6, 48a		〈監察御史〉	商琥＊
至元14	金 6, 48a		〈監察御史〉	趙文昌＊
至元14	金 6, 48a		〈監察御史〉	栢德思孝＊
至元14	金 6, 48a		〈監察御史〉	王祚＊
至元14	金 6, 48a		〈監察御史〉	馬藻＊
至元14	金 6, 48a		〈監察御史〉	李璋＊
至元14	金 6, 48a		〈監察御史〉	陳特立＊
至元14	金 6, 48a		〈監察御史〉	李敏＊
至元14	金 6, 48a		〈監察御史〉	孫弼＊
至元14. 1	高 39			金方慶爲亂
至元14. 1. 9	典 18, 戸4, 27a		抱乳小叔不收繼	順天路奉到尚書戸部符文
至元14. 1. 13	官 54		〈肅政廉訪司〉	復置
至元14. 1. 22	秘 6, 1a		〈秘書庫〉	…孛羅官人…欽奉聖旨
至元14. 1. 22	秘 6, 3a	至元21. 2. 29	〈秘書庫〉	…孛羅官人…欽奉聖旨
至元14. 1. 22	秘 6, 5b		〈秘書庫〉	張左丞奏
至元14. 2	通 30, 4a	至元14. 3	又 (造作)	自＊爲例
至元14. 2	秘 1, 9b	至元14	〈設屬官〉	五哥奉御傳奉皇太子令旨
至元14. 2	秘 2, 2b	至元15. 3. 9	〈禄秩〉	間, 欽受宣命
至元14. 2	秘 6, 1b		〈秘書庫〉	裱褙匠
至元14. 2	秘 10, 5b		〈秘書郎〉	設一人
至元14. 2. 7	站 2, 上36			合伯･阿合馬奏
至元14. 3	典 19, 戸5, 5a		荒閑田土無主的差做屯田	見欽奉聖旨
至元14. 3	典 50, 刑12, 5b		放火同強盜追賠	中書兵刑部據大都路申
至元14. 3	通 30, 3b		又 (造作)	中書省, 工部呈
至元14. 3	正 斷3, 職制67		造作違慢	工部呈
至元14. 3	秘 2, 2b	至元15. 3. 9	〈禄秩〉	自＊爲頭
至元14. 3 (10)	秘 11, 4b	至元10. 11	〈回回令史〉	沙不丁…＊受中書吏部劄付
至元14. 3	廟 1, 20	至元20. 9. 16	都省復還石國秀…	准宣慰司劄付
至元14. 3. 1	通 27, 3b		又 (兵杖應給不應給)	中書省奏
至元14. 3. 12	馬 10		〈和買馬〉	中書省劄付
至元14. 4	典 43, 刑5, 8a		罪人自沬, 監事人追鈔營葬	中書刑部據大都路來申
至元14. 4 (11)	南 2611, 6b	至正12. 1. 21	公差人員	湖廣省咨
至元14. 4. 2	倉 14			省劄
至元14. 4. 3	典 36, 兵3, 12a	至元14. 4. 29	站官不得離驛	忙哥剌太子位下
至元14. 4. 3	站 9, 下107	至元14. 4. 29	站官不得離驛	忙哥剌太子位下

至元14. 4. 29	典 36, 兵3, 12a		站官不得離驛	通政院咨
至元14. 4. 29	站 9, 下107		站官不得離驛	通政院咨
至元14. 5	典 51, 刑13, 17b		捕毆死人賊, 同強盜罪賞	中書兵刑部據大都路申
至元14. 5	典 新戸, 課程8a	延祐6. 3	私酒同匿税科斷	私茶例
至元14. 5. 15	典 5, 臺1, 2b	☆	體察人員勾當	本臺官奏
至元14. 5. 15	典 12, 吏6, 20a	至元16. 4	察司書吏, 休與省裏勾當	本臺官奏
至元14. 5. 15	憲 2608, 4a	☆	體察人員勾當	本臺官奏
至元14. 5. 26	典 42, 刑4, 4a	至元18. 1	船上圖財謀殺	…用斧於孫千戸頭上斫訖
至元14. 7	典 4, 朝1, 4a	皇慶2. 5	省部減繁格例	欽奉聖旨條畫
至元14. 7	典 4, 朝1, 5a	皇慶2. 5	又 (省部減繁格例)	欽奉立行御史臺聖旨條畫
至元14. 7	典 5, 臺1, 5a		行臺體察等例	欽奉聖旨
至元14. 7	典 34, 兵1, 1b		禁軍官子弟擾軍家屬	樞密院據泰安州諸軍奥魯管軍
至元14. 7	典 36, 兵3, 7b	至元21. 7	使臣索要妓女	欽奉聖旨
至元14. 7	通 3, 23a		良賤爲婚	中書省, 戸部呈
至元14. 7	通 7, 5b		禁治擾害	樞密院, 泰安州
至元14. 7	通 19, 3b		又 (捕盜責限)	欽奉聖旨立按察司條畫
至元14. 7	通 28, 34b		恐嚇錢物	欽奉聖旨條畫
至元14. 7	正 條29, 捕亡229		又 (申報盜賊)	聖旨内一款
至元14. 7	憲 2608, 3a		行臺體察等例	欽奉聖旨
至元14. 7	南 2610, 1b		立行御史臺條畫	欽奉聖旨
至元14. 7	南 2610, 3a		立江南提刑按察司條畫	御史臺欽奉聖旨
至元14. 7	站 9, 下101	至元21. 7	使臣索要妓女	欽奉聖旨
至元14. 7	秘 2, 1b		〈禄秩〉	令史添俸
至元14. 7. 1	典 57, 刑19, 14b	至大4. 2	私宰牛馬	承奉中書省劄付
至元14. 7. 2	秘 9, 5a	至元10. 7. 26	〈秘書監〉	焦友直…＊
至元14. 7. 9	秘 1, 9b	至元14	〈設屬官〉	奏稟
至元14. 8	典 8, 吏2, 19a		三品官子孫取質子	行中書省據御史臺呈
至元14. 8	典 18, 戸4, 26b		又 (兄收弟妻斷離)	中書刑部准禮部
至元14. 8	秘 2, 1b		〈禄秩〉	秘書郎月俸
至元14. 8. 6	典 8, 吏2, 2a		循行選法體例	中書省奏准
至元14. 8. 21	典 新戸, 婚姻4a	至治1. 3	兄收弟妻斷離	刑部准禮部關
至元14. 8. 28	秘 10, 5b		〈秘書郎〉	寶履＊
至元14. 9	典 51, 刑13, 17b		捕坳墓比強竊盜責罰	中書兵刑部據曹州狀申
至元14. 10. 22	典 49, 刑11, 20a	至元14. 12	知情不曾上盜免刺	刺眞爲首起意糾合高坡兒
至元14. 11	典 33, 禮6, 6a		宮觀不得安下	欽奉聖旨
至元14. 11	正 條34, 獄官364		又 (罪囚衣糧等)	中書省, 戸部呈
至元14. 11. 1	賦 92a		部曲娶優於雜戸	中書省奏
至元14. 11. 2	通 3, 23a		又 (良賤爲婚)	奏

至元14.12	典 49, 刑11, 20a		知情不曾上盜免刺	中書刑部符文
至元14.12	南 2610, 4b		浙西按察司移平江	御史臺欽奉聖旨
至元14.12.1	秘 3, 2b		〈印章〉	中書禮部承奉中書省判送
至元14.12.29	通 22, 4b		又(給假)	客省使奏
至元14.12.29	正 條32, 假寧301		又(給假)	中書省奏

至元15年(戊寅, 1278)

至元15	典 8, 吏2, 16a		軍官降等承襲	樞密院
至元15	典 11, 吏5, 3a		又(放假日頭體例)	樞密院准中書省劄付
至元15	典 18, 戸4, 32a		樂人嫁女體例	中書刑部承奉
至元15	典 18, 戸4, 33a		焚夫屍嫁斷例	行中書省據潭州路備録事司
至元15	典 19, 戸5, 7a	至元21.4	禁官吏買房屋	行省官人每
至元15	典 19, 戸5, 20b	大德6.12	趙若震爭柑園	聖旨通例
至元15	典 26, 戸12, 7b		添荅脚力償錢	中書兵部符文
至元15	典 28, 禮1, 5a	至元15.3	表章正官校勘	各部賀正表章
至元15	典 30, 禮3, 12b	延祐5.5	禁治停喪不葬	欽奉條畫
至元15	典 34, 兵1, 30a		又(單丁殘疾雇替)	樞密院咨
至元15	典 41, 刑3, 17a		焚夫屍嫁斷例	行中書省據潭州路備録事司
至元15	典 新戸, 課程5b	延祐5.12	延祐五年拯治茶課	木八剌運使管辦
至元15	典 新戸, 課程6a	延祐5.12	延祐五年拯治茶課	自＊爲始
至元15	通 3, 22a		樂人婚姻	中書省, 宣徽院呈
至元15	官 54		〈肅政廉訪司〉	增置三道
至元15	站 2, 上39	至元16.5.20		伯答罕土里
至元15	站 2, 上146	延祐2.2.27		以後給付
至元15	站 9, 下85	至元16.9	站戸不便	伯答罕土里
至元15	驛 1, 下125			兵部呈准
至元15	秘 1, 8b		〈設屬官〉	設著作郎一員
至元15	秘 1, 9a		〈設屬官〉	設著作佐郎一員
至元15	秘 1, 10a		〈設屬官〉	添設秘書郎一員
至元15	秘 1, 10a		〈設屬官〉	添設校書郎一員
至元15	高 39			春, 東征元帥府
至元15	水 3, 26上	至元28	潘應武決放湖水	充呉江縣尉時
至元15	金 6, 34a		〈御史中丞〉	王某＊
至元15.1	典 30, 禮3, 9a		禁約焚屍	行臺准御史臺咨
至元15.1	秘 3, 15a		〈紙劄〉	照得
至元15.1.15	典 8, 吏2, 16a	至元15	軍官降等承襲	…孛羅副樞奏
至元15.1.28	典 41, 刑3, 17a	至元15	焚夫屍嫁斷例	憑陳一嫂作媒
至元15.2	典 20, 戸6, 13b		造僞鈔不分首從處死	中書省照得
至元15.2	典 34, 兵1, 14a		招誘新附軍人	欽奉聖旨
至元15.2	站 2, 上37			諸路皮貨都提舉司言

至元15.2	站 2, 上37			中書省定擬
至元15.2	秘 1, 8b	至元15	〈設屬官〉	劉天藻…, ＊欽受宣命
至元15.2	秘 10, 1a		〈著作郎〉	設一人
至元15.2	秘 10, 1a		〈著作郎〉	劉天藻＊
至元15.2	秘 10, 3a		〈著作佐郎〉	設一員
至元15.2	高 39			中書省奏
至元15.2	廟 1, 20	至元20.9.16	都省復還石國秀…	承宣慰司令史鄭誠呈説
至元15.2.7	典 34, 兵1, 30a	至元15	又(單丁殘疾雇替)	樞密院官奏
至元15.2.10	典 22, 戸8, 43a	至元15.7	禁治私造酒	聖旨
至元15.3	典 28, 禮1, 5a		表章正官校勘	禮部照得
至元15.3	典 34, 兵1, 7b		省諭軍人條畫	御史臺准樞密院咨該
至元15.3	典 45, 刑7, 15a	至元18.10	品官妻與從人通奸	授到中書省劄付
至元15.3	通 7, 1a		口糧醫藥	欽奉聖旨條畫
至元15.3	通 7, 3b		又(口糧醫藥)	欽奉聖旨條畫
至元15.3	通 7, 6a		又(禁治擾害)	欽奉聖旨條畫
至元15.3	通 7, 10b		又(禁治擾害)	欽奉聖旨條畫
至元15.3	通 7, 12a		差運官物	欽奉聖旨條畫
至元15.3	通 27, 16b		又(私宴)	欽奉聖旨條畫
至元15.3.9	秘 2, 2a		〈祿秩〉	秘書監奉中書省劄付
至元15.4	秘 11, 9a		〈典書〉	王安貞＊
至元15.4.13	典 20, 戸6, 17a	延祐6.6	買賣蠻會斷例	客省使呈
至元15.5	典 5, 臺1, 6b		又(行臺體察等例)	欽奉聖旨
至元15.5	通 27, 8b		造低弓箭	中書省, 樞密院呈
至元15.5	憲 2608, 5a			欽奉聖旨
至元15.5	站 2, 上37			益都路淘金總管府言
至元15.5	秘 2, 2a		〈祿秩〉	著作郎月俸
至元15.5.6	站 2, 上37			中書平章政事哈伯奏
至元15.5.11	秘 6, 5a		〈秘書庫〉	秘書監照得
至元15.6	典 20, 戸6, 2a		貫伯分明, 即便接受	行中書省體知得
至元15.6	通 14, 18a		倒換昏鈔	中書省會驗
至元15.6	正 條23, 倉庫1		倒換昏鈔	中書省會驗
至元15.6	秘 2, 2a		〈祿秩〉	校書郎月俸
至元15.6.15	站 2, 上37			承旨火魯火孫等奏
至元15.6.22	秘 1, 10a	至元15	〈設屬官〉	奏有
至元15.6.22	秘 1, 10a	至元15	〈設屬官〉	奏有
至元15.6.25	秘 3, 10a		〈公移〉	中書禮部來呈
至元15.7	典 22, 戸8, 43a		禁治私造酒	行中書省准中書省咨
至元15.7	典 34, 兵1, 7a		軍人置營屯駐	行御史臺據監察御史呈
至元15.7	站 2, 上37			河南等路宣慰司

至元15. 7	站 2, 上38			泰安州言
至元15. 7. 16	典 22, 戸8, 43b	至元15. 7	禁治私造酒	聞奏
至元15. 7. 18	典 18, 戸4, 32a	至元15	樂人嫁女體例	聞奏過
至元15. 7. 18	通 3, 22b	至元15	樂人婚姻	聞奏過
至元15. 7. 20	高 40			中書省奏
至元15. 7. 25	通 16, 31b		影占民田	中書省, 御史臺呈
至元15. 7. 25	正 條26, 田令108		影占民田	御史臺奏
至元15. 8	秘 10, 5b	至元14. 2	〈秘書郎〉	設一人
至元15. 8	秘 10, 9a		〈校書郎〉	設一員
至元15. 8. 6	秘 1, 10a	至元15	〈設屬官〉	鄭自興祗受敕牒禮任
至元15. 8. 6	秘 1, 10b	至元15	〈設屬官〉	謝椿祗受敕牒
至元15. 8. 12	典 59, 工2, 1b	至元15. 10	修城子無體例	樞密院官奏
至元15. 8. 17	秘 1, 10a	至元15	〈設屬官〉	准吏部關
至元15. 8. 17	秘 1, 10a	至元15	〈設屬官〉	准吏部關
至元15. 8. 17	秘 10, 5b		〈秘書郎〉	鄭自興＊
至元15. 8. 17	秘 10, 9a		〈校書郎〉	謝椿＊
至元15. 9	正 條34, 獄官358		司獄掌禁	山東道提刑按察司照得
至元15. 9	秘 2, 2a		〈祿秩〉	著作佐郎月俸
至元15. 9	秘 10, 3a		〈著作佐郎〉	張康＊
至元15. 9. 1	典 42, 刑4, 22b	至元17. 5. 19	傍人毆死奸夫	因爲周千六嚇奸
至元15. 9. 2	秘 1, 9a	至元15	〈設屬官〉	張明遠…, 於＊禮任
至元15. 9. 2	秘 10, 3a		〈著作佐郎〉	張明遠＊
至元15. 10	典 59, 工2, 1b		修城子無體例	江西行省准樞密院咨
至元15. 10	站 2, 上38			中書兵部照得
至元15. 10. 11	秘 7, 9a		〈司天監〉	司天少監可馬剌丁照得
至元15. 11	典 57, 刑19, 8a		典妻官爲收贖	江西行省據袁州路, 歸問到
至元15. R11	典 19, 戸5, 9b		兄弟另籍承繼	中書戸部, 大都路申
至元15. 12	站 2, 上38			大名路滑州内黄縣言
至元15. 12	賦 115a		囚亡有異於徒亡	留守司在禁流囚
至元15. 12. 6	典 34, 兵1, 7b		軍官再當軍役	福建行省准樞密院咨

至元16年(己卯, 1279)

至元16	典 24, 戸10, 1b	至元28. 8	徵納錢糧	欽奉聖旨
至元16	典 35, 兵2, 2b		禁斷軍器弓箭	御史臺劄付
至元16	倉 2		〈在京諸倉〉	建永平倉
至元16	倉 2		〈在京諸倉〉	建豐閏倉
至元16	站 2, 上42			潭州行省

至元16	站 4, 上92	元貞1. R4. 11		欽依…聖旨不搜事意
至元16	站 7, 下3		〈大都陸運提擧司〉	戸部呈
至元16	驛 1, 下147表			通制＊通政院呈
至元16	驛 1, 下150表			刑部議
至元16	秘 1, 5b		〈設官〉	設監丞一員
至元16	秘 1, 8b		〈設幕府〉	設管勾一員
至元16	秘 2, 2a		〈禄秩〉	作頭董濟充管勾
至元16	秘 7, 9a	至元15. 10. 11	〈司天監〉	推算＊歴日畢工
至元16	金 6, 40a		〈治書侍御史〉	趙某＊
至元16	金 6, 42a		〈都事〉	馬芮＊
至元16	金 6, 46a		〈架閣庫管勾〉	陳錫＊
至元16	金 6, 48a		〈監察御史〉	昔里哈剌＊
至元16	金 6, 48a		〈監察御史〉	博蘭禿＊
至元16	金 6, 48a		〈監察御史〉	彭昌＊
至元16	金 6, 48a		〈監察御史〉	成昉＊
至元16	金 6, 48a		〈監察御史〉	馬昫＊
至元16	金 6, 48a		〈監察御史〉	高凝＊
至元16	金 6, 48b		〈監察御史〉	郝良弼＊
至元16	金 6, 48b		〈監察御史〉	高伯充＊
至元16	金 6, 48b		〈監察御史〉	張斯立＊
至元16. 1	典 29, 禮2, 9b		追収牌面	御史臺承中書省劄付
至元16. 1	站 2, 上38			南金路言
至元16. 1	高 40			赦其國
至元16. 1. 11	典 29, 禮2, 9b	至元16. 1	追収牌面	奏
至元16. 2	通 3, 18b		又(収嫂)	中書省, 禮部呈
至元16. 2	站 2, 上38			中書省所委照勘南京等處税課官
至元16. 2	廟 1, 10	羊兒年3. 1	秀才免差發	浙東道提學司賫擎前件
至元16. 2. 2	典 34, 兵1, 19a		禁乾討虜軍人	樞密院准御史臺咨
至元16. 2. 17	典 34, 兵1, 19a	至元16. 2. 2	禁乾討虜軍人	卑職出司, ＊到江陵府
至元16. 3	典 23, 戸9, 8a		種治農桑法度	行御史臺據淮西河北道按察司
至元16. 3	典 28, 禮1, 11b		察司不須迎送接待	行御史臺據淮西河北道按察司
至元16. 3	正 條34, 獄官354		又(男女罪囚異處)	刑部契勘
至元16. 3	秘 9, 13a		〈秘書監丞〉	設一人
至元16. 3. 2	秘 9, 8a		〈秘書少監〉	宋仁祖＊
至元16. 3. 17	典 34, 兵1, 19a	至元16. 2. 2	禁乾討虜軍人	聞奏過
至元16. 3. 24	秘 6, 5b		〈秘書庫〉	奉監官圓議得
至元16. 4	典 12, 吏6, 20a		察司書吏, 休與省裏勾當	行臺據江西湖東道按察司申
至元16. 4	典 40, 刑2, 15a	大徳7. 5	重刑結案	承奉中書省劄付

世祖至元16年(1279)

至元16. 4	典 45, 刑7, 13a		奸婦已適他人免斷	御史臺據來申
至元16. 4	正 條34, 獄官332		臺憲審囚	刑部呈
至元16. 4	站 2, 上39			大都路脱脱禾孫
至元16. 4. 28	通 6, 9a	至元19. 12	又(廕例)	承奉中書省判送
至元16. 5	典 22, 戸8, 40a		鹽乾魚難同私鹽	行中書省, 來呈
至元16. 5	通 4, 2a		又(嫁娶)	中書省, 禮部呈
至元16. 5	站 2, 上44	至元17. 4. 15		臨洮府脱脱禾孫塔察兒奏奉
至元16. 5. 3	典 34, 兵1, 19b	至元16. 2. 2	禁乾討虜軍人	聞奏過
至元16. 5. 4	典 34, 兵1, 19b	至元16. 2. 2	禁乾討虜軍人	准貴院咨
至元16. 5. 20	站 2, 上39			臨洮府脱脱禾孫塔察兒言
至元16. 5. 20	站 2, 上39	至元16. 5. 20		集議定一十五事
至元16. 5. 20	站 2, 上40			中書平章哈伯奏
至元16. 5. 20	站 9, 下85	至元16. 9	站戸不便	行宮内哈伯平章等官并本院一同奏准
至元16. 5. 20	站 9, 下87	至元16. 9	站戸不便	通政院官兀良哈歹等…奏准
至元16. 5. 27	站 2, 上41			中書省臣奏奉聖旨
至元16. 5. 27	站 2, 上41			中書省奏
至元16. 5. 29	站 2, 上41			中書省臣奏
至元16. 6	典 38, 兵5, 2a		打捕鷹房影蔽差役	宣慰司承奉中書省劄付
至元16. 6	通 3, 19a		又(收嫂)	中書省, 禮部呈
至元16. 6	通 27, 14a		解典	中書省欽奉聖旨
至元16. 6	通 28, 4a		擾民	四川立行省聖旨條畫
至元16. 6	站 2, 上42			大名路申
至元16. 6. 3	站 2, 上41			中書省奏
至元16. 6. 9	站 2, 上41			中書平章政事合伯…等奏
至元16. 7	典 12, 吏6, 20a		書吏事故還家, 本道不得就用	行御史臺准
至元16. 7	秘 1, 7b		〈設幕府〉	都省准設
至元16. 7	秘 9, 17a		〈經歴〉	設一人
至元16. 7. 5	典 36, 兵3, 11a		脱脱禾孫休捜行李	中書兵部承奉
至元16. 7. 5	站 2, 上42			兵部侍郎奏
至元16. 7. 5	站 9, 下106		脱脱禾孫休捜行李	中書兵部承奉
至元16. 7. 10	典 29, 禮2, 9b	至元16. 9	追收軍民官牌面	奏准事内
至元16. 7. 15	秘 9, 17a		〈經歴〉	由傑＊
至元16. 7. 16	典 36, 兵3, 11a	至元16. 10. 4	又(脱脱禾孫休捜行李)	阿篤鑾奏説
至元16. 7. 16	站 9, 下106	至元16. 10. 4	又(脱脱禾孫休捜行李)	阿篤鑾奏説
至元16. 7. 25	南 2610, 7a	大徳1. 8. 13	准設臺醫	醫官奏
至元16. 8	通 28, 15a		又(祈賽等事)	中書省, 御史臺呈

至元16. 8	廟 1, 20	至元20. 9. 16	都省復還石國秀…	准宣慰司行下再行定奪
至元16. 8. 13	典 28, 禮1, 1b	大德7. 8. 20	禮儀社直	准太原路牒呈
至元16. 9	典 29, 禮2, 9b		追收軍民官牌面	御史臺承
至元16. 9	典 52, 刑14, 2b		禁詐稱臺察奏差	行御史臺體知得
至元16. 9	站 9, 下84		站戸不便	通政院據
至元16. 9. 2	秘 1, 5b	至元16	〈設官〉	耶律有尚…＊上
至元16. 9. 5	秘 9, 13a		〈秘書監丞〉	耶律有尚＊
至元16. 10	典 36, 兵3, 12a		站官看守官物	中書省據通政院
至元16. 10	站 9, 下107		站官看守官物	中書省據通政院
至元16. 10. 4	典 36, 兵3, 11a		又 (脱脱禾孫休搜行李)	行御史臺准御史臺咨
至元16. 10. 4	站 9, 下106		又 (脱脱禾孫休搜行李)	行御史臺准御史臺咨
至元16. 10. 9	典 49, 刑11, 17a	大德3. 3	僧人作賊刺斷	承奉中書省判送
至元16. 10. 15	廟 1, 10	羊兒年3. 1	秀才免差發	宣慰司開讀
至元16. 11	典 56, 刑18, 1b		又 (拘収孛蘭奚人口)	欽奉皇帝聖旨
至元16. 11	典 45, 刑7, 15a	至元18. 10	品官妻與從人通奸	得替前來大都求仕未了
至元16. 11. 4	廟 1, 15		儒學提擧司行移體例	浙東道宣慰司＊劄付該
至元16. 12	通 3, 19a		又 (収嫂)	中書省, 禮部呈
至元16. 12	秘 1, 8b	至元16	〈設幕府〉	秘書監
至元16. 12	秘 9, 15b		〈管勾〉	設一人
至元16. 12. 24	典 57, 刑19, 11a		禁回回抹殺羊做速納	成吉思皇帝降生

至元17年(庚辰, 1280)

至元17	典 10, 吏4, 2b	元貞2. 9	又 (遠年求仕)	勾當
至元17	典 17, 戸3, 9a	大德3. 4	軍男與民, 已籍爲定	過房與民戸楊四五爲男
至元17	典 22, 戸8, 9a	至元21. 6	恢辦茶課	前運司盧世榮
至元17	典 22, 戸8, 67a		軍戸匿税	河間路總管府備録事司申
至元17	典 49, 刑11, 2a	☆	侵盗錢糧, 從先發官司徴理	税糧
至元17	典 52, 刑14, 4a		詐雕省印	中書省捉獲
至元17	典 新戸, 課程5b	延祐5. 12	延祐五年拯治茶課	盧運使陳言
至元17	站 2, 上43			春, 江淮省言
至元17	站 7, 下3			省部將新運糧提擧司
至元17	秘 1, 7b		〈設幕府〉	設首領官提控案牘
至元17	廟 2, 44	至元26. 8. 30	差設學官學職	設立各道儒學提擧司

至元17. 1	典 11, 吏5, 9a		病患百日作闕	行中書省准
至元17. 1	典 42, 刑4, 26b		輕生自殞勿理	江西道宣慰司榜文
至元17. 1	站 2, 上44	至元17. 4. 15		御史臺奏
至元17. 1	驛 1, 下143			啓過皇太子
至元17. 1	秘 2, 2a		〈禄秩〉	爲始月俸
至元17. 1	秘 9, 15b		〈管勾〉	董濟＊
至元17. 1. 15	典 36, 兵3, 19b	至元17. 3	禮上官員二千里外騎鋪馬	孛羅忽答兒
至元17. 1. 15	站 9, 下118	至元17. 3	禮上官員二千里外騎鋪馬	孛魯忽答兒
至元17. 2	通 6. 35a		俸月	尚書省近爲内外諸衙門保到
至元17. 2	站 1, 上3			詔江淮諸路
至元17. 2	站 2, 上42			上都留守司言
至元17. 2	永 15950, 15b		〈漕運〉成憲綱要	行省體知
至元17. 2. 3	典 20, 戸6, 14a	至元17. 5	造僞鈔似不似同斷	奏過事内
至元17. 2. 4	站 2, 上43	至元17. 2		玉速鐵木兒
至元17. 2. 9	站 2, 上43			通政院言
至元17. 2. 20	典 22, 戸8, 52b		泉福物価單抽分	行中書省, 來呈
至元17. 2. 28	站 2, 上43			阿合馬奏
至元17. 3	典 16, 戸2, 6b		應副行省曳刺米麪等分例	行中書省, 據左右司呈
至元17. 3	典 36, 兵3, 19b		禮上官員二千里外騎鋪馬	行御史臺准
至元17. 3	站 9, 下118		禮上官員二千里外騎鋪馬	行御史臺准
至元17. 3	廟 1, 20	至元20. 9. 16	都省復還石國秀…	准宣慰司定奪
至元17. 3. 22	典 45, 刑7, 15a	至元18. 10	品官妻與從人通奸	與弟鄧四…逃來
至元17. 4	典 16, 戸2, 12a		軍官有俸休應副飲食	行中書省准樞密院咨該
至元17. 4	典 23, 戸9, 9b		勸課趁時耕種	御史臺承奉
至元17. 4	秘 11, 1a		〈令史〉	翟嗣祖＊
至元17. 4. 3	站 2, 上43			左阿剌太子位下來使…奏
至元17. 4. 15	站 2, 上44			參政耿仁啓
至元17. 4. 25	站 2, 上43	至元17. 2. 9		中書省臣孛羅等奏奉旨
至元17. 5	典 14, 吏8, 7a		禁治私放文卷	河北河南道按察司准襄陽路牒
至元17. 5	典 20, 戸6, 14a		造僞鈔似不似同斷	行御史臺准
至元17. 5	典 41, 刑3, 8a		打死遠房姪	江西行省據袁州路歸問到
至元17. 5	秘 11, 1a		〈令史〉	王安貞＊
至元17. 5	高 40			睹乞貸糧萬石
至元17. 5. 19	典 42, 刑4, 22b		傍人毆死奸夫	行中書省准
至元17. 6	典 1, 詔1, 4a		頒授時暦	欽奉聖旨
至元17. 6	通 20, 10b		私暦	太史院欽奉聖旨

至元17.6	正 條30,賞令285		告捕私曆	太史院欽奉聖旨
至元17.6.22	通 29,1b		寺觀僧道數目	孛羅副樞·張平章欽奉聖旨
至元17.7	典 34,兵1,14b		招収私役亡宋軍人	欽奉聖旨
至元17.7	典 34,兵1,17a		起侍衛軍	樞密院准揚州行省咨
至元17.7	典 36,兵3,又27a		緩慢使臣與船轎	行中書省准
至元17.7	通 4,21a		娼女姙孕	中書省,刑部呈
至元17.7	高 40			命給糧
至元17.7.2	典 8,吏2,16a	至元17.11	渡江軍官承襲	…本院官奏
至元17.7.5	永 15950,15b		〈漕運〉成憲綱要	樞密院奏
至元17.7.12	典 41,刑3,13a		禁約作歹賊人	中書省奏過事内
至元17.7.12	站 2,上44			中書參政耿仁…等奏
至元17.8	賦 110a		雖戯雖失	濟南路申
至元17.9	典 36,兵3,31a		押運官須要根逐官物	御史臺承
至元17.9	通 17,8b		又(田禾災傷)	中書省據左司呈
至元17.9	正 條27,賦役146		災傷隨時檢覆	左司呈
至元17.9	正 斷9,廐庫296		拘収筋角	工部議得
至元17.10	典 23,戸9,12b		禁伐柑橙果樹	中書省蒙古文字譯該
至元17.10	通 2,19b		又(戸例)	中書省,戸部呈
至元17.10	高 40			加晧開府儀同三司
至元17.10	賦 119b		見役在官脱戸	戸部呈,衞輝路
至元17.11	典 8,吏2,16a		渡江軍官承襲	行中書省准樞密院咨
至元17.11	秘 9,17a		〈提控案牘〉	設一人
至元17.11.11	典 47,刑9,7a	至元17.12	追錢人侵使官錢	奏過事内
至元17.11.12	典 57,刑19,16a		禁治遺火	行省劄付
至元17.11.14	秘 1,7b	至元17	〈設幕府〉	准中書吏部關
至元17.11.18	秘 1,8a	至元17	〈設幕府〉	劉伯時…＊禮任
至元17.11.18	秘 9,17a		〈提控案牘〉	劉伯時＊
至元17.12	典 26,戸12,10a		差撥搬運人夫	御史臺咨
至元17.12	典 47,刑9,7a		追錢人侵使官錢	御史臺承奉
至元17.12.21	典 57,刑19,18a		又(禁宰獵刑罰日)	中書省聞奏
至元17.12.21	通 28,16a		屠禁	中書省奏

至元18年(辛巳,1281)

至元18	典 22,戸8,9a		販茶倒據批引例	湖廣行省爲榷茶都轉運司呈
至元18	典 25,戸11,2a	至元19.5	驗貧富科,赴庫送納	元管交參
至元18	秘 1,4a		〈設官〉	添設少監二員
至元18	秘 9,5a	至元10.2.7	〈秘書監〉	添一人

世祖至元18年(1281)

至元18	廟 3, 59	至元28. 4. 8	儒戸照抄戸手収入籍	方有受敕教授齎到印信前來
至元18	廟 3, 60	至元28. 4. 8	儒戸照抄戸手収入籍	却有＊葉提擧開立儒學衙門
至元18	廟 3, 60	至元28. 4. 8	儒戸照抄戸手収入籍	有＊葉提擧置到儒戸籍冊
至元18	廟 3, 61	至元28. 4. 8	儒戸照抄戸手収入籍	葉提擧置到印押文冊
至元18	廟 3, 61	至元28. 4. 8	儒戸照抄戸手収入籍	置到＊籍冊
至元18. 1	典 42, 刑4, 4a		船上圖財謀殺	行省准
至元18. 1. 1	典 1, 詔1, 4a	至元17. 6	頒授時曆	欽奉聖旨
至元18. 1. 19	典 34, 兵1, 32a	至元18. 4	軍人扎也定數	本院官奏奉聖旨
至元18. 1. 19	典 34, 兵1, 37a	至元21. 5	軍人盤纏	本院官與阿里海牙平章奏
至元18. 2	典 51, 刑13, 4b		縣尉巡檢巡捕	中書刑部近據濮州申
至元18. 2	通 7, 12b		押送軍器	中書省, 樞密院呈
至元18. 2	站 2, 上44			少府監呈
至元18. 2	高 40			睶上言
至元18. 2	秘 1, 4a		〈設官〉	程文海, ＊准禮部關
至元18. 2	秘 9, 8a	至元10. 2. 7	〈秘書少監〉	添一人
至元18. 2. 1	秘 1, 5a	至元18	〈設官〉	程文海, ＊禮任
至元18. 2. 5	通 28, 20a		又(闌遺)	中書省奏
至元18. 2. 5	正 條24, 廐牧59A		闌遺	中書省奏
至元18. 2. 23	站 2, 上44			樞密院奏
至元18. 3	典 33, 禮6, 10a		禁斷推骨圖等	中書省咨
至元18. 3	通 28, 30a		又(禁書)	中書省, 御史臺呈
至元18. 3	秘 11, 9a		〈典書〉	范英＊
至元18. 3	秘 11, 9a		〈典書〉	劉偉＊
至元18. 3. 3	秘 1, 3a	至元18. 4. 11	〈設官〉	授太中大夫
至元18. 3. 3	秘 9, 5a		〈秘書監〉	宋衜＊
至元18. 3. 25	秘 10, 5b		〈秘書郎〉	王天祥＊
至元18. 4	典 18, 戸4, 27b		嫂叔年甲爭懸不収	中書禮部, 來申
至元18. 4	典 19, 戸5, 10b		弟兄分爭家産事	中書兵部承奉
至元18. 4	典 34, 兵1, 32a		軍人扎也定數	行御史臺准
至元18. 4	通 4, 10a		又(親屬分財)	中書省, 禮部呈
至元18. 4. 11	秘 1, 2b		〈設官〉	忙兀兒禿烈哥傳奉令旨
至元18. 4. 11	秘 9, 8a		〈秘書少監〉	程文海＊
至元18. 4. 28	秘 10, 5b		〈秘書郎〉	喬貴成＊
至元18. 4. 29	站 2, 上45			御史大夫玉速鐵木兒…等奏
至元18. 5. 17	站 2, 上45			尚書阿里奏
至元18. 5. 25	通 28, 33a		又(監臨營利)	必闍赤撒里蠻等奏過
至元18. 6	高 40			睶言

至元18.6.6	正 斷1,衛禁1		闌入宮殿	中書省奏
至元18.6.7	典 21,戸7,20a	至元18.7	察出米糧支與軍食	本臺官毎啓
至元18.6.12	典 21,戸7,20a	至元18.7	察出米糧支與軍食	本臺官奏
至元18.6.16	站 2,上45			省部定擬
至元18.6.23	通 13,1a		又(俸禄職田)	本臺官奏
至元18.7	典 21,戸7,20a		察出米糧支與軍食	御史臺准行臺咨
至元18.7	通 13,1a		又(俸禄職田)	中書省,御史臺呈
至元18.7.2	典 57,刑19,12a	至元18.10	禁宰年少馬匹	孛羅奏
至元18.7.2	秘 10,5b		〈秘書郎〉	謝堵林台＊
至元18.7.3	通 13,1b	至元18.7	又(俸禄職田)	阿里稟得回説
至元18.7.29	站 2,上45			中書左丞耿仁奏
至元18.8	高 40			陞僉議府
至元18.8.7	秘 1,8b	至元19	〈設屬官〉	中書省啓
至元18.8.8	站 2,上45			尚書阿里·左丞耿仁等奏
至元18.8.15	秘 1,5a		〈設官〉	吉丁啓有
至元18.R8	站 1,上4			詔
至元18.R8	站 2,上46			中書省定擬隨路站赤
至元18.R8.24	站 2,上46	至元18.R8		都省遍行各路
至元18.R8.25	典 16,戸2,9b	至元18.12	祇應月申數目	奏過事内
至元18.R8.25	典 57,刑19,33b	至元18.11	禁治粧粉四天王寺	傳奉聖旨
至元18.R8.25	站 2,上46			張右丞·郝左丞等奏
至元18.9	典 34,兵1,30a		正軍兄弟孩兒替補	江西行樞密院照得
至元18.9	站 2,上46			通政院言
至元18.9	秘 9,8a	至元10.2.7	〈秘書少監〉	添一人
至元18.9.1	秘 1,5a	至元18.8.15	〈設官〉	宋弘道…＊
至元18.9.2	秘 9,8a	至元18.4.11	〈秘書少監〉	程文海…＊
至元18.9.2	秘 9,8b		〈秘書少監〉	曹留＊
至元18.10	典 45,刑7,15a		品官妻與從人通奸	行御史臺准
至元18.10	典 57,刑19,12a		禁宰年少馬疋	行御史臺准
至元18.10	秘 1,9a	至元19	〈設屬官〉	祗授敕牒
至元18.10.20	秘 1,12a	至元18.11.25	〈設司徒府〉	奏准
至元18.11	典 57,刑19,33b		禁治粧粉四天王寺	御史臺承奉
至元18.11	站 2,上46			通政院呈
至元18.11	高 40			置鎮邊萬戸
至元18.11.25	秘 1,12a		〈設司徒府〉	奉司徒府劄付
至元18.12	典 16,戸2,9b		祗應月申數目	御史臺承奉
至元18.12.12	典 58,工1,7a	大徳11.1	禁軍民緞疋服色等第	承奉中書省劄付

至元19年(壬午,1282)

至元19	典 3,聖2,12b		〈惠鰥寡〉	欽奉聖旨

至元19	典 6, 臺2, 3b	至元21. 8	禁治察司等例	依＊聖旨條畫斷罪
至元19	典 6, 臺2, 7a	至元31. 8	有司休尋廉訪司事	臺官人毎奏
至元19	典 10, 吏4, 2b	元貞1	遠年求仕	已前
至元19	典 12, 吏6, 1b		又 (隨路歳貢儒吏)	御史臺承奉
至元19	典 12, 吏6, 29a	至元25. 4	通事宣使等出身	已准＊例
至元19	典 17, 戸3, 17b		招收逃戸	御史臺承奉
至元19	典 21, 戸7, 5a		設立常平倉事	御史臺咨
至元19	典 21, 戸7, 8a	至元22	考計收支錢物	錢糧文冊
至元19	典 22, 戸8, 6b	至元20. 6	辦課合行事理	諸色課程
至元19	典 22, 戸8, 7a	至元20. 6	辦課合行事理	依＊例
至元19	典 22, 戸8, 9a	至元21. 6	恢辦茶課	考較
至元19	典 23, 戸9, 15a		檢踏災傷體例	御史臺咨
至元19	典 25, 戸11, 2a	至元19. 5	驗貧富科, 赴庫送納	實科戸數
至元19	典 34, 兵1, 15a	至元29. 3	禁拿百姓充軍	欽奉聖旨
至元19	典 48, 刑10, 8b	至元20. 9	動支贓罰錢例	至年終
馬兒年	典 22, 戸8, 6a	至元20. 6	辦課合行事理	課程
至元19	南 2611, 2a	至正11. 6. 17	整治鈔法	御史臺咨
至元19	海 上33			用伯顔言
至元19	海 上34			太傅丞相伯顔
至元19	海 上60	大徳6		以來
至元19	海 上61	大徳6		欽依世祖皇帝聖旨, 創行海運
至元19	海 下93		〈排年海運水脚價鈔〉	欽奉聖旨
至元19	海 下96		〈漕運水程〉	創開海道
至元19	海 下98		〈漕運水程〉	爲始
至元19	驛 1, 下165			都省議得
至元19	永 7507, 24a		設立常平倉事	御史臺咨
至元19	永 15950, 12a		〈漕運〉蘇州志	用丞相伯顔言
至元19	秘 1, 8b		〈設屬官〉	添著作郎一員
至元19	賦 8a		文有未備/過失殺	斷過弓兵趙九
至元19	金 6, 33a		〈御史中丞〉	也兒撒合＊
至元19	金 6, 34a		〈御史中丞〉	姜某＊
至元19	金 6, 37a		〈侍御史〉	王少中＊
至元19	金 6, 42a		〈都事〉	馬源＊
至元19	金 6, 42a		〈都事〉	王祚＊
至元19	金 6, 45a		〈照磨承發司管勾兼獄丞〉	姚某＊
至元19	金 6, 46a		〈架閣庫管勾〉	陳某＊
至元19	金 6, 46a		〈架閣庫管勾〉	王某＊
至元19	金 6, 48b		〈監察御史〉	火你赤＊
至元19	金 6, 48b		〈監察御史〉	王奉直＊
至元19	金 6, 48b		〈監察御史〉	于從仕＊
至元19	金 6, 48b		〈監察御史〉	許承事＊
至元19	金 6, 48b		〈監察御史〉	張承事＊
至元19	金 6, 48b		〈監察御史〉	郭承事＊
至元19	金 6, 48b		〈監察御史〉	王奉直＊

至元19	金 6, 48b		〈監察御史〉	滕奉直＊
至元19. 1	典 18, 戸4, 15b		牧民官聚部民	浙西道宣慰司近爲杭州路
至元19. 1	站 2, 上46			中書省奏奉聖旨
至元19. 1	廟 1, 16		郡縣學院官職員數	行中書省＊劄付
至元19. 1. 2	秘 1, 9a	至元19	〈設屬官〉	完顏君翼…於＊禮任
至元19. 1. 2	秘 10, 1a		〈著作郎〉	完顏君翼＊
至元19. 1. 2	秘 10, 1a		〈著作郎〉	李穉賓＊
至元19. 1. 15	高 40			以蒙古軍戍金州
至元19. 2	典 12, 吏6, 20a		更換書吏申臺	行御史臺准
至元19. 2	典 51, 刑13, 5b	皇慶1. 8	州判兼管捕盗	濮州申
至元19. 2	正 條29, 捕亡237		巡尉專捕	刑部呈
至元19. 2	官 54		〈肅政廉訪司〉	四川陝西
至元19. 2	驛 1, 下125			通政院奏
至元19. 2	廟 1, 20	至元20. 9. 16	都省復還石國秀…	准行中書省行下
至元19. 2. 10	典 16, 戸2, 2b		站赤使臣分例	通政院奏准事内
至元19. 2. 10	典 16, 戸2, 4a	大徳3	使臣宿往日期分例	通政院奏奉聖旨
至元19. 3	典 10, 吏4, 2b	元貞1	遠年求仕	已後
至元19. 3	典 10, 吏4, 2b	元貞1	遠年求仕	以前得替
至元19. 3	典 10, 吏4, 3a	大徳6	遠年求仕	已前得替
至元19. 3. 21	站 2, 上47			脱鐵木兒·剌眞等奏
至元19. 4	典 10, 吏4, 4a		告敍官員在家聽候	中書省咨
至元19. 4	典 12, 吏6, 19a	至元22. 1	收補行省令史	以後咨發
至元19. 4	典 12, 吏6, 19a	至元22. 1	收補行省令史	已後新附
至元19. 4	通 4. 6a		又 (嫁娶)	山東東西道提刑按察司議得
至元19. 4	通 28, 17b		又 (違例取息)	中書省奏
至元19. 4	站 1, 上4			詔
至元19. 4	驛 1, 下133			欽奉聖旨
至元19. 4. 2	秘 9, 8b		〈秘書少監〉	彭齡＊
至元19. 4. 9	典 36, 兵3, 17a		給降鋪馬劄子	中書省欽奉聖旨
至元19. 4. 9	站 2, 上47			參知政事阿里奉聖旨
至元19. 4. 9	站 9, 下114		給降鋪馬劄子	中書省欽奉聖旨
至元19. 4. 16	典 20, 戸6, 5a	至元19. 9	打算平準行用庫	奏准
馬兒年 4. 19	典 60, 工3, 3a	至元19. 5	差使回納牌面	聖旨有來
至元19. 4. 19	站 2, 上47			又奉旨
至元19. 4. 23	站 2, 上47			中書參知政事阿里奏
至元19. 4. 27	典 27, 戸13, 4a		放債取利三分	中書省聞奏
至元19. 4. 27	站 2, 上47			中書左丞耿仁…等奏
至元19. 5	典 20, 戸6, 4b		體察鈔庫停閑	御史臺承奉
至元19. 5	典 25, 戸11, 1b		驗貧富科, 赴庫送納	御史臺咨
至元19. 5	典 28, 禮1, 12a		省部臺院所差人員, 不須迎接	御史臺承奉

至元19.5	典 60, 工3, 3b		差使回納牌面	行御史臺准
至元19.5	秘 11, 9a	至元18.3	〈典書〉	劉偉…＊
至元19.5	廟 1, 20	至元20.9.16	都省復還石國秀…	浙東道奏
至元19.5.2	站 2, 上47			中書左丞耿仁…等奏
至元19.5.9	站 2, 上47			中書參政阿里等奏准
至元19.5.13	秘 9, 17b		〈提控案牘〉	陳祓＊
至元19.5.22	站 2, 上48			樞密副使孛羅…等奏
至元19.5.25	秘 1, 13b	至元19.6.25	〈爲革罷司徒府事〉	聞奏
至元19.6	典 22, 戸8, 53a		刷巻追到錢於課程内収	行中書省准
至元19.6	典 36, 兵3, 17a		諸衙門不得給鋪馬劄子	中書省奏過事内
至元19.6	站 9, 下88		諸衙門不得給鋪馬劄子	中書省奏過下項事理
至元19.6	驛 1, 下125			中書省奏
至元19.6	秘 10, 1a	至元15.2	〈著作郎〉	設一人
至元19.6.19	賦 19a		與財而有罪者四	刑部呈
至元19.6.25	秘 1, 13a		〈爲革罷司徒府事〉	准中書吏部關
至元19.7	典 2, 聖1, 1a		〈振朝綱〉	福建行省准
至元19.7.15	典 2, 聖1, 1a	至元19.7	〈振朝綱〉	本臺官奏過
至元19.7.17	典 2, 聖1, 1a	至元19.7	〈振朝綱〉	啓奉令旨
至元19.7.20	典 2, 聖1, 1a	至元19.7	〈振朝綱〉	又奉令旨
至元19.8	典 9, 吏3, 13a	☆	諸教官遷轉例	定府州一任
至元19.8	典 9, 吏3, 13a	☆	諸教官遷轉例	定府州一任
至元19.8	典 41, 刑3, 22a		奸義女已成	江西湖東道按察司官同省委官
至元19.8	海 上34			有旨
至元19.8.25	典 58, 工1, 9b		靴粘上休使金	中書省奏
至元19.8.25	典 58, 工1, 10b	至元19.12	不得帶造生活	本省官奏
至元19.9	典 20, 戸6, 5a		打算平準行用庫	御史臺承奉
至元19.9	典 47, 刑9, 2a		倉官侵糧飛鈔	中書省欽奉聖旨條畫
至元19.9	站 1, 上4			通政院臣言
至元19.9	站 2, 上49			兵部言
至元19.9	廟 1, 17		歳貢儒吏	御史臺＊承奉中書省劄付
至元19.9.12	站 2, 上48			通政院言
至元19.9.24	站 2, 上48			四川行省言
至元19.10	典 8, 吏2, 4a		官員遷轉例	中書省, 來呈
至元19.10	典 14, 吏8, 7a		用蒙古字標譯事目	行御史臺准
至元19.10	典 20, 戸6, 2a		整治鈔法	中書省奏准下項整治鈔法條畫
至元19.10	典 57, 刑19, 16a		失火燒死弟	行中書省據袁州路申
至元19.10	典 3, 聖2, 1b		〈均賦役〉	欽奉聖旨條畫

至元19.10	通 2, 21a		又(投下收戸)	欽奉詔書
至元19.10	通 4, 13b		又(鰥寡孤獨)	欽奉詔書
至元19.10	通 18, 3b		又(和雇和買)	欽奉詔書
至元19.10	通 28, 4a		又(擾民)	欽奉詔書
至元19.10	正 條28, 關市207		和雇和買	詔書内一款
至元19.10	正 斷3, 職制79		賒買鹽引	詔書内一款
至元19.10	正 斷7, 戸婚201		逃戸差税	詔書内一款節該
至元19.10	站 1, 上4			增給各省鋪馬聖旨
至元19.10	站 2, 上49			中書省體知
至元19.10.6 (12)	典 26, 戸12, 6a	至元20	和買照依市價	欽奉詔書條畫
至元19.10.24	站 2, 上49			火魯火孫奏
至元19.11	典 43, 刑5, 7a		燒埋銀與四定鈔	行省准
至元19.11	典 59, 工2, 4a		和雇船隻先支脚價	行臺劄付
至元19.11	廟 1, 23	至元20	省臺復石國秀尹應元…	有前贛州通判擬授長江縣尹
至元19.11.29	站 2, 上49			中書左丞相火魯火孫奏
至元19.12	典 8, 吏2, 12b	延祐2.3	職官廕子例	承奉中書省判送
至元19.12	典 57, 刑19, 8a		禁主戸典賣佃戸老少	御史臺據山南湖北道按察司申
至元19.12	典 58, 工1, 10b		不得帶造生活	御史臺咨
至元19.12	通 4, 19b		典賣佃戸	御史臺呈
至元19.12	通 6, 8a		又(廕例)	中書省, 吏部呈
至元19.12	正 條34, 獄官344		又(非理鞫囚)	刑部尚書崔彧呈
至元19.12	正 斷8, 戸婚275		僧道娶妻	禮部准諸路釋教都總統所關
至元19.12	海 上35			立京畿江淮都漕運司二
至元19.12.1	典 48, 刑10, 2a		禁治過度錢物	中書省奏
至元19.12.1	正 斷6, 職制196		説事過錢	中書省奏
至元19.12.16	南 2610, 5a		侍御史以上臺官皆得言事	崔中丞奏
至元19.12.22	典 22, 戸8, 56a	至元22.1	税契用契本雜税, 鄉下主首具數納課	出榜行下各路

至元20年(癸未, 1283)

至元20	典 3, 聖2, 4a		〈復租賦〉	欽奉聖旨
至元20	典 3, 聖2, 4a	至元20	〈復租賦〉	合徵租税
至元20	典 3, 聖2, 7a	至元20.10	〈減私租〉	合該租税
至元20	典 9, 吏3, 7a		投下達魯花赤遷轉	御史臺咨
至元20	典 14, 吏8, 8a	至元21.10	文巻已絶, 編類入架	已前
至元20	典 20, 戸6, 5a		常川開平準庫	御史臺咨
至元20	典 21, 戸7, 8a		職役人關錢物	御史臺咨
至元20	典 22, 戸8, 6b	至元20.6	辦課合行事理	課程
至元20	典 22, 戸8, 6b	至元20.6	辦課合行事理	合辦額數

至元20	典 22, 戸8, 9a	至元21, 6	恢辦茶課	茶課
至元20	典 22, 戸8, 64a		吊引院例不収鈔	御史臺咨
至元20	典 26, 戸12, 6a		和買照依市價	湖廣等處行中書省爲起運諸物
至元20	典 37, 兵4, 5b	大德5. 5	入遞文字	奏准
至元20	典 45, 刑7, 17a		職官犯奸在逃	行御史臺准
至元20	典 46, 刑8, 7b	延祐2. 2	臺察官吏犯贓不敍	憲臺奏奉聖旨
至元20	典 54, 刑16, 29a		又 (民官影占民戸)	御史臺咨
至元20	典 58, 工1, 7a	大德11. 1	禁軍民段疋服色等第	奉戸部符文
至元20	典 59, 工2, 4b		糴販客船不許遮當	御史臺承奉
至元20	官 54		〈肅政廉訪司〉	置海北廣東道
至元20	驛 1, 下126表			臺斷嘉興路達魯花赤
至元20	驛 1, 下165			江淮行中書省議得
至元20	驛 1, 下171			都省差官
至元20	秘 1, 5a		〈設官〉	添少監一員
至元20 (13)	秘 10, 9a		〈校書郎〉	杜爲善*
至元20 (14)	秘 10, 12a		〈辨驗書畫直長〉	董濟*
至元20	廟 1, 21		省臺復石國秀尹應元…	御史臺*咨該
至元20	廟 1, 24	至元20	省臺復石國秀尹應元…	合無自*爲頭
至元20	廟 1, 24	至元20	省臺復石國秀尹應元…	將*錢糧
至元20	廟 1, 24	至元20	省臺復石國秀尹應元…	將*合徵錢米
至元20	廟 4, 82	至元30. 7. 12	陞用教授資格	合依*額設員數
至元20	廟 4, 73	至元29. 4	廟學田地錢糧分付與秀才每爲主	有本臺崔中丞言
至元20. 1	典 35, 兵2, 4a	至大1	禁治弓箭彈弓	准中書省奏
至元20. 1	典 42, 刑4, 9b		驚死年老	江西行省, 審囚官呈
至元20. 1	通 14, 27b		關撥鈔本	中書省體知
至元20. 1	正 條23, 倉庫2		又 (倒換昏鈔)	中書省體知
至元20. 1	正 條27, 賦役147	至元20. 1. 21	又 (災傷隨時檢覆)	至*才行申到
至元20. 1. 4	馬 10		〈和買馬〉	丞相火魯火孫等奏
至元20. 1. 9	典 12, 吏6, 27a	至元20. 9	通事譯史出身	呈奉省判
至元20. 1. 21	通 17, 8b		又 (田禾災傷)	中書省奏
至元20. 1. 21	正 條27, 賦役147		又 (災傷隨時檢覆)	中書省奏
至元20. 1. 27	南 2610, 5a	至元23. 3. 16	立廣東道按察司, 改廣西福建兩道名字	奏過事内
至元20. 2	典 31, 禮4, 2b		蒙古生員免役	江西行省准
至元20. 2	典 40, 刑2, 2a		禁斷王侍郎繩索	御史臺備奉中書省劄付

至元20.2	典 44, 刑6, 8a		蒙古人打漢人不得還	中書省, 刑部准兵部關
至元20.2	站 1, 上4			和林宣慰司給鋪馬聖旨
至元20.2.12	通 28, 28b		蒙古人毆漢人	中書省, 兵部奉
至元20.2.12	站 3, 上50			中書省議
至元20.2.15	站 3, 上50			丞相火魯火孫奏
至元20.2.18	典 27, 戸13, 1a		行運斡脱錢事	呈, 中書省咨
至元20.3	海 上33			至直沽
至元20.3	海 上34			經由登州
至元20.3.12	典 22, 戸8, 6a	至元20.6	辦課合行事理	奏
至元20.3.16	南 2610, 5a		立廣東道按察司, 改廣西福建兩道名字	御史臺咨
至元20.3.21	站 3, 上50			中書省奏
至元20.4.2	秘 11, 9a		〈典書〉	田居敬＊
至元20.4.16	典 21, 戸7, 2b	至元29	行用圓斛	准御史中丞牒
至元20.4.26	秘 9, 17a		〈經歷〉	馬諒＊
至元20.5	典 10, 吏4, 2b	元貞2.9	又(遠年求仕)	患病作闕
至元20.5	典 22, 戸8, 53a		課程每季類報	福建行省准
至元20.5	典 41, 刑3, 6a		打傷親兄	江西行省據審斷罪囚官状申
至元20.5	典 48, 刑10, 4a		自行告發同首	行御史臺, 來申
至元20.5	通 27, 19b		拘滯車船	中書戸部承奉
至元20.5	正 斷6, 職制170		奴賤爲官犯贓	刑部議得
至元20.5	高 40			立征東行省
至元20.5.4	站 3, 上50			殿中侍御史奏
至元20.5.25	典 21, 戸7, 2b	至元29	行用圓斛	御前看過新斛様製, 欽奉聖旨
至元20.5.28	秘 10, 1a		〈著作郎〉	袁璧＊
至元20.6	典 12, 吏6, 40a		選擇典史通事	中書吏部承奉
至元20.6	典 22, 戸8, 6a		辦課合行事理	福建行省准
至元20.6	典 22, 戸8, 60a		根訪銅鑛	福建行省准
至元20.6	典 59, 工2, 4a		禁治拘刷船隻	行御史臺據監察御史呈
至元20.6	通 13, 4b		又(俸禄職田)	中書省奏
至元20.6	通 28, 1a		熿金	中書省, 御史臺呈
至元20.6	海 上36			王積翁議
至元20.6.4	典 22, 戸8, 60a	至元20.6	根訪銅鑛	奏奉聖旨
至元20.6.7	典 24, 戸10, 又4a	至元20.8	投下税糧許折鈔	奏過事内
至元20.6.7	秘 2, 3a	至元20.9.7	〈禄秩〉	奏過事内
至元20.6.28	典 29, 禮2, 7b	大徳4	軍官窠闕印信	准御史臺咨
至元20.7	通 13, 12a		工糧	中書省奏
至元20.7	通 30, 13b		驛路船渡	中書省議得
至元20.7	站 1, 上4			免站戸差役
至元20.7	站 3, 上50			中書省劄付
至元20.7	秘 2, 3b	至元20.9.7	〈禄秩〉	自＊爲始
至元20.7	廟 1, 24	至元20	省臺復石國秀尹應元…	都省移咨江淮等處行中書省

世祖至元20年 (1283)

至元20.7.11	典 29, 禮2, 7b	大徳4	軍官窠闕印信	樞密院官奏
至元20.7.21	典 8, 吏2, 16a		軍官承襲例	福建行省准樞密院咨
至元20.7.24	站 3, 上51	至元20.7		通政院使憨剌哈兒…奏准聖旨
至元20.7.24	站 3, 上86	至元29.11		…二次奏奉聖旨
至元20.8	典 22, 戸8, 36b		恢辦鹽課	准中書省咨
至元20.8	典 24, 戸10, 又4a		投下税糧許折鈔	行省准中書省咨
至元20.8	典 47, 刑9, 2a	☆	侵盗錢糧, 從先發官司徴理	蒙楊治中問出十七年飛糧
至元20.8	海 上36			…丞相火魯火孫…等奏
至元20.8.2	秘 3, 10b		〈公移〉	准中書禮部關
至元20.8.2	秘 10, 1a		〈著作郎〉	姚景元＊
至元20.8.3	典 9, 吏3, 10b	延祐6.6.17	投下職官公罪	承奉中書省劄付
至元20.8.26	典 34, 兵1, 37b	至元21.5	軍人盤纏	樞密院官奏
至元20.8.29	廟 1, 24	至元20	省臺復石國秀尹應元…	又奉行省劄付
至元20.9	典 12, 吏6, 27a		通事譯史出身	御史臺承奉中書省劄付
至元20.9	典 48, 刑10, 8a		動支贓罰錢例	行御史臺先據監察御史呈
至元20.9	典 59, 工2, 4b		禁治拘刷茶船	江西行省咨
至元20.9	正 斷6, 職制183		齊斂財物	刑部呈
至元20.9.7	秘 2, 2b		〈禄秩〉	准中書戸部關
至元20.9.16	廟 1, 19		都省復還石國秀…	中書省＊咨該
至元20.9.24	秘 11, 7a		〈奏差〉	劉守讓＊
至元20.10	典 3, 聖2, 7a		〈減私租〉	欽奉詔書
至元20.10	典 21, 戸7, 14a	至元21.7	多支官錢體覆不實斷罰	當職自＊内差出
至元20.10	通 13, 10b		又 (俸禄職田)	中書戸部照得
至元20.10	官 54		〈肅政廉訪司〉	減副使一員
至元20.10	海 上37			禁運糧軍人及綱運船戸
至元20.10	驛 1, 下141			江浙官敬奉也不干大王令旨
至元20.10	驛 1, 下166			江淮省准都省咨
至元20.10	賦 114a		他捕或同於自捕	河南府賊人
至元20.10.10	秘 9, 8b		〈秘書少監〉	千奴＊
羊兒年 10.17	典 34, 兵1, 25b	至元21	又 (處斷逃軍等例)	樞密院奏
至元20.10.22	站 3, 上51			丞相火魯火孫奏
至元20.10.30	南 2610, 5a		提刑按察司增設察判	御史臺官奏
至元20.11	典 22, 戸8, 55a		就印契本	福建行省准
至元20.11	典 39, 刑1, 6b		刑名備申招詞	中書省咨
至元20.11	典 40, 刑2, 2a		禁止慘刻酷刑	御史臺准本臺中丞崔少中牒該
至元20.11	通 16, 28a		准折事産	中書省, 戸部呈

至元20. 11	通 27, 20a		又 (拘滯車船)	中書省所委官李尚書呈
至元20. 11	通 27, 23a		請謁	中書省, 御史臺呈
至元20. 11	正 條26, 田令131		准折事産	戸部呈
至元20. 11	正 條33, 獄官315		刑名備細開申	刑部呈
至元20. 11	海 上47			議罷河運
至元20. 11	站 1, 上4			增給甘州省鋪馬聖旨
至元20. 11	站 3, 上51			彰德·眞定路言
至元20. 11	秘 9, 8a	至元10. 2. 7	〈秘書少監〉	添一人
至元20. 11. 3	正 條34, 獄官341		禁私和賊徒	聖旨節該
至元20. 11. 10	秘 1, 5b	至元20	〈設官〉	千奴…＊禮任
至元20. 11. 12	通 17, 1a		又 (地税)	中書省奏
至元20. 11. 12	正 條27, 賦役137		又 (種地納税)	中書省奏
至元20. 11. 20	通 28, 18a		又 (違例取息)	中書省奏
至元20. 11. 20	站 3, 上51			右丞相火魯火孫奏准
至元20. 11. 21	典 51, 刑13, 4b		軍民官一同巡禁	行省據建昌路申
至元20. 12	典 41, 刑3, 13a		典刑作耗草賊	江西行省近爲作耗草賊
至元20. 12	典 51, 刑13, 8a		獲賊略問即解	欽奉聖旨條畫
至元20. 12	海 上47			以朱清爲中萬戸
至元20. 12	站 1, 上4			增各省及轉運司宣慰司
至元20. 12. 5	典 47, 刑9, 2a	☆	侵盜錢糧, 從先發官司徵理	據本省所委官楊治中呈
至元20. 12. 5	站 3, 上51			右丞相火魯火孫奏
至元20. 12. 22	秘 10, 9a		〈校書郎〉	李天麒＊
至元20. 12. 27	站 3, 上52			丞相火魯火孫奏

至元21年(甲申, 1284)

至元21	典 9, 吏3, 28b	大德8. 7	倉庫官例	定例
至元21	典 9, 吏3, 44b	大德4. 8	江南提控吏目遷轉	定例
至元21	典 12, 吏6, 31a		額設司吏	江西行省先爲各路司縣
至元21	典 14, 吏8, 9a	至元21. 10	文卷已絶, 編類入架	已前應行文卷
至元21	典 16, 戸2, 6a		品從之任分例	行中書省准
至元21	典 17, 戸3, 8b		軍民已籍爲定	江西行省據撫州路民戸黎孟一
至元21	典 17, 戸3, 9a	大德3. 4	軍男與民, 已籍爲定	劉貴告首充軍
至元21	典 26, 戸12, 3a		出産和買諸物	行中書省准
至元21	典 31, 禮4, 7a	至大4. 1	整治學校	設立集賢院
至元21	典 34, 兵1, 25b		又 (處斷逃軍等例)	荊湖占城等處行省劄付
至元21	典 51, 刑13, 8a		獲賊分付民官	欽奉聖旨

世祖至元21年 (1284)

至元21	典 新戸, 課程5b	延祐5. 12	延祐五年拯治茶課	廉運使言
至元21	憲 2608, 6a	至元27	御史臺陞正二品	火魯火孫那底
至元21	海 上38	至元20. 10		…寧海州并淄萊路牒呈
至元21	海 下93		〈排年海運水脚價鈔〉	依驗千斤百里脚價, 每石該支
至元21	站 3, 上67	至元25. 7		爲省官侵害
至元21	站 7, 下3			申奉中書兵部符文
至元21	驛 1, 下122表			御史臺申明
至元21	驛 1, 下126			通政院奏
至元21	驛 1, 下127			行臺劄付
至元21	驛 1, 下133			御史臺奉
至元21	驛 1, 下168表			都省議得
至元21	廟 2, 38	至元25. 12	學官格例	翰林國史集賢院例
至元21	廟 2, 39	至元25. 12	學官格例	並依＊省部定到格例施行
至元21	廟 2, 39	至元25. 12	學官格例	照依＊例選補
至元21	廟 2, 40	至元25. 12	學官格例	照依＊吏禮二部…陞轉格例
至元21	廟 2, 40	至元25. 12	學官格例	擬合照依＊都省…學官格例
至元21	廟 2, 40	至元25. 12	學官格例	翰林國史集賢院定立甚爲詳備
至元21	廟 2, 44	至元26. 8. 30	差設學官學職	因革罷提學之後
至元21	廟 6, 138	大徳5. 6	山長改教授及正録教諭格例	照依＊都省與翰林·集賢院
至元21	許 75, 16a	☆	蒙山銀	撥糧一萬二千五百石
至元21	永 15950, 12b		〈漕運〉 蘇州志	定議官支脚價
至元21	金 6, 33a		〈御史中丞〉	八都兒＊
至元21	金 6, 34a		〈御史中丞〉	楊某＊
至元21	金 6, 37a		〈侍御史〉	雷膺＊
至元21	金 6, 37a		〈侍御史〉	魏初＊
至元21	金 6, 40a		〈治書侍御史〉	王某＊
至元21	金 6, 40a		〈治書侍御史〉	張某＊
至元21	金 6, 42a		〈都事〉	畢侢＊
至元21	金 6, 42a		〈都事〉	和思問＊
至元21	金 6, 48b		〈監察御史〉	木八剌＊
至元21	金 6, 48b		〈監察御史〉	合八兒都＊
至元21	金 6, 48b		〈監察御史〉	朶兒只思丹＊
至元21	金 6, 48b		〈監察御史〉	八兒思不花＊
至元21	金 6, 48b		〈監察御史〉	也里察兒＊
至元21	金 6, 48b		〈監察御史〉	福奴＊
至元21	金 6, 48b		〈監察御史〉	撒的禮彌識＊
至元21	金 6, 48b		〈監察御史〉	任乞僧＊
至元21	金 6, 48b		〈監察御史〉	朱從申居＊

至元21	金 6, 48b		〈監察御史〉	謝承事＊
至元21	金 6, 48b		〈監察御史〉	周承務＊
至元21	金 6, 48b		〈監察御史〉	師澍＊
至元21	金 6, 48b		〈監察御史〉	王承務＊
至元21. 1	典 1, 詔1, 4a		上尊號詔	欽奉聖旨
至元21. 1	典 35, 兵2, 6b		探馬赤軍給引懸帶弓箭	中書刑部奉
至元21. 1	通 3, 3b		收養同宗孤貧	中書省, 御史臺呈
至元21. 1. 6	典 3, 聖2, 20b		〈霈恩宥〉	欽奉詔書
至元21. 1. 6	典 13, 吏7, 6b	至元21. 3. 28	置立朱銷文簿	欽奉詔書
至元21. 1. 6	典 19, 戸5, 19b	至元21. 5	革撥二十一年已前已賣田土	詔書已前事理
至元21. 1. 11	典 36, 兵3, 7b	至元21. 7	使臣索要妓女	自＊…經過使臣索要妓女
至元21. 1. 25	典 8, 吏2, 6a	至元21. 3	父子兄弟做官回避	…啓過事内
至元21. 2	典 9, 吏3, 16a	延祐4. 1	正録教諭直學	呈准中書省劄付
至元21. 2	典 34, 兵1, 28a		各翼置安樂堂	御史臺咨
至元21. 2	典 59, 工2, 1b		體察修築堤堰	准御史臺咨
至元21. 2	典 新吏, 官制4a	延祐4. 1	正録教諭直學	呈准中書省劄付
至元21. 2	海 上48			罷阿八赤河道
至元21. 2	站 1, 上4			增給各處鋪馬劄子
至元21. 2	廟 6, 136	大徳5. 6	山長改教授及正録教諭格例	呈准中書劄付
至元21. 2	廟 6, 139	大徳5. 6	山長改教授及正録教諭格例	呈准中書省劄付
至元21. 2. 2	典 8, 吏2, 17a		又 (軍官承襲例)	伯顔丞相奏
猴兒年 2. 2	典 9, 吏3, 3a	至元21. 3	定奪軍官品級	伯顔丞相奏
至元21. 2. 9	站 3, 上52			中書右丞相火魯火孫奏
至元21. 2. 10	站 3, 上52			參議中書省事明里不花奏准
至元21. 2. 12	秘 3, 6a		〈廨宇〉	近爲諸衙門遷住大都
至元21. 2. 16	典 9, 吏3, 3a	至元21. 3	定奪軍官品級	樞密院奏准
至元21. 2. 17	典 16, 戸2, 2b		又 (站赤使臣分例)	通政院官…奏
至元21. 2. 17	站 3, 上53			通政院奏
至元21. 2. 26	典 34, 兵1, 14b	至元21. 8	不刷雕青百姓充軍	奏
至元21. 2. 29	站 3, 上53			伯哈納…等奏
至元21. 2. 29	秘 6, 3a		〈秘書庫〉	照得
至元21. 3	典 8, 吏2, 6a		父子兄弟做官回避	御史臺據監察御史李昂呈
至元21. 3	典 9, 吏3, 3a		定奪軍官品級	樞密院
至元21. 3	典 18, 戸4, 12a	延祐6. 4	丁慶一爭婚	中書省, 戸部擬
至元21. 3	典 21, 戸7, 14b	至元21. 7	多支官錢體覆不實斷罰	蒙使司判送
至元21. 3. 2	秘 9, 8b		〈秘書少監〉	寶履＊
至元21. 3. 28	典 13, 吏7, 6b		置立朱銷文簿	江西行省咨

至元21.4	典 16, 戸2, 9b		官爲應付首思	通政院准来咨
至元21.4	典 19, 戸5, 7a		禁官吏買房屋	中書省奏過事内
至元21.4	通 18, 3b		又(和雇和買)	中書省, 戸部呈
至元21.4	正 條28, 關市208		又(和雇和買)	戸部呈
至元21.4	站 1, 上4			定增使臣分例
至元21.4	站 3, 上53			陝西漢中道宣慰司言
至元21.4	站 3, 上53			通政院言
至元21.4.16	通 27, 7a		禁約軍器	中書省奏
至元21.5	典 15, 戸1, 8b	☆	又(犯罪罷職, 公田不給)	御史臺照行例
至元21.5	典 19, 戸5, 19b		革撥二十一年已前已賣田土	中書戸部承奉
至元21.5	典 22, 戸8, 55a		體察不便契本	行御史臺准
至元21.5	典 31, 禮4, 1b		用蒙古字	中書省, 御史臺備
至元21.5	典 34, 兵1, 37a		軍人盤纏	御史臺准樞密院咨
至元21.5	典 53, 刑15, 3a		軍人不許接受民詞	承奉福建行省劄付該
至元21.5	通 6, 30a		又(舉保)	御史臺照得
至元21.5	通 13, 5a		又(俸祿職田)	中書省准各省咨
至元21.5	通 13, 8b		又(俸祿職田)	御史臺體訪
至元21.5	通 28, 30b		又(禁書)	中書省爲河間路捉獲賊徒
至元21.5	正 斷4, 職制98		親故營進	御史臺呈
至元21.5 (15)	憲 2609, 13a	至正6.10.11	隔越行私	内外臺監察御史
至元21.5.28	典 32, 禮5, 9b		拘収舊暦文書	行御史臺准
至元21.5.29	南 2610, 5b		行臺移杭州	御史臺啓過事内
至元21.R5	正 斷9, 廐庫308		騒擾燒鈔庫	戸部呈
至元21.R5	站 3, 上54			濟寧路言
至元21.R5	站 3, 上54			御史臺言
至元21.R5.17	廟 1, 25	至元21.10.5	革提舉司令文資正官提調	啓過事内一件
至元21.R5.17	廟 3, 55	至元28.2.4	學官考較儒人功業	啓過事内一件
至元21.6	典 22, 戸8, 9a		恢辦茶課	中書省准江淮行省咨
至元21.6	典 57, 刑19, 33b		禁治習學槍棒	福建行省准
至元21.6	典 59, 工2, 11b		召賃係官房舍	御史臺承奉
至元21.6	通 4, 14a		又(鰥寡孤獨)	中書省, 御史臺呈
至元21.6	通 16, 33a		召賃官房	中書省, 御史臺呈
至元21.6	正 條26, 田令128		召賃官房	御史臺呈
至元21.6	驛 1, 下126			中書省劄付
至元21.6.6	站 3, 上54			襄陽路言
至元21.6.13	典 22, 戸8, 69a	大徳5.8	站馬不納税錢	承奉浙西宣慰司劄付
至元21.6.15	站 3, 上55			參知老哥奏
至元21.7	典 21, 戸7, 14a		多支官錢體覆不實斷罰	行臺據監察御史申屠承事呈

至元21.7	典 22,戸8,64a		税物不得抽分本色	行御史臺咨
至元21.7	典 36,兵3,7a		使臣索要妓女	行御史臺據嶺北湖南道
至元21.7	典 36,兵3,31a		押運不得捎帶私物	御史臺承奉
至元21.7	通 4,3b		又(嫁娶)	中書省,禮部呈
至元21.7	通 6,28a		又(給由)	欽奉聖旨條畫
至元21.7	通 30,11b		又(堤渠橋道)	欽奉聖旨條畫
至元21.7	正 條34,獄官333		又(臺憲審囚)	聖旨,諭提刑按察司一款
至元21.7	正 條34,獄官342		禁轉委公吏鞫獄	聖旨内一款
至元21.7	站 9,下100		使臣索要妓女	行御史臺據嶺北湖南道
至元21.7	賦 103b		輕囚就重	欽奉聖旨節該
至元21.8	典 6,臺2,3b		禁治察司等例	御史臺檢會
至元21.8	典 14,吏8,3a		差使留除長官	御史臺據監察御史呈
至元21.8	典 16,戸2,2b		體察出使臣人員分例	行御史臺准御史臺咨
至元21.8	典 34,兵1,14b		不刷雕青百姓充軍	福建行省准樞密院咨該
至元21.8	典 38,兵5,3a		捕虎皮肉充賞	行御史臺據監察御史呈
至元21.8	典 45,刑7,6a		欺奸囚婦	福建行中書省據汀州路來申
至元21.8	通 20,8a		捕虎	中書省,兵部呈
至元21.8	正 條30,賞令287		捕虎	兵部呈
至元21.8.29	站 3,上55			欽奉聖旨
至元21.9	典 9,吏3,22a		管辦錢穀官諸雜職人員例	定
至元21.9	典 30,禮3,9a		禁送殯迎婚儀從	行御史臺咨
至元21.9	通 27,24b		帶行人	中書省,御史臺呈
至元21.9	通 27,26b		控鶴等服帶	中書省,宣徽院呈
至元21.9	站 1,上5			給阿里海牙所治之省
至元21.9.16	站 3,上55			火魯火孫等奏
至元21.10	典 14,吏8,8b		文卷已絶,編類入架	行御史臺
至元21.10	典 45,刑7,7a		主婦受財,縱妾犯奸	本道按察分司審斷袁州路
至元21.10	驛 1,下165			江淮省議得
至元21.10.4	站 3,上55			火魯火孫等奏
至元21.10.5	廟 1,24		革提舉司令文資正官提調	中書省＊省掾高柔承行咨
至元21.10.13	秘 3,18a		〈工匠〉	秘書監據本監管勾董濟呈
至元21.11	典 14,吏8,3b		差使務均勞逸	御史臺承奉
至元21.11	典 17,戸3,8a		照勘漢兒戸計	中書省咨
至元21.11	典 35,兵2,1b	至元23.3	拘収弓手軍器	據龍興路所申
至元21.11	典 59,工2,12a		置庫収係官物	行臺劄付

至元21. 11	通 27, 8a		供神軍器	中書省, 南京等路宣慰司呈
至元21. 11	海 上49			約束運糧回船
至元21. 11. 1	典 17, 戸3, 8a	至元21. 11	照勘漢兒戸計	奉聖旨
至元21. 11. 17	通 28, 15b	至元22. 1	又 (祈賽等事)	啓奉令旨
至元21. 11. 21	典 38, 兵5, 5a	☆	鷹鶻顔色捽皮	鷹房子説稱
至元21. 11. 28	典 3, 聖2, 12b		〈惠鰥寡〉	中書省奏過事一款
至元21. 12	典 19, 戸5, 15b		權勢買要産業	行御史臺近據江東建康道
至元21. 12	典 22, 戸8, 61a		竹貨依例收税	欽奉聖旨條畫
至元21. 12	典 48, 刑10, 4a		彈過事理不得准首	中書刑部承奉
至元21. 12	通 27, 27a		又 (控鶴等服帶)	中書省, 蒙古文字譯該
至元21. 12	通 28, 32a		差使人宿娼	御史臺照得
至元21. 12	正 斷6, 職制190		家人乞受	都省議得
至元21. 12. 1	典 22, 戸8, 15a	至元22	設立常平鹽局	奏過事内
至元21. 12. 1	典 58, 工1, 9b	至元22. 3	禁治諸色銷金	奏
至元21. 12. 10	站 3, 上55			丞相不魯迷失海牙奏
至元21. 12. 17	海 上39			本臺官啓
至元21. 12. 25	站 3, 上55			中書參知政事撒的迷失奏
至元21. 12. 30	典 41, 刑3, 2a	大德2	王繼祖停屍成親	娶到賀眞眞爲妻

至元22年(乙酉, 1285)

至元22	典 2, 聖1, 5a		〈飭官吏〉	欽奉聖旨
至元22	典 11, 吏5, 22a		官吏考廕封贈	見聖政門
至元22	典 12, 吏6, 30a	至大1. 3	廉訪司奏差, 州吏内選取	各道按察使
至元22	典 18, 戸4, 18a		配合新附軍婦	湖廣等處行省准樞密院咨
至元22	典 21, 戸7, 8a		考計收支錢物	湖廣等處行省契勘, 考計財賦
至元22	典 22, 戸8, 15a		設立常平鹽局	江淮行省准
至元22	典 22, 戸8, 16a	至元22	設立常平鹽局	額煎鹽數
至元22	典 22, 戸8, 33b	至大4. R7	鹽袋每引四百斤	每引二十兩
至元22	典 32, 禮5, 3b	大徳9	醫學科目	欽奉聖旨
至元22	典 34, 兵1, 34a		漸丁軍人口糧	湖廣行省准
至元22	典 49, 刑11, 11b	延祐4. 9	剜豁土居人物, 依常盜論	漢人有罪過呵
至元22	典 57, 刑19, 6a	延祐3. 3	過房人口	江淮闕食
至元22	官 62		〈巡行勸農司〉	大司農御史大夫孛羅
至元22	秘 1, 10b		〈設屬官〉	添校書郎一員

至元22	秘 1, 15b	至大1. 4. 10	〈兼領〉	有扎馬剌丁引現過, 奉薛禪皇帝
至元22	秘 3, 16b		〈公使人〉	每名月支
至元乙酉	秘 4, 1a		〈纂修〉	欲實著作之職
至元22	秘 10, 9a	至元15. 8	〈校書郎〉	添一員
至元22	金 6, 45a		〈照磨承發司管勾兼獄丞〉	粘合孝純＊
至元22	金 6, 46a		〈架閣庫管勾〉	杜弁＊
至元22	金 6, 48b		〈監察御史〉	朱承務＊
至元22	金 6, 48b		〈監察御史〉	靳奉議＊
至元22. 1	典 12, 吏6, 19a		收補行省令史	御史臺承奉
至元22. 1	典 22, 戸8, 55b		税契用契本雜税, 鄉下主首具數納課	福建行省該
至元22. 1	典 22, 戸8, 62b		湖泊召人打魚	中書省奏過事内
至元22. 1	典 38, 兵5, 3b		禁治圍獵擾民	行御史臺准
至元22. 1	通 28, 15a		又 (祈賽等事)	中書省, 御史臺呈
至元22. 1. 7	站 3, 上56			樞密院副使哈答等奏
至元22. 1. 8	典 46, 刑8, 3b		親隨受錢, 着落元主	中書省咨
至元22. 2	典 2, 聖1, 5a		〈飭官吏〉	欽奉聖旨
至元22. 2	典 3, 聖2, 4a		〈復租賦〉	欽奉聖旨
至元22. 2	典 3, 聖2, 7a		〈減私租〉	欽奉詔書
至元22. 2	典 3, 聖2, 16a		〈恤流民〉	欽奉詔書
至元22. 2	典 8, 吏2, 6a		色目漢兒相參勾當	江西行省准本省左丞伯顏咨
至元22. 2	典 15, 戸1, 4b		官吏添支俸給	欽奉詔條
至元22. 2	典 22, 戸8, 43b		鄉村百姓許盒醋	欽奉聖旨條畫
至元22. 2	典 22, 戸8, 43b		鄉村百姓許造酒	欽奉聖旨
至元22. 2	典 32, 禮5, 2a		講究醫學	行臺咨
至元22. 2	海 上49			以濟州運糧船數闕, 命三省
至元22. 2	站 3, 上72	至元26. 12		王興進納本位下物色
至元22. 2	廟 2, 34	至元24. 4	學校事宜儒戸免差	都省奏准聖旨
至元22. 2. 1	秘 9, 5a		〈秘書監〉	董文用＊
至元22. 2. 1	秘 9, 8b		〈秘書少監〉	劉復＊
至元22. 2. 2	典 20, 戸6, 5b		添工墨鈔	中書省奏過事内
至元22. 2. 5	典 48, 刑10, 1a	☆	取受事發, 回付量斷	盡頭因事取受
至元22. 2. 11	秘 3, 6a	至元23. 3. 7	〈廨宇〉	…扎馬剌丁＊奏過下項事理
至元22. 2. 17	典 8, 吏2, 6a	至元22. 2	色目漢兒相參勾當	奏過事内
至元22. 2. 19	典 22, 戸8, 9b		私茶同私鹽法科斷	奏過事内
至元22. 2. 19	典 26, 戸12, 5a		收糴相接乏糧	奏過事内
至元22. 3	典 58, 工1, 9b		禁治諸色銷金	行省准中書省咨
至元22. 3	典 60, 工3, 1a		祗候不繫只孫裹肚	江西行省准
至元22. 3. 3	秘 1, 10b	至元22	〈設屬官〉	翰林集賢侍講學士牒
至元22. 3. 25	南 2610, 5b		行臺移江州	御史臺官奏

世祖至元22年 (1285)

至元22.4	典 9, 吏3, 18a		選醫學教授	御史臺承奉
至元22.4	典 40, 刑2, 8a		監禁輕重罪囚	中書省契勘
至元22.4	通 6, 27a		給由	御史臺近爲各道按察司
至元22.4	站 1, 上5			給陝西行省
至元22.4	站 3, 上57			中書省准雲南諸路行中書省咨
至元22.4.2	站 3, 上56			不魯迷失海牙奏
至元22.4.20	典 12, 吏6, 19b	至元27	禁治待闕令史	御史臺事務忙併
至元22.5	典 9, 吏3, 31a		工匠官陞轉例	省判
至元22.5	典 22, 戸8, 56b	☆	關防税用契本	准中書省咨
至元22.5	秘 11, 3b		〈譯史〉	劉漸＊
至元22.5.12	秘 9, 8b		〈秘書少監〉	蘇政＊
至元22.5.15	典 35, 兵2, 1b	至元22.9	達魯花赤提調軍器庫	奏過事内
至元22.5.16	秘 1, 11a		〈設吏屬〉	都省准設蒙古必闍赤
至元22.5.19	南 2610, 5b		行臺復移杭州	…御史臺官奏
至元22.5.26	秘 9, 17b		〈提控案牘〉	歩禎＊
至元22.6	典 47, 刑9, 2b		侵盗錢糧, 限内出首免罪	御史臺承奉
至元22.6.13	秘 4, 1b	至元22.6.25	〈纂修〉	與本監焦尚書…等議得
至元22.6.25	秘 3, 4a		〈印章〉	中書禮部關
至元22.6.25	秘 4, 1a		〈纂修〉	中書省先爲兵部元掌郡邑圖誌
至元22.6.29	官 62		〈巡行勸農司〉	御史臺官奏
至元22.7	海 上50			支運糧梢水口糧
至元22.7	秘 3, 11a		〈公移〉	本監准中書吏部關
至元22.8	典 12, 吏6, 27a		令譯史人等未考滿, 不得遷調	行御史臺准
至元22.8	正 條27, 賦役153		又 (孤老殘疾開除差額)	戸部呈
至元22.8.13	秘 10, 5b		〈秘書郎〉	蕭珍＊
至元22.9	典 12, 吏6, 20b		收補書吏奏差	行御史臺近據浙西道按察司申
至元22.9	典 35, 兵2, 1b		達魯花赤提調軍器庫	樞密院准中書省劄付
至元22.9.5	典 57, 刑19, 8b		典雇立周歳文字	荊湖行省, 來咨
至元22.9.11	典 19, 戸5, 5b	至元23.4	荒田開耕, 三年收税	奏准
至元22.10	典 26, 戸12, 7b		遞運官物, 開寫斤重	行省准
至元22.10	通 14, 12b		糧耗	中書省, 戸部呈
至元22.10	海 下87		〈收江南糧鼠耗則例〉	中書戸部呈
至元22.10.2	秘 9, 17a		〈經歴〉	郝景＊
至元22.10.21	典 5, 臺1, 3a	☆	監察則管體察	本臺奏事畢

至元22.10.21	典 51，刑13，5a	☆	又（軍民官一同巡禁）	本臺官奏過
至元22.10.21	憲 2608，2b	☆	監察則管體察	本臺奏事畢
至元22.10.25	典 13，吏7，2a		文書寫浄公押	中書省欽奉聖旨
至元22.10.28	典 51，刑13，5a	☆	又（軍民官一同巡禁）	與中書省官…議得
至元22.11	典 24，戸10，5b		公使人糧，衆戸均納	江淮行省爲府州司縣合設祗候
至元22.11.6	站 3，上57			剌迓奏
至元22.11.24	秘 1，10b	至元22	〈設屬官〉	准吏部關
至元22.11.24	秘 10，9a		〈校書郎〉	周馳＊
至元22.12	典 9，吏3，4b		軍功合指實跡	御史臺承奉劄付
至元22.12	典 9，吏3，7b		投下設首領官	行中書省准
至元22.12	典 12，吏6，20b		保選憲司書吏	御史臺承奉
至元22.12	典 24，戸10，5b		鋪兵戸免科糧	江西行省，來申
至元22.12.1	典 58，工1，9b	至元22.3	禁治諸色銷金	奏
至元22.12.3	站 3，上57			中書參知政事禿魯花鐵木兒・桑哥等奏
至元22.12.3	秘 11，9a		〈典書〉	王鐸＊
至元22.12.20	秘 9，5a		〈秘書監〉	侯爵＊
至元22.12.20	秘 10，5b		〈秘書郎〉	杜質＊

至元23年（丙戌，1286）

至元23	典 5，臺1，3a	至元24.3	臺察咨稟等事	奏准
至元23	典 12，吏6，32b	大德7.7	遷轉人吏	因東平路言
至元23	典 22，戸8，38a		巡禁私鹽格例	湖廣行省據兩淮都轉運鹽使司
至元23	典 26，戸12，8a		雇船脚力鈔數	湖南宣慰司奉行中書省劄付
至元23	典 29，禮2，5b		僧人服色	江西行省據江淮釋教總攝所呈
至元23	典 34，兵1，26a		逃軍復業體例	樞密院咨
至元23	典 34，兵1，34b	至元24.9.20	軍人休與虀菜錢	爲不曾收田禾
至元23	典 37，兵4，5a		申臺文字重封入遞	行御史臺據管勾承發司兼獄丞申
至元23	典 51，刑13，11b		拿庫裏賊賞例	行中書省准
至元23	典 57，刑19，34a		禁私斛斗秤尺	行中書省准
至元23	典 59，工2，14a		禁治占住民居	御史臺咨
至元23	典 新戸，祿廩1b	延祐2.3	官員職田，依郷原例分収	標撥職田
至元23	典 新戸，課程5b	延祐5.12	延祐五年拯治茶課	李起南言
至元23	憲 2608，4a	至元24.3	臺察咨稟等事	奏准
至元23	官 54		〈肅政廉訪司〉	罷察判
至元23	官 62		〈巡行勸農司〉	復以中原之地

世祖至元23年 (1286)

至元23	倉 16(永7507, 24a)			定鐵法
至元23	站 3, 上62	至元25. 1		爲始
至元23	站 3, 上71	至元26. 9. 25		頒鋪馬聖旨
至元23	站 4, 上105	大徳6. 1. 22		欽奉聖旨
至元23	站 8, 下72	至元30. 8	秦隴站馬	改移站赤
至元23	秘 1, 5b		〈設官〉	添少監一員
至元23	秘 4, 16a	大徳7. 5. 2	〈纂修〉	始自＊至今
至元23	秘 9, 8a	至元10. 2. 7	〈秘書少監〉	添一人
至元23	廟 2, 37	至元25. 8	取勘貢士莊田糧	自＊爲頭從實取勘
至元23	廟 2, 37	至元25. 11. 28	解發各學餘賸糧赴‥	從＊至今交打算
至元23	廟 2, 37	至元25. 11. 28	解發各學餘賸糧赴‥	自＊至今
至元23	廟 2, 41	至元25	文廟禁約騷擾	欽奉聖旨
至元23	廟 3, 55	至元28. 2. 4	學官考較儒人功業‥	准中書省咨該
至元23	廟 3, 64	至元28. 5	都省押發各學錢糧	江南取將來的＊至二十五年
至元23	廟 4, 73	至元29. 4	廟學田地錢糧分付與秀才每爲主	中書省奏奉聖旨節該
至元23	廟 4, 75	至元29. 4	廟學田地錢糧分付與秀才每爲主	中書省奏奉聖旨
至元23	永 15950, 12b		〈漕運〉 蘇州志	改立海道運糧萬戸二處
至元23	金 6, 32a		〈御史大夫〉	博羅歡＊
至元23	金 6, 34a		〈御史中丞〉	王博文＊
至元23	金 6, 34a		〈御史中丞〉	耶律＊
至元23	金 6, 37a		〈侍御史〉	張孔孫＊
至元23	金 6, 37a		〈侍御史〉	韓彦文＊
至元23	金 6, 46a		〈架閣庫管勾〉	□璧＊
至元23	金 6, 49a		〈監察御史〉	愛木干＊
至元23	金 6, 49a		〈監察御史〉	也先＊
至元23. 1	典 52, 刑14, 3a		詐稱舍人	行御史臺准
至元23. 1. 22	典 51, 刑13, 11b	至元23	拿庫裏賊賞例	准伯顏阿束蒙古文字譯該
至元23. 2	典 13, 吏7, 2b		官吏聚會體例	都省議得
至元23. 2	典 31, 禮4, 5b	至元24. R2	立儒學提擧司	都省奏准
至元23. 2	典 38, 兵5, 3a		大大蟲休將來	行省准
至元23. 2	典 57, 刑19, 19b	元貞1. 1	抹牌賭博斷例	欽奉聖旨
至元23. 2	海 上50			以征日本所造船
至元23. 2	廟 2, 27		程學士奏重學校	程文海＊奏
至元23. 2	廟 5, 104	元貞1. 9. 16	行臺坐下憲司講究學校便宜	都省奏准聖旨與了秀才
至元23. 2. 3	典 33, 禮6, 3a		寺院裏休安下	江淮釋教總攝所欽奉聖旨
至元23. 2. 10	典 22, 戸8, 38b	至元23	巡禁私鹽格例	欽奉聖旨
至元23. 2. 11	秘 1, 9a		〈設屬官〉	秘書監扎馬剌丁奏
至元23. 2. 11	秘 3, 6a			奏過下項

至元23. 2. 11	秘 4, 3b	至元23. 3. 7	〈纂修〉	…當職同阿兒渾撒里奏過
至元23. 2. 11	秘 4, 18b		〈纂修〉	秘監扎馬剌丁…奏
至元23. 2. 17	典 34, 兵1, 30b	至元23. 7. 14	死軍同籍人丁替役	已有元降聖旨
至元23. 2. 21	典 31, 禮4, 6b		種養學校田地	中書省奏過事内
至元23. 2. 21	廟 2, 28		江南學田與種養	徳仁府北裏
至元23. 2. 27	通 19, 10a		又 (追捕)	欽奉聖旨
至元23. 2. 27	正 條29, 捕亡234		軍民官捕盗	聖旨節該
至元23. 2. 29	典 50, 刑12, 3a	至元23. 8	巡軍奪鈔刺斷	見顧同祖將贖田價鈔
至元23. 2. 29	典 新刑, 諸盜9a	延祐7. 2	革閑弓手祗候奪騙錢物	見顧同祖將贖田鈔回還
至元23. 3	典 6, 臺2, 12a		察司巡按事理	欽奉聖旨
至元23. 3	典 12, 吏6, 41a		選取典史司吏	御史臺咨
至元23. 3 [16]	典 21, 戸7, 2b		收糧鼠耗分例	中書省爲江浙行省咨
至元23. 3	典 22, 戸8, 47a		合併市舶轉運司	御史臺承奉
至元23. 3	典 34, 兵1, 24a		交趾出征軍免差役	福建行省准樞密院咨該
至元23. 3	典 35, 兵2, 1b		拘収弓手軍器	江西行省據江州路申
至元23. 3	通 7, 13		看守倉庫	中書省契勘
至元23. 3	通 19, 10a		又 (追捕)	中書省, 兵刑部據
至元23. 3	驛 1, 下143			御史臺奏
至元23. 3. 3	典 36, 兵3, 20a		乘坐站船鋪馬例	御史臺官奏
至元23. 3. 3	站 9, 下118		乘坐站船鋪馬例	御史臺官奏
至元23. 3. 6	典 57, 刑19, 20a	元貞1. 1	抹牌賭博斷例	奏
至元23. 3. 7	秘 3, 6a		〈廨宇〉	…扎馬剌丁
至元23. 3. 7	秘 4, 3b		〈纂修〉	准…秘書監扎馬剌丁
至元23. 3. 9	典 58, 工1, 5b		禁治紕薄段帛	中書省奏過事内
至元23. 3. 9	典 58, 工1, 7b	大徳11. 1	禁軍民緞疋服色等第	奏過事内
至元24. 3. 24	秘 4, 4b		〈纂修〉	…扎馬剌丁
至元23. 4	典 19, 戸5, 5b		荒田開耕, 三年収税	江西行省准
至元23. 4	典 34, 兵1, 4b		無夫軍妻, 配無婦軍	江西行院劄付
至元23. 4	典 35, 兵2, 3a		拘収古朶刀子	湖廣行省准
至元23. 4	典 47, 刑9, 3a	☆	去官侵欺, 給由官代納	承奉江西省劄付
至元23. 4	正 條34, 獄官365		又 (罪囚衣糧等)	刑部呈
至元23. 4	站 1, 上5			福建・東京兩行省
至元23. 4. 4	站 3, 上57			禿魯花鐵木兒奏
至元23. 4. 23	典 47, 刑9, 2b		侵盗官錢配役	中書省奏過事内
至元23. 5	典 40, 刑2, 17a		提控見禁罪囚	御史臺咨
至元23. 5	典 52, 刑14, 3a		詐稱神降	湖東按察司委官審斷袁州路

至元23.5.8	典 21,戸7,20a	至元23.6	察出來馬牛米糧教賣做鈔	奏過一件
至元23.6	典 21,戸7,20a		察出來馬牛米糧教賣做鈔	行御史臺咨
至元23.6	典 46,刑8,4a		官員取受身死,着落家屬追徵	御史臺准
至元23.6	通 18,18b		牙行	中書省照得
至元23.6	正 條28,關市222		又(牙行欺弊)	中書省照得
至元23.6	正 斷6,職制151		取受雖死徵贓	御史臺呈
至元23.6.1	秘 9,8b		〈秘書少監〉	焦達*
至元23.6.12	典 23,戸9,2a	至元28	勸農立社事理	奏過事内
至元23.6.12	通 16,5b		又(農桑)	中書省奏
至元23.6.12	正 條25,田令71		農桑事宜	中書省奏
至元23.6.12	站 3,上58			中書平章政事阿必失哈奏
至元23.6.13	馬 18		〈刷馬〉	丞相安童奏
至元23.6.21	馬 23	至元30.3.11	〈刷馬〉	樞密院奏奉聖旨
至元23.6.25	典 47,刑9,7b	至元28.11	縣官侵使課鈔	爲買房屋…借訖鈔三定
至元23.6.27	通 27,4b		又(兵杖應給不應給)	中書省奏
至元23.6.28	站 3,上58			通政院奏
至元23.6.29	典 22,戸8,47a	至元23.3	合併市舶轉運司	本省官奏過内
至元23.6.29	典 34,兵1,26b	至元23	逃軍復業體例	本院官奏
至元23.6.30 (17)	秘 11,1a		〈令史〉	王鐸*
至元23.7	典 59,工2,12b		修理係官房舍	行御史臺據浙西道按察司申
至元23.7	通 4,1b		又(嫁娶)	中書省,禮部呈
至元23.7	通 19,2b		又(防盜)	中書省,江浙省咨
至元23.7	正 條29,捕亡230		又(申報盜賊)	江浙省咨
至元23.7.3	站 3,上58			通政院奏
至元23.7.13	站 3,上58			御史大夫玉速鐵木兒奏
至元23.7.14	典 34,兵1,30b		死軍同籍人丁替役	江西行省,來申
至元23.7.27	秘 9,8b		〈秘書少監〉	孫公祐*
至元23.7.27	秘 9,8b		〈秘書少監〉	宋光祖*
至正23.7.27 (18)	秘 9,13a		〈秘書監丞〉	張道源*
至元23.8	典 18,戸4,8b		通奸成親斷離	本道按察司據袁州路歸問到
至元23.8	典 50,刑12,3a		巡軍奪鈔刺斷	江西行省准
至元23.8	站 8,下72	至元30.8	秦隴站馬	承奉中書省劄付
至元23.8.2	站 3,上58			江西行省遣宣使
至元23.8.10 (19)	秘 11,4b		〈回回令史〉	阿里*
至元23.8.17	秘 1,5b	至元23	〈設官〉	宋光祖…*禮任
至元23.8.21	秘 1,11a		〈設吏屬〉	都省准設回回令史
至元23.8.27	典 54,刑16,2a	☆	拷無招人致死	咨
至元23.8.27	通 19,2b	至元23.7	又(防盜)	奏

至元23.8.27	正 條29,捕亡230	至元23.7	又(申報盜賊)	中書省奏
至元23.8.28	典 11,吏5,1b		兼勸農事署衙	中書省奏准
至元23.8.29	秘 4,2a		〈纂修〉	本監照得,欽奉聖旨
至元23.9	典 9,吏3,42a		選取站官事理	中書省准御史臺
至元23.9	典 22,戸8,61a		腹裏竹課依舊,江南亦通行	江西行省准
至元23.9	典 58,工1,2b		段疋折耗准除	江西行省近爲織造段疋
至元23.9	正 斷7,戸婚207		科斂擾民	御史臺呈
至元23.9	站 9,下108		選取站官事理	中書省准御史臺
至元23.9.6	秘 11,1b		〈令史〉	成克孝＊
至元23.9.17	站 3,上59			中書平章政事薛徹干等奏
至元23.10	典 19,戸5,15b		典田執契歸着	中書省回咨
至元23.10.4	秘 4,17b		〈纂修〉	吏部來文
至元23.10.6	典 35,兵2,2a	至元23.3	拘収弓手軍器	欽奉聖旨
至元23.11	典 14,吏8,7b		明立檢目,不得判送	中書省據御史臺
至元23.11	典 19,戸5,6a		荒田開耕,限滿納米	湖廣行省准
至元23.11	海 上50			海運船壞
至元23.11.4	站 4,上86	至元29.11		二次奏奉聖旨
至元23.11.20	官 58		〈籍田署〉	稟
至元23.11.25	典 38,兵5,3a	至元23.2	大大蟲休將來	准蒙古文字譯該
至元23.12	典 9,吏3,11a		有司衙門給引	行御史臺准
至元23.12	典 11,吏5,12b		任滿勘合給由	行省劄付
至元23.12	典 14,吏8,2a		咨文簽省不簽	中書省照得
至元23.12	典 59,工2,10a	延祐1.6	海船阻礙官船	行臺咨
至元23.12	通 18,2a		濫給文引	中書省,樞密院咨
至元23.12	正 條28,關市182		濫給文引	樞密院呈
至元23.12	驛 1,下133			中書省奏准節該
至元23.12.6	典 57,刑19,19b	至元24.3	賭博流遠斷罪例	奏
至元23.12.11	典 36,兵3,17a		省臺出給站船差劄	中書省奏過事内
至元23.12.11	站 3,上59			中書左丞鐵木兒奏起鋪馬
至元23.12.11	站 9,下115		省臺出給站船差劄	中書省奏過事内
至元23.12.13	站 3,上59			火兒赤塔里牙赤等奏
至元23.12.26	通 17,12a		上都站	中省奏
至元23.12.26	官 63		〈巡行勸農司〉	省臣稟

至元24年(丁亥,1287)

至元24	典 9,吏3,25a		平准庫官資品	尚書省欽奉詔書
至元24	典 9,吏3,31a		工匠局官品級	湖廣行省准
至元24	典 10,吏4,2a		歸附故官求敍例	尚書省咨
至元24	典 14,吏8,3b		官員輪番差使	御史臺呈奉中書書省劄付

世祖至元24年(1287)

至元24	典 21, 戸7, 15a		請俸人解錢物	湖廣行省准
至元24	典 32, 禮5, 11a	☆	春牛經式	行中書省劄付
至元24	典 34, 兵1, 25b		又(處斷逃軍等例)	樞密院准江西行樞密院咨
至元24	典 34, 兵1, 34a		得替軍人行糧	湖廣行省准
至元24	典 34, 兵1, 34b	至元24. 9. 20	軍人休與虀菜錢	差發
至元24	典 35, 兵2, 3a		禁遞鋪鐵尺手槍	中書省咨
至元24	典 39, 刑1, 6b		重刑司縣略問	江西行省照得
至元24	典 40, 刑2, 13a	元貞2. 7	推官專管刑獄	添設推官
至元24	典 43, 刑5, 6a	皇慶1. 3	又(殺人償命, 仍徵燒埋銀)	欽奉聖旨
至元24	典 43, 刑5, 7a		女孩兒折燒埋銀	江西行省據袁州路申
至元24	典 43, 刑5, 9a	延祐3. 9	殺死二人燒埋錢	將銀折鈔
至元24	典 47, 刑9, 5a	至元26. 6	偸糧驗時價追	収到糧
至元24	典 48, 刑10, 8b		議擬贓罰錢物	御史臺據監察御史呈
至元24	典 53, 刑15, 25a		年例停務月日	尚書省咨
至元24	典 新戸, 禄廩1b	延祐2. 3	官員職田, 依鄕原例分収	蒙上司將民間職佃所田, 分撥各官衙
至元24	通 7, 1b		又(口糧醫藥)	中書省, 湖廣行省咨
至元24	通 14, 18b		又(倒換昏鈔)	中書省奏奉聖旨
至元24	正 斷9, 廐庫298		倒換昏鈔	中書省奏奉聖旨
至元24	馬 19		〈刷馬〉	聖旨, 楊總統奏
至元24	官 54		〈肅政廉訪司〉	立河西隴右道
至元24	倉 2		〈在京諸倉〉	建萬斯南倉
至元24	海 上51			立行泉府司, 專領海運
至元24	站 4, 上79	至元28. 5		祗應錢糧
至元24	站 7, 下3			各衙門并各位下及西番僧等口傳言語
至元24	秘 1, 9a		〈設屬官〉	設著作佐郎一員
至元24	秘 1, 11a		〈設吏屬〉	添設令史一名
至元24	驛 1, 下138表			通制＊湖廣省咨
至元24	驛 1, 下159表			通制＊延安路同知乞歹不花
至元24	廟 3, 57	至元27. 9. 10	抄戸局攢報儒籍始末	准尚書省咨數内一款
至元24	廟 3, 60	至元28. 4. 8	儒戸照抄戸手収入籍	准尚書省咨該
至元24	廟 3, 61	至元28. 4. 8	儒戸照抄戸手収入籍	尚書省與翰林集賢院商議定
至元24	廟 3, 61	至元28. 4. 8	儒戸照抄戸手収入籍	已後續収戸數

至元24	廟 3, 62	至元28. 4. 8	儒戸照抄戸手収入籍	設立儒學提擧司
至元24	廟 3, 62	至元28. 4. 8	儒戸照抄戸手収入籍	須知冊内
至元24	廟 4, 73	至元29. 4	廟學田地錢糧分付與秀才毎爲主	南人葉李上言鈔法
至元24	廟 5, 112	大德2	行臺監察擧呈正録山長減員	省部准擬教官陞轉格例内
至元24	廟 5, 113	大德2. 2	又 (行臺監察擧呈正録山長減員)	照依行中書省＊元咨都省定到
至元24	廟 5, 115	大德2. 2	行臺治書侍御史咨呈勉勵…	行中書省准中書省咨節該
丁亥歳	水 3, 33上	☆	張桂榮言水利事	以來, 凡呉松江浦
至元24	水 4, 42下	大德8	開呉松江	…六年之間, 三遭大水
至元24	水 5, 60上	大德11. 11	行都水監照到	比之＊…水勢, 今歳最大
至元24	水 5, 64上	至大2. 11	呉松江利病	…水勢
至元24	水 8, 96上	大德2. 12	設置撩清軍夫	廿七年二十九年, 三被水災
至元24	永 15950, 12b		〈漕運〉蘇州志	添設萬戸府二處
至元24	金 6, 32a		〈御史大夫〉	阿剌帖木兒＊
至元24	金 6, 33a		〈御史中丞〉	馬合馬＊
至元24	金 6, 34a		〈御史中丞〉	劉琮＊
至元24	金 6, 37a		〈侍御史〉	程文海＊
至元24	金 6, 40a		〈治書侍御史〉	李昂＊
至元24	金 6, 40a		〈治書侍御史〉	霍肅＊
至元24	金 6, 42a		〈都事〉	王祚＊
至元24	金 6, 42a		〈都事〉	火你赤＊
至元24	金 6, 42a		〈都事〉	酈居敬＊
至元24	金 6, 42a		〈都事〉	裴居安＊
至元24	金 6, 45a		〈照磨承發司管勾兼獄丞〉	姚德新＊
至元24	金 6, 46a		〈架閣庫管勾〉	張廷璡＊
至元24	金 6, 49a		〈監察御史〉	八不忽＊
至元24	金 6, 49a		〈監察御史〉	薛超兀兒＊
至元24	金 6, 49a		〈監察御史〉	也先帖木兒＊
至元24	金 6, 49a		〈監察御史〉	乞僧＊
至元24	金 6, 49a		〈監察御史〉	趙玘＊
至元24	金 6, 49a		〈監察御史〉	帖木兒不花＊
至元24	金 6, 49a		〈監察御史〉	張經＊
至元24	金 6, 49a		〈監察御史〉	殷尚敬＊
至元24	金 6, 49a		〈監察御史〉	陳天祐＊
至元24	金 6, 49a		〈監察御史〉	脱歡＊
至元24	金 6, 49a		〈監察御史〉	失了歹＊
至元24	金 6, 49a		〈監察御史〉	失里別吉＊
至元24	金 6, 49a		〈監察御史〉	普顔八撒兒＊
至元24	金 6, 49a		〈監察御史〉	謝文智海牙＊

世祖至元24年(1287)

至元24	金 6, 49a		〈監察御史〉	忻都不花＊
至元24	金 6, 49a		〈監察御史〉	失督兒＊
至元24	金 6, 49b		〈監察御史〉	俺普＊
至元24	金 6, 49b		〈監察御史〉	哈散＊
至元24	金 6, 49b		〈監察御史〉	趙欽止＊
至元24	金 6, 49b		〈監察御史〉	史守禮＊
至元24	金 6, 49b		〈監察御史〉	王用＊
至元24	金 6, 49b		〈監察御史〉	馬天祐＊
至元24	金 6, 49b		〈監察御史〉	趙尚敬＊
至元24	金 6, 49b		〈監察御史〉	賈鈞＊
至元24	金 6, 49b		〈監察御史〉	王仁＊
至元24.1	典 9, 吏3, 13a		保選儒學官員	行中書省准
至元24.1	典 11, 吏5, 13a	至元23.12	任滿勘合給由	自＊爲始
至元24.1	典 13, 吏7, 2b		官員懃政聚會	福建行省准
至元24.1	海 上51			罷東平河運糧
至元24.1	秘 9, 17a		〈經歷〉	廢
至元24.1.1	典 12, 吏6, 29a	至元25.4	通事宣使等出身	自＊爲格限
至元24.1.8	通 5, 21a		亦思替非文書	總制院使桑哥奏
至元24.1.17	廟 2, 31		學官職俸	江浙等處行中書省＊劄付該
至元24.1.24	秘 4, 5b		〈纂修〉	中書省近據來呈
至元24.1.26	典 34, 兵1, 24a	至元23.3	交趾出征軍免差役	本院官奏, 年時日本國裏出征底軍
至元24.2	典 11, 吏5, 3b		病假人員給據	行中書省准
至元24.2	典 11, 吏5, 13b		給由勘俸月日	行中書省准
至元24.2	通 27, 5a		又(兵杖應給不應給)	尚書省, 河東山西道宣慰司呈
至元24.2	秘 1, 6b		〈設官〉	張康, 先於＊准同簽樞密院事
至元24.2	秘 11, 6a		〈怯里馬赤〉	設一人
至元24.2	秘 11, 7a		〈奏差〉	暗都剌斡合＊
至元24.2	廟 2, 34		儒職陞轉保擧後進例	中書省＊咨該
至元24.2.4	賦 108b		親相殺者	薛徹平章等奏
至元24.2.13	典 11, 吏5, 1b	至元23.8.28	兼勸農事署銜	奏過事内
至元24.2.14	典 11, 吏5, 1b	☆	軍官不得管民	奏准
至元24.2.14	秘 3, 4b		〈印章〉	本監經歷郝景呈
至元24.2.15	典 5, 臺1, 2b	至元24.3	臺察咨稟等事	奏過下項事理
至元24.2.15	典 31, 禮4, 5a	至元24.R2	立儒學提擧司	奏奉聖旨
至元24.2.15	憲 2608, 4a	至元24.3	臺察咨稟等事	奏過下項事理
至元24.2.15	廟 2, 28		左丞葉李奏立太學‥	衆學士做克埒穆齊葉李奏過
至元24.2.15	廟 2, 33	至元24.4	學校事宜儒戶免差‥	奏奉聖旨
至元24.2.15	廟 3, 60	至元28.4.8	儒戸照抄戸手收入籍	奏奉聖旨
至元24.2.16	秘 4, 6b		〈纂修〉	奉秘監台旨
至元24.2.19	廟 3, 61	至元28.4.8	儒戸照抄戸手收入籍	欽依聖旨設立儒學提擧司

至元24.2.19 [20]	秘 11, 6a		〈怯里馬赤〉	暗都剌斡合*
至元24.2.19	秘 11, 7a		〈奏差〉	祖顯*
至元24.2.20	廟 2, 29	至元24.2.15	左丞葉李奏立太學‥	集賢院南北諸儒
至元24.2.21	秘 9, 5b		〈秘書監〉	劉容*
至元24.2.30	秘 4, 6b		〈纂修〉	本監准中書工部關
至元24.R2	典 1, 詔1, 4a		頒至元鈔	欽奉皇帝聖旨
至元24.R2	典 10, 吏4, 5a		授除官員照會	尚書省奏過事內
至元24.R2	典 11, 吏5, 13a		又(任滿勘合給由)	御史臺承奉
至元24.R2	典 26, 戶12, 10a		押運官員不得起夫	福建行省准
至元24.R2	典 29, 禮2, 2a		文武品從服帶	樞密院咨
至元24.R2	典 31, 禮4, 5a		立儒學提舉司	尚書省奏
至元24.R2	通 17, 12b		押運使臣	中書省, 兵部員外郎馬承務呈
至元24.R2	正 條27, 賦役180		禁押運擅差人夫	兵部呈
至元24.R2 [21]	秘 10, 3a	至元15.2	〈著作佐郎〉	設一人
至元24.R2.3	典 15, 戶1, 3a	☆	又(俸錢按月支付)	蘄州路提控案牘劉奎於*禮任勾當
至元24.R2.7	倉 17	元貞1.9	〈倉庫官〉	已後
至元24.R2.10	廟 2, 31	至元24.2.15	左丞葉李奏立太學‥	柳林飛放處奏過
至元24.R2.10	廟 2, 33	至元24.4	學校事宜儒戶免差‥	奏
至元24.R2.10	廟 3, 60	至元28.4.8	儒戶照抄戶手收入籍	奏
至元24.R2.22 [22]	秘 1, 9b	至元23.2.11	〈設屬官〉	李天麟…, *禮任
至元24.R2.22 [23]	秘 10, 3a		〈著作佐郎〉	李天麟*
至元24.R2.26	典 10, 吏4, 6a		遷轉等一年闕	尚書省奏過事內
至元24.R2.26	典 10, 吏4, 13a	至元24.6	做官的不去勾當裏不交行	奏過事內
至元24.R2.28	典 11, 吏5, 2a	☆	軍官不得管民	奏過事內
至元24.R2.28	站 3, 上59			平章桑哥奏
至元24.3	典 5, 臺1, 2b		臺察咨稟等事	行臺准
至元24.3	典 12, 吏6, 22b	至元29.12	宣使奏差等出身	尚書省准擬
至元24.3	典 12, 吏6, 29b	至元29.12	宣使奏差等出身	尚書省准擬
至元24.3	典 20, 戶6, 3a		行用至元鈔法	尚書省奏奉聖旨
至元24.3	典 54, 刑16, 24b	大德7.1.13	多收工墨除名	尚書省欽依聖旨
至元24.3	典 57, 刑19, 19a		賭博流遠斷罪例	御史臺近准來咨
至元24.3	典 57, 刑19, 20b	延祐4.5	賭博錢物	御史臺呈
至元24.3	正 斷6, 職制160		風憲犯贓	中書省奏
至元24.3	憲 2608, 4a		臺察咨稟等事	行臺准
至元24.3	站 3, 上59			中書省會驗
至元24.3.21	秘 4, 7a		〈纂修〉	本監切詳
至元24.3.24	秘 4, 4b			…扎馬剌丁該
至元24.4	正 斷5, 職制123		枉道馳驛	湖廣省咨
至元24.4	正 斷5, 職制131		多支分例	通政院呈
至元24.4	官 55		〈肅政廉訪司〉	罷雲南按察司
至元24.4	站 1, 上5			增給尚書省鋪馬聖旨

世祖至元24年 (1287)

至元24. 4	站 3, 上61			濟州泗汶漕運司
至元24. 4	廟 2, 33		學校事宜儒戸免差‥	尚書省＊咨該
至元24. 4. 2	站 3, 上60			參知政事忻都奏
至元24. 4. 18	典 28, 禮1, 12b	至元24. 6. 24	經過使臣休接	奏
至元24. 4. 18	倉 14			泉府卿阿散等稟
至元24. 4. 18	站 3, 上60			怯里馬赤阿散奏
至元24. 4. 24	秘 4, 18a		〈纂修〉	照得, 本監欽奉聖旨
至元24. 4. 25	站 3, 上60			尚書省定擬
至元24. 5	典 21, 戸7, 20b		禁約下鄉銷糧鈔	福建行省准本省參知政事魏奉國咨該
至元24. 5	典 22, 戸8, 9b		私茶罪例	建寧等處榷茶提舉司會驗
至元24. 5	典 22, 戸8, 45a	延祐6. 5	私造酒麴, 依匿税例科斷	建寧榷茶提舉司先奉中書省降到條畫
至元24. 5	典 38, 兵5, 5b		禁鵓鴿帶哨子	准中書省咨
至元24. 5	正 斷5, 職制127		借騎鋪馬	刑部議得
至元24. 5	站 1, 上5			揚州省言
至元24. 5	秘 1, 11a		〈設吏屬〉	秘府見役令史
至元24. 5	秘 11, 1a	至元10. 2. 7	〈令史〉	添一人
至元24. 5. 2	秘 11, 7b		〈奏差〉	馬合麻＊
至元24. 5. 11	站 3, 上61			省臣桑哥奏
至元24. 5. 12	典 21, 戸7, 19a	☆	百姓拖欠錢糧聽候	奏過事内
至元24. 5. 12	站 3, 上61			尚書省奏
至元24. 5. 12	秘 4, 5b	至元24. 6. 9	〈纂修〉	都省＊奏過事内
至元24. 5. 13	站 3, 上61			丞相桑哥奏
至元24. 5. 20	秘 11, 9a		〈典書〉	馮誠＊
至元24. 5. 24	通 27, 5b		又 (兵杖應給不應給)	尚書省奏
至元24. 6	典 8, 吏2, 11a	大徳7. 1. 17	民官陣亡廕敍	祗受敕牒
至元24. 6	典 10, 吏4, 13a		做官的不去勾當裏不交行	御史臺承奉
至元24. 6	典 21, 戸7, 15a		糾察運糧擾民	行御史臺咨
至元24. 6	典 49, 刑11, 20b		子隨父上盜免刺	江西行省, 袁州路申
至元24. 6	典 新吏, 官制3b		長官首領官提調錢糧造作	奉江西行省劄付
至元24. 6	通 8, 11a		又 (賀謝迎送)	尚書省, 蒙古文字譯該
至元24. 6	通 14, 5a		又 (關防)	尚書省, 戸部呈
至元24. 6. 9	秘 4, 5a		〈纂修〉	尚書省近據集賢院呈
至元24. 6. 11	秘 3, 7a		〈廨宇〉	尚書工部來呈
至元24. 6. 14	秘 9, 5b		〈秘書監〉	海薛＊
至元24. 6. 17	廟 2, 31	至元24. 1. 7	學官職俸	啓過事内一件
至元24. 6. 24	典 28, 禮1, 12a		經過使臣休接	御史臺承奉

至元24. 7	典 36, 兵3, 8a		使臣不得騎馬入酒肆	燕南河北道按察司承奉御史臺
至元24. 7	典 53, 刑15, 17a		越訴轉發元告人	江西行省據吉州路申
至元24. 7	通 6, 32b		到選被問	尚書省, 御史臺呈
至元24. 7	通 13, 13b		工糧則例	尚書省奏
至元24. 7	通 18, 2b		又 (濫給文引)	尚書省, 樞密院呈
至元24. 7	通 27, 6b	元貞1. 1	擅造兵器	勅令各司縣
至元24. 7	正 條28, 關市183		又 (濫給文引)	樞密院呈
至元24. 7	站 1, 上5			給中興路·陝西行省·廣東宣慰司
至元24. 7	站 9, 下102		使臣不得騎馬入酒肆	燕南河北道按察司承奉御史臺
至元24. 7	驛 1, 下168			中書省劄付
至元24. 7. 16	典 30, 禮3, 17b	至元24. 12	禁祭星	奏
至元24. 7. 24	典 45, 刑7, 13b	大徳1. 9	犯奸再犯	尚書省文字
至元24. 7. 24	站 3, 上61			參議阿散奏
至元24. 7. 24	站 3, 上61			阿散復奏
至元24. 7. 24	站 5, 上109	大徳7. 6		尚書省奏准
至元24. 8	典 36, 兵3, 33a		背站馳驛斷例	江西行省准
至元24. 8	典 新刑, 諸盗9a	延祐7. 2	革閑弓手祗候奪騙錢物	江西行省准
至元24. 8	秘 10, 9b		〈校書郎〉	朱宗周＊
至元24. 8	廟 2, 46	至元26. 8. 30	差設學官學職	據淮東儒學提擧司申
至元25. 8. 2	秘 9, 8b		〈秘書少監〉	陳鼎＊
至元24. 8. 9	馬 19		〈刷馬〉	平章桑哥等奏
至元24. 8. 24	秘 9, 17b		〈提控案牘〉	張世澤＊
至元24. 8. 26	秘 11, 9a		〈典書〉	高伯椿＊
至元24. 9	典 14, 吏8, 9b		不得刮補字樣	御史臺承奉
至元24. 9. 14	通 28, 4b		又 (擾民)	尚書省奏過
至元24. 9. 18	秘 4, 6b		〈纂修〉	奏奉聖旨
至元24. 9. 20	典 34, 兵1, 34a		軍人休與虀菜錢	奏過事内
至元24. 9. 27 (24)	秘 11, 3b		〈譯史〉	許宗吾＊
至元24. 10	站 3, 上62			尚書省定議
至元24. 10. 6	站 3, 上62			平章政事桑哥等奏
至元24. 11. 6	通 5, 20b		習學書算	尚書省奏
至元24. 11. 8	秘 7, 14a	至元25. 1. 5	〈司天監〉	火兒赤脱憐帖木兒…奏
至元24. 11. 25	典 42, 刑4, 5a	至元25	倚勢抹死縣尹	奏過事内
至元24. 12	典 10, 吏4, 1a		告敍官員格限	尚書省照得
至元24. 12	典 30, 禮3, 17b		禁祭星	福建行省准
至元24. 12	典 51, 刑13, 10a	元貞2. 8	獲賊賞錢不賞官	濟南路保甲
至元24. 12. 9	典 34, 兵1, 25b	至元24	又 (處斷逃軍等例)	樞密院官奏
至元24. 12. 19	廟 2, 43	至元26. 8. 30	差設學官學職	開司
至元24. 12. 19	廟 2, 45	至元26. 8. 30	差設學官學職	開司

至元24. 12. 20	秘 4, 7b		〈纂修〉	本監近有翰林國史院
至元24. 12. 21	廟 2, 44	至元26. 8. 30	差設學官學職	承奉江浙等處行中書省令史
至元24. 12. 22	廟 2, 43	至元26. 8. 30	差設學官學職	承奉浙西道宣慰使司劄付該
至元24. 12. 24	典 42, 刑4, 6a	至元25	倚勢抹死縣尹	將各人押赴市曹明正典計訖

至元25年(戊子, 1288)

至元25	典 8, 吏2, 6b		軍官休做民官	湖廣等處行省劄付
至元25	典 8, 吏2, 7b	大徳7. 10. 29	犯贓官員除授	授奉議大夫同知徵理司事
至元25	典 8, 吏2, 17a		又 (軍官承襲例)	樞密院咨
至元25	典 9, 吏3, 28b	大徳8. 7	倉庫官例	呈准
至元25	典 9, 吏3, 28b	大徳8. 7	倉庫官例	呈准定例
至元25	典 9, 吏3, 44b	大徳4. 8	江南提控吏目遷轉	呈准
至元25	典 9, 吏3, 44b	大徳4. 8	江南提控吏目遷轉	呈准定例
至元25	典 12, 吏6, 34a	大徳10. 10	路吏運司吏出身	呈准
至元25	典 13, 吏7, 2a		官暫事故詣宅圓押	行中書省爲鎭江路總管府
至元25	典 16, 戸2, 9b		祗應使臣分例, 官爲給降	湖廣省准
至元25	典 17, 戸3, 8b		屯田戸計	欽奉聖旨
至元25	典 20, 戸6, 15a		僞鈔鄰首罪名	行尚書省准
至元25	典 22, 戸8, 45b	延祐6. 5	私造酒麴, 依匿税例科斷	官辦時分
至元25	典 22, 戸8, 56b	☆	關防税用契本	行尚書省劄付
至元25	典 33, 禮6, 6b		住持宮觀事	福建行省准
至元25	典 36, 兵3, 29b	皇慶1. 5	遠方任回官員	欽依＊元貞二年奏准事意
至元25	典 42, 刑4, 5a		倚勢抹死縣尹	江淮省劄
至元25	典 53, 刑15, 18b	大徳7. 10. 21	閑居官與百姓爭訟, 子姪代訴	呈准都省通例
至元25	典 58, 工1, 4b	大徳5. 3. 10	顭吐絲價	尚書省不准支破
至元25	典 新戸, 課程8b	延祐6. 3	私酒同匿税科斷	犯私酒麴例
至元25	典 新戸, 田宅2a	延祐7. 10	探馬赤軍典賣草地	依＊…行來的聖旨體例
至元25	通 6, 14b		軍官襲替	樞密院欽奉聖旨
至元25	正 條26, 田令102	延祐7. 7. 15	探馬赤地土	依＊…行來的聖旨體例
至元25	馬 20		〈刷馬〉	尚書省准遼陽省
至元25	官 69		〈廣誼司〉	罷
至元25	海 上51			增海運糧
至元25	站 4, 上79	至元28. 5		祗應錢糧

至元25	站 4, 上93	元貞1. R4		龍興路樵舍等驛
至元25	站 5, 上136	皇慶2. 12		比依＊元貞元年奏准
至元25	驛 1, 下148	皇慶1. 2		欽依＊元貞二年奏准事理
至元25	驛 1, 下148表			行臺劄付
至元25	驛 1, 下171			尚書省奏准節該
至元25	秘 1, 5b		〈設官〉	設監丞二員
至元25	秘 1, 10b		〈設屬官〉	秘府請設辦驗書畫直長
至元25	秘 1, 11a		〈設吏屬〉	設通事一名
至元25	秘 9, 13a	至元16. 3	〈秘書監丞〉	添二人
至元25	賦 56b		私造兵器	都省禁治
至元25	廟 2, 41		文廟禁約騷擾	尚書省＊據樞密院呈
至元25	廟 3, 64	至元28. 5	都省押發各學錢糧	學田子粒等錢糧
至元25	永 15950, 13b		〈漕運〉成憲綱要	欽奉條畫節該
至元25	金 6, 32a		〈御史大夫〉	問答占＊
至元25	金 6, 33a		〈御史中丞〉	忙兀艄＊
至元25	金 6, 34a		〈御史中丞〉	劉宣＊
至元25	金 6, 37a		〈侍御史〉	吳衍＊
至元25	金 6, 40a		〈治書侍御史〉	高凝＊
至元25	金 6, 42a		〈都事〉	八不忽＊
至元25	金 6, 49b		〈監察御史〉	撒剌兒＊
至元25	金 6, 49b		〈監察御史〉	脱脱木兒＊
至元25	金 6, 49b		〈監察御史〉	木敦＊
至元25	金 6, 49b		〈監察御史〉	張諒＊
至元25	金 6, 49b		〈監察御史〉	完顏邦榮＊
至元25	金 6, 49b		〈監察御史〉	脱歡察兒＊
至元25	金 6, 49b		〈監察御史〉	夾谷景淵＊
至元25	金 6, 49b		〈監察御史〉	李思敬＊
至元25	金 6, 49b		〈監察御史〉	牙忽＊
至元25	金 6, 50a		〈監察御史〉	帖驢＊
至元25	金 6, 50a		〈監察御史〉	蕭瑾＊
至元25	金 6, 50a		〈監察御史〉	楊詡＊
至元25. 1	典 17, 戸3, 12b		禁治父子異居	准中書省咨
至元25. 1	典 20, 戸6, 8a		燒昏鈔不須設立燒鈔庫官	江淮省照得
至元25. 1	通 17, 11b		又 (孤老殘疾)	尚書省據戸部呈
至元25. 1	站 1, 上5			腹裏路分
至元25. 1	站 3, 上62			兵部據各路申
至元25. 1. 5	秘 7, 14a		〈司天監〉	奉集賢院劄付
至元25. 1. 21	典 8, 吏2, 6b	至元25	軍官休做民官	火兒赤等奏過事内一件
至元25. 1. 25	站 3, 上64			通政院奏
至元25. 1. 28	典 19, 戸5, 22a		開種公田	尚書省奏過事内
至元25. 1. 28	典 54, 刑16, 3b	至元29. 2	拷打屈招殺夫	夜二更時…將本人殺死

世祖至元25年 (1288)

至元25. 2	典 14, 吏8, 10a		人吏交代, 當面交卷	御史臺據監察御史呈
至元25. 2	官 55		〈肅政廉訪司〉	罷海西遼東道
至元25. 2	海 上51			内外分置漕運司二, 丞相桑哥
至元25. 2	站 1, 上5			命南方站戸
至元25. 2	站 3, 上64			尚書省奏
至元25. 2	站 3, 上64			尚書省奏
至元25. 2	秘 1, 11a	至元25	〈設吏屬〉	…可設通事一人
至元25. 2. 2	典 5, 臺1, 3b	至元25. 3	監察合行事件	…省臺官奏讀過, 奉聖旨
至元25. 2. 2	憲 2608, 2a		照刷文巻	省臺奏准
至元25. 2. 2	憲 2608, 6a	至元25. 3	監察合行事件	…省臺官奏讀過, 奉聖旨
至元25. 2. 4	典 33, 禮6, 6b	至元25	住持宮觀事	奏准
至元25. 2. 7	憲 2608, 2a		併海西遼東道, 入山北東西道按察司	本臺官奏
至元25. 2. 13	站 5, 上127	皇慶1. 2		都省奏准
至元25. 3	典 5, 臺1, 3b		監察合行事件	行御史臺准
至元25. 3	典 6, 臺2, 4b		察司合察事理	欽奉聖旨
至元25. 3	典 22, 戸8, 10a		榷茶運司條畫	欽奉聖旨
至元25. 3	典 22, 戸8, 45a	延祐6. 5	私造酒麴, 依匿税例科斷	欽奉聖旨條畫
至元25. 3	典 22, 戸8, 66b		隱匿商税罪例	欽奉聖旨條畫
至元25. 3	典 新戸, 課程8a	延祐6. 3	私酒同匿税科斷	欽奉聖旨條畫
至元25. 3	通 13, 14a		又 (工糧則例)	尚書省, 戸部呈
至元25. 3	通 13, 15a		大小口例	尚書戸部承奉
至元25. 3	通 17, 5b		雜泛差役	御史臺講究得
至元25. 3	通 27, 20b		又 (拘滯車船)	尚書省契勘
至元25. 3	正 條27, 賦役171		差役輪流	御史臺講究得
至元25. 3	憲 2608, 2a		又 (照刷文巻)	欽奉聖旨條畫
至元25. 3	憲 2608, 6a		監察合行事件	行御史臺准
至元25. 3	秘 10, 12a		〈辨驗書畫直長〉	設一員
至元25. 3	永 15950, 14b		〈漕運〉 成憲綱要	尚書省契勘
至元25. 3. 27	憲 2608, 2a		有司未絶公事, 不許吊巻	本臺官奏准
至元25. 4	典 12, 吏6, 29a		通事宣使等出身	江淮行省准
至元25. 4	典 26, 戸12, 9a	大徳5. 12	添支水旱脚價	本部與戸部講究定
至元25. 4	永 15950, 18a	大徳5. 10. 24	〈漕運〉 大徳典章	本部與戸部講究定
至元25. 4	驛 1, 下143			御史臺咨
至元25. 4	驛 1, 下168			行臺劄付
至元25. 4. 19	秘 10, 1a		〈著作郎〉	傳巖卿＊
至元25. 5	通 29, 7b		拈鬮射利	中書省, 御史臺呈
至元25. 5	通 30, 13a		私下帶造	中書省照得
至元25. 5	站 1, 上6			增給遼陽省

至元25. 5	站 3, 上65			尚書省參議哈散奏
至元25. 5	秘 11, 1b		〈令史〉	李讓＊
至元25. 5. 7	廟 5, 104	元貞1. 9. 16	行臺坐下憲司講究學校便宜	承奉集賢院劄付該
至元25. 5. 13	倉 14			丞相桑哥奏
至元25. 5. 13	站 3, 上65			丞相桑哥奏
至元22. 5. 16	秘 1, 11a		〈設吏屬〉	都省准設蒙古必闍赤
至元25. 5. 22	廟 2, 43	至元26. 8. 30	差設學官學職	回准關該
至元27. 5. 24	秘 10, 5b		〈秘書郎〉	趙天民＊
至元25. 6	通 3, 8a		被虜平民	中書省, 御史臺備
至元25. 6	正 斷3, 職制86		違例取息	御史臺呈
至元25. 6	站 3, 上65			河東宣慰司言
至元25. 6	站 3, 上66			兵部定擬
至元25. 6. 1	正 斷13, 擅興409		臨陣先退	尚書省奏
至元25. 6. 3	典 34, 兵1, 18a		探馬赤軍和雇和買	尚書省奏
至元25. 6. 3	馬 20		〈刷馬〉	尚書戸部據隆興路申
至元25. 6. 13	秘 9, 13a		〈秘書監丞〉	楊桓＊
至元25. 6. 13	秘 10, 5b		〈秘書郎〉	馬澤＊
至元25. 6. 14	站 3, 上66			通政院奏
至元25. 6. 17	站 3, 上66			忽剌忽兒奏
至元25. 7	典 45, 刑7, 13a		腹裏犯奸刺配	行御史臺承奉江淮行省劄付
至元25. 7	站 3, 上66			尚書兵部會計
至元25. 7	站 3, 上66			中書平章撒里等奏
至元25. 7. 9	秘 1, 5b	至元25	〈設官〉	贍思丁, ＊尚書省奏
至元25. 7. 11	廟 2, 43	至元26. 8. 30	差設學官學職	據浙東道儒學提擧司申
至元25. 7. 22	馬 20		〈刷馬〉	阿只吉大王位下王府官宋都䚟
至元25. 8	典 40, 刑2, 13b	元貞2. 7	推官專管刑獄	江淮行省准
至元25. 8	通 18, 18a		下番	中書省, 御史臺呈
至元25. 8	正 條27, 賦役138		學田免税	江西省咨
至元25. 8	正 條28, 關市186		違禁下番	御史臺呈
至元25. 8	秘 9, 13a		〈秘書監丞〉	張康＊
至元25. 8	廟 2, 37		取勘貢士莊田糧	皇帝聖旨
至元25. 8. 8	秘 1, 6b	至元24. 2	〈設官〉	張康祗受敕牒
至元25. 8. 9	通 17, 1b		學田地税	江西行省咨
至元25. 8. 16	秘 1, 6b	至元25. 7. 9	〈設官〉	贍思丁, …＊祗受敕牒
至元25. 9	通 14, 27b		錢糧去零	尚書省, 江西行省咨
至元25. 9. 4	站 3, 上67			廣東道宣慰司月的迷失言

至元25.9.17	秘 9,5b		〈秘書監〉	岳鉉＊
至元25.10	典 18,戸4,1b表	☆	〈婚姻〉	尚書省奏准
至元25.10 (25)	典 18,戸4,33b	大徳2	停屍成親斷罪	奉尚書省劄付
至元25.10	典 41,刑3,2a	大徳2	王繼祖停屍成親	奉尚書省劄付
至元25.10	典 47,刑9,3b		攙飛盜糧等例	尚書省奏奉皇帝聖旨
至元25.10	海 上52			分掌税糧房
至元25.10	海 上88		〈収江南糧鼠耗則例〉	省臣奏
至元25.10.13	通 3,24a		又(良賤爲婚)	尚書省奏
至元25.10.16	典 18,戸4,8b		同姓不得爲婚	尚書省奏過事内
至元25.10.16	典 18,戸4,31a		良人不得嫁娶驅奴	尚書省奏過事内
至元25.10.16	通 3,16a		又(婚姻禮制)	尚書省奏
至元25.10.18	廟 2,36		江南儒戸免横枝差發	奏過事内
至元25.10.23	典 36,兵3,又27b	大徳1.6	任回官員站船例	准中書省咨
至元25.10.23	站 9,下89	大徳1.6	任回官員站船例	准中書省咨
至元25.10.28	廟 6, 126	大徳4.1	籍定儒戸免役	尚書省＊…奏過
至元25.11	典 31,禮4,5b		秀才免差役	皇帝聖旨
至元25.11	典 31,禮4,6a		横枝兒休差發	行尚書省准
至元25.11	通 14,26b		押運	尚書省,戸部呈
至元25.11	正 條23,倉庫9		押運昏鈔	戸部呈
至元25.11	站 1,上6			福建行省元給鋪馬聖旨
至元25.11	站 3,上67			福建行省言
至元25.11	驛 1,下164			奏准
至元25.11	廟 2,36		江淮等處秀才免差役…	皇帝聖旨
至元25.11	廟 5, 117	大徳2.11	臨江路差儒戸充役被問	欽奉聖旨節該
至元25.11.12	典 53,刑15,18b	大徳7.10.21	閑居官與百姓爭訟,子姪代訴	承奉尚書省判送
至元25.11.13	典 36,兵3,又27b	大徳1.6	任回官員站船例	奏准
至元25.11.13	典 36,兵3,28b	皇慶1.5	遠方任回官員	奏過事内
至元25.11.13	站 3,上67			丞相桑哥奏
至元25.11.13	站 9,下90	大徳1.6	任回官員站船例	奏准
至元25.11.13	驛 1,下148			奏准
至元25.11.20	廟 2,45	至元26.8.30	差設學官學職	令史崔思政承行＊劄付該
至元25.11.28	廟 2,37		解發各學餘賸糧赴…	奏過事内
至元25.12	廟 2,38		學官格例	尚書省＊劄付該
至元25.12.20	典 20,戸6,5b	☆	鈔本休擅支動	欽奉聖旨
至元25.12.20	廟 2,42		儒人免役及差設山長…	江淮等處行尚書省＊崔思政

至元26年(己丑, 1289)

至元26	典 9, 吏3, 14a		體覆山長	御史臺准
至元26	典 17, 戸3, 8b		抄數戸計事産	尚書省咨
至元26	典 19, 戸5, 20b	大徳6. 12	趙若震爭柑園	欽奉聖旨
至元26	典 25, 戸11, 2b	元貞1. 6	差發照籍仍詢衆	抄數到
至元26	典 37, 兵4, 5b	大徳5. 5	入遞文字	尚書省准擬
至元26	典 48, 刑10, 4a		取受出首體例	行御史臺據嶺北湖南道
至元26	典 53, 刑15, 17a		告論官吏, 不論越訴	行御史臺近據江東浙西道各狀申
至元26	典 新戸, 課程5b	延祐5. 12	延祐五年整治茶課	阿里渾撒里·葉右丞等奏准
至元26	典 新戸, 課程6a	延祐5. 12	延祐五年整治茶課	元定辦課
至元26	典 新戸, 課程6a	延祐5. 12	延祐五年整治茶課	毎引添作一十兩
至元26	站 3, 上72			帖里干亦乞列速哥察兒
至元26	站 3, 上72			濟寧路申
至元26	站 3, 上79	至元28. 5		祗應錢糧
至元26	站 4, 上93	元貞1. R4		吉州路
至元26	秘 1, 15b		〈兼領〉	有扎馬剌丁奏奉薛禪皇帝聖旨
至元26	廟 2, 47		儒人公事約會	尚書省＊咨該
至元26	金 6, 34a		〈御史中丞〉	徐琰＊
至元26	金 6, 40a		〈治書侍御史〉	苟宗道＊
至元26	金 6, 42a		〈都事〉	師澍＊
至元26	金 6, 45a		〈照磨承發司管勾兼獄丞〉	張哈荅＊
至元26	金 6, 46a		〈架閣庫管勾〉	□珍＊
至元26	金 6, 50a		〈監察御史〉	乃蠻歹＊
至元26	金 6, 50a		〈監察御史〉	也先帖木兒＊
至元26	金 6, 50a		〈監察御史〉	忽禿＊
至元26	金 6, 50a		〈監察御史〉	霍思火兒＊
至元26	金 6, 50a		〈監察御史〉	禿魯＊
至元26	金 6, 50a		〈監察御史〉	王茂＊
至元26	金 6, 50a		〈監察御史〉	潘昂霄＊
至元26	金 6, 50a		〈監察御史〉	元挺＊
至元26	金 6, 50a		〈監察御史〉	劉鳳＊
至元26	金 6, 50a		〈監察御史〉	王獻＊
至元26	金 6, 50a		〈監察御史〉	藺守眞＊
至元26	金 6, 50a		〈監察御史〉	陳錫＊
至元26	金 6, 50a		〈監察御史〉	姜世昌＊
至元26	金 6, 50a		〈監察御史〉	陳名濟＊
至元26	金 6, 50a		〈監察御史〉	脱脱＊
至元26	金 6, 50b		〈監察御史〉	石抹仲安＊

世祖至元26年(1289)

至元26	金 6, 50b		〈監察御史〉	段茂＊
至元26	金 6, 50b		〈監察御史〉	樊閏＊
至元26	金 6, 50b		〈監察御史〉	粘合眞＊
至元26	金 6, 50b		〈監察御史〉	忙古歹＊
至元26	金 6, 50b		〈監察御史〉	別古思＊
至元26. 1	站 1, 上6			給光禄寺鋪馬劄子四道
至元26. 1	廟 5, 107	大徳1	行省坐下監察御史申明學校規式	係＊內, 朝廷差來官托克托
至元26. 1	廟 6, 127	大徳4. 1	籍定儒戶免役	欽奉聖旨節該
至元26. 1. 2	廟 2, 47		分揀儒戶不可輕易	國子監＊令史鄭溟承行指揮
至元26. 1. 22	站 3, 上68			丞相桑哥奏
至元26. 1. 28	站 3, 上68			通政院欽奉聖旨
至元26. 2	典 8, 吏2, 10b		民官承襲體例	福建行省爲省掾王文室呈
至元26. 2	典 新都, 2a	至治1. 1. 22	貼書犯贓, 却充俸吏	充江東人匠提擧司司吏
至元26. 2	站 1, 上6			從沿海鎭守官蔡澤言
至元26. 2	站 3, 上68			中書省據御史臺
至元26. 2	站 3, 上68			台州路達魯花赤剌剌言
至元26. 2. 6	廟 3, 57	至元27. 9. 10	抄戶局攢報儒籍始末	國子監承奉集賢院劄付該
至元26. 2. 16	站 3, 上68			尚書省奏
至元26. 2. 27	廟 2, 45	至元26. 8. 30	差設學官學職	承奉江淮等處行尚書省令史
至元26. R2 (26)	典 19, 戶5, 1b		影占係官田土	勸農營田司承奉
至元26. 3	典 19, 戶5, 3a		漏報自己田土	營田司奉
至元26. 3	典 19, 戶5, 3b		田多詭名避差	行大司農司參照議擬到
至元26. 3	站 1, 上6			給海道運糧萬戶府鋪馬聖旨
至元26. 3. 20	站 3, 上69			阿難答等奏
至元26. 4	典 8, 吏2, 11a	大徳7. 1. 17	民官陣亡廕敍	收捕草賊
至元26. 4	典 18, 戶4, 18b		出征軍妻, 不得改嫁	尚書禮部奉
至元26. 4	站 1, 上6			四川紹慶路
至元26. 4	廟 5, 104	元貞1. 9. 16	行臺坐下憲司講究學校便宜	承奉前行尚書省劄付
至元26. 4. 2	站 3, 上69			尚書阿難答等奏
至元26. 4. 26	站 3, 上69			平章阿魯揮撒里等奏准事理
至元26. 5	站 3, 上69			中書省標撥大都
至元26. 5	站 3, 上69			兵部尚書桑哥言
至元26. 5. 4	秘 9, 9a		〈秘書少監〉	史歸徳＊
至元26. 5. 5	站 3, 上69			中書省議擬
至元26. 6	典 10, 吏4, 13b	至大2. 8. 28	不赴任官員	奏過事內

至元26. 6	典 17, 戸3, 15b	大徳4. 8	異姓承繼立戸	前往潭州等處勾當
至元26. 6	典 47, 刑9, 5a		偸糧驗時價追	尚書省准中書省
至元26. 6. 3	站 3, 上70			丞相桑哥等奏
至元26. 6. 13 (27)	秘 11, 6a		〈怯里馬赤〉	謝元鳳＊
至元26. 6. 27	典 18, 戸4, 27b		姑舅小叔不收嫂	中書禮部承奉
至元26. 6. 27	馬 21		〈刷馬〉	荅思禿剌·鐵木兒等奏
至元26. 7	通 18, 4a		又 (和雇和買)	尚書省, 御史臺呈
至元26. 7	正 條28, 關市209		又 (和雇和買)	御史臺呈
至元26. 7. 10	馬 11		〈和買馬〉	兵部承奉尚書省奏奉聖旨
至元26. 7. 12	站 3, 上70			都省所委官都漕運副使馬之貞呈
至元26. 7. 14	馬 13		〈和買馬〉	兵部承奉尚書省劄付
至元26. 7. 18	秘 4, 7b		〈纂修〉	本監准尚書吏部關
至元26. 8	典 13, 吏7, 2b		淨檢對同方押	行御史臺准
至元26. 8	典 17, 戸3, 15a	大徳4. 4	又 (妻姪承繼, 以籍爲定)	張元俊告
至元26. 8	通 7, 3b		軍官課最	樞密院議擬到
至元26. 8	通 7, 6a		又 (禁治擾害)	樞密院議擬到
至元26. 8	通 7, 13a		屯田	樞密院議擬到
至元26. 8	通 18, 1a		關渡盤詰	樞密院議擬到
至元26. 8	通 18, 3a		又 (濫給文引)	樞密院議得
至元26. 8	正 條28, 關市181		關度盤詰	樞密院議擬到
至元26. 8	正 條28, 關市184		又 (濫給文引)	樞密院議得
至元26. 8	正 條34, 獄官359		獄囚博戲飲酒	刑部議得
至元26. 8	站 1, 上6			給遼東宣慰司
至元26. 8	秘 11, 9a		〈典書〉	陳津＊
至元26. 8	賦 112a		度關三等自首	樞密院議擬到
至元26. 8. 27 (28)	秘 9, 13a		〈秘書監丞〉	苫思丁＊
至元26. 8. 28	典 36, 兵3, 17b	至元26. R10	鋪馬印信文書裏行	奏過事内
至元26. 8. 28	站 3, 上70			阿難答等奏准
至元26. 8. 28	站 3, 上70			阿難答·參議中書省事阿散等奏
至元26. 8. 28	站 9, 下115	至元26. R10	鋪馬印信文書裏行	奏過事内
至元26. 8. 30	廟 2, 43		差設學官學職	浙東道宣慰使司＊劄付
至元26. 9	典 12, 吏6, 20b		試選書吏條目	行臺劄付
至元26. 9	倉 2		〈在京諸倉〉	建既盈倉
至元26. 9	倉 2		〈在京諸倉〉	建既積倉
至元26. 9	站 1, 上6			增給西京宣慰司
至元26. 9. 20	廟 2, 46		正録不與教官連署	國史監＊令史張瀛承行指揮

至元26. 9. 25	站 3, 上71			尚書忽都答兒奏准
至元26. 9. 25	站 3, 上71			又奏
至元26. 10	站 3, 上71			尚書兵部查照
至元26. R10	典 36, 兵3, 17b		鋪馬印信文書裏行	福建行省准
至元26. R10	海 下90		〈南北倉添鼠耗則例〉	省臣奏
至元26. R10	站 9, 下115		鋪馬印信文書裏行	福建行省准
至元26. R10. 18	典 11, 吏5, 4之5a	至元28. 1	奔喪遷葬假限	爲父身故奔喪
至元26. 11	典 9, 吏3, 23a	☆	倉官前後陞等例	呈准陞一等
至元26. 11	典 9, 吏3, 25a	☆	鈔庫官陞等例	呈准選充
己丑年 11	通 29, 8a		商税地税	欽奉條畫
至元26. 11	倉 2		〈在京諸倉〉	建盈衍倉
至元26. 11	站 1, 上6			增給甘肅省
至元26. 11. 21	站 3, 上71			丞相桑哥等奏
至元26. 11. 21	站 3, 上71			丞相桑哥等奏准
至元26. 12	站 3, 上71			秦王府
至元26. 12. 7	馬 15		〈和買馬〉	丞相桑哥等奏
至元26. 12. 7	馬 21		〈刷馬〉	丞相桑哥等奏
至元26. 12. 20	倉 9		〈納蘭不納倉〉	丞相桑哥…等奏
至元26. 12. 28	通 28, 10b		又 (圍獵)	尚書省奏

至元27年(庚寅, 1290)

至元27	典 12, 吏6, 19a		禁治待闕令史	行臺劄付
至元27	典 17, 戸3, 9a	大徳3. 4	軍男與民, 已籍爲定	抄戸
至元27	典 17, 戸3, 9a	大徳3. 4	軍男與民, 已籍爲定	抄戸冊
至元27	典 17, 戸3, 9a	大徳3. 4	軍男與民, 已籍爲定	抄戸時分
至元27	典 17, 戸3, 9b	大徳5. 2	儒醫抄數爲定	抄數爲定
至元27	典 17, 戸3, 14b	大徳3. 2. 28	妻姪承繼, 以籍爲定	官司抄戸
至元27	典 17, 戸3, 15a	大徳4. 4	又 (妻姪承繼, 以籍爲定)	供抄入籍
至元27	典 17, 戸3, 16a	大徳4. 8	異姓承繼立戸	抄戸籍面内
至元27	典 19, 戸5, 11a	皇慶1. 10	同宗過繼男, 與庶生子均分家財	抄數時
至元27	典 19, 戸5, 11b	皇慶1. 10	同宗過繼男, 與庶生子均分家財	欽奉聖旨
至元27	典 19, 戸5, 11b	皇慶1. 10	同宗過繼男, 與庶生子均分家財	已籍
至元27	典 19, 戸5, 12a	皇慶1. 6	過房子與庶子分家財	籍作長男
至元27	典 19, 戸5, 14b	延祐2. 9	典賣批問程限	都省議得
至元27	典 36, 兵3, 8a		禁使臣打站官	行尚書省劄付
至元27	典 47, 刑9, 7a		借使官吏俸錢斷例	行臺承奉
至元27	典 47, 刑9, 7b		侵使糧錢, 斷罷不敍	行臺承奉
至元27	典 51, 刑13, 11b		民義依例給賞	湖廣行尚書省左丞劄付

至元27	典 54, 刑16, 31a	皇慶1. 5	虚報災傷田糧官吏斷罪	平江路
至元27	典 57, 刑19, 9b	元貞1. 2	典雇妻妾	奉尚書省劄付
至元27	典 60, 工3, 5a	皇慶1. 3	祇候弓手	籍定公使人戸
至元27	典 新吏, 職制1b	至治1. 5	官員遷葬假限	例
至元27	典 新戸, 田宅1a	延祐2. 9	典賣批問程限	都省議得
至元27	典 新刑, 諸盜3a	延祐7. 8	例前除元刺字難補刺	切盜分宜縣劉十一苧麻
至元27	通 2, 27b	大徳3. 4	又 (以籍爲定)	抄戸時分
虎兒年	通 3, 7b	大徳3. 7. 3	寺院佃戸	抄數戸計
至元27	憲 2608, 6a		御史臺陞正二品	尚書省劄付
至元27	官 55		〈肅政廉訪司〉	立雲南行臺
至元27	官 62		〈巡行勸農司〉	都省
至元27	站 4, 上77	至元28. 3. 17		四川省右丞耶律禿滿答兒
至元27	站 4, 上93	元貞1. R4		贛州路
至元27	站 9, 下102		禁使臣打站官	行尚書省劄付
至元27	驛 1, 下134表			都省斷
至元27	驛 1, 下158			兵部擬
至元27	水 4, 42下	大徳8	開呉松江	…六年之間, 三遭大水
至元27	水 5, 60上	大徳11. 11	行都水監照到	比之…＊水勢, 今歲最大
至元27	水 5, 64上	至大2. 11	呉松江利病	…水勢
至元27	水 8, 96上	大徳2. 12	設置撩清軍夫	廿四年＊二十九年, 三被水災
至元27	金 6, 37a		〈侍御史〉	于璋＊
至元27	金 6, 40a		〈治書侍御史〉	李處巽＊
至元27	金 6, 50b		〈監察御史〉	也先帖木兒＊
至元27	金 6, 50b		〈監察御史〉	哈散＊
至元27	金 6, 50b		〈監察御史〉	帖木兒不花＊
至元27	金 6, 50b		〈監察御史〉	暗都剌怯麻＊
至元27. 1	典 20, 戸6, 21a		行用寶鈔, 不得私准折	御史臺承奉
至元27. 1	站 1, 上6			增給陝西行省鋪馬聖旨
至元27. 1. 2	秘 9, 9a		〈秘書少監〉	虞應龍＊
至元27. 1. 2	秘 10, 3a		〈著作佐郎〉	趙炘＊
至元27. 1. 10	站 3, 上72			通政院按圖呈奏
至元27. 1. 11	典 11, 吏5, 4之5a	至元28. 1	奔喪遷葬假限	還職
至元27. 1. 12	站 3, 上73			丞相桑哥…等奏
至元27. 1. 14	典 8, 吏2, 11a	至元26. 2	民官承襲體例	奏准欽依聖旨
至元27. 1. 14	典 8, 吏2, 11a	大徳7. 1. 17	民官陣亡廕敍	奏過事内
至元27. 1. 14	通 6, 22b		又 (軍官承替)	尚書省奏
至元27. 1. 25	馬 21		〈刷馬〉	都省
至元27. 2	正 斷12, 廐庫401		誣人匿税	御史臺呈
至元27. 2	站 1, 上6			都省增給
至元27. 2	廟 3, 49		正録任滿給由	集賢院＊劄付該

至元27.2	廟 3,53		教授給由	江西行省准尚書省咨
至元27.2.2	秘 10,3b		〈著作佐郎〉	李廷桂＊
至元27.2.6	站 3,上73			參政阿散等奏
至元27.2.12	站 3,上73			尚書阿難答…等奏
至元27.2.26	站 8,下63	至元29.3	河南立站	前河南宣慰司准尚書兵部關
至元27.3	站 3,上72			甘肅行省言
至元27.3	驛 1,下144			浙東道按察司書吏董清遷調淮西道
至元27.3	廟 3,50		江淮擬設學官員數‥	集賢院＊劄付該
至元27.3.14	秘 9,9a		〈秘書少監〉	贍思丁＊
至元27.3.17	憲 2608,6a	至元27	御史臺陞正二品	奏
至元27.3.17	南 2610,6a	至元27.6.11	行臺陞正二品	奏過事内
至元27.3.17	官 64		〈巡行勸農司〉	省臣阿散稟
至元27.3.24	秘 9,17b		〈提控案牘〉	劉瑄＊
至元27.3.27	憲 2608,6b		勸農司復併入按察司	省臺官奏
至元27.4	站 3,上73			四川行省備
至元27.4.11	典 9,吏3,31b	☆	局院匠官遷陞	奏過事内
至元27.4.27	站 3,上73			中書參政剌眞…等具奏
至元27.5	通 4,17b		過房男女	尚書省,戸部呈
至元27.5.16	秘 10,1b		〈著作郎〉	徐汝嘉＊
至元27.5.24	典 35,兵2,2a	☆	弓箭庫裏頓放	奏過事内
至元27.6	站 1,上6			給營田提擧司
至元27.6	秘 11,1b		〈令史〉	高伯椿＊
至元27.6	秘 11,9b		〈典書〉	劉文偉＊
至元27.6.2	典 54,刑16,2b		淹禁死損罪囚	尚書省咨
至元27.6.11	南 2610,6a		行臺陞正二品	准御史臺咨
至元27.6.24	站 3,上74			丞相桑哥等奏
至元27.6.30	站 3,上74			參議阿散等奏
至元27.7	典 14,吏8,4a		被差不得稽留	行臺照得
至元27.7	典 18,戸4,9a	至元28.6.6	兄死嫂招後夫	陳阿雙告親家李信等主婚
至元27.7	站 3,上74			通政院言
至元27.7	驛 1,下156			欽奉聖旨
至元27.7.15	秘 9,9a		〈秘書少監〉	靳德進＊
至元27.8	廟 3,51		隨路府州縣尹提調儒人功業	江淮等處行尚書省＊劄付
至元27.8.1	站 3,上74			遼陽行省所轄
至元27.8.1	站 3,上74			尚書阿難答…等奏
至元27.8.1	站 3,上74			又奏,甘肅
至元27.8.1	站 3,上75			又奏,眞定
至元27.8.1	秘 9,15b		〈管勾〉	趙九疇＊

至元27.8.3	南 2610,6a		治書侍御史陞資品	准御史臺咨
至元27.8.6	典 17,戶3,9b	大徳5.2	儒醫抄數爲定	欽奉聖旨
至元27.8.17	站 3,上75			尚書阿難答…等奏
至元27.8.28	站 8,下59			遼陽等處行尚書省咨
至元27.9	站 1,上6			江淮行省所轄
至元27.9	站 3,上75			都省議下通政院
至元27.9.8	倉 14			平章帖木兒言
至元27.9.10	廟 3,57		抄戶局攢報儒籍始末	江淮等處行尚書省＊劄付
至元27.9.11	站 3,上75			丞相桑哥等奏
至元27.9.30	通 27,9a		又(賣鷹鶻)	尚書省奏
至元27.10	通 14,8b		部糧	尚書省奏
至元27.10	海 上53			賜海漕運糧官
至元27.10.25	秘 9,5b		〈秘書監〉	可馬剌丁＊
至元27.10.28	馬 50		〈馬政雜例〉	丞相桑哥奏
至元27.10.29	廟 3,67	至元28.11	教官銓注免面令各路定擬	承奉行御史臺劄付
至元27.11	正 斷2,職制36		棄毀官文書	工部呈
至元27.11.3	站 8,下60		雙城等處立站	遼陽行省咨
至元27.11.11	站 3,上75			丞相桑哥等奏
至元27.11.18	廟 3,51		不許變賣學舍	行御史臺＊劄付
至元27.11.24	廟 3,67	至元28.11	教官銓注免面令各路定擬	准福建路牒呈該
至元27.11.25	典 57,刑19,2a	至元28.2	反賊拜見人口爲民	奏過事内
至元27.11.25	通 3,8a		又(被虜平民)	御史臺奏
至元27.12	通 6,30b		又(舉保)	尚書省會驗
至元27.12	通 22,1a		奔喪遷葬	尚書省,吏部呈
至元27.12	正 條32,假寧303		奔喪遷葬假限	吏部呈
至元27.12.1	秘 11,9b		〈典書〉	權彥良＊
至元27.12.21	廟 3,52		按察副使王朝請俣申明體覆	行御史臺＊劄付該
至元27.12.26	站 3,上76			丞相桑哥奏
至元27.12.30	秘 11,7b		〈奏差〉	楊俶＊

至元28年(辛卯,1291)

至元28	典 3,聖2,9b		〈救災荒〉	尚書省奏奉聖旨條畫
至元28	典 3,聖2,14a		〈賜老者〉	欽奉詔書
至元28	典 6,臺2,14b		省部赴臺刷卷	御史臺咨
至元28	典 12,吏6,24b	至大3	臺察書吏出身	元定出身
至元28	典 16,戶2,10a		爲祇應鈔事	御史臺咨
至元28	典 16,戶2,10a	至元28	爲祇應鈔事	祇應鈔
至元28	典 18,戶4,14a	至大2.9	舅姑得嫁男婦	欽奉聖旨

世祖至元28年(1291)

至元28	典 22, 戸8, 68b		自用物毋收税	江西行省禁治擾民榜内
至元28	典 23, 戸9, 2a		勸農立社事理	尚書省奏奉聖旨
至元28	典 34, 兵1, 30b	延祐2. 5	軍官代替軍人	例, 奏奉聖旨
至元28	典 36, 兵3, 3a	至大1. 5	拯治站赤	完澤丞相爲鋪馬生受的上頭
至元28	典 36, 兵3, 15b	大徳11. 9	站戸簪載避役	欽奉聖旨
至元28	典 37, 兵4, 5b	大徳5. 5	入遞文字	奉都省照會
至元28	典 40, 刑2, 12a		僧尼各處監禁	行宣政院照得
至元28	典 47, 刑9, 8a	至元29. 4	路官侵使課鈔	合辦課程
至元28	典 52, 刑14, 5a		僞造茶引	湖北宣慰使司奉
至元28	典 53, 刑15, 20a		不須便勾證佐	江西行省榜文
至元28	典 54, 刑16, 29b		禁影占富戸不交當差	行省准
至元28	典 54, 刑16, 31a	皇慶1. 5	虚報災傷田糧官吏斷罪	平江路呉江等縣正官
至元28	典 新兵, 軍制4b	延祐7. 4	軍中不便事件	例
至元28	憲 2608, 6b		更提刑按察司爲肅政廉訪司制	欽奉聖旨
至元28	海 上60	大徳6		親赴都省, 陳設減併
至元28	海 上61	大徳6		男張文彪親赴都省, 陳言便利
至元28	倉 2		〈在京諸倉〉	建大積倉
至元28	站 4, 上78	至元28. 3. 25		春夏二季鈔
至元28	站 4, 上84	至元29. 4		官撥中統鈔
至元28	站 7, 下4			已後, 諸處依前口傳聖旨
至元28	站 9, 下95	至大1. 5	拯治站赤	完澤丞相爲鋪馬生受的上頭
至元28	站 9, 下114	大徳11. 9	站戸簪載避役	欽奉聖旨
至元28 (29)	秘 11, 4b		〈回回令史〉	苫思丁＊
至元28	秘 11, 9b		〈典書〉	荊益＊
至元28	廟 4, 73	至元29. 4	廟學田地錢糧分付與秀才每爲主	政化更新, 奸黨誅斥
至元28	水 3, 23下		開後呉松江事	任武略言八項事内一項
至元28	水 3, 24下		潘應武決放湖水	潘應武決放湖水
至元28	水 3, 26下		集呉中之利	庸田司…集呉中之利
至元28	水 3, 35下			燕參政奏准
至元28	水 5, 50下	大徳11	任監丞言	自＊至大徳八年累次陳言
至元28	水 5, 54上	大徳11. 6. 3	開河置閘	自＊至大徳八年屢次陳言
至元28	水 5, 55上	大徳11. 6. 19	行都水監照得	自＊至大徳八年屢次陳言
至元28	永 15950, 12b		〈漕運〉蘇州志	合併四萬戸府

至元28	金 6, 33a		〈御史中丞〉	合討不花＊
至元28	金 6, 34a		〈御史中丞〉	魏初＊
至元28	金 6, 37a		〈侍御史〉	陳天祥＊
至元28	金 6, 40a		〈治書侍御史〉	裴居安＊
至元28	金 6, 41a		〈經歷〉	福奴＊
至元28	金 6, 42a		〈都事〉	張經＊
至元28	金 6, 42a		〈都事〉	賈惟政＊
至元28	金 6, 45a		〈照磨承發司管勾兼獄丞〉	劉德茂＊
至元28	金 6, 46a		〈架閣庫管勾〉	聶帖木兒＊
至元28	金 6, 50b		〈監察御史〉	杜也速答兒＊
至元28	金 6, 50b		〈監察御史〉	黄璧＊
至元28	金 6, 50b		〈監察御史〉	劉浩＊
至元28	金 6, 50b		〈監察御史〉	欽察＊
至元28	金 6, 50b		〈監察御史〉	劉仁＊
至元28	金 6, 50b		〈監察御史〉	失烈兀歹＊
至元28	金 6, 50b		〈監察御史〉	唐兀歹＊
至元28	金 6, 50b		〈監察御史〉	塔朮丁＊
至元28	金 6, 51a		〈監察御史〉	馬昞＊
至元28	金 6, 51a		〈監察御史〉	李垺＊
至元28	金 6, 51a		〈監察御史〉	完顏眞＊
至元28	金 6, 51a		〈監察御史〉	司徒＊
至元28	金 6, 51a		〈監察御史〉	和尚＊
至元28	金 6, 51a		〈監察御史〉	忽剌出＊
至元28	金 6, 51a		〈監察御史〉	王廷弼＊
至元28	金 6, 51a		〈監察御史〉	王龍澤＊
至元28. 1	典 11, 吏5, 4之5a		奔喪遷葬假限	福建行尚書省准
至元28. 1	典 13, 吏7, 2b		凡行文書圓押	行尚書省劄付
至元28. 1	正 斷1, 衛禁9		津渡留難致命	江浙行省咨
至元28. 1	廟 3, 58		儒戸照歸附初籍並葉提擧…	尚書省＊咨該
至元28. 1. 8	通 29, 16b		俗人做道場	欽奉聖旨
至元28. 1. 23	通 6, 22a		又(軍官襲替)	樞密院奏
至元28. 2	典 3, 聖2, 17b		〈崇祭祀〉	欽奉皇帝聖旨
至元28. 2	典 46, 刑8, 4a		職官妻屬接贓	嶺北湖南道提刑按察司先爲寧鄕縣官吏
至元28. 2	典 47, 刑9, 5a		侵盜官錢, 庫官均陪	行御史臺切見
至元28. 2	典 57, 刑19, 2a		反賊拜見人口爲民	樞密院准尚書省照會
至元28. 2	驛 1, 下122			江浙行省所差使臣奉
至元28. 2. 4	廟 3, 54		學官考較儒人功業‥	江淮等處行尚書省＊令史楊仁
至元28. 2. 5	南 2610, 6a	至元28. 3. 21	福建省併入江西省, 及行臺不呈行省	議擬到下項事理
至元28. 2. 6	南 2610, 6a	至元28. 3. 21	福建省併入江西省, 及行臺不呈行省	聞奏過, 奉聖旨

世祖至元28年 (1291)

至元28. 2. 9	典 10, 吏4, 2b	元貞1	遠年求仕	已前擬呈
至元28. 2. 9	正 斷2, 職制43	天暦1. 4	遠年冒廕	以前
至元28. 2. 15	倉 15			丞相完澤奏
至元28. 2. 19	廟 3, 64	至元28. 5	都省押發各學錢糧	本院官哲哩默司徒等奏
至元28. 2. 28	秘 9, 8b	至元22. 5. 12	〈秘書少監〉	蘇政…＊
至元28. 2. 30	典 22, 戸8, 65a	至元30. 1	收税附寫物主花名	結課到官
至元28. 3	典 2, 聖1, 8a		〈擧賢才〉	欽奉詔書
至元28. 3	典 2, 聖1, 16a		〈重民籍〉	欽奉聖旨
至元28. 3	典 3, 聖2, 8a		〈息徭役〉	欽奉詔書
至元28. 3	典 3, 聖2, 9b		〈救災荒〉	欽奉詔書
至元28. 3	典 16, 戸2, 9b		又 (祗應使臣分例, 官爲給降)	欽奉條畫
至元28. 3	典 17, 戸3, 9a		又 (抄數戸計事産)	欽奉聖旨
至元28. 3	通 18, 1b		又 (牙保欺蔽)	欽奉詔書
至元28. 3	通 27, 7b		買賣軍器	中書省, 刑部呈
至元28. 3	正 條27, 賦役176		停罷不急之役	詔書内一款
至元28. 3	正 條28, 關市215		豪奪民財	詔書内一款
至元28. 3	正 斷5, 職制138		被差令人代替	刑部議得
至元28. 3	站 4, 上77			江淮行省備行泉府司
至元28. 3	站 4, 上78			山東宣慰司呈
至元28. 3	站 8, 下61	至元29. 1. 17		欽授宣命
至元28. 3	驛 1, 下122			中書省奏准
至元28. 3	廟 3, 54		各路歳貢儒人	命鄂勒哲依爲右丞
至元28. 3	廟 3, 56		按察副使王朝請俣申請設立小學	牒該
至元28. 3. 4	站 5, 上126	皇慶1. 2. 11		奏准聖旨
至元28. 3. 17	站 4, 上77			雲南行省言
至元28. 3. 21	南 2610, 6a		福建省併入江西省, 及行臺不呈行省	准御史臺咨
至元28. 3. 25	典 24, 戸10, 1b	至元28. 8	徴納税糧	奏過事内
兎兒年 3. 25	典 49, 刑11, 12a	至元29. 3	達達偸頭口一箇陪九箇	據律律官人等上位奏
至元28. 3. 25	典 54, 刑16, 29b	至元28	禁影占富戸不交當差	奏過事内
至元28. 3. 25	站 4, 上78	至元28. 3		尚書省定擬
至元28. 4	通 18, 4b		又 (和雇和買)	中書省, 宣徽院呈
至元28. 4	正 條28, 關市210		又 (和雇和買)	御史臺呈
至元28. 4	廟 3, 63		郭簽省咨復楊総攝‥	榜文該
至元28. 4. 5	典 16, 戸2, 10a	至元28	爲祇應鈔事	行訖
至元28. 4. 8	廟 3, 59		儒戸照抄戸手收入籍	令史馬禧呈
至元28. 4. 21	典 57, 刑19, 12a		殺羊羔兒例	奉聖旨
至元28. 4. 23	典 11, 吏5, 19a		官員老病致死	尚書吏部承奉
至元28. 4. 24	典 57, 刑19, 31a	延祐6. 9	禁罷集場	欽奉聖旨
至元28. 4. 24	典 新刑, 刑禁2b	延祐6. R8	禁治集場祈賽等罪	欽奉聖旨

至元28. 5	站 4, 上79			兵部呈
至元28. 5	高 41			以謜爲世子
至元28. 5	廟 3, 64		都省押發各學錢糧	尚書省＊咨該
至元28. 5	無 上, 26a		檢屍不委巡檢	江西道按察司會驗
至元28. 5. 8	典 8, 吏2, 6b		自己地面休做官	奏過事内
至元28. 5. 8	通 4, 21b		均當差役	中書省奏
至元28. 5. 8	通 6, 25a		又 (遷轉避籍)	中書省奏
至元28. 5. 8	正 條27, 賦役160		均當雜泛差役	中書省奏
至元28. 5. 9	典 6, 臺2, 15b	大徳10. 5	刷卷首尾相見體式	御史臺承奉
至元28. 5. 17	典 20, 戸6, 8b	至元28. 7	行省燒昏鈔例	奏過事内
至元28. 5. 17	通 14, 10b	延祐2. 10	又 (計點)	奏准
至元28. 5. 17	正 條23, 倉庫10		燒毀昏鈔	中書省奏
至元28. 5. 17	站 4, 上78			中書平章政事麥朮丁·不忽木等奏
至元28. 5. 19	通 2, 21a		又 (投下収戸)	欽奉聖旨
至元28. 5. 20	高 41			中書省奏
至元28. 5. 22	典 48, 刑10, 5a	至元29. 7	出首取受定例	欽奉聖旨
至元28. 5. 23	典 6, 臺2, 5b		改立廉訪司	欽奉聖旨
兎兒年 5. 23	典 6, 臺2, 6a	至元28. 5. 23	改立廉訪司	寫來
至元28. 5. 25	典 42, 刑4, 13b	至元28. 10. 15	使钁折傷死	有伯父丁大病死
至元28. 5. 27	典 新戸, 禄廩2a	延祐2. 3	官員職田, 依鄉原例分収	遍行各省
至元28. 5. 28	典 6, 臺2, 15a		刷卷須見首尾	江西行省准
至元28. 6	典 32, 禮5, 9a	至大1	陰陽法師	准阿魯渾撒里蒙古文字譯該
至元28. 6	憲 2608, 7b		各道擬設書吏奏差	奏准
至元28. 6	官 55		〈肅政廉訪司〉	改立廉訪司
至元28. 6	典 2, 聖1, 7a		〈守法令〉	中書省欽奉詔條
至元28. 6	典 3, 聖2, 1b		〈均賦役〉	至元新格
至元28. 6	典 3, 聖2, 1b		〈均賦役〉	又一款
至元28. 6	典 3, 聖2, 1b		〈均賦役〉	又一款
至元28. 6 (30)	典 3, 聖2, 9b		〈救災荒〉	至元新格
至元28. 6 (31)	典 3, 聖2, 9b		〈救災荒〉	又一款
至元28. 6	典 4, 朝1, 3b	皇慶2. 5	省部減繁格例	至元新格
至元28. 6 (32)	典 4, 朝1, 5b	延祐6. 1	減繁新例	至元新格
至元28. 6 (33)	典 8, 吏2, 7a		至元新格	
至元28. 6 (34)	典 11, 吏5, 13b		至元新格	
至元28. 6 (35)	典 11, 吏5, 14a	至元30. 7	捕盜官給由例	至元新格
至元28. 6 (36)	典 11, 吏5, 17b	大徳11. 5	給由置簿首領官提調	至元新格
至元28. 6 (37)	典 14, 吏8, 4b		委遣従員多處	至元新格
至元28. 6 (38)	典 14, 吏8, 9a		又 (文巻已絶, 編類入架) 至元新格	
至元28. 6 (39)	典 14, 吏8, 10a		又 (人吏交代, 當面交巻)	至元新格
至元28. 6 (40)	典 14, 吏8, 10a	大徳1. 6	承受行遣巻宗	至元新格

至元28.6 (41)	典 19, 戸5, 6a		荒地許赴官請射	至元新格
至元28.6 (42)	典 20, 戸6, 8a		至元新格	
至元28.6 (43)	典 21, 戸7, 1a		至元新格	
至元28.6 (44)	典 21, 戸7, 8b		至元新格	
至元28.6 (45)	典 21, 戸7, 9a		又(至元新格)	
至元28.6 (46)	典 21, 戸7, 9a	至元30	歳終季報錢糧	至元新格
至元28.6 (47)	典 22, 戸8, 7b		至元新格	
至元28.6 (48)	典 23, 戸9, 5a		至元新格	
至元28.6 (49)	典 23, 戸9, 6b	大徳6.1	社長不管餘事	至元新格
至元28.6 (50)	典 23, 戸9, 15b		水旱災傷隨時檢覆	至元新格
至元28.6 (51)	典 24, 戸10, 1b		下戸帶納者聽	至元新格
至元28.6 (52)	典 26, 戸12, 3a		至元新格	
至元28.6 (53)	典 26, 戸12, 6a		至元新格	
至元28.6 (54)	典 26, 戸12, 8b		至元新格	
至元28.6	典 39, 刑1, 1b		罪名府縣斷隷	至元新格
至元28.6 (55)	典 40, 刑2, 1b	大徳9.6	諸衙門杖數笞杖等第	至元新格
至元28.6 (56)	典 40, 刑2, 4a	大徳4.3	禁治遊街等刑	至元新格
至元28.6 (57)	典 40, 刑2, 5a	大徳7.5	不得法外枉勘	至元新格
至元28.6 (58)	典 40, 刑2, 7a		罪囚淹帶舉行	諸隨處季報罪囚
至元28.6 (59)	典 40, 刑2, 7a		犯人翻異移推	諸所在重刑
至元28.6 (60)	典 40, 刑2, 7a		審察不致冤滯	諸見禁罪囚
至元28.6	典 40, 刑2, 13a		鞠囚以理推尋	至元新格
至元28.6 (61)	典 51, 刑13, 2a		至元防盜新格	
至元28.6 (62)	典 51, 刑13, 2a		又(至元防盜新格)	
至元28.6 (63)	典 51, 刑13, 2b		又(至元防盜新格)	
至元28.6 (64)	典 51, 刑13, 6a		盜賊許相首捕	至元新格
至元28.6 (65)	典 51, 刑13, 6a		捕盜勿以疆界	至元新格
至元28.6 (66)	典 51, 刑13, 14a		捕盜官到選考跡	至元新格
至元28.6 (67)	典 53, 刑15, 3a		至元新格	
至元28.6 (68)	典 53, 刑15, 3a		又(至元新格)	
至元28.6 (69)	典 53, 刑15, 3a		又(至元新格)	
至元28.6 (70)	典 53, 刑15, 3a		又(至元新格)	
至元28.6 (71)	典 53, 刑15, 3a		又(至元新格)	
至元28.6 (72)	典 58, 工1, 1a		至元新格	
至元28.6 (73)	典 60, 工3, 1a		至元新格	
至元28.6 (74)	典 新朝, 中書省4b	延祐6.1	諸衙門申稟明白區處	至元新格
至元28.6 (75)	典 新吏, 吏制1a	至治1.2	諸衙門吏員出職	至元新格
至元28.6 (76)	典 新戸, 鈔法2a	延祐5.3	提調鈔法	至元新格
至元28.6 (77)	典 新刑, 刑獄1a	延祐7.2	推官不許獨員遍歴斷囚	至元新格
至元28.6 (78)	典 新刑, 刑獄1a	延祐7.2	推官不許獨員遍歴斷囚	至元新格
至元28.6 (79)	典 新刑, 刑獄3a	延祐4.7	巡尉司囚月申	至元新格
至元28.6	通 6, 1a		選格	至元新格
至元28.6 (80)	通 14, 1a		關防	至元新格
至元28.6	通 16, 1a		理民	至元新格

至元28. 6	通 17, 3a		又 (科差)	至元新格
至元28. 6	通 19, 1a		防盜	至元新格
至元28. 6	通 30, 1a		造作	至元新格
至元28. 6	正 條25, 田令66		理民	中書省奏准
至元28. 6	正 條27, 賦役132		科撥差税	中書省奏准
至元28. 6	正 條29, 捕亡226		防盜	中書省奏准
至元28. 6	正 條33, 獄官319	皇慶1. 12. 26	因案明白聽決	奏准節該
至元28. 6	正 條33, 獄官321		斷決推理	中書省奏准
至元28. 6	正 條34, 獄官345	大德3. 10	又 (非理鞫囚)	見奉至元新格
至元28. 6	憲 2609, 11a	至正5. 4	不拘月日	檢會到至元新格
至元28. 6	站 1, 上6			隨處設站官
至元28. 6	站 4, 上79			漢中按察司言
至元28. 6	站 4, 上79			監察御史察知昌平等站
至元28. 6 (81)	站 6, 上148	延祐2. 3		至元新格
至元28. 6 (82)	站 9, 下83		至元新格	
至元28. 6 (83)	驛 1, 下128			新格節該
至元28. 6	賦 14b		例分八字/以字	諸倉庫錢物
至元28. 6	賦 19a		與財而有罪者四/此枉法不枉法…	諸運司并提點官
至元28. 6	賦 65b		失器物者	倉庫局院官物
至元28. 6	廟 4, 83	至元31	學正三年滿考	依＊内事理
至元28. 6	廟 4, 83	至元31	學正三年滿考	照得＊諸職官在外以三週歳
至元28. 6. 1	通 27, 17b		蒙古男女過海	欽奉聖旨
至元28. 6. 3	秘 9, 13b		〈秘書監丞〉	謝堵林台＊
至元28. 6. 6	典 18, 戸4, 9a		兄死嫂招後夫	燕南按察司准廣平分司牒
至元28. 6. 20	典 22, 戸8, 53b	至元28. 8	用中統至元鈔納課	奏過事内
至元28. 6. 28	典 16, 戸2, 10b	至元28	爲祗應鈔事	行訖
至元28. 7	典 12, 吏6, 21a		廉訪司書吏出身	御史臺呈奉中書省劄付
至元28. 7	典 20, 戸6, 8b		行省燒昏鈔例	江西行省准
至元28. 7	典 34, 兵1, 15a	至元29. 3	禁拿百姓充軍	本路軍官李彈壓強捉充軍
至元28. 7	站 1, 上6			詔
至元28. 7	站 4, 上80			徐邳州
至元28. 7	永 15950, 13b		〈漕運〉 成憲綱要	中書省咨
至元28. 7. 21	站 4, 上79			通政院奏
至元28. 7. 23	廟 3, 66	至元28. 10	儒學提擧俸給	伊克集賽第二日
至元28. 7. 24	典 34, 兵1, 32a		又 (軍官札也定數)	樞密院奏
至元28. 7. 24	通 7, 14b		私役	樞密院奏奉聖旨
至元28. 7. 24	站 4, 上79			通政院言
至元28. 7. 24	廟 3, 66	至元28. 10	儒學提擧俸給	欽奉聖旨
至元28. 7. 25	站 4, 上79			中書省, 御史臺備
至元28. 8	典 12, 吏6, 21a		勸農書吏出身	山東按察司申
至元28. 8	典 22, 戸8, 53a		用中統至元鈔納課	江西行省准
至元28. 8	典 24, 戸10, 1b		徵納税糧	准中書省咨

至元28. 8	典 36, 兵3, 22a		貼馬在家喂養	江西行省照勘
至元28. 8	通 22, 3b		又(曹状)	中書省, 御史臺備
至元28. 8	正 條32, 假寧309		又(曹状)	御史臺備監察御史呈
至元28. 8	海 上53			罷泉府司所隸運糧二萬戸府
至元28. 8	站 4, 上80			通政院奉省劄
至元28. 8	站 4, 上80			通政院言
至元28. 8	賦 54b		責其已越	樞密院禁例
至元28. 8. 15	典 34, 兵1, 34b		軍人支鹽糧例	中書省奏過事内
至元28. 8. 16	水 3, 34上			江淮行省燕省政呈
至元28. 8. 25	站 4, 上80			刑部呈
至元28. 8. 26	典 22, 戸8, 47a	至元30. 8. 25	市舶則法二十三條	奏過事内
至元28. 8. 27	通 28, 11a		又(圍獵)	中書省奏
至元28. 8. 30	水 3, 34上			差委…都爾彌失前去
至元28. 9	典 4, 朝1, 5b	皇慶2. 5	又(省部減繁格例)	立廉訪司分治條畫
至元28. 9	通 20, 1a		又(告獲謀反)	尚書省, 刑部呈
至元28. 9	正 條30, 賞令257		又(告獲謀反)	刑部呈
至元28. 9	廟 3, 65		行省催覈歳貢儒人	劄付該
至元28. 9. 4	水 3, 30下	至元29. 1	潘應武條陳水利事宜	詣省府陳言
至元28. 9. 15	站 4, 上80			中書平章政事不忽木等奏
至元28. 9. 18	典 22, 戸8, 53b	☆	民官管課程事	奏奉聖旨
至元28. 9. 20	站 4, 上81			月兒魯…奏奉聖旨
至元28. 9. 21	典 34, 兵1, 18a	至元28. 10	探馬赤軍交闊端赤代役	奏
至元28. 9. 23	站 4, 上81			中書省據御史臺
至元28. 9. 27	典 9, 吏3, 1a		遷轉閩廣官員	江西行省准
至元28. 10	典 9, 吏3, 1b		選官從本管官司保	行省照得
至元28. 10	典 11, 吏5, 9b		不能之任作闕	御史臺承奉
至元28. 10	典 34, 兵1, 18a		探馬赤軍交闊端赤代役	樞密院據蒙古都萬戸囊家歹蒙古文字譯該
至元28. 10	典 新吏, 職制2b	延祐6. 2	作闕官告敍, 委官保勘	例
至元28. 10	通 3, 25a		又(良賤爲婚)	中書省, 禮部呈
至元28. 10	站 4, 上81			尚書工部呈擬
至元28. 10	高 41			以其國饑
至元28. 10	廟 3, 66		儒學提舉俸給	中書省*咨該
至元28. 10. 5	站 4, 上81			丞相完澤奏
至元28. 10. 8	典 33, 禮6, 3b		和尚不許妻室	宣政院官奏奉聖旨
至元28. 10. 14	典 22, 戸8, 36b	至元29. 1	添支煎曬鹽本	奏准事内

至元28.10.14	典 22,戸8,38b	至元29.1	鎮守軍人兼巡私鹽	奏過事内
至元28.10.15	典 42,刑4,13b		使钁折傷死	中書刑部,□州申
至元28.10.19	通 2,29a		搔擾工匠	中書省奏
至元28.10.28	站 8,下61	至元29.1.17	信州等立站赤	有江淮等處行中書省差來福建
至元28.11	典 23,戸9,15a		水旱災傷,減税糧事	御史臺承奉
至元28.11	典 47,刑9,7b		縣官侵使課鈔	御史臺承奉
至元28.11 (84)	秘 11,6a		〈怯里馬赤〉	別的斤＊
至元28.11	賦 94b		女稱子而異於子	汴梁路
至元28.11	廟 3,67		教官銓注免面令各路定擬	中書省＊咨該
至元28.11.1	秘 10,3b		〈著作佐郎〉	秦允文＊
至元28.11.2	秘 10,6a		〈秘書郎〉	李泉＊ (85)
至元28.11.2	秘 10,9b		〈校書郎〉	王利亨＊
至元28.11.20	典 47,刑9,8b	至元29.2	路官借使官物	奏過事内
至元28.11.22	通 28,11b		又(圍獵)	御史臺奏
至元28.12	典 12,吏6,25a	至大3	臺察書吏出身	元出身
至元28.12	典 36,兵3,18b		給驛置曆開附	至元新格
至元28.12	典 37,兵4,1b		整治急遞鋪事	江西行省准
至元28.12	通 16,23a		又(妄獻田土)	中書省,樞密院呈
至元28.12	通 30,11a		投下織造	中書省,戸部呈
至元28.12	正 條26,田令117		典賣田産	樞密院呈
至元28.12	正 斷9,廐庫314		監臨私借官錢	中書省,御史臺呈
至元28.12	站 1,上6			鋪馬聖旨
至元28.12	賦 21a		私貸私借/私借官錢從侵盗	臺糾臨江路總管
至元28.12.6	典 20,戸6,5b	至元29.2	存留鈔本	奏過事内
至元28.12.9	秘 9,5b		〈秘書監〉	靳德進＊
至元28.12.9	秘 9,9a		〈秘書少監〉	史燀＊
至元28.12.11	典 6,臺2,17a	至元29.2	行省令史稽遲,監察就斷	奏過事内
至元28.12.15	典 23,戸9,9b	☆	革罷下鄉勸農	奏過事内
至元28.12.15	通 16,14a		又(農桑)	中書省奏
至元28.12.15	正 條25,田令73		[農桑?]	中書省奏
至元28.12.23	典 新戸,禄廩2a	延祐2.3	官員職田,依鄉原例分収	移咨江西行省
至元28.12.26	典 22,戸8,65a	至元30.1	収税附寫物主花名	欽奉聖旨分揀罪囚
至元28.12.27	秘 9,9a		〈秘書少監〉	鄭自興＊
至元28.12.29	站 4,上82			丞相完澤等奏准

至元29年(壬辰,1292)

至元29	典 8,吏2,21b	大徳5.3	巡檢月日	已前
至元29	典 8,吏2,21b	大徳5.3	巡檢月日	已後
至元29	典 9,吏3,29a	大徳8.7	倉庫官例	吏部呈
至元29	典 14,吏8,4b		長官首領官不差	湖廣省劄付

至元29	典 16, 戸2, 6a		監臨分司分例	行御史臺移准
至元29	典 21, 戸7, 2b		行用圓斛	御史臺咨
至元29	典 21, 戸7, 20b		禁取要納事錢	江西行省據龍興路申
至元29	典 22, 戸8, 11b	至元30. 9	茶課	實辦課數
至元29	典 22, 戸8, 16a		立都提擧司辦鹽課	中書省今照到辦課聖旨條畫
至元29	典 22, 戸8, 39b	大徳1. 9	景紹華等私鹽	重慶路牒
至元29	典 22, 戸8, 44a	至元29. 3	添辦酒課	依例恢辦
至元29	典 22, 戸8, 48a	至元30. 8. 25	市舶則法二十三條	杭州市舶司實抽辦物貨價錢
至元29	典 22, 戸8, 64b	至元29. 3	門攤課程	自＊爲頭
至元29	典 26, 戸12, 3b		體察和買諸物	江西行省准
至元29	典 26, 戸12, 8b	至元31. 1	運糧脚價錢數	淮東米糧
至元29	典 26, 戸12, 9a	大徳5. 12	添支水旱脚價	蘄黄運糧
至元29	典 35, 兵2, 9a		體察鐵匠等事	御史臺咨
至元29	典 36, 兵3, 17b		使臣與印信文字	御史臺劄付
至元29	典 38, 兵5, 5a		有體例飛放打圍	福建行省准
至元29	典 42, 刑4, 9a	☆	又 (因闘誤傷傍人致死)	咨文
至元29	典 46, 刑8, 18a		軍官減尅軍糧	御史臺劄付
至元29	典 47, 刑9, 10a	大徳2	侵借官課, 驗贓依枉法斷	課鈔
至元29	典 47, 刑9, 10b	大徳2. 8	侵使官錢追陪贓例	追徵倍贓
至元29	典 54, 刑16, 2b		枉禁平民身死	行御史臺爲浙東道廉訪司申
至元29	典 新吏, 官制2a	延祐7. 3	拘收詐冒宣敕	受總統院劄付
至元29	典 新吏, 官制8a	至治1. 1	辦課官增課陞等	中書省議得
至元29	典 新戸, 錢糧1b	延祐3. 11	教授直學侵使學糧	上半年紙札錢稻穀一百石
至元29	正 斷8, 戸婚263	至治2. 9. 16	典雇妻妾	世祖皇帝時分
至元29	永 15950, 18a	大徳5. 10. 24	〈漕運〉大徳典章	蘄黄運糧
至元29	憲 2608, 7b		廉訪司增設管勾兼照磨一人	本臺奏准
至元29	倉 3		〈在京諸倉〉	建廣衍倉
至元29	海 上55			分作八翼
至元29	海 上55			作七翼
至元29	海 下93		〈排年海運水脚價鈔〉	減作每石七兩五錢
至元29	海 下97		〈漕運水程〉	朱清等建言
至元29	站 6, 上140	延祐1. 4. 3		經値寇攘
至元29	站 9, 下88		使臣與印信文字	行臺劄付
至元29	驛 1, 下125表			臺議
至元29	驛 1, 下151			都省議得
至元29	驛 1, 下172			都省依准
至元29	秘 抄本8, 1b		賀聖節表	秦允文
至元29	秘 10, 1a	至元25. 4. 19	〈著作郎〉	傳巖卿…＊
至元29	廟 4, 89	元貞1. 4	教官任滿給由	御史臺奏過事内

至元29	水 3, 27上	大德8	集呉中之利	據本路詢究得
壬辰	水 3, 28下	大德8	集呉中之利	官司亦曾修浚
至元29	水 3, 29上	大德8	集呉中之利	有當處耆老對相視官講究得
壬辰	水 3, 33上	☆	張桂榮言水利事	自＊之春, 洎于甲午
至元29	水 3, 36上			鎮江實科糧一十萬石
至元29	水 4, 42下	大德8	開呉松江	＊六年之間, 三遭大水
至元29	水 8, 96上	大德2. 12	設置撩清軍夫	廿四年廿七年＊, 三被水災
至元29	金 6, 33a		〈御史中丞〉	闍闍禿＊
至元29	金 6, 46a		〈架閣庫管勾〉	□德新＊
至元29	金 6, 51a		〈監察御史〉	咬咬＊
至元29	金 6, 51a		〈監察御史〉	王佐＊
至元29	金 6, 51a		〈監察御史〉	萬石＊
至元29	金 6, 51a		〈監察御史〉	張註＊
至元29	金 6, 51a		〈監察御史〉	李廷詠＊
至元29	金 6, 51a		〈監察御史〉	帖里脱歡＊
至元29. 1	典 6, 臺2, 6a		廉訪司合行條例	御史臺承奉
至元29. 1	典 16, 戸2, 11a		添祇應鹽醬錢	御史臺咨
至元29. 1	典 22, 戸8, 36b		添支煎曬鹽本	江西行省准
至元29. 1	典 22, 戸8, 38b		鎮守軍人兼巡私鹽	行御史臺准
至元29. 1	典 22, 戸8, 64b	至元29. 3	門攤課程	與都省差來官張侍郎一同講究
至元29. 1	通 14, 7b		又 (關防)	中書省, 戸部呈
至元29. 1	正 條23, 倉庫21		起運官物	戸部呈
至元29. 1	正 條33, 獄官311	大德8. 4	恤刑	至十二月終, 死訖輕重罪囚
至元29. 1	廟 5, 106	大德1	行省坐下監察御史申明學校規式	准御史臺咨
至元29. 1	水 3, 30上		潘應武條陳水利事宜	潘應武條陳水利事宜
至元29. 1	水 3, 35上			潘應武＊元言
至元29. 1. 5	典 22, 戸8, 43b	至元29. 3	添辦酒課	奏過事内
至元29. 1. 7	站 4, 上82			中書省奏
至元29. 1. 7	站 8, 下62	至元29. 1. 17	信州等立站赤	奏過事内
至元29. 1. 10	典 2, 聖1, 8a	至元29. 4	〈求直言〉	本院官奏
至元29. 1. 11	典 31, 禮4, 6b		錢糧分付儒學	御史臺奏過事内
至元29. 1. 11	典 48, 刑10, 9a	☆	臺察就便起發贓罰鈔	奏過事内
至元29. 1. 11	典 49, 刑11, 12a	至元29. 9	漢兒人偸頭口一箇, 也陪九箇	奏過事内
至元29. 1. 11	典 49, 刑11, 12b	大德7. 4	偸頭口賊, 依強切盗刺斷	奏過
至元29. 1. 11	典 59, 工2, 5a	☆	休拿客人船隻	奏過事内
至元29. 1. 11	通 27, 21a		又 (拘滯車船)	御史臺奏

至元29. 1. 11	廟 4, 74	至元29. 4	廟學田地錢糧分付與秀才每爲主	太傅御史大夫裕嚕諾延
至元29. 1. 11	廟 4, 75	至元29. 4	廟學田地錢糧分付與秀才每爲主	太傅御史大夫裕嚕諾延
至元29. 1. 11	廟 5, 105	元貞1. 9. 16	行臺坐下憲司講究學校便宜	太傅御史大夫裕嚕諾延
至元29. 1. 15	站 4, 上82			通政院言
至元29. 1. 17	站 8, 下61		信州等立站赤	中書省准江淮行省咨
至元29. 1. 20	典 35, 兵2, 9a	至元29	體察鐵匠等事	都省回咨
至元29. 1. 23	站 5, 上126	皇慶1. 2. 11		都省定擬
至元29. 1. 25	秘 10, 1b		〈著作郎〉	劉賡＊
至元29. 2	典 6, 臺2, 17a		行省令史稽遲, 監察就斷	行臺劄付
至元29. 2	典 20, 戸6, 5b		存留鈔本	江西行省准
至元29. 2	典 25, 戸11, 5a		投下五戸不科要	准御史臺咨
至元29. 2	典 36, 兵3, 又27a		納錢物起站船	江西行省准
至元29. 2	典 40, 刑2, 2b		罪人毋得鞭背	中書省據御史臺
至元29. 2	典 41, 刑3, 13a		賊人復叛, 起遣赴北	行省劄付
至元29. 2	典 47, 刑9, 8b		路官借使官物	行臺准
至元29. 2	典 54, 刑16, 3a		拷打屈招殺夫	行臺據監察呈
至元29. 2	典 59, 工2, 12b		廉訪分司廨宇	御史臺咨
至元29. 2	正 條34, 獄官348		禁鞭背	御史臺呈
至元29. 2	海 上56			海運水工, 毎戸月給家屬五口糧
龍兒年 2. 1	站 8, 下65	至元29. 6	安置龍門站	…剌臣奏
龍兒年 2. 1	站 8, 下66	至元29. R6. 10	添立站赤	…剌臣奏
至元29. 2. 4	典 9, 吏3, 11b	至元30. 11	投下不得勾職官	禮任
至元29. 2. 9	典 10, 吏4, 13a		廣選不赴任例	中書省奏過事内
至元29. 2. 9	典 45, 刑7, 3b	皇慶1. 7	奸八歲女斷例	前中書刑部歸問
至元29. 2. 16	典 9, 吏3, 26a	至元31	選差倉庫人員	議擬到
至元29. 2. 17	典 36, 兵3, 17b	至元29	使臣與印信文字	奏過事内
至元29. 2. 17	典 38, 兵5, 5a	至元29	有體例飛放打圍	奏過事内
至元29. 2. 17	憲 2608, 8a		立鄂州肅政廉訪司	本臺官奏
至元29. 2. 17	南 2610, 6b		行臺再移建康	御史臺奏過事内
至元29. 2. 17	站 9, 下88	至元29	使臣與印信文字	奏過事内
至元29. 2. 26	通 28, 4b		又 (擾民)	御史臺奏
至元29. 3	典 6, 臺2, 17a		行院令史稽遲, 與行省令史, 一體斷罪	行御史臺准
至元29. 3	典 9, 吏3, 13a	☆	諸教官遷轉例	定, 毎年歲貢
至元29. 3	典 10, 吏4, 8b		官員不到任就便勾請	中書省近奏准
至元29. 3	典 11, 吏5, 14a		給由體覆功賞	中書省據刑部呈
至元29. 3	典 22, 戸8, 43b		添辦酒課	江西行省准
至元29. 3	典 22, 戸8, 64b		門攤課程	湖南道宣慰司奉
至元29. 3	典 34, 兵1, 15a		禁拿百姓充軍	江西行省該

至元29.3	典 35, 兵2, 9b		禁治軍人貨賣弓箭	福建閩海道肅政廉訪司准本道廉訪使昭武牒
至元29.3	典 49, 刑11, 12a		達達偸頭口一箇陪九箇	中書省咨
至元29.3	通 20, 1b		又 (告獲謀反)	中書省, 湖廣行省咨
至元29.3	通 27, 24a		立碑	中書省, 御史臺呈
至元29.3	通 28, 27b		又 (地内宿藏)	中書省, 刑部呈
至元29.3	通 30, 12b		岳祠	中書省, 御史臺呈
至元29.3	正 條30, 賞令258		又 (告獲謀反)	湖廣行省咨
至元29.3	正 斷12, 廐庫398		納課程限	戸部呈
至元29.3	站 1, 上7			命通政院分官四員
至元29.3	站 8, 下63		河南立站	中書省, 河南行省咨
至元29.3.2	站 4, 上83			平章政事不忽木等奏
至元29.3.2	站 4, 上83			又奏
至元29.3.6	憲 2608, 7b		承發司管勾兼照磨	本臺奏准
至元29.3.10	典 6, 臺2, 6b	☆	體察行省官吏	奏過事内
至元29.3.10	典 34, 兵1, 1b		禁軍齊斂錢物	行御史臺准
至元29.3.10	典 34, 兵1, 32b	至元29.R6	占使軍匠罪例	本臺聞奏
至元29.3.10	通 7, 6b		又 (禁治擾害)	御史臺奏
至元29.3.14	站 4, 上83			平章政事不忽木等奏
至元29.3.15	正 斷12, 廐庫398	至元29.3	納課程限	都省於＊奏
至元29.3.17	站 4, 上83			中書丞相完澤等奏
至元29.3.20	典 23, 戸9, 5b	至元29.R6	蒙古軍人立社	奏過事内
至元29.3.20	通 16, 3b		又 (立社巷長)	樞密院奏
至元29.3.20	正 條25, 田令68		又 (立社)	樞密院奏
至元29.3.21	典 47, 刑9, 8a	至元29.4	路官侵使課鈔	奏過事内
至元29.3.21	典 59, 工2, 7b	大德9.9	黄河渡錢例	欽奉聖旨
至元29.3.21	站 4, 上83			中書參知政事暗都剌等奏
至元29.3.21	站 8, 下64	至元29.3	河南立站	奏過
至元29.4	典 2, 聖1, 9a		〈求直言〉	行樞密院准
至元29.4	典 9, 吏3, 13a	☆	諸教官遷轉例	定, 國子正
至元29.4	典 26, 戸12, 10b		主簿輪差搬運人夫	行臺劄付
至元29.4	典 47, 刑9, 8a		路官侵使課鈔	中書省據御史臺
至元29.4	典 新兵, 駅站1a	延祐7.1	站官就便烙馬	御史臺承奉
至元29.4	站 4, 上84			御史臺備燕南廉訪司言
至元29.4	驛 1, 下168			行臺劄付
至元29.4	廟 4, 71		王御史言六事	行御史臺＊劄付
至元29.4	廟 4, 73		廟學田地錢糧分付與秀才毎爲主	御史臺＊呈該

至元29.5	典 20, 戸6, 9a		虚燒昏鈔	中書省咨
至元29.5	典 9, 吏3, 23a	☆	倉官前後陞等例	呈准
至元29.5	通 14, 25a		燒毀昏鈔	中書省照得
至元29.5	正 條23, 倉庫11		又 (燒毀昏鈔)	中書省議得
至元29.5	正 斷1, 衛禁10		又 (津渡留難致命)	御史臺呈
至元29.5	倉 16		〈倉庫官〉	吏部言
至元29.5	倉 17	元貞1.9	〈倉庫官〉	已後
至元29.5	倉 17	元貞1.9	〈倉庫官〉	例
至元29.5	賦 38b		毀官物不償也	江浙省准平江路
至元29.5	廟 4, 75	至元29.4	廟學田地錢糧分付與秀才每爲主	江浙等處行中書省＊劄付該
至元29.5	廟 4, 83	至元31	學正三年滿考	勾當
至元29.5.5	典 57, 刑19, 35b	至元30.3	禁約樺棹龍船	端午節, 有閩縣都頭鄭發
至元29.5.15	典 36, 兵3, 22b		拜見鋪馬	奏過事内
至元29.5.16	站 4, 上84			中書平章政事剌臣…奏
至元29.5.16	廟 4, 76	至元29.7	教授俸例	奏過事内一件
至元29.5.26	秘 3, 11b		〈公移〉	本監奉中書省劄付
至元29.6	典 15, 戸1, 8a	元貞1.8	犯罪罷職, 公田不給	自＊爲始, 因事停俸聽候
至元29.6	典 33, 禮6, 3b		披剃僧尼給據	行宣政院據杭州等處諸山講議
至元29.6	典 42, 刑4, 16b	延祐4.1	溺子依故殺子孫論罪	孝悌里張次十狀告
至元29.6	典 57, 刑19, 8b		禁典雇有夫婦人	中書省據御史臺
至元29.6	典 60, 工3, 1b		差人立限附簿	行御史臺准
至元29.6	通 4, 18b		典雇妻室	中書省, 御史臺呈
至元29.6	憲 2608, 8a		官吏首贓	中書省, 御史臺呈
至元29.6	站 4, 上84			中書省委瀋州高麗總管府
至元29.6	站 8, 下65		安置龍門站	通政院呈
至元29.6.2	秘 10, 3b		〈著作佐郎〉	袁凱德＊
至元29.6.4	站 4, 上84			濟寧路差委朶魯赤赴都呈稟
至元29.6.14	水 3, 35下			又准本省咨文二道
至元29.R6	典 12, 吏6, 21b		憲司書吏奏差	承奉行臺劄付
至元29.R6	典 23, 戸9, 5a		蒙古軍人立社	御史臺奉
至元29.R6	典 23, 戸9, 14a		提點農桑水利	欽奉聖旨
至元29.R6	典 34, 兵1, 32b		占使軍匠罪例	行御史臺准
至元29.R6	典 36, 兵3, 9a		禁約使臣稍帶沈重	中書省據通政院
至元29.R6	典 41, 刑3, 23a		禁採生祭鬼	行臺准
至元29.R6	典 57, 刑19, 又15a		講究開禁燈火	湖廣等處行中書省准中書省咨
至元29.R6	通 16, 14b		又 (農桑)	欽奉聖旨
至元29.R6	正 條25, 田令76		勸農勤惰	聖旨

至元29. R6	站 4, 上85			中書兵部照得
至元29. R6	站 9, 下103		禁約使臣稍帶沈重	中書省據通政院
至元29. R6	廟 4, 76	至元29. 7	教授俸例	自＊爲始支付
至元29. R6. 6	典 9, 吏3, 26a	至元31	選差倉庫人員	回准中書省咨
至元29. R6. 18	水 3, 34上			准江浙省咨
至元29. R6. 19	站 8, 下66		添立站赤	中書省咨
至元29. R6. 20	站 4, 上85			通政院官平章剌臣…等奏
至元29. R6. 20	站 8, 下66	至元29. 6	安置龍門站	…本院官剌臣等奏
至元29. R6. 20	站 8, 下67	至元29. R6. 19	添立站赤	…本院官剌臣等奏
至元29. R6. 27	典 58, 工1, 10a		禁治異様生活	江西廉訪司申奉
至元29. 7	典 36, 兵3, 34a	大德3. 12	走死鋪馬交陪	有福建行省孟左丞騎坐鋪馬
至元29. 7	典 48, 刑10, 5a		出首取受定例	御史臺呈准
至元29. 7	典 57, 刑19, 4a	大德3	兄不得將弟妹過房	有兄李六欠少阿里火者
至元29. 7	站 4, 上85			中書刑部呈
至元29. 7	站 9, 下91	大德3. 12	禁走驟鋪馬	有福建行省孟左丞騎坐鋪馬
至元29. 7	廟 4, 76		教授俸例	中書省＊劄付
至元29. 7. 3	通 14, 9b		計點	御史臺奏
至元29. 7. 5	通 16, 19b		又 (司農事例)	欽奉聖旨
至元29. 7. 5	正 條26, 田令83		又 (禁擾農民)	聖旨節該
至元29. 7. 19	典 36, 兵3, 12b		詔赦外, 站官不得妨公務	通政院欽奉聖旨條畫
至元29. 7. 19	站 9, 下107		詔赦外, 站官不得妨公務	通政院欽奉聖旨條畫
至元29. 7. 24	典 27, 戸13, 1a	至元29. 10	爲追斡脱錢事	本司少卿趙奉直賫擎御寶聖旨
至元29. 8	典 17, 戸3, 9a		檢擧戸地籍冊	准御史臺咨
至元29. 8	典 36, 兵3, 又27a		設立水旱站	中書省據福建道宣慰使高興呈
至元29. 8	通 16, 18a		司農事例	中書省, 大司農司呈
至元29. 8	正 條25, 田令72		又 (農桑事宜)	大司農司呈
至元29. 8	海 下91		<省臣奏准再定南北糧鼠耗例>	完澤丞相等奏
至元29. 8. 2	秘 10, 3b		<著作佐郎>	倪堅＊
至元29. 8. 4	廟 4, 8	至元30. 11	辨明儒人難同諸色戸計	奏過事内一件節該
至元29. 8. 13	水 3, 34下			准本省咨
至元29. 8. 18	通 14, 13b		又 (糧耗)	完澤丞相等奏
至元29. 8. 20	秘 9, 17b		<提控案牘>	趙天瑞＊
至元29. 8. 21	馬 50		<馬政雜例>	完澤丞相等奏
至元29. 8. 27	站 4, 上85			丞相完澤…奏

至元29. 8. 30	憲 2608, 8a		江南浙西道, 杭州置司	本臺官奏
至元29. 9	典 47, 刑9, 8b		庫官侵使昏鈔	中書省據御史臺備燕南河北道
至元29. 9	典 49, 刑11, 12a	至元29. 9	漢兒人偸頭口一箇, 也陪九箇	行御史臺准
至元29. 9	通 8, 11a		又 (賀謝迎送)	中書省, 禮部呈
至元29. 9	正 條34, 獄官331		禁審囚科擾	御史臺備監察御史呈
至元29. 9	站 4, 上85			懷孟路言
至元29. 9. 2	秘 9, 13a		〈秘書監丞〉	王寧＊
至元29. 9. 2	秘 10, 9b		〈校書郎〉	楊述祖＊
至元29. 10	典 27, 戸13, 1a		爲追斡脱錢事	御史臺咨
至元29. 10	典 27, 戸13, 5a		放粟依郷原例	御史臺咨
至元29. 10	典 41, 刑3, 13b	至元30. 9	禁斷賊人作耗	南康縣賊人行劫
至元29. 10	通 28, 18b		又 (違例取息)	中書省, 御史臺呈
至元29. 10	站 4, 上86			遼陽行省咨
至元29. 10	站 8, 下68		水達達田地立站	中書省, 遼陽行省咨
至元29. 10. 2	水 3, 34下			奏過事内
至元29. 10. 26	典 40, 刑2, 15a		隨路決斷罪囚	奏過事内
至元29. 10. 28	站 4, 上86			中書右丞相火魯火孫奏
至元29. 11	典 28, 禮1, 12b		迎接委官一員, 餘者辦事	中書省咨
至元29. 11	典 54, 刑16, 24b		禁差使多使分例	行御史臺准
至元29. 11	典 54, 刑16, 25a	至大4. R7	省官多取分例	行臺准
至元29. 11	站 4, 上86			御史臺呈
至元29. 11	站 4, 上86			通政院言
至元29. 11. 10	站 8, 下69		鎭遠至岳州立水站	湖廣省咨
至元29. 11. 17	典 36, 兵3, 34a	大徳3. 12	走死鋪馬交陪	奏奉聖旨
至元29. 11. 17	站 9, 下91	大徳3. 12	禁走驟鋪馬	本院官奏來聖旨
至元29. 11. 27	典 36, 兵3, 34b	大徳7. 3	又 (走死鋪馬交陪)	本院官奏過事内
至元29. 12	典 12, 吏6, 22a		宣使奏差等出身	江南諸道行臺准
至元29. 12	典 12, 吏6, 29b		宣使奏差等出身	江南諸道行臺准
至元29. 12	典 17, 戸3, 13a		禁乞養異姓子	福建行省據邵武路申
至元29. 12	典 40, 刑2, 9b		罪囚暖匣	行臺據本臺照磨等呈
至元29. 12	通 13, 12a		又 (俸禄公田)	中書省, 都護府呈
至元29. 12	正 條33, 獄官311	大徳8. 4	恤刑	至＊終, 死訖輕重罪囚
至元29. 12. 3	典 42, 刑4, 19a	至元30. 1	打死同驅敲了者	奏奉聖旨
至元29. 12. 6	站 4, 上87			丞相完澤等奏
至元29. 12. 14	典 52, 刑14, 3a	至元30. 5	詐騎鋪馬斷例	欲去廣東道尋覔勾當
至元29. 12. 18	通 29, 9b		又 (商税地税)	中書省奏
至元29. 12. 22	站 4, 上87			丞相完澤等奏

至元29.12.25	通 7,15a		私代	樞密院奏
至元29.12.25	秘 10,12a		〈辨驗書畫直長〉	劉義＊受中書省劄付

至元30年(癸巳, 1293)

至元30	典 9,吏3,1b		久任官員遷轉	御史臺咨
至元30	典 10,吏4,2a		濫保罪及元保	中書省照得
至元30	典 18,戸4,32a		又(樂人嫁女體例)	行中書省准
至元30	典 21,戸7,9a		歳終季報錢糧	行臺准
至元30	典 22,戸8,12b	大徳4.9	茶法	爲各提擧司申
至元30	典 22,戸8,13a	大徳4.9	茶法	茶引
至元30	典 23,戸9,5b	大徳3.4.6	更替社長	定立社長
至元30	典 26,戸12,8b	至元31.1	運糧脚價錢數	起運眞州糧
至元30	典 42,刑4,17a	延祐4.1	溺子依故殺子孫論罪	本道肅政廉訪分司副使李朝列
至元30	典 47,刑9,10a	大徳2	侵借官課,驗贓依枉法斷	課鈔
至元30	典 48,刑10,1a		取受悔過還主無斷罪	御史臺咨
至元30	典 54,刑16,29b		又(民官影占民戸)	御史臺咨
至元30	典 57,刑19,5a	大徳10.5	禁乞養過房販賣良民	欽奉聖旨
至元30	典 57,刑19,6a	延祐3.3	過房人口	江南百姓
至元30	典 新兵,軍制4a	延祐7.4	軍中不便事件	各衛屯田
至元30	典 新刑,諸盜3a	延祐7.8	例前除元刺字難補刺	用艾火灸除
至元30	典 新刑,訴訟1a	延祐6.7.7	軍民相干詞訟	定例
至元30	通 29,11b	大徳8.4.5	又(商税地税)	省官人毎奏
至元30	正 條26,田令97	元統2.4.28	又(撥賜田土)	以後
至元30	官 59		〈行大司農司〉	塞因囊家台·燕公楠請
至元30	海 上56			併爲二翼
至元30	站 4,上84	至元29.4		自＊爲始
至元30	站 4,上91			保定路慶都站
至元30	驛 1,下154			中書省劄付
至元30	驛 1,下155			江浙行省移准
至元30	驛 1,下159			都省議得
至元30	驛 1,下166			都堂鈞旨
至元30	驛 1,下172			都省依准江浙省擬
至元30	氈 8b		〈雜用〉	管領隨路民匠打捕鷹房總管府
至元30	秘 8,1a		聖節賀表	劉賡
至元30	秘 8,1b		賀正旦表	王公儒
至元30	水 4,44上	大徳9.3	開浚澱山湖	雖蒙都省奏准開浚,終被奸計

世祖至元30年 (1293)

至元30	水 4, 44下	大徳9. 3	開浚澱山湖	自＊至今水災, 開除官糧
至元30	水 8, 96上	大徳2. 12	設置撩清軍夫	欽奉開挑諸河之後, 近年以來
至元30	金 6, 34a		〈御史中丞〉	呉衍＊
至元30	金 6, 37a		〈侍御史〉	傅巖起＊
至元30	金 6, 39a		〈治書侍御史〉	那懷＊
至元30	金 6, 41a		〈經歷〉	獨吉元振＊
至元30	金 6, 42a		〈都事〉	李庭詠＊
至元30	金 6, 51a		〈監察御史〉	劉廷實＊
至元30	金 6, 51a		〈監察御史〉	答失帖木兒＊
至元30	金 6, 51a		〈監察御史〉	張漢＊
至元30	金 6, 51a		〈監察御史〉	張思誠＊
至元30	金 6, 51b		〈監察御史〉	阿沙＊
至元30	金 6, 51b		〈監察御史〉	張禎＊
至元30	金 6, 51b		〈監察御史〉	楊仁＊
至元30	金 6, 51b		〈監察御史〉	也先不花＊
至元30	金 6, 51b		〈監察御史〉	謝讓＊
至元30. 1	典 12, 吏6, 25b	至大3	臺察書吏出身	元定出身
至元30. 1	典 22, 戸8, 11a		不得阻懷茶課	欽奉聖旨
至元30. 1	典 22, 戸8, 64b		收税附寫物主花名	中書省, 戸部呈
至元30. 1	典 42, 刑4, 19a		打死同驅蔵了者	中書刑部, 中書省劄付
至元30. 1	典 53, 刑15, 21a		儒道僧官約會	福建行省准
至元30. 1	站 1, 上7			南丹州洞蠻
至元30. 1	廟 4, 77	至元30. 1. 9	三教約會	欽奉皇帝聖旨
至元30. 1	廟 6, 122	大徳3. 5	提擧柯登仕申明約會	欽奉聖旨節該
至元30. 1. 9	典 53, 刑15, 21a	至元30. 1	儒道僧官約會	奏過事内
至元30. 1. 9	廟 4, 77		三教約會	浩爾齊托歡…奏
至元30. 1. 9	廟 6, 122	大徳3. 5	提擧柯登仕申明約會	奏過事内
至元30. 1. 10	站 4, 上87			丞相完澤等奏
蛇兒年 1. 12	廟 4, 78	至元30. 1. 9	三教約會	大都有的時分寫來
至元30. 1. 23	站 4, 上87			中書省奏
至元30. 1. 23	站 8, 下71		亳懿州立站	准蒙古文字譯該
至元30. 1. 27	典 42, 刑4, 16b	延祐4. 1	溺子依故殺子孫論罪	福建道肅政廉訪司准分司李朝列牒該
至元30. 1. 28	憲 2608, 8b		廉訪司官參用色目漢人	奏過事内
至元30. 2	典 51, 刑13, 13b		軍官捕盗責罰	中書省准湖廣省
至元30. 2	典 54, 刑16, 21a		巡檢有失巡捕	江西行省, 龍興路
至元30. 2	正 斷3, 職制76		帶造段匹	御史臺呈
至元30. 2	高 41			中書省奏
至元30. 2. 2	典 22, 戸8, 31b	☆	改造鹽引	奏過事内
至元30. 2. 9	典 新兵, 軍制3b	延祐7. 4	軍中不便事件	例

至元30.2.9	典 38,兵5,5b	☆	軍人休飛放	聖旨
至元30.2.11	正 斷13,擅興422		私役軍人	御史臺奏准
至元30.2.26	典 41,刑3,13b	至元30.9	禁斷賊人作耗	本院官奏
至元30.2.26	典 49,刑11,29a		窩藏賊人罪例	中書省奏奉聖旨
至元30.3	典 40,刑2,10a		罪囚燈油	湖廣省劄付
至元30.3	典 57,刑19,35b		禁射小弩彈弓	江西道廉訪司承奉行臺劄付
至元30.3	典 57,刑19,35b		禁約樺掉龍船	福建行省准
至元30.3	通 27,24b		又(帶行人)	御史臺,監察御史呈
至元30.3	站 1,上7			兩淮都轉運鹽使司增給
至元30.3	驛 1,下167			通政院奏
至元30.3.4	典 8,吏2,17a		又(軍官承襲例)	樞密院奏過事内
至元30.3.4	典 34,兵1,2b	至元30.8.24	老弱軍官替頭	奏過事内
至元30.3.5	典 9,吏3,37b		委用商税務官	中書省奏過事内
至元30.3.5	典 9,吏3,39a	大德3	院務官品級	奏准
至元30.3.5	典 36,兵3,22b	☆	罰陣人員,休與鋪馬	朶羅歡火失温奏過事内
至元30.3.5	典 36,兵3,23a	至元30.5	經過州縣交換鋪馬	朶羅歡火失温奏過事内
至元30.3.5	典 52,刑14,3b	至元30.5	詐騎鋪馬斷例	奏過事内
至元30.3.5	馬 15		〈和買馬〉	平章鐵哥奏
至元30.3.5	站 4,上87			平章帖哥奏
至元30.3.6	典 36,兵3,13a	大德1	又(禁約差役站戸)	奏奉聖旨
至元30.3.6	站 9,下110	大德1	又(禁約差役站戸)	奏奉聖旨
至元30.3.8	馬 22		〈刷馬〉	欽奉聖旨
至元30.3.11	馬 22		〈刷馬〉	中書省劄付
至元30.3.12	站 4,上87			通政院言
至元30.3.13	官 59		初立行大司農司條畫	鐵哥平章奏
至元30.3.14	馬 25		〈刷馬〉	平章鐵哥奏
至元30.3.22	馬 25		〈刷馬〉	樞密院奏
至元30.4	典 6,臺2,16a		追照文巻,三日發還	廉訪司奉
至元30.4	典 24,戸10,2a		税糧違限,官員科罪	行御史臺近據河南浙西道
至元30.4	典 53,刑15,26a	大德11.5	田土告攔	祈阿馬與王成自願,將地均分
至元30.4	正 斷10,廏庫335		税糧限次	御史臺呈
至元30.4	站 4,上88			監察御史言
至元30.4	站 8,下71		哈兒必立站	只兒哈忽…蒙古文字譯該
至元30.4	賦 15b		例分八字/各其及即若…	刑部呈
至元30.4	賦 46a		誣輕爲重者	中書省刑部呈
至元30.4	賦 116a		文無失滅者	刑部檢舊例
至元30.4	水 3,33下		修築田圍	平江路准江南浙西道

世祖至元30年 (1293)

至元30. 4. 13	典 22, 戸8, 47b	至元30. 8. 25	市舶則法二十三條	奏過事内
至元30. 4. 13	典 22, 戸8, 48a	至元30. 8. 25	市舶則法二十三條	奏過事内
至元30. 4. 13	典 22, 戸8, 48b	至元30. 8. 25	市舶則法二十三條	奏過事内
至元30. 4. 13	典 22, 戸8, 48b	至元30. 8. 25	市舶則法二十三條	奏過事内
至元30. 4. 13	典 22, 戸8, 49a	至元30. 8. 25	市舶則法二十三條	奏過事内
至元30. 4. 13	典 22, 戸8, 49b	至元30. 8. 25	市舶則法二十三條	奏過事内
至元30. 4. 13	官 59		〈行大司農司〉	省臣稟
至元30. 4. 13	站 4, 上87			中書平章政事不忽木等奏
至元30. 4. 13	秘 3, 12a	至元30. 5. 15	〈公移〉	奏過事内
至元30. 4. 14	水 3, 34上		修築田圍	書吏王京承
至元30. 4. 15	馬 25		〈刷馬〉	中書平章政事不忽木等奏
至元30. 4. 29	憲 2608, 8b		風憲官吏贓罪加重	本臺官奏過事内
至元30. 5	典 24, 戸10, 8a		僧道避差田糧	欽奉聖旨
至元30. 5	典 33, 禮6, 12b		五世同居, 旌表其門	中書禮部承奉
至元30. 5	典 34, 兵1, 28b		已死軍無弟男寡婦及年老殘疾, 許収爲民	福建行省准江西等處行樞密院咨
至元30. 5	典 36, 兵3, 23a		經過州縣交換鋪馬	通政院准大都通政院咨
至元30. 5	典 45, 刑7, 9b		虚指丈人奸女	中書刑部, 來申
至元30. 5	典 52, 刑14, 3a		詐騎鋪馬斷例	福建行省據通政院咨
至元30. 5	通 17, 20a		又 (孝子義夫節婦)	中書省, 禮部呈
至元30. 5	正 斷6, 職制197		又 (説事過錢)	御史臺呈
至元30. 5	正 斷8, 戸婚266		男婦配驅	禮部議得
至元30. 5	正 斷12, 廐庫399		綽斂圏税	刑部議得
至元30. 5	站 1, 上7			給淘金運司鋪馬聖旨
至元30. 5	站 4, 上89			通政院言
至元30. 5	廟 4, 77	至元30. 1. 9	三教約會	中書省＊咨
至元30. 5. 1	典 57, 刑19, 18a	至元30. 9	禁忌月日賣肉	至月終
至元30. 5. 11	通 28, 12a		又 (圍獵)	中書省奏
至元30. 5. 12	典 49, 刑11, 12b	至元30. 8	驅奴就斷與頭口的主人	奏過事内
至元30. 5. 14	站 4, 上88			中書平章政事帖哥等奏
至元30. 5. 14	站 4, 上88			又奏准
至元30. 5. 15	秘 3, 12a		〈公移〉	本監奉中書省劄付
至元30. 5. 16	典 9, 吏3, 1b	至元30	久任官員遷轉	聖旨有來
至元30. 5. 21	站 4, 上88			通政院言
至元30. 6	典 15, 戸1, 8a	元貞1. 8	犯罪罷職, 公田不給	才方罷職
至元30. 6	通 13, 15a		衣裝則例	帖哥平章欽奉聖旨
至元30. 6	正 條23, 倉庫33		衣裝則例	帖哥平章欽奉聖旨

至元30. 6	站 1, 上7			江浙行省言
至元30. 6	站 4, 上89			江浙行省言
至元30. 6. 25	水 3, 36上			奏過事内
至元30. 7	典 11, 吏5, 14a		捕盗官給由例	江西行省劄付
至元30. 7	典 36, 兵3, 31b		斟酌起運鋪馬	行御史臺准
至元30. 7	典 46, 刑8, 4b		驗贓輕重科罪	御史臺咨
至元30. 7	典 48, 刑10, 2a		過錢人量情斷罪	行臺准
至元30. 7	正 斷8, 戸婚245		西夏私婚	甘肅省咨
至元30. 7	站 4, 上89			司天監言
至元30. 7	廟 4, 81		保勘教授	中書省＊咨
至元30. 7	廟 5, 102	元貞1. 9. 16	行臺坐下憲司講究學校便宜	承奉肅政廉訪司指揮
至元30. 7	廟 6, 130	大徳4. 2	廉訪分司擧明體察	本道肅政廉訪司承奉
至元30. 7	廟 6, 130	大徳4. 2	廉訪分司擧明體察	欽奉聖旨節該
至元30. 7. 4	典 新兵, 軍制2b	延祐7. 4	軍中不便事件	奏過事内
至元30. 7. 11	正 斷13, 擅興427		私役軍人不准首	御史臺奏
至元30. 7. 11	站 4, 上89	至元30. 7		近臣奏奉聖旨
至元30. 7. 12	廟 4, 82		陞用教授資格	中書省＊咨
至元30. 7. 16	典 6, 臺2, 16b	至元30. 9	臺官不刷巻	奏過事内
至元30. 7. 19	廟 4, 84	至元31. 1. 20	廉訪司體察教官學職	承奉行御史臺劄付
至元30. 8	典 34, 兵1, 37a		軍人衣裝體例	福建行省咨
至元30. 8	典 36, 兵3, 33a		禁借用鋪馬	通政院准大都通政院咨
至元30. 8	典 49, 刑11, 12b		驅奴就斷與頭口的主人	福建行省准
至元30. 8	站 1, 上7			劉二拔都兒
至元30. 8	站 8, 下72		秦隴站馬	陜西漢中道肅政廉訪司申
至元30. 8. 10	水 3, 34上			行省准都省咨文
至元30. 8. 10	水 3, 38下			
至元30. 8. 14	馬 50		〈馬政雜例〉	平章不忽木等奏
至元30. 8. 20	站 4, 上89			參知政事暗都剌等奏
至元30. 8. 24	典 34, 兵1, 2b		老弱軍官替頭	行御史臺准
至元30. 8. 25	典 22, 戸8, 47a		市舶則法二十三條	福建行省准
至元30. 8. 29	水 3, 37上			咨請本省趙資善
至元30. 9	典 6, 臺2, 16b		臺官不刷巻	御史臺咨
至元30. 9	典 18, 戸4, 14a		受財移嫁男婦	御史臺, 來咨
至元30. 9	典 22, 戸8, 11b		茶課	湖廣行省准
至元30. 9	典 36, 兵3, 27a		夏冬月長行馬料	福建行省據建寧路備城西站申
至元30. 9	典 41, 刑3, 13b		禁斷賊人作耗	福建行省准江西等處行樞密院咨
至元30. 9	典 57, 刑19, 18a		禁忌月日賣肉	中書省欽奉聖旨
至元30. 9	站 4, 上90			中書兵部呈

至元30. 9. 13	站 4, 上89			平章政事不忽木奏
至元30. 9. 13	站 4, 上89			又奉田家國
至元30. 9. 21	典 21, 戸7, 1b	元貞2. 7	關防錢糧事理	奏准
至元30. 9. 28	倉 15			平章不灰木等奏
至元30. 10	海 上56			以朱虡龍授明威將軍海運都漕運萬戸
至元30. 10	站 1, 上7			增給濟南府鹽運司鋪馬聖旨
至元30. 10	站 8, 下72		通惠河水站	通政院呈
至元30. 10	站 8, 下73		静江等處水站	湖廣省咨
至元30. 10. 8	站 4, 上90			中書省議, 通惠河已開
至元30. 10. 9	典 22, 戸8, 44a	至元31. 1	寺院酒店課程	欽奉聖旨
至元30. 10. 14	站 4, 上90			參知政事暗都剌等奏
至元30. 10. 24	秘 11, 1b		〈令史〉	孛朮魯繼祖＊
至元30. 11	典 9, 吏3, 11b		投下不得勾職官	江西行省准
至元30. 11	典 14, 吏8, 8a		明立案驗, 不得口傳言語	中書省咨
至元30. 11	典 57, 刑19, 2a		應賣人口, 官爲給據	江西行省准
至元30. 11	典 55, 刑17, 3a	大德1	職官受財放賊	盤獲強打…趙七十等
至元30. 11	站 4, 上90			山東道廉訪司言
至元30. 11	廟 4, 78		辨明儒人難同諸色戸計	江南浙西廉訪司分司＊指揮
至元30. 11. 2	水 3, 37下			奏過事内
至元30. 11. 17	高 41			昛來朝
至元30. 11. 19	典 34, 兵1, 24a	至元31. 1	造作軍人休教出征	奏過事内
至元30. 11. 21	水 3, 37下			准中書省咨
至元30. 11. 23	典 54, 刑16, 21a	至元32. 1	收捕推病回還	本院官奏
至元30. 11. 28	通 4, 15b		又 (鰥寡孤獨)	中書省奏
至元30. 11. 29	通 28, 5b		又 (擾民)	中書省奏過事内
至元30. 11. 29	倉 15			平章剌眞·阿里等稟
至元30. 11. 29	站 4, 上90			中書平章政事剌眞等奏
至元30. 12	典 57, 刑19, 12a		禁休殺母羊	先傳奉聖旨
至元30. 12	站 4, 上90			大都路言
至元30. 12	驛 1, 下131			江浙行省據通政院呈
至元30. 12. 12	秘 9, 13b		〈秘書監丞〉	張應珍＊
至元30. 12. 25	廟 4, 80		添設教授	翰林國史院＊關

至元31年(甲午, 1294)

至元31	典 3, 聖2, 4a		〈復租賦〉	欽奉詔書
至元31	典 3, 聖2, 4a	至元31	〈復租賦〉	夏税
至元31	典 9, 吏3, 15b	皇慶1. 2	選取教官	欽依＊詔書事意
至元31	典 9, 吏3, 25b		選差倉庫人員	御史臺咨
至元31	典 9, 吏3, 37b	至元30. 3. 5	委用商税務官	自＊爲始
至元31	典 9, 吏3, 41a	大徳4. 1	院務副使敍格	自＊爲始
至元31	典 11, 吏5, 16b	大徳7. 2	給由開具収捕獲功	以前
至元31	典 12, 吏6, 23a		選廉訪司書吏	御史臺咨
至元31	典 43, 刑5, 6a	皇慶1. 3	又 (殺人償命, 仍徴燒埋銀)	湖北廉訪照得
至元31	典 49, 刑11, 13b	延祐3. 1	盗牛革後爲坐	同蔣百三等偸猪分食
至元31	典 53, 刑15, 23b	延祐6. 7	又 (軍民詞訟約會)	定例
至元31	典 53, 刑15, 29a	至大4. 6. 13	又 (傳聞不許言告)	月魯那顔爲頭臺官人毎
至元31	典 58, 工1, 4b	大徳5. 3. 10	額吐絲價	自＊爲始
至元31	典 59, 工2, 5b		船戸攬載立約	江西行省榜文
至元31	典 新戸, 禄廩1b	延祐2. 3	官員職田, 依郷原例分収	蒙上司將職田
至元31	典 新刑, 刑禁1b	延祐7. 6	禁科取俸鈔	御史臺奏奉聖旨
至元31	通 4, 14b		又 (鰥寡孤獨)	中書省, 江浙行省咨
至元31	正 斷2, 職制27	元貞2. 8	官文書有誤	包銀俸鈔
至元31	正 斷2, 職制27	元貞2. 8	官文書有誤	地税
至元31	官 58		〈籍田署〉	大司農司移文工部
至元31	官 69		〈廣誼司〉	復置
至元31	站 4, 上92			中書省議
至元31	驛 1, 下172			江浙行省移准都省咨
至元31	秘 8, 2b		賀正表	王公儒
至元31	秘 9, 5b	至元25. 9. 17	〈秘書監〉	岳鉉…＊
至元31	賦 131a		士庶饋與	部議
至元31	秘 10, 12a	至元29. 12. 25	〈辨驗書畫直長〉	劉義＊更名偉
至元31	廟 4, 83		學正三年滿考	江西行省＊劄付
甲午年	水 3, 28下	大徳8	集呉中之利	差官相視
甲午	水 3, 29上	大徳8	集呉中之利	差官相視
甲午	水 3, 33上	☆	張桂榮言水利事	自壬辰春, 洎于＊
至元31	水 4, 39上			大興工役
至元31	水 4, 42下	大徳8	開呉松江	中書省奏准, 大興工役
至元31	水 4, 43上	大徳8	開呉松江	欽奉開挑之時, 其上項湖田

世祖至元31年(1294)

至元31	水 4, 43下	大徳8	開呉松江	欽奉開挑之時, 盡復爲湖
至元31	水 8, 94下		已開河道合設刮除河道人夫	江浙行省
至元31	水 8, 97下	大徳2. 12	設置撩清軍夫	中書省奏准, 大興土役
至元31	水 8, 97下	大徳2. 12	設置撩清軍夫	照依＊例
至元31	水 8, 99下	大徳3. 6	呉松江堙塞合極治方略	開挑河道
至元31	金 6, 33a		〈御史中丞〉	張閭＊
至元31	金 6, 42b		〈都事〉	蔣元祚＊
至元31	金 6, 51b		〈監察御史〉	王柔＊
至元31	金 6, 51b		〈監察御史〉	呼延諶＊
至元31	金 6, 51b		〈監察御史〉	周德元＊
至元31. 1	典 22, 戸8, 44a		寺院酒店課程	江西行省准
至元31. 1	典 26, 戸12, 8b		運糧脚價錢數	湖廣行省爲起運眞州糧
至元31. 1	典 34, 兵1, 24a		造作軍人休教出征	福建行省准
至元31. 1	典 42, 刑4, 16b	延祐4. 1	溺子依故殺子孫論罪	福建行省據福州路閩清縣尉張寧呈
至元31. 1	通 6, 31a		又(舉保)	中書省, 吏部呈
至元31. 1	廟 5, 102	元貞1. 9. 16	行臺坐下憲司講究學校便宜	依奉福建閩海道廉訪司指揮
至元31. 1. 20	廟 4, 83		廉訪司體察教官學職	浙東海右廉訪司＊指揮該
至元31. 1. 22	典 9, 吏3, 25a	☆	鈔庫官陞等例	呈准
至元31. 2	典 34, 兵1, 5a		休問告貧難軍戸	樞密院照得
至元31. 2	通 18. 19b		雇船文約	中書省議得
至元31. 2	正 條28, 關市185		雇船文約	中書省議得
至元31. 2	廟 4, 79	至元30. 11	辨明儒人難同諸色戸計	浙東道儒學宣慰司＊指揮
至元31. 3	典 10, 吏4, 10b	大徳8. 9	赴任程限等例	承奉中書省劄付
至元31. 3	典 14, 吏8, 9a		又(文卷已絶, 編類入架)	行御史臺准
至元31. 3. 4	典 37, 兵4, 7a	至元31. 4	無印文字不入遞	有總鋪兵張榮送到迤南文數
至元31. 3. 28	典 20, 戸6, 21a		禁治茶帖酒牌	江西行省准
至元31. 4	典 1, 詔1, 4b		登寶位詔	欽奉皇帝聖旨
至元31. 4	典 1, 詔1, 5a		追尊昭考太母元妃詔	欽奉聖旨
至元31. 4	典 2, 聖1, 7a		〈守法令〉	欽奉詔赦
至元31. 4	典 2, 聖1, 10b		〈興學校〉	欽奉登位詔條
至元31. 4	典 2, 聖1, 12a		〈勸農桑〉	欽奉詔書
至元31. 4	典 2, 聖1, 13b		〈撫軍士〉	詔書内一款
至元31. 4	典 3, 聖2, 又7a		〈薄税斂〉	欽奉詔書
至元31. 4	典 3, 聖2, 17b		〈崇祭祀〉	欽奉詔條
至元31. 4	典 3, 聖2, 20b		〈霈恩宥〉	欽奉登寶位詔書

至元31.4	典 15, 戸1, 4a	至元31.12.20	官吏離役, 俸錢不支	承行吉水縣羅濂翁告
至元31.4	典 37, 兵4, 7a		無印文字不入遞	行臺准
至元31.4	通 7, 11a		存恤	欽奉詔書
至元31.4	廟 6, 127	大德4.1	籍定儒戸免役	欽奉詔書
至元31.4.14	典 1, 詔1, 5a	至元31.4	登寶位詔	即皇帝位
至元31.4.14	廟 4, 85		正官教官訓誨人材議貢擧撥學田	皇帝登寶位詔赦
至元31.4.15	典 1, 詔1, 5a	至元31.4	登寶位詔	昧爽以前
至元31.4.15	典 3, 聖2, 20b	至元31.4	〈霈恩宥〉	昧爽以前
至元31.4.26	秘 9, 15b		〈管勾〉	周之翰 *
至元31.5	典 57, 刑19, 9a		典雇男女	行御史臺據
至元31.5	廟 4, 92	元貞1.11	完顔簽事請令文資正官…	欽奉詔書
至元31.5.4	站 8, 下74		福建站赤	福建行省咨
至元31.5.16	典 33, 禮6, 1a		僧道休差發例	中書省欽奉聖旨
至元31.5.21	典 22, 戸8, 39a	至元31.7	拿住私鹽給賞	奏過事内
至元31.5.23	典 6, 臺2, 7a	至元31.8	有司休廉訪司事	奏過事内
至元31.5.29	高 48	至元31.8	〈眈羅〉	丞相完澤等奏
至元31.6	典 1, 詔1, 5a		冊世祖裕宗皇帝謚號	欽奉聖旨
至元31.6	典 34, 兵1, 3a		禁起軍官搔擾	御史臺准樞密院咨
至元31.6	典 53, 刑15, 3b		詞訟不許里正備申	江西道廉訪司備推官石承務呈
至元31.6	憲 2608, 9a		廉訪分司斷職官會議	本臺奏准條畫
至元31.6	通 7, 9a		又(禁治擾害)	御史臺准樞密院咨
至元31.6	海 上56			河西…江南…
至元31.6	站 1, 上7			給福建運司鋪馬聖旨
至元31.6.3	典 40, 刑2, 10b	大徳4.2	罪囚患病分數	准撫建分司牒
至元31.6.8	正 斷13, 擅興412	大徳3.6	軍民官失捕耗賊	依奉總兵官指揮
至元31.6.9	典 58, 工1, 2b	元貞1.2	講究織造段疋	暗都剌參政・魯兒火者尚書奉聖旨
至元31.6.11	典 15, 戸1, 4a	至元31.12.20	官吏離役, 俸錢不支	有江西廉訪司牒發分司
至元31.6.14	秘 11, 7b		〈奏差〉	燕京 *
至元31.6.21	秘 9, 5b		〈秘書監〉	呂天祺 *
至元31.6.23	典 38, 兵5, 2a		打捕鷹鶻擾民事	奏
至元31.6.23	典 57, 刑19, 19b	元貞1.1	抹牌賭博斷例	捉獲闍僧住
至元31.6.24	站 4, 上91			平章政事剌眞・帖木兒等奏
至元31.6.24	站 4, 上91			平章剌眞・帖木兒等奏
至元31.7	典 2, 聖1, 3a		〈肅臺綱〉	欽奉聖旨

成宗至元31年(1294)

至元31.7	典 22,戸8,39a		拿住私鹽給賞	行御史臺准
至元31.7	典 31,禮4,4b		崇奉儒教事理	皇帝聖旨
至元31.7	憲 2608,9a		又(風憲官吏贓罪加重)	欽奉聖旨
至元31.7	通 5,2b		又(廟學)	欽奉聖旨
至元31.7	通 8,12b		祝壽	中書省,御史臺呈
至元31.7	通 13,16a		又(剋除俸祿)	御史臺奏過事内
至元31.7	賦 54a		繼母改嫁	中書省奏准
至元31.7	廟 4,85		崇奉孔祀教養儒生	皇帝聖旨
至元31.7	廟 5, 114	大徳2.2	行臺治書侍御史咨呈勉勵…	詔諭中外百官節該,孔子之道
至元31.7	廟 5, 117	大徳2.11	臨江路差儒戸充役被問	欽奉聖旨節該
至元31.7	廟 6, 127	大徳4.1	籍定儒戸免役	欽奉聖旨節該
至元31.7.2	秘 10,9b		〈校書郎〉	成克孝*
至元31.7.4	典 6,臺2,6b	☆	體察使臣要肚皮	奏過事内
至元31.7.4	典 36,兵3,9b	大徳10.6	出使筵會事理	本臺奏過事内
至元31.7.4	典 新刑,刑禁1b	延祐7.6	禁科取俸鈔	本臺官奏過事内
至元31.7.4	站 9,下104	大徳10.6	出使筵會事理	本臺奏過
至元31.7.14	典 15,戸1,4a	至元31.12.20	官吏離役,俸錢不支	牒發回省
至元31.7.18	典 38,兵5,2b	至元31.6.23	打捕鷹鶻擾民事	昔寶赤傳奉聖旨
至元31.7.20	站 8,下74	至元31.5.4	福建站赤	奏過事内
至元31.8	典 6,臺2,7a		有司休尋廉訪司事	行御史臺准
至元31.8	官 70		〈翊正司〉	阿忽台等稟
至元31.8	秘 4,8b		〈纂修〉	本監移准中書兵部關
至元31.8	廟 4,86		還復濂溪書院神像	行御史臺*劄付
至元31.8.11	水 8,94下	至元31	已開河道合設刮除河道人夫	奏過事内
至元31.8.12	秘 4,8b		〈纂修〉	本監准中書兵部關
至元31.8.24	秘 9,9a		〈秘書少監〉	傅巖卿*
至元31.8.24	秘 9,13b		〈秘書監丞〉	申敬*
至元31.8.24	秘 11,7b		〈奏差〉	王彦恭*
至元31.8.27	典 40,刑2,10b	大徳4.2	罪囚患病分數	准分司牒
至元31.9	典 9,吏3,41a		鹽管勾減資	中書吏部承奉
至元31.9	秘 10,6a		〈秘書郎〉	王安義*
至元31.9	賦 79a		義勝於服	陝西省咨,西安路
至元31.10	典 57,刑19,2b	大徳8.6	略賣良人新例	欽奉聖旨
至元31.10	通 4,9b		親屬分財	中書省,禮部呈
至元31.10	通 28,31a		又(禁書)	中書省,御史臺呈
至元31.10.5	典 3,聖2,7a		〈減私租〉	奏過事内
至元31.10.26	秘 4,9b		〈纂修〉	本監准中書兵部關
至元31.11	典 1,詔1,5b		元貞改元	欽奉聖旨
至元31.11	典 49,刑11,15b		遇格免徴倍贓	奉省劄
至元31.11	通 8,10b		又(賀謝迎送)	中書省,河南省咨
至元31.11	賦 71a		官司捕逐	刑部議得

至元31.11.3	典 15,戸1,7a	延祐4.2	副達魯花赤俸給	奏准,官員職田
至元31.11.4	正 條29,捕亡245		捕草賊不差民官	中書省奏
至元31.11.11	典 11,吏5,16b	大德7.6.5	官員給由,開具過名	承奉中書省劄付
至元31.11.18	典 57,刑19,20a	元貞1.7	職官賭博,斷罷見任	據雷州民戸龔亮告
至元31.11.20	典 40,刑2,1b	☆	依體例用杖子	奏過事内
至元31.11.26	典 58,工1,2b	元貞1.2	講究織造段疋	奏過下項
至元31.11.28	秘 10,3b		〈著作佐郎〉	王公儒＊
至元31.11.28	秘 10,6a		〈秘書郎〉	王利亨＊
至元31.12	典 12,吏6,41a		又(選取典史司吏)	行臺據監察御史呈
至元31.12	典 17,戸3,14a		養子須立除附	福建閩海道肅政廉訪司定到
至元31.12	通 4,19a		嫁賣妻妾	中書省,御史臺呈
至元31.12	正 斷4,職制99		與民交往	刑部議得
至元31.12	站 4,上91			四川等處行樞密院遣
至元31.12	賦 132b		親故乞索	部議
至元31.12.4	典 54,刑16,3b	元貞3.1	枉禁賊攀上盜	捉獲偸驢賊人
至元31.12.19	秘 9,9a		〈秘書少監〉	楊桓＊
至元31.12.20	典 15,戸1,4a		官吏離役,俸錢不支	江西行省據省得掾史李元剛告
至元31.12.20	典 53,刑15,11a	大德3.8	被告官吏回避	車秀於＊告
至元31.12.20	典 53,刑15,11a	大德3.8	被告官吏回避	本州官吏以貼書曹國政
至元31.12.26	典 43,刑5,11a	皇慶1.6	燒埋錢貧難無追	打死袁六二

元貞元年(乙未,1295)

元貞1	典 2,聖1,3a	大德5.3	〈肅臺綱〉	明里不花杭州省裏行時分題説
元貞1	典 2,聖1,16b	大德11.12	〈重民籍〉	自＊爲始
元貞1	典 3,聖2,3a	延祐5.11.11	〈均賦役〉	自＊爲始
元貞1	典 3,聖2,9a	大德8	〈簡訴訟〉	已前
元貞1	典 10,吏4,2b		遠年求仕	行省准
元貞1	典 10,吏4,3a	大德6	又(遠年求仕)	定遠年求敍
元貞1	典 14,吏8,5a	元貞2.1.9	路官州官通差	吉州等路税糧
元貞1	典 26,戸12,3b	大德1.R12	和買諸物估體完備,方許支價	廣平路＊差發
元貞1	典 27,戸13,4a		部下不得借債	山南湖東道肅政廉訪司爲常德路武陵縣
羊兒年	典 33,禮6,5a	皇慶2.6.17	和尚頭目	體例
元貞1	典 34,兵1,37b	大德2.2.26	封樁不收脚錢	四川軍人封樁中統鈔
元貞1	典 39,刑1,2a	至大1.6	犯法度人,有司決斷	自＊以來

成宗元貞元年(1295)

元貞1	典 41, 刑3, 14a		草賊生發罪例	行臺劄付
元貞1	典 41, 刑3, 17b		義男面上刺字	江西行省據袁州路申
元貞1	典 41, 刑3, 23b		禁治採生蠱毒	湖廣行省准
元貞1	典 47, 刑9, 10b	大徳2. 8	侵使官錢追陪贓例	聖旨條畫
元貞1	典 47, 刑9, 10b	大徳2. 8	侵使官錢追陪贓例	奏奉聖旨
元貞1	典 54, 刑16, 21a		不即救捕罪例	湖廣行省劄付
元貞1	典 56, 刑18, 2b	大徳7. 12. 26	孛蘭奚正官拘解	本院奏奉聖旨
元貞1	典 57, 刑19, 18a		禁刑日宰殺例	湖廣行省移准中書省咨
元貞1	典 新戸, 禄廩1b	延祐2. 3	官員職田, 依郷原例分収	各官視爲己業
元貞1	典 新戸, 賦役2a	延祐5. 11. 11	諸色戸計雜泛	自＊爲格
元貞1	通 28, 25b	延祐1. 5. 17	又(闌遺)	奏了
羊兒年 (86)	通 29, 6a	皇慶2. 6. 17	又(詞訟)	體例
羊兒年 (87)	通 29, 13b	皇慶1. 4. 17	又(商税地税)	裏, 完澤丞相
羊兒年 (88)	通 29, 14a	皇慶1. 4. 17	又(商税地税)	裏, 定擬了的
羊兒年 (89)	通 29, 14a	皇慶1. 4. 17	又(商税地税)	省官宣政院官
元貞1	正 條24, 廏牧62	延祐1. 5. 17	又(闌遺)	奏了
元貞1	憲 2608, 12b	大徳5. 3		明里不花杭州省裏行時分題説
元貞1	官 59		〈行大司農司〉	遂稟罷之
元貞1	海 上55			併爲四翼
元貞1	海 上57			以歳豊海運止運三十萬石
元貞1	站 5, 上136	皇慶2. 12		比依至元二十五年＊奏准
元貞1	秘 8, 2b		[太皇后] 賀正表	王公儒
元貞1	廟 4, 91		設立隨省儒學提舉司	江浙等處行中書省＊劄付
元貞1	永 15950, 13a		〈漕運〉 蘇州志	兩萬戸府均運
元貞1	金 6, 32a		〈御史大夫〉	囊家歹＊
元貞1	金 6, 32a		〈御史大夫〉	阿老瓦丁＊
元貞1	金 6, 34a		〈御史中丞〉	劉正＊
元貞1	金 6, 37a		〈侍御史〉	石珪＊
元貞1	金 6, 40a		〈治書侍御史〉	李杲＊
元貞1	金 6, 41a		〈經歷〉	霍思火兒＊
元貞1	金 6, 46a		〈架閣庫管勾〉	徐霆＊
元貞1	金 6, 51b		〈監察御史〉	鄭禮＊
元貞1	金 6, 51b		〈監察御史〉	楊士元＊
元貞1	金 6, 51b		〈監察御史〉	張文瑞＊
元貞1	金 6, 51b		〈監察御史〉	張堂＊
元貞1	金 6, 51b		〈監察御史〉	張雲翼＊
元貞1	金 6, 51b		〈監察御史〉	王琦＊
元貞1. 1	典 22, 戸8, 12b	大徳4. 9	茶法	認辦正額
元貞1. 1	典 24, 戸10, 8b	元貞1. R4	僧道租税體例	已前
至元32. 1	典 54, 刑16, 21a		収捕推病回還	江西行樞密院准

元貞1.1	典 57,刑19,19b		抹牌賭博斷例	中書刑部承奉中書省判送
元貞1.1	通 27,6b		擅造兵器	中書省,刑部呈
元貞1.1	通 28,31b		率斂	中書省,御史臺呈
元貞1.1	通 30,5b		又(造作)	中書省近欽奉聖旨
元貞1.1	正 斷8,戸婚267		勒娶民女驅使	御史臺呈
元貞1.1	官 58		〈籍田署〉	興工
元貞1.1	畫 4b			太史臣奏
元貞1.1	秘 11,5a		〈知印〉	設一人
元貞1.1	廟 5, 115	大徳2.2	行臺治書侍御史咨呈勉勵…	准御史臺咨節該
元貞1.1.6	倉 15			平章剌眞等奏
元貞1.1.8	憲 2608,9a		命只兒哈郎爲御史大夫	承奉中書省劄付
元貞1.1.20	站 4,上92			丞相完澤等奏
元貞1.1.20	秘 9,9a	至元27.3.14	〈秘書少監〉	贍思丁…＊
元貞1.1.24 (90)	秘 11,5a		〈知印〉	申居仁＊
元貞1.1.30 (91)	秘 11,3b		〈譯史〉	路朶兒別台＊
元貞1.2	典 9,吏3,21a		試選陰陽教授	中書省奏
元貞1.2	典 11,吏5,4之5b	元貞2.12	奔喪違限勒停	満闕
元貞1.2	典 21,戸7,3a		倉糧對色准算	行御史臺准
元貞1.2	典 57,刑19,9b		典雇妻妾	行御史臺准
元貞1.2	典 58,工1,2b		講究織造段疋	中書省照得
元貞1.2	通 4,22a		僞鈔妻屬	中書省,御史臺呈
元貞1.2	通 14,17a		又(附餘短少)	中書省,御史臺呈
元貞1.2	正 斷3,職制62		私用貢物	御史臺呈
元貞1.2	站 4,上92			陝西行省備陝西等處諸站總管府申
元貞1.2.2	典 22,戸8,12b	大徳4.9	茶法	奏過事内
元貞1.2.24	秘 9,17b		〈提控案牘〉	楊灝＊
元貞1.2.26	秘 抄本9,8b		〈秘書少監〉	闊闊台＊ (92)
元貞1.2.29	倉 15			左丞相都剌等奏
元貞1.2.29	秘 9,13b		〈秘書監丞〉	徐庭監＊
元貞1.3	典 9,吏3,14a		學官考滿體覆	行省准
元貞1.3	典 19,戸5,16a		田宅不得私下成交	湖廣等處行中書省准中書省咨
元貞1.3	典 33,禮6,7b		先生毎做醮	欽奉聖旨
元貞1.3	通 13,16b		又(剋除俸禄)	御史臺奏
羊兒年3	通 5,19a		蒙古字學	欽奉聖旨
元貞1.3	秘 10,1b		〈著作郎〉	秦允文＊
元貞1.3	賦 17a		累贓而不倍者三	建徳路淳安縣
元貞1.3	廟 4,88		山長充教授廉訪司體覆	中書省＊咨該
元貞1.3.12	典 新戸,錢糧1b	延祐3.11	教授直學侵使學糧	承奉中書省劄付

成宗元貞元年(1295)

元貞1.3.13	典 23,戸9,12b		勸諭茶戸栽茶	大司農司據江西榷茶都運司狀申
元貞1.3.21	南 2610,6b		體察聲蹟	御史臺奏過年例
元貞1.3.23	典 31,禮4,2a		提調蒙古學校	欽奉皇帝聖旨
元貞1.3.23	典 36,兵3,13b		元簽站戸不替	通政院奏
元貞1.3.23	站 9,下110		元簽站戸不替	通政院奏
元貞1.4	典 35,兵2,9a		禁約擅造軍器	行中書省准中書省咨
元貞1.4	典 48,刑10,10a		禁聚斂賫發錢	准御史臺咨節該
元貞1.4	通 28,32a		又(率斂)	御史臺奏
元貞1.4	驛 1,下171表			江浙省擬
元貞1.4	廟 4,89		教官任滿給由	行御史臺＊劄付
元貞1.4.2	秘 9,9b		〈秘書少監〉	賈翔＊
元貞1.4.2	秘 10,1b		〈著作郎〉	倪堅＊
元貞1.4.14	典 57,刑19,20a	元貞1.7	職官賭博,斷罷見任	據海北海南道肅政廉訪司申
元貞1.4.19	典 45,刑7,13b	大徳1.9	犯奸再犯	屬眞定的安喜縣裏住底
元貞1.R4	典 24,戸10,8b		僧道租税體例	欽奉聖旨
元貞1.R4	通 28,28a		又(地内宿藏)	中書省,刑部呈
元貞1.R4	正 條33,獄官326		老幼篤廢殘疾	御史臺呈
元貞1.R4	站 4,上93			江西行省言
元貞1.R4.2	典 41,刑3,17b	元貞1	義男面上刺字	拾起鐵斧於應定後頭上
元貞1.R4.2 (93)	秘 10,9b		〈校書郎〉	許宗吾＊
元貞1.R4.11	站 4,上92			河南行省言
元貞1.R4.16	典 9,吏3,38a	元貞1.8	恢辦錢糧增虧賞罰	奏過事内
元貞1.R4.23	典 40,刑2,13a	元貞2.7	推官專管刑獄	准浙東廉訪司牒
元貞1.R4.25	典 11,吏5,2a		官吏不得擅離職	欽奉聖旨
元貞1.R4.27	典 15,戸1,4a	至元31.12.20	官吏離役,俸錢不支	省掾卜元英承行咨該
元貞1.5	典 21,戸7,2a	元貞2.7	關防錢糧事理	欽奉聖旨
元貞1.5	倉 18	元貞1.9		從七以下官
元貞1.5	秘 10,12a	至元29.12.25	〈辨驗書畫直長〉	劉義…＊
至元32.5	廟 4,83	至元31	學正三年滿考	今＊方及三週年
元貞1.5.2	典 23,戸9,13a	大徳5.5	禁斫伐桑果樹	欽奉聖旨
元貞1.5.7	廟 4,91	元貞1	設立隨省儒學提擧司	奏准
元貞1.5.8	典 15,戸1,8b	元貞1.8	犯罪罷職,公田不給	已前事理
元貞1.5.8	典 20,戸6,18a	☆	挑補鈔罪例	奏過事内
元貞1.5.8	典 21,戸7,19a	元貞2.4	免徴錢糧體例	已前係官
元貞1.5.8	典 21,戸7,19a	元貞2.4	免徴錢糧體例	已後短少
元貞1.5.8	典 46,刑8,5b	大徳5.5	犯贓官吏在逃不赦	已前被告
元貞1.5.8	典 46,刑8,5b	大徳5.5	犯贓官吏在逃不赦	已前被告
元貞1.5.8	官 61		〈行大司農司〉	中書省臣完澤丞相等稟
元貞1.6	典 8,吏2,23b	大徳7.10	遷用通事知印等例	勾當

元貞1.6	典 19,戸5,16a		買賣田宅,告官推収	江西行省准
元貞1.6	典 25,戸11,2b		差發照籍仍詢衆	江西行省據左右司呈
元貞1.6	典 36,兵3,5b		禁使臣人家安下	中書兵部承奉
元貞1.6	典 39,刑1,3a		老疾贖罪鈔數	福建行省准
元貞1.6	典 49,刑11,32a		事主打死拒捕賊無罪	中書刑部,來申
元貞1.6	典 53,刑15,21b		醫戸詞訟約會	欽奉聖旨
元貞1.6	典 57,刑19,38a	皇慶2.1	禁投醮捨身燒身賽願	承奉中書省劄付
元貞1.6	正 斷3,職制84		借民錢債	御史臺呈
元貞1.6	正 斷7,戸婚230		典賣田宅	中書省照得
元貞1.6	官 58		〈籍田署〉	工畢
元貞1.6	站 9,下98		禁使臣人家安下	中書兵部承奉中書省判送
元貞1.6	賦 14b		例分八字/准字	御史臺呈准
元貞1.6	賦 102b		篤疾贛愚	刑部議得
元貞1.6	廟 5,97		行臺坐下憲司講究學校便宜	行御史臺＊劄付該
元貞1.6.7	站 4,上93			丞相完澤等奏
元貞1.6.9	通 28,20b		又(闌遺)	中書省奏
元貞1.6.20	典 41,刑3,2a	大徳2	王繼祖停屍成親	將父王喜埋殯了當
元貞1.6.26	正 斷4,職制105		草賊生發罪及所司	御史臺奏准下項事理
元貞1.7	典 19,戸5,17b	大徳1.8	虚錢實契田土	収訖民戸徐端乾租錢
元貞1.7	典 34,兵1,34b		兌支軍人口糧	湖廣行省據砲手軍匠萬戸府等翼呈
元貞1.7	典 43,刑5,5a		被盗殺死免檢	江西行省據吉州路備吉水縣申
元貞1.7	典 47,刑9,5a		侵盗錢糧罪例	欽奉聖旨條畫
元貞1.7	典 57,刑19,20a		職官賭博,斷罷見任	福建廉訪司准
元貞1.7	通 14,9b		覺察侵盗	欽奉聖旨條畫
元貞1.7	通 14,10b		又(計點)	欽奉詔書條畫
元貞1.7	秘 1,16a	至元26	〈兼領〉	祇受敕牒
元貞1.7	廟 4,92		歳貢知吏事儒人	聖旨條畫内一款
元貞1.7.13	秘 10,1b		〈著作郎〉	馬澤＊
元貞1.7.14	秘 10,3b		〈著作佐郎〉	楊述祖＊
元貞1.7.16	無 上,27a		作耗殺人免檢	江西行省據吉州路吉水縣申
元貞1.7.19	典 47,刑9,6b	元貞3	處斷飛盗糧例	奏奉聖旨
元貞1.7.23	通 29,10b		又(商税地税)	中書省奏
元貞1.7.25	典 21,戸7,2a	元貞2.7	關防錢糧事理	欽奉聖旨條畫
元貞1.8	典 9,吏3,38a		恢辦錢糧増虧賞罰	福建行省准中書省咨

成宗元貞元年 (1295)

元貞1. 8	典 15, 戸1, 8a		犯罪罷職, 公田不給	行御史臺, 江南湖北道廉訪司申
元貞1. 8	正 斷3, 職制66		造作	欽奉聖旨節該
元貞1. 9	典 11, 吏5, 15a		有解由不給據	江西行省准
元貞1. 9	典 39, 刑1, 6b		執結罪斷非通例	行臺准
元貞1. 9	倉 17		〈倉庫官〉	吏部前言
元貞1. 9	站 4, 上93			丞相完澤等奏
元貞1. 9	站 4, 上94			兵部言
元貞1. 9	檢 102 (永914, 25b)			御史臺呈, 衡山縣王庚二
元貞1. 9. 11	典 31, 禮4, 2b	元貞2. 4	蒙古生員學糧	移准都省咨
元貞1. 9. 12	站 4, 上93			丞相完澤·平章剌眞等奏
元貞1. 9. 16	廟 5, 98	元貞1. 6	行臺坐下憲司講究學校便宜	承奉行御史臺劄付該
元貞1. 9. 18	站 4, 上93			中書右丞相完澤奏
元貞1. 10	典 57, 刑19, 又15a		犯夜, 軍官約會管民官斷罪	福建行省准
元貞1. 10	通 4, 11a		又 (親屬分財)	中書省, 禮部呈
元貞1. 10	正 斷7, 戸婚217		背夫爲尼	河南省咨
元貞1. 10	馬 51		〈馬政雜例〉	中書省據大司農司呈
元貞1. 10. 3	通 27, 4a		又 (兵杖應給不應給)	中書省奏
元貞1. 10. 3	站 4, 上94			丞相完澤等奏
元貞1. 10. 18	典 60, 工3, 1b		差使無俸禄人	中書省奏准事内
元貞1. 11	典 6, 臺2, 8a		戒飭司官整治勾當	欽奉聖旨
元貞1. 11	典 25, 戸11, 3a		投下影占戸計當差	欽奉聖旨
元貞1. 11	通 16, 26a		又 (典賣田産事例)	中書省, 陝西行省咨
元貞1. 11	正 條26, 田令120		僧道不爲鄰	陝西行省咨
元貞1. 11	秘 11, 1b		〈令史〉	荊益＊
元貞1. 11	廟 4, 92		完顔簽事請令文資正官…	浙東海右廉訪司分司＊牒該
元貞1. 11. 2 (94)	秘 11, 4b		〈回回令史〉	哈迷都丁＊
元貞1. 11. 14	典 47, 刑9, 6b	元貞3	攙飛盜糧等例	奏准
元貞1. 11. 28	秘 9, 9a	至元26. 5. 4	〈秘書少監〉	史歸徳…＊
元貞1. 12	典 12, 吏6, 27a		譯史宣使未滿不替	行御史臺據監察御史呈
元貞1. 12	通 4, 8a		又 (嫁娶)	中書省, 樞密院呈
元貞1. 12. 5	站 4, 上94			平章政事剌眞等奏
元貞1. 12. 17	典 52, 刑14, 5b	元貞2. 2	僞造佛經	奏過
元貞1. 12. 22	秘 11, 9b		〈典書〉	郭邦彦＊
元貞1. 12. 25	廟 6, 126	大徳4. 1	籍定儒戸免役	欽奉聖旨條畫内一款節該

元貞1. 12. 27	典 58, 工1, 7b	大徳11. 1	禁軍民段疋服色等第	承奉中書省劄付
元貞1. 12. 28	典 48, 刑10, 6a		雜犯錢物, 所在官司出首	行臺劄付
元貞1. 12. 28	海 下93		〈排年海運水脚價鈔〉	奏

元貞2年(丙申, 1296)

元貞2	典 8, 吏2, 21a	大徳4. 12	發補令史事理	籍記
元貞2	典 9, 吏3, 19b		考試醫官教授	江西行省准
元貞2	典 12, 吏6, 3a	元貞3	儒吏考試程式	諸路有儒知吏事
元貞2	典 17, 戸3, 14b	大徳3. 2. 28	妻姪承繼, 以籍爲定	赴官陳告
元貞2	典 18, 戸4, 18b		軍歿妻女嫁例	江西等處行中書省准樞密院咨
元貞2	典 21, 戸7, 12b	延祐4. 1	軍人鹽錢	議支軍人
元貞2	典 22, 戸8, 33b	至大4. R7	鹽袋每引四百斤	一引
元貞2	典 36, 兵3, 4a		休揀驪行馬例	欽奉聖旨
元貞2	典 36, 兵3, 29b	皇慶1. 5	遠方任回官員	欽依至元二十五年＊奏准事意
元貞2	典 47, 刑9, 10a	大徳2	侵借官課, 驗贓依枉法斷	上半年
元貞2	典 58, 工1, 2a	大徳7. 12. 2	預支人匠口糧	依准戸部關
元貞2	倉 12	延祐3. 11. 5	〈甘州倉〉	甘州建倉
元貞2	站 6, 上140	延祐1. 4. 3		經値寇攘
元貞2	站 9, 下89		休揀驪行馬例	欽奉聖旨
元貞2	驛 1, 下148	皇慶1. 2		欽依至元二十五年＊奏准事理
元貞2	驛 1, 下149			通制＊奏准
元貞2	驛 1, 下150			江西省咨
元貞2	秘 8, 3a		[太后] 正旦表	倪堅
元貞2	秘 8, 3b		賀正表	馬澤
元貞2	廟 4, 92	元貞1. 7	歲貢知吏事儒人	自＊諸路有儒知吏事
元貞2	水 5, 59上	大徳11. 11	行都水監照到	是致＊曹夢炎·王曄僉縁
元貞2	金 6, 42b		〈都事〉	趙世延＊
元貞2	金 6, 45a		〈照磨承發司管勾兼獄丞〉	楊温＊
元貞2	金 6, 51b		〈監察御史〉	孫都歹＊
元貞2	金 6, 51b		〈監察御史〉	闊闊歹＊
元貞2	金 6, 51b		〈監察御史〉	李仁＊
元貞2	金 6, 51b		〈監察御史〉	完顏奴婢＊
元貞2	金 6, 52a		〈監察御史〉	沙的＊
元貞2	金 6, 52a		〈監察御史〉	楊廷宥＊
元貞2	金 6, 52a		〈監察御史〉	孛蘭奚＊
元貞2	金 6, 52a		〈監察御史〉	薛處敬＊

元貞2	金 6, 52a		〈監察御史〉	斡羅思＊
元貞2	金 6, 52a		〈監察御史〉	宴罕出＊
元貞2	金 6, 52a		〈監察御史〉	孫世賢＊
元貞2	金 6, 52a		〈監察御史〉	法忽魯丁＊
元貞2. 1	典 22, 戸8, 68b		禁重収果木税例	福建省體知
元貞2. 1	典 54, 刑16, 21b		起解昏鈔違限罪名	御史臺咨
元貞2. 1	通 14, 17b		沮懷漕運	欽奉聖旨
元貞2. 1	正 斷9, 廐庫304		昏鈔違期	戸部呈
元貞2. 1	秘 1, 11a		〈設吏屬〉	都省准設知印
元貞2. 1. 2	秘 11, 7b		〈奏差〉	郭遜＊
元貞2. 1. 7	站 4, 上94			降聖旨宣諭内外
猴兒年1. 7	典 36, 兵3, 4b	元貞2	休揀騸行馬例	寫來
元貞2. 1. 9	典 14, 吏8, 4b		路官州官通差	江西行省准
元貞2. 1. 19	典 45, 刑7, 13b	大徳1. 9	犯奸再犯	夜, 又與本婦…奸宿
元貞2. 1. 20	憲 2608, 9b		命禿忽赤爲御史大夫	本臺官奏
元貞2. 1. 29	典 新都, 2b	至治1. 1. 22	貼書犯贓, 却充俸吏	着役
元貞2. 2	典 14, 吏8, 9b		又(不得刮補字樣)	江西行省准
元貞2. 2	典 27, 戸13, 6a	大徳8. 7	解典金銀諸物, 並二周年不架	准中書省咨
元貞2. 2	典 27, 戸13, 6b		又(解典金銀諸物, 並二周年不架)	中書省議得
元貞2. 2	典 52, 刑14, 5a		僞造佛經	中書省咨
元貞2. 2. 2	典 29, 禮2, 10a		身故軍官牌面	中書省奏過事内
元貞2. 2. 2	典 58, 工1, 6a		御用段疋休織	中書省准蒙古文字譯該
元貞2. 2. 5	憲 2608, 9b		命頑閭爲侍御史	本臺官奏
元貞2. 2. 18	典 24, 戸10, 9a		先生免遠倉糧	欽奉聖旨
元貞2. 3	典 45, 刑7, 3a	皇慶1. 7	奸八歳女斷例	承奉中書省劄付
元貞2. 3	通 3, 18a		又(収嫂)	中書省, 御史臺呈
元貞2. 3	通 20, 2a		又(軍功)	中書省, 御史臺呈
元貞2. 3	正 條30, 賞令263		軍功	御史臺呈
元貞2. 3	正 斷3, 職制65		修隄失時	刑部議得
元貞2. 3	海 上57			諭行省行臺諸司
元貞2. 3. 5	秘 4, 10a		〈纂修〉	本監准中書兵部關
元貞2. 3. 12	秘 4, 10a		〈纂修〉	准兵部關
元貞2. 3. 16	秘 4, 10b		〈纂修〉	准中書兵部關
元貞2. 4	典 21, 戸7, 19a		免徴錢糧體例	行省准
元貞2. 4	典 31, 禮4, 2b		蒙古生員學糧	湖廣等處行中書省該
元貞2. 4	廟 4, 94		儒戸不同諸色戸計當役	江浙等處行中書省＊劄付該
元貞2. 4	廟 6, 127	大徳4. 1	籍定儒戸免役	承奉江浙等處行中書省劄付
元貞2. 5	典 16, 戸2, 3b		出使衣裝分例	湖廣行省准

元貞2.5	典 19,戸5,16b		站戸典賣田土	湖廣等處行中書省據通政院呈
元貞2.5	正 條33,獄官327		又(老幼篤廢殘疾)	御史臺呈
元貞2.5	驛 1,下131表			都省議
元貞2.5	驛 1,下133			中書省咨
元貞2.5	永 15950,14b		〈漕運〉成憲綱要	聖旨節該
元貞2.6	典 26,戸12,9a	大德5.12	添支水旱脚價	承奉中書省劄付
元貞2.6	典 49,刑11,25a		配役遇閏准算	准中書省咨
元貞2.6	正 斷10,廐庫323		倉官少糧	吏部定擬到運糧倉官短少
元貞2.6	永 15950,18b	大德5.10.24	〈漕運〉大德典章	承奉中書省劄付
元貞2.6	倉 18		〈倉庫官〉	御史臺呈
元貞2.6	倉 26	至大3.3	〈倉庫官陞轉例〉	奉省劄
元貞2.6	站 4,上95			丞相完澤…等奏
元貞2.6	水 8,95下	至元31	已開河道合設刮除河道人夫	潘應武於行省講究撩清軍事
元貞2.6.2	典 46,刑8,5a	元貞2.8	招贓翻異加等	奏過事内
元貞2.6.11	典 9,吏3,23a	☆	倉官前後陞等例	呈准
元貞2.6.11	典 9,吏3,23b		倉官陞轉減資	中書省,來呈
元貞2.6.16	秘 4,17a		〈纂修〉	本監照得
元貞2.6.27	典 43,刑5,10b	大德9.3	打死奸夫,不徵燒埋	臨江路申
元貞2.7	典 21,戸7,1b		關防錢糧事理	湖廣等處行中書省准中書省咨
元貞2.7	典 28,禮1,13a		開讀許令便路	湖廣行省准
元貞2.7	典 30,禮3,14b	☆	祭祀三皇錢數	據湖南道呈
元貞2.7	典 32,禮5,2b		保甲醫義	太醫院照得
元貞2.7	典 40,刑2,13a		推官專管刑獄	御史臺承奉劄付
元貞2.7	典 42,刑4,21b		打死奸夫不坐	江西行省據南安路申
元貞2.7	典 58,工1,3b		織造金段疋例	行中書省准
元貞2.7	通 21,7a		又(假醫)	中書省,御史臺備
元貞2.7	正 條31,醫藥299		又(假醫)	御史臺呈
元貞2.7	正 斷9,廐庫294		闌遺不行起解	刑部呈
元貞2.7	正 斷9,廐庫300		昏鈔不使退印	刑部議得
元貞2.7	高 41			陞其僉議司爲二品
元貞2.7	服 服例3a		服例/通制不奔喪例	中書省,河南行省咨
元貞2.7	檢 111(永914,31b)			江西行省咨
元貞2.7.2	典 24,戸10,3a	大德1.6.30	官租秋糧折收輕賚	奏奉聖旨
元貞2.7.2	站 4,上94			中書兵部准吏禮部關
元貞2.7.4	典 41,刑3,4a	延祐1.11	臧榮不丁父憂	承奉中書省劄付
元貞2.7.4	正 斷2,職制27	元貞2.8	官文書有誤	聽讀訖除免差税詔書
元貞2.7.6	典 36,兵3,28a	大德1.6	任回官員站船例	奏過事内
元貞2.7.6	典 36,兵3,29a	皇慶1.5	遠方任回官員	奏過事内
元貞2.7.6	站 9,下90	大德1.6	任回官員站船例	奏過事内

元貞2.7.6	驛 1,下148			奏准
元貞2.7.8	站 5,上127	皇慶1.5		奏准聖旨
元貞2.7.15	典 9,吏3,38b	☆	增餘課鈔遷賞	奏過事内
元貞2.8	典 11,吏5,10a		棄職侍親作闕	御史臺咨
元貞2.8	典 46,刑8,5a		招贓翻異加等	准御史臺咨
元貞2.8	典 48,刑10,6b		行賕之贓,廉訪司出首	行臺准浙東廉訪司申
元貞2.8	典 51,刑13,10a		獲賊賞錢不賞官	准中書省咨
元貞2.8	典 54,刑16,24a		昏鈔不便退印斷例	江西行省據吉州路申
元貞2.8	典 60,工3,1b		額設祇候人數	江西行省先爲本省所轄路分
元貞2.8	通 6,25a		服闋求敍	中書省,吏部呈
元貞2.8	通 17,14a		差撥祇候	中書省,江西行省咨
元貞2.8	正 條27,賦役141		祇候差税	江西行省咨
元貞2.8	正 斷2,職制27		官文書有誤	刑部呈
元貞2.8	正 斷7,戸婚224		虚申義糧	大司農司呈
元貞2.8.2	秘 9,5b	至元27.10.25	〈秘書監〉	可馬剌丁…*
元貞2.8.23	典 57,刑19,24a	元貞2.9	禁刑日問囚罪例	禁刑日
元貞2.9	典 10,吏4,2b		又(遠年求仕)	中書省咨
元貞2.9	典 30,禮3,11b		占葬墳墓遷移	江西行省據臨江路申
元貞2.9	典 54,刑16,24a		禁刑日問囚罪例	江西行省據吉州路申
元貞2.9	無 上,23b		開棺臨事區處	江西行省爲瑞州路申
元貞2.9.8	典 22,戸8,60b	大德1.11	鐵貨從長講究	奏准
元貞2.9.18	典 24,戸10,2b	大德1.3	起徵夏税	奏過事内
元貞2.10	典 28,禮1,2a		軍官慶賀事理	湖廣行省准樞密院咨
元貞2.11	賦 58b		語其常	刑部議得
元貞2.11.2	秘 4,11a		〈纂修〉	著作郎呈
元貞2.11.26	秘 4,9b		〈纂修〉	秘書監據著作郎呈
元貞2.12	典 11,吏5,4之5a		奔喪違限勒停	湖南道宣慰司爲耒陽知州
元貞2.12	典 55,刑17,3a		弓手受財放賊	湖廣等處行中書省劄付該

大徳元年(丁酉,1297)

大徳1	典 9,吏3,14b	大徳9.2	考試教官等例	元定吏員
大徳1	典 9,吏3,27b	大徳1.7	合設庫官員數	實有合科差戸數
元貞3	典 12,吏6,3a		儒吏考試程式	江西行省准
大徳1	典 13,吏7,4a		司吏知印信事	行臺劄付

大徳1	典 20, 吏6, 14b	大徳7. 12. 6	禁治僞鈔	至大徳四年三月收禁
元貞3	典 21, 戸7, 12b	延祐4. 1	軍人鹽錢	奉江西行省劄付
元貞3	典 24, 戸10, 3a	大徳1. 3	起徵夏税	自＊爲始
大徳1	典 28, 禮1, 2b		守土官行禮班首	松江府奉江浙行省劄付
大徳1	典 32, 禮5, 6a	大徳8. 5	鄉貢藥物, 趁時收採	自＊爲今
大徳1	典 36, 兵3, 13a		又 (禁約差役站戸)	湖廣行省劄付
元貞3	典 47, 刑9, 6b		處斷飛盜糧例	行省准
大徳1	典 55, 刑17, 3a		職官受財放賊	御史臺咨
大徳1	典 57, 刑19, 12b		牛馬倒死, 皮肉從民便	湖廣行省據興國路申
大徳1	憲 2608, 10a	大徳1. 4. 4	省臺共議選用人員	衆人商量了
大徳1	官 55		〈肅政廉訪司〉	雲南行臺移治陝西
大徳1	站 4, 上98	大徳1. R12		税糧課鈔
大徳1	站 9, 下110		又 (禁約差役站戸)	湖廣行省劄付
大徳1	驛 1, 下127			都省議得
大徳1	驛 1, 下152			御史臺呈
大徳1	賦 8a		文有未備/又 (問答)	斷過果齎因
大徳1	廟 5, 106		行省坐下監察御史申明學校規式	江浙等處儒學提擧司＊承奉
大徳1	水 5, 59上	大徳11. 11	行都水監照到	自＊回付
大徳1	金 6, 34a		〈御史中丞〉	董士選＊
大徳1	金 6, 36a		〈侍御史〉	忽憐＊
大徳1	金 6, 37a		〈侍御史〉	王堅＊
大徳1	金 6, 40a		〈治書侍御史〉	高克恭＊
大徳1	金 6, 40a		〈治書侍御史〉	趙秉正＊
大徳1	金 6, 41a		〈經歴〉	保保＊
大徳1	金 6, 52a		〈監察御史〉	阿思蘭海牙＊
大徳1	金 6, 52a		〈監察御史〉	兀都蠻＊
大徳1	金 6, 52a		〈監察御史〉	禿滿不花
大徳1	金 6, 52a		〈監察御史〉	黄廷翼＊
大徳1	金 6, 52a		〈監察御史〉	安惟洪＊
大徳1	金 6, 52a		〈監察御史〉	仝士毅＊
大徳1	金 6, 52a		〈監察御史〉	王仲山＊
元貞3. 1	典 38, 兵5, 8a		禁地打野物	御史臺咨
元貞3. 1	典 40, 刑2, 17b		究治死損罪囚	行御史臺該
元貞3. 1	典 54, 刑16, 3b		枉禁賊攀上盜	行御史臺
元貞3. 1. 7	站 4, 上95			通政院使只兒哈忽…等奏
元貞3. 1. 20	秘 5, 14a		〈秘書庫〉	秘書監照得
大徳1. 2	典 1, 詔1, 5b		大徳改元	欽奉皇帝聖旨
大徳1. 2	典 2, 聖1, 13b		〈撫軍士〉	欽奉大徳改元詔書
大徳1. 2	典 3, 聖2, 20b		〈霈恩宥〉	改元欽奉詔書
大徳1. 2	典 10, 吏4, 3a		求仕官員無使停滯	欽奉改元詔赦

成宗大德元年 (1297)

大德1. 2	典 22, 戸8, 11b		僧道私茶事	江西行省爲榷茶運司捉獲
元貞3. 2	典 38, 兵5, 7b		禁治飛放	建寧路承奉行省劄付
大德1. 2	典 47, 刑9, 10b	大德2. 8	侵使官錢追賠贓例	詔恩
元貞3. 2	通 27, 14b		又 (解典)	中書省, 江浙省咨
大德1. 2	正 斷3, 職制89		虛契典買民田	御史臺呈
大德1. 2. 18	典 38, 兵5, 8a		禁治打捕月日	欽奉聖旨
大德1. 2. 27	典 3, 聖2, 20b	大德1. 2	〈霈恩宥〉	已前
大德1. 2. 27	典 18, 戸4, 13a	大德2. 8	夫嫁妻財錢革撥	詔恩以前
大德1. 2. 27	典 26, 戸12, 3b	大德1. R12	和買諸物估體完備, 方許支價	以前事理
大德1. 2. 27	典 34, 兵1, 33a	大德1. 10	禁治占使軍人	欽遇詔恩
大德1. 2. 27	典 55, 刑17, 3a	大德1	職官受財放賊	欽遇赦已前事理
大德1. 3	典 9, 吏3, 13a	☆	諸教官遷轉例	已後
大德1. 3	典 20, 戸6, 9b		昏鈔追陪, 好鈔不燒	江西行省據龍興路申
大德1. 3	典 24, 戸10, 2b		起徵夏税	行省准
大德1. 3	典 40, 刑2, 9a		又 (罪囚無親給糧)	中書省咨
元貞3. 3	通 13, 2a		又 (俸禄職田)	中書省照得
元貞3. 3	驛 1, 下167			湖廣省爲往來人員應付官吏馬
大德1. 3	賦 62b		妄認或依於錯認	中書省, 御史臺呈
大德1. 3. 3	秘 4, 12a		〈纂修〉	秘書監據著作郎呈
大德1. 3. 7	典 8, 吏2, 20a		官員陞轉月日	中書省奏准下項事理
大德1. 3. 7	典 8, 吏2, 20b	大德4. 3	遠方吏員月日	已後
大德1. 3. 7	典 8, 吏2, 21a	大德4. 12	發補令史事理	已准格例
大德1. 3. 7	典 8, 吏2, 22b	大德7. 3	遷轉奏差巡檢月日	例前
大德1. 3. 7	典 8, 吏2, 23a	大德7. 3	遷轉奏差巡檢月日	已後
大德1. 3. 7	典 8, 吏2, 23a	大德7. 3	遷轉奏差巡檢月日	已後
大德1. 3. 7	典 11, 吏5, 15b		禁治給由事理	中書省奏准下項事理
大德1. 3. 7	典 12, 吏6, 25a	至大3	臺察書吏出身	已後
大德1. 3. 7	典 12, 吏6, 25a	至大3	臺察書吏出身	爲始
大德1. 3. 7	典 12, 吏6, 25b	至大3	臺察書吏出身	爲始
大德1. 3. 7	典 12, 吏6, 27b	大德3. 4	譯史令史等出身	奏過事内
大德1. 3. 7	典 12, 吏6, 28a	大德3. 4	譯史令史等出身	奏准格例
大德1. 3. 7	典 12, 吏6, 28a	大德3. 5	路譯史出身	奏奉聖旨
大德1. 3. 11	典 58, 工1, 6b		禁織大龍段子	不花帖木兒奏
大德1. 3. 13	典 45, 刑7, 2a	大德1. 7	年老奸汚幼女	見潘萬三九歲幼女茂娘
大德1. 3. 17	廟 5, 113	大德2. 2	又 (行臺監察擧呈正録山長減員)	欽奉詔赦内一款
雞兒年3. 18	典 38, 兵5, 8b	大德1. 5. 18	禁治打捕兎兒	寫來
大德1. 3. 23	典 36, 兵3, 14a	大德2. 3	分間站戸事	本院官奏過事内
大德1. 3. 23	站 9, 111	大德2. 3	分間站戸事	本院官奏過事内

大徳1. 3. 27	典 43, 刑5, 11a	皇慶1. 6	燒埋錢貧難無追	欽遇釋放
大徳1. 4	典 22, 戸8, 11b		優卹茶戸	江西行省檢會欽奉聖旨
大徳1. 4	站 4, 上95			太原路脱脱禾孫
大徳1. 4	站 4, 上100			定擬内外水陸站赤
大徳1. 4	站 9, 下93	大徳5	結攬站赤	承奉中書省劄付
大徳1. 4. 2	秘 10, 6a		〈秘書郎〉	李世長＊
大徳1. 4. 4	典 53, 刑15, 11a	☆	被問乾淨却告	省臺官奏過事内
大徳1. 4. 4	憲 2608, 9b		省臺共議選用人員	奏整治臺綱事内
大徳1. 4. 4	憲 2608, 10a		整治事理	本臺官奏准
大徳1. 4. 4	南 2610, 6b	大徳1. 10. 3	立行臺名字	奏准
大徳1. 4. 4	南 2610, 7a		整治臺綱	省臺官一同圓議
大徳1. 4. 21	典 50, 刑12, 1a	大徳1. 6	掏摸鈔袋賊人刺斷	將帶至元鈔二貫
大徳1. 4. 25	秘 3, 17a		〈守兵〉	秘書監照得
大徳1. 5	典 6, 臺2, 10a		體覆獲功人員	行御史臺准
大徳1. 5	典 23, 戸9, 15b		江南申災限次	江浙省照得
大徳1. 5	通 4, 4b		又 (嫁娶)	中書省, 御史臺呈
大徳1. 5	通 17, 9b		又 (田禾災傷)	中書省, 江浙行省咨
大徳1. 5	正 條27, 賦役145		又 (災傷申告限期)	江浙省咨
大徳1. 5	正 斷2, 職制37		又 (棄毀官文書)	刑部呈
大徳1. 5	站 4, 上96			中書省據通政院呈
大徳1. 5	驛 1, 下156			中書省奏准節該
大徳1. 5	廟 6, 128	大徳4. 1	籍定儒戸免役	據嘉興路學録丁廉孫状告
大徳1. 5. 4	典 54, 刑16, 24a	大徳1. 10	禁刑日斷人罪例	將弓手殷祥・周順各決一十七下
大徳1. 5. 7	典 22, 戸8, 65a	大徳1. 8	斡脱毎貨物納税錢	奏過事内
大徳1. 5. 18	典 38, 兵5, 8a		禁治打捕兎兒	欽奉聖旨
大徳1. 5. 19	南 2610, 6b	大徳1. 10. 3	立行臺名字	奏准
大徳1. 5. 20	典 37, 兵4, 2a		整點急近鋪舍	江西行省照得
大徳1. 5. 21	典 57, 刑19, 12b	大徳1	牛馬倒死, 皮肉從民便	御史臺呈
大徳1. 5. 29	典 9, 吏3, 28a	大徳1. 9	平准行用庫副例	奏過事内
大徳1. 6	典 12, 吏6, 27b		令譯史人未考満不體覆	江西行省准
大徳1. 6	典 12, 吏6, 31b		選取司吏	行御史臺准
大徳1. 6	典 14, 吏8, 10a		承受行遣巻宗	行臺劄付
大徳1. 6	典 19, 戸5, 7a		多年宅院, 難令回贖	江西行省據龍興路申
大徳1. 6	典 21, 戸7, 9b		買物先支七分	江西行省爲修葺官舎
大徳1. 6	典 36, 兵3, 又27b		任回官員站船例	行中書省准
大徳1. 6	典 50, 刑12, 1a		掏摸鈔袋賊人刺斷	江西行省據撫州路申
大徳1. 6	站 9, 下89		任回官員站船例	行中書省准

成宗大徳元年(1297)

大徳1.6	驛 1,下156			中書省奏
大徳1.6	洗 新例2a		聖朝頒降新例/鄰近檢覆屍例	江西行省據臨江路申
大徳1.6.1	站 4,上96			通政院據静江路脱脱禾孫申
大徳1.6.7	站 4,上96			中書省奏
大徳1.6.11	典 18,戸4,9b	大徳4.4	領訖財禮改嫁事理	據平江路申
大徳1.6.23	典 45,刑7,7b	大徳1.R12	逼令妻妾爲娼	欽奉聖旨
大徳1.6.30	典 24,戸10,3a		官租秋糧折収輕賫	江西行省准
大徳1.7	典 8,吏2,8a	大徳7.10.29	犯贓官員除受	欽授宣命
大徳1.7	典 8,吏2,12a		臺官廉訪司官子孫告廕	行御史臺准
大徳1.7	典 9,吏3,27b		合設庫官員數	御史臺承奉
大徳1.7	典 12,吏6,26b		行省寫發人員	據監察御史呈
大徳1.7	典 18,戸4,13a		嫁妻聽離改嫁	袁州路爲段萬十四取阿潘爲妻
大徳1.7	典 21,戸7,9b		准除錢糧事理	湖廣行省照得
大徳1.7	典 45,刑7,2a		年老奸汚幼女	江西行省據吉州路申
大徳1.7	站 4,上96			桓州昌平等十一站達魯花赤
大徳1.7	無 上,29a		省府立檢屍式内二項	省府立到檢屍式内二項
大徳1.7.14	南 2610,6b	大徳1.10.3	立行臺名字	奏過事内
大徳1.7.22	典 36,兵3,13b	大徳2.1	站戸別投戸事	奏過事内
大徳1.7.22	站 4,上97			通政院官只兒哈忽…等奏
大徳1.7.22	站 9,下111	大徳2.1	站戸別投戸事	奏過事内
大徳1.7.23	憲 2608,10a		立陝西行御史臺	本臺官奏
大徳1.8	典 19,戸5,17b		虚錢實契田土	江南諸道行御史臺據嶺北湖南道廉訪司申
大徳1.8	典 22,戸8,65a		斡脱毎貨物納税錢	福建行省准
大徳1.8.12	秘 9,5b		〈秘書監〉	贍思丁＊
大徳1.8.13	南 2610,7a		准設臺醫	准御史臺咨
大徳1.8.27	秘 9,6a		〈秘書監〉	于仁良＊
大徳1.8.27	秘 9,9b		〈秘書少監〉	忙古台＊ (95)
大徳1.9	典 9,吏3,28a		平准行用庫副例	湖廣行省准
大徳1.9	典 22,戸8,39b		景紹華等私鹽	御史臺承奉
大徳1.9	典 24,戸10,3a		禁勒借錢閉納	御史臺體知得
大徳1.9	典 45,刑7,13b		犯奸再犯	中書省咨
大徳1.9	典 58,工1,11a		新様帽兒休造	江西行省准
大徳1.9	通 4,18a		又(過房男女)	中書省,御史臺呈
大徳1.9	通 14,17a		揭借閉納	中書省,御史臺呈
大徳1.9.2	秘 10,9b		〈校書郎〉	何守謙＊
大徳1.9.6	南 2610,6b	大徳1.10.3	立行臺名字	准御史臺咨
大徳1.9.26	典 22,戸8,12a		斷没私茶鹽錢,依例結課	江西廉訪司准運司牒

大徳1. 10	典 3, 聖2, 4a		〈復租賦〉	欽奉聖旨
大徳1. 10	典 10, 吏4, 6a		銓注官員守一二年闕	中書吏部承奉
大徳1. 10	典 21, 戸7, 15b		押運錢糧官例	湖廣行省准
大徳1. 10	典 34, 兵1, 33a		禁治占使軍人	行臺據海北廣東道廉訪司申
大徳1. 10	典 54, 刑16, 24a		禁刑日斷人罪例	江西湖南道廉訪司奉行臺劄付
大徳1. 10. 3	南 2610, 6b		立行臺名字	御史臺承奉
大徳1. 10. 5	典 10, 吏4, 6a	大徳1. 10	銓注官員守一二年闕	完澤丞相等官奏過事内
大徳1. 10. 24	典 41, 刑3, 12a	大徳1. 12	僞寫國號, 妖説天兵	奏過
大徳1. 11	典 新都, 3b	至治1. 1. 22	貼書犯贓, 却充俸吏	承奉行臺
大徳1. 11	典 22, 戸8, 60b		鐵貨從長講究	中書省近爲各路係官鐵冶
大徳1. 11	驛 1, 下139			中書省奏
大徳1. 11	高 41			封昛爲逸壽王
大徳1. 11. 25	秘 10, 9b		〈校書郎〉	李洧＊
大徳1. 12	典 41, 刑3, 12a		僞寫國號, 妖説天兵	准御史臺咨
大徳1. 12	典 42, 刑4, 23a		奸婦不首殺夫	江西行省准
大徳1. 12	通 22, 1b		又 (奔喪遷葬)	中書省, 御史臺呈
大徳1. 12	正 條32, 假寧304		又 (奔喪遷葬假限)	御史臺呈
大徳1. 12. 8	典 41, 刑3, 7b	大徳6. 3	因弟作盜, 斫傷身死	用斫柴刀將王柳仔斫傷
大徳1. 12. 12	秘 9, 13b		〈秘書監丞〉	劉秉徳＊
大徳1. 12. 26	站 4, 上97			中書平章政事賽典赤･剌眞等聞奏三事
大徳1. 12. 26	站 4, 上97	大徳1. R12		奏准聖旨
大徳1. 12. 26	站 4, 上103	大徳5. 12		已經奏准聖旨
大徳1. R12	典 18, 戸4, 10a	大徳4. 4	領訖財禮改嫁事理	移准中書省咨
大徳1. R12	典 26, 戸12, 3b		和買諸物估體完備, 方許支價	中書省, 戸部呈
大徳1. R12	典 34, 兵1, 26b		逃軍窩主罪名	建寧路承奉行臺劄付
大徳1. R12	典 45, 刑7, 7b		逼令妻妾爲娼	御史臺咨
大徳1. R12	站 4, 上97			中書省會驗

大徳2年(戊戌, 1298)

大徳2	典 25, 戸11, 5b	大徳11	納綿府雜泛	有本府達魯花赤不老嘉議奏奉聖旨
大徳2	典 18, 戸4, 33b		停屍成親斷離	行省准
大徳2	典 41, 刑3, 2a		王繼祖停屍成親	行省准
大徳2	典 47, 刑9, 10a		侵借官課, 驗贓依枉法斷	行御史臺據湖南道廉訪司申

成宗大徳２年(1298)

大徳2	通 4, 23b		闌遺人畜	中書省, 河南行省咨
大徳2	官 67		〈都水庸田使司〉	立於譙樓東
大徳2	海 上59	大徳2. 5		白粳米
大徳2	驛 1, 下141			中書省奏准節該
大徳2	驛 1, 下164			江浙行省劄付
大徳2	秘 8, 3b		聖節賀表	王公儒
大徳2	秘 9, 9b	大徳1. 8. 27	〈秘書少監〉	忙古台…＊ (96)
大徳2	廟 5, 112		行臺監察擧呈正録山長減員	江東道宣慰司＊呈
大徳2	金 6, 32a		〈御史大夫〉	徹里＊
大徳2	金 6, 46a		〈架閣庫管勾〉	趙洪＊
大徳2	永 7385, 10b		〈喪禮〉通制	臺呈。官豪勢要遇有凶喪殯葬
大徳2	水 1, 4下		立都水庸田司	立都水庸田司
大徳2	水 1, 5上		都水庸田司條劃	都水庸田司條劃
大徳2	水 3, 33下	☆	張桂榮言水利事	歳在戊戌仲春既望
大徳2	水 4, 39上			創立都水庸田使司
大徳2	水 4, 45上	大徳10. 2	開挑呉松江乞添力成就	相視開挑
大徳2	水 8, 101下	大徳9. 5	乞陞正三品	欽蒙聖朝灼知江南利病
大徳2. 1	典 36, 兵3, 13b		站戸別投戸事	通政院據上都通政院咨
大徳2. 1	典 36, 兵3, 27a		長行馬草料	福建行省據通政院咨
大徳2. 1	通 27, 25a		又(帶行人)	中書省, 河南行省咨
大徳2. 1	站 9, 下111		站戸別投戸事	通政院據上都通政院咨
大徳2. 1	驛 1, 下172表			通政院奉聖旨
大徳2. 1. 6	站 4, 上101	大徳5. 9		奏准
大徳2. 1. 10	典 2, 聖1, 16a		〈重民籍〉	欽奉聖旨
大徳2. 1. 25	典 23, 戸9, 7a	大徳6. 1	社長不管餘事	遍行合屬依上施行去終訖
大徳2. 2	典 13, 吏7, 6b		又(置立朱銷文簿)	江西湖東道肅政廉訪司准分司牒
大徳2. 2	典 60, 工3, 2b		禁約濫設祗候	湖廣行省准
大徳2. 2	站 4, 上98			中書省准陝西省
大徳2. 2	驛 1, 下150			江西省咨
大徳2. 2	廟 5, 113		又(行臺監察擧呈正録山長減員)	江浙等處行中書省＊劄付該
大徳2. 2	廟 5, 114		行臺治書侍御史咨呈勉勵…	江南諸道行御史臺＊劄付該
大徳2. 2. 2	秘 10, 12a	至元29. 12. 25	〈辨驗書畫直長〉	劉義…＊

大徳2. 2. 4	典 57, 刑19, 26b	☆	禁治買賣毒藥	奏過事内
大徳2. 2. 5	秘 4, 12b		〈纂修〉	據著作郎呈
大徳2. 2. 8	典 9, 吏3, 11a	大徳2. 4. 20	投下勾當休另提調	奏過事内
大徳2. 2. 8	官 65		初立都水庸田使司條畫	完澤丞相等奏
大徳2. 2. 8	水 1, 4下		立都水庸田司	奏過事内
大徳2. 2. 18	典 29, 禮2, 5b		校尉帶	中書省奏過事内
大徳2. 2. 21	秘 4, 12b	大徳2. 2. 5	〈纂修〉	自＊權且住支
大徳2. 2. 26	典 34, 兵1, 37b		封樁不収脚錢	御史臺咨
大徳2. 3	典 9, 吏3, 23a	☆	倉官前後陞等例	令史掲禧
大徳2. 3	典 20, 戸6, 10a		倒換昏鈔體例	江西省抄録到中書省符文
大徳2. 3	典 36, 兵3, 14a		分間站戸事	御史臺承奉
大徳2. 3	通 14, 19a		又(倒換昏鈔)	中書省, 戸部定到
大徳2. 3	通 16, 20b		又(司農事例)	欽奉聖旨
大徳2. 3	通 28, 19a		又(違例取息)	樞密院照得
大徳2. 3	正 條23, 倉庫3		又(倒換昏鈔)	戸部定到…體例
大徳2. 3	正 條26, 田令84		又(禁擾農民)	聖旨節該
大徳2. 3	站 9, 下111		分間站戸事	御史臺承奉
大徳2. 3	水 1, 6下		江浙行省添力提調	
大徳2. 3. 1	典 9, 吏3, 23a	☆	倉官前後陞等例	立界交代倉
大徳2. 3. 1	典 48, 刑10, 6b	☆	官吏内外首鈔人	奏過事内
大徳2. 3. 17	南 2610, 7b		命徹里爲南臺御史大夫	御史臺奏
大徳2. 3. 20	典 27, 戸13, 4ｂ	大徳2. 8	多要利錢, 本利没官	奏
大徳2. 3. 20	驛 1, 下145			樞密院奏准節該
大徳2. 4	典 41, 刑3, 7b	大徳6. 3	因弟作盗, 斫傷身死	承奉中書省劄付
大徳2. 4. 2	秘 11, 9b		〈典書〉	紀弘道＊
大徳2. 4. 20	典 9, 吏3, 11a		投下勾當休另提調	江西行省准
大徳2. 5	典 33, 禮6, 10a		頭陁禪師另管	江西省欽奉聖旨
大徳2. 5	海 上58			…中書省據海道都漕運萬戸府朱虞龍呈
大徳2. 5	廟 5, 116		儒戸免差不以田畝爲限	浙東道宣慰使司＊劄付該
大徳2. 5. 5	秘 4, 13a		〈纂修〉	據著作郎呈
大徳2. 5. 6	典 9, 吏3, 12b	大徳7. R5. 2	大小勾當體例	奏准節該
大徳2. 5. 6	南 2610, 8b	大徳8. 9. 22	照刷鹽運司文巻	奏准
大徳2. 5. 10	典 38, 兵5, 5b	☆	禁擾百姓	奏過事内
大徳2. 6	通 27, 18a	大徳4. 4	投下千分	御史臺奏
大徳2. 6	站 9, 下91	☆	投下起給鋪馬例	奏過事内
大徳2. 6	驛 1, 下141			欽奉聖旨
大徳2. 6	驛 1, 下141			宣政院奏准
大徳2. 6. 2	驛 1, 下139			宣政院奏
大徳2. 6. 5	典 54, 刑16, 26a	☆	百戸王伯川役死軍	奏過事内
大徳2. 6. 5	典 59, 工2, 5b	大徳2. 8	禁停櫓取渡錢	梢水沈興等乘駕渡船
大徳2. 6. 21	典 38, 兵5, 8b	大徳7. 5	禁内打死獐兎	忻都放馬疋

成宗大德２年(1298)

大德2. 6. 26	典 9, 吏3, 12b	大德7. R5. 2	大小勾當體例	御史臺呈
大德2. 7	典 21, 戸7, 3b		庫院不設揀子	行御史臺據監察呈
大德2. 7	典 36, 兵3, 33b		去失鋪馬劄子	湖廣行省准
大德2. 7	驛 1, 下126			通制＊御史臺呈
大德2. 7	秘 1, 16a	至元26	〈兼領〉	祗受宣命
大德2. 7	秘 9, 15b		〈管勾〉	李九思＊
大德2. 7 (97)	高 42			中書省奏
大德2. 7. 1	典 9, 吏3, 23a	☆	倉官前後陞等例	立界交代六處
大德2. 7. 8	秘 9, 9b		〈秘書少監〉	秦國瑞＊ (98)
大德2. 7. 13	典 6, 臺2, 17b	大德2. 10	稽遅罰俸, 不須問審	奏過事内
大德2. 7. 13	憲 2608, 11b		照刷樞密院文卷	本臺官奏
大德2. 7. 14	秘 9, 9b		〈秘書少監〉	節吉＊
大德2. 7. 14	秘 10, 1b		〈著作郎〉	趙炘＊
大德2. 7. 14	秘 10, 1b		〈著作郎〉	王公儒＊
大德2. 7. 17	典 41, 刑3, 8b	大德5. 5. 28	踢死堂姪	與另居次孫張眞一除掃牛糞
大德2. 7. 25	秘 10, 3b		〈著作佐郎〉	孔淑＊
大德2. 7. 26	氈 1a		〈御用〉	奉旨, 寢殿内造地氈
大德2. 8	典 10, 吏4, 6b		守闕元處聽候	中書省咨
大德2. 8	典 18, 戸4, 13a		夫嫁妻財錢革撥	江西行省據袁州路歸問到
大德2. 8	典 24, 戸10, 3b		開除田糧須體覆	行臺准
大德2. 8	典 27, 戸13, 4b		多要利錢, 本利没官	中書省據樞密院呈
大德2. 8	典 40, 刑2, 14a		枉勘枉禁論罪	行臺劄付
大德2. 8	典 47, 刑9, 10b		侵使官錢追陪贓例	御史臺咨
大德2. 8	典 59, 工2, 5b		禁停櫓取渡錢	行御史臺據監察御史呈
大德2. 8	正 斷8, 戸婚250		居喪嫁娶	樞密院呈
大德2. 8	正 斷8, 戸婚259		妄嫁妻妾	刑部議得
大德2. 8. 2	秘 10, 6a		〈秘書郎〉	蕭璘＊
大德2. 8. 20	典 27, 戸13, 1b		斡脱錢爲民者倚閣	江西行省近有蒙古文字譯
大德2. 8. 29	秘 9, 5b		〈秘書監〉	塔朮丁＊
大德2. 9	典 59, 工2, 2a		修築堤岸防水	湖廣行省准
大德2. 9	通 16, 15b		又(農桑)	中書省, 御史臺呈
大德2. 9	正 條25, 田令74		又([農桑?])	御史臺呈
大德2. 9	正 斷7, 戸婚237		蟲蝻失捕	刑部呈
大德2. 9. 11	典 21, 戸7, 3a	大德3. 8	餘糧許糶接濟	准中書省咨
大德2. 9. 18	秘 9, 9b	元貞1. 4. 2	〈秘書少監〉	賈翔…＊
大德2. 9. 18 (99)	秘 9, 13b		〈秘書監丞〉	張＊
大都2. 9. 18	秘 10, 3b	元貞1. 7. 14	〈著作佐郎〉	楊述祖…＊
大都2. 9. 24	典 49, 刑11, 15b	大德4. 4	遇格免徵倍贓	糾合鄧宥一同偸盜
大德2. 10	典 6, 臺2, 17b		稽遅罰俸, 不須問審	江西行省准

大徳2.10	典 9,吏3,19b		醫官合設員數	行御史臺嶺北湖南道廉訪司申
大徳2.10	典 49,刑11,25a		囚徒配役給糧	中書省咨
大徳2.10	廟 6, 128	大徳4.1	籍定儒戸免役	承奉江南浙西廉訪司指揮
大徳2.10.24	典 36,兵3,14a	大徳5.5	體覆消乏站戸	准鎭江通政院咨
大徳2.10.24	站 9,下111	大徳5.5	體覆消乏站戸	准鎭江通政院咨
大徳2.11	典 12,吏6,27b		各州不設譯史	江西行省近爲吉州等路
大徳2.11	典 22,戸8,42a	延祐6.10	犯界食餘鹽貨	奉省判,元呈
大徳2.11	驛 1,下169			江浙行省據江東道呈
大徳2.11	廟 5, 117		臨江路差儒戸充役被問	江浙等處儒學提擧司＊指揮
大徳2.11.13	典 16,戸2,3b		下海使臣正從分例事	中書省奏過事内
大徳2.11.13	正 斷6,職制200		違例接首錢状	御史臺奏准
大徳2.11.13	驛 1,下150			都省奏准
大徳2.12	典 新刑,刑獄1b	延祐7.2	推官不許獨員遍歴斷囚	奏過事内
大徳2.12	通 3,18b		又(收嫂)	中書省,御史臺呈
大徳2.12	水 8,96上			庸田司講究設置撩清軍夫事
大徳2.12.13	馬 27		〈刷馬〉	丞相完澤…等奏
大徳2.12.18	典 9,吏3,39a	大徳3.8	院務官品級	奏過事内
大徳2.12.21	馬 28		〈刷馬〉	平章賽典赤·暗都剌等奏
大徳2.12.29	通 7,11b		又(存恤)	中書省奏

大徳3年(己亥, 1299)

大徳3	典 8,吏2,21b	大徳5.3	巡檢月日	官吏俸冊
大徳3	典 9,吏3,28b		行用庫副例	湖廣行省准
大徳3	典 9,吏3,38b		院務官品級	行省准
大徳3	典 9,吏3,41a	大徳4.1	院務副使敍格	若受本路付身
大徳3	典 12,吏6,43a		定差庫子事理	行中書省准
大徳3	典 15,戸1,5a	大徳7	又(官吏添支俸給)	添支俸米例
大徳3	典 16,戸2,4a		使臣宿住日期分例	江西行省准
大徳3	典 16,戸2,11a	延祐6	規劃祗應	皇帝根底奏來
大徳3	典 21,戸7,3b	大徳2.7	庫院不設揀子	夏税
大徳3	典 21,戸7,4a	大徳7.8.19	短少糧斛提調官罪名	倉官元報
大徳3	典 21,戸7,12a	大徳6.11	各路週歳紙札	錢帛冊
大徳3	典 26,戸12,9a	大徳5.12	添支水旱脚價	爲江西省鈔本和雇到水脚雇例
大徳3	典 30,禮3,14a		配享三皇體例	御史臺准陝西行臺咨

成宗大徳３年 (1299)

猪兒年	典 36, 兵3, 14b	大徳5. 5	體覆消乏站戸	奏
大徳3	典 36, 兵3, 34b		官吏貨中站馬	湖廣行省劄付
大徳3	典 46, 刑8, 14a	至大4. 12	犯贓再犯通論	詔書
大徳3	典 52, 刑14, 3b	大徳8. 3	詐申漂流文巻	至大徳六年終已未絶文巻
大徳3	典 57, 刑19, 4a		兄不得將弟妹過房	御史臺奉
大徳3	典 58, 工1, 4b	大徳5. 3. 10	纇吐絲價	得到纇吐絲
大徳3	典 60, 工3, 2b	大徳6. 5	納物人員	上半年衲襖
大徳3	典 新吏, 吏制3b	延祐6. 2	散府上州司吏出身	杭州路録事司吏請俸
大徳3	典 新兵, 駅站1b	延祐7. 1	站官就便烙馬	湖廣行省劄付
大徳3	典 新刑, 訴訟4b	延祐6. 2	互爭不結絶, 地租官収	御史臺備着山東廉訪司文書, 説
大徳3	典 新刑, 贓賄7a	至治1. 9	又 (延祐七年革後稟到通例)	於＊爲頭
大徳3	正 斷10, 廏庫336	大徳7. 8	計點不實	倉官郭世忠短少
大徳3	永 15950, 18a	大徳5. 10. 24	〈漕運〉大徳典章	爲江西省鈔本和顧到水脚價例
大徳3	海 下92		〈省臣奏准再定南北糧鼠耗則例〉	中書省准戸部呈
大徳3	站 4, 上98	大徳1. R12		自＊爲額
猪兒年	站 9, 下112	大徳5. 5	體覆消乏站戸	奏
大徳3	驛 1, 下127			都省劄付
大徳3	驛 1, 下127表			刑部呈准
大徳3	驛 1, 下129			都省議得
大徳3	驛 1, 下146			中書省咨
大徳3	秘 2, 4a	大徳7. R5. 22	〈禄秩〉	依＊添支小吏俸米例
大徳3	秘 4, 14a		〈纂修〉	書寫董可宗代孫伯壽闕
大徳3	秘 8, 4a		正旦賀皇太后表	趙炘
大徳3	金 6, 36a		〈侍御史〉	那懷＊
大徳3	金 6, 37a		〈侍御史〉	張珪＊
大徳3	金 6, 39a		〈治書侍御史〉	廉希貢＊
大徳3	金 6, 42b		〈都事〉	賈鈞
大徳3	金 6, 52a		〈監察御史〉	史熹＊
大徳3	金 6, 52a		〈監察御史〉	郝鑑＊
大徳3	金 6, 52a		〈監察御史〉	汪良臣＊
大徳3	金 6, 52b		〈監察御史〉	杜明＊
大徳3	金 6, 52b		〈監察御史〉	王文鼎＊
大徳3. 1	典 2, 聖1, 14a		〈撫軍士〉	欽奉詔書
大徳3. 1	典 3, 聖2, 12b		〈惠鰥寡〉	欽奉詔書
大徳3. 1	典 3, 聖2, 13a	大徳3. 1	〈惠鰥寡〉	自＊爲始
大徳3. 1	典 15, 戸1, 4b		又 (官吏添支俸給)	欽奉詔條
大徳3. 1	典 15, 戸1, 4b	大徳3. 1	又 (官吏添支俸給)	自＊爲始
大徳3. 1	典 27, 戸13, 4b		軍官不得放債	欽奉聖旨
大徳3. 1	典 34, 兵1, 10b		曉諭軍人條畫	欽奉聖旨
大徳3. 1	典 34, 兵1, 10b		拘刷軍人弟男	欽奉聖旨

大徳3.1	典 46,刑8,1b		牧民官受財斷罪	欽奉詔條
大徳3.1	通 3,1a		隱戸占土	欽奉聖旨
大徳3.1	通 7,10b		又(禁治擾害)	欽奉聖旨條畫
大徳3.1	通 7,14a		起補軍丁	欽奉聖旨條畫
大徳3.1	通 21,6a		惠民局	欽奉詔書
大徳3.1	正 條31,醫藥296		惠民局	詔書内一款
大徳3.1.7	典 36,兵3,14a	大徳5.5	體覆消乏站戸	聖旨
大徳3.1.7	站 9,下111	大徳5.5	體覆消乏站戸	聖旨
大徳3.1.8	典 11,吏5,17b	大徳11.2	殿罷官員即與解由	欽奉詔書
大徳3.1.8	典 46,刑8,13b	至大4.12	犯贓再犯通論	欽奉詔書
大徳3.1.8	典 46,刑8,14b	至大4.12	犯贓再犯通論	欽奉詔書
大徳3.1.8	典 54,刑16,4a	大徳3.3	重杖打人致死	欽奉詔書
大徳3.1.9	憲 2608,12a		復立京兆廉訪司	本臺官奏
大徳3.1.10	高 43			丞相完澤奏
大徳3.1.18	典 41,刑3,8b	大徳5.5.28	踢死堂姪	欽遇詔恩
大徳3.2	典 8,吏2,11a		民官子孫給據承襲	江西行中書省移准中書省咨
大徳3.2	典 16,戸2,4a		使臣合喫肉食	江西行省據吉州路申
大徳3.2	典 36,兵3,20b		之任鋪馬站船	江西行省爲兩廣福建之任官員
大徳3.2	典 45,刑7,10b	大徳9.2	指奸有孕例	以尹元一爲媒,聘定張阿陶女
大徳3.2	典 53,刑15,18a		禁治富戸令幹人代訴	奉行臺劄付
大徳3.2	典 58,工1,4a		關防起納疋帛	江西行省准
大徳3.2	站 9,下118		之任鋪馬站船	江西行省爲兩廣福建之任官員
大徳3.2	高 43			下詔,諭高麗王王昛
大徳3.2	廟 6, 129	大徳4.1	籍定儒戸免役	欽奉詔書節該
大徳3.2.1	馬 29		〈刷馬〉	樞密院奏
大徳3.2.7	通 16,16b		又(農桑)	中書省奏
大徳3.2.7	正 條25,田令75		又([農桑?])	中書省奏
大徳3.2.9	典 53,刑15,3b	大徳3.4	巡檢不得接受民詞	欽奉詔書
大徳3.2.28	典 17,戸3,14b		妻姪承繼,以籍爲定	江西行省移咨都省咨文
大徳3.2.28	馬 29		〈刷馬〉	中書省奏
大徳3.2.29	典 9,吏3,41a	大徳4.1	院務副使敍格	准中書省咨
大徳3.2.29	典 36,兵3,14b	大徳5.5	體覆消乏站戸	具呈都省
大徳3.2.29	典 49,刑11,15b	大徳4.4	遇格免徵倍贓	欽遇詔書
大徳3.2.29	站 9,下112	大徳5.5	體覆消乏站戸	具呈都省
大徳3.3	典 8,吏2,20b		運司官等月日	行省爲榷茶運司官并提控案牘
大徳3.3	典 11,吏5,16a		給由開公罪名	江西行省據左右司呈
大徳3.3	典 19,戸5,20a		革撥亡宋已前典賣田土	中書省咨

成宗大徳３年(1299)

大徳3.3	典 45, 刑7, 17a		職官犯奸, 杖斷不敍	江西行省准
大徳3.3	典 49, 刑11, 17a		僧人作賊刺斷	行省劄付
大徳3.3	典 54, 刑16, 4a		重杖打人致死	江西行省准
大徳3.3	秘 5, 11b		〈秘書庫〉	准中書禮部關
大徳3.3.3	典 2, 聖1, 14a		〈撫軍士〉	詔書
大徳3.3.3	典 20, 戸6, 15a	大徳10	格後行使僞鈔	欽遇赦恩
大徳3.3.3	典 38, 兵5, 5b	☆	題名放鷹	速古兒赤奏
大徳3.3.11	典 36, 兵3, 14b	大徳5.5	體覆消乏站戸	准兵部關
大徳3.3.11	站 9, 下112	大徳5.5	體覆消乏站戸	准兵部關
大徳3.3.17	憲 2608, 11b		命徹里爲南臺御史大夫	本臺官奏
大徳3.4	典 12, 吏6, 27b		譯史令史等出身	御史臺承奉
大徳3.4	典 17, 戸3, 9a		軍男與民, 已籍爲定	江西行省准
大徳3.4	典 32, 禮5, 1b		醫戸免差發事	欽奉聖旨
大徳3.4	典 49, 刑11, 15a		賊贓詳審本物	江西行省照得
大徳3.4	典 53, 刑15, 3b		巡檢不得接受民詞	江西行省
大徳3.4	通 2, 27a		又(以籍爲定)	中書省, 江西行省咨
大徳3.4	通 4, 18a		又(過房男女)	中書省, 御史臺呈
大徳3.4	廟 6, 119		憲司擧明學校規式	浙東海右道肅政廉訪司＊牒
大徳3.4	無 上, 25a		屍傷不明	江西行省劄付該, 欽奉詔書
大徳3.4.1	秘 9, 17b		〈提控案牘〉	郭仲亨＊
大徳3.4.6	典 23, 戸9, 5b		更替社長	江西廉訪司據龍興路牒該
大徳3.4.23	典 51, 刑13, 6b	大徳7.1	添給巡捕弓箭	奏
大徳3.4.29	典 新刑, 贓賄7a	至治1.9	又(延祐七年革後稟到通例)	承奉中書省劄付
大徳3.5	典 6, 臺2, 12b		廉訪司巡按月日	御史臺咨
大徳3.5	典 12, 吏6, 28a		路譯史出身	准中書省咨
大徳3.5	典 23, 戸9, 9a		提調點觀農桑	行御史臺准
大徳3.5	典 39, 刑1, 7a		不得擅決品官	奉中書省劄付
大徳3.5	典 42, 刑4, 28b		非謀故殺人准釋放	江西行省准
大徳3.5	典 51, 刑13, 6a	大徳7.1	添給巡捕弓箭	承奉中書省劄付
大徳3.5	廟 6, 122		提擧柯登仕申明約會	江浙等處儒學提擧司＊指揮該
大徳3.5.19	高 44			中書省奏
大徳3.5.26	典 49, 刑11, 22a	大徳8.1	偸粟米賊人免刺	因闕口糧, 除盜謝秀粟谷
大徳3.5.28	典 6, 臺2, 12b	大徳3.5	廉訪司巡按月日	奏過事内
大徳3.6	典 15, 戸1, 4b	大徳3.1	又(官吏添支俸給)	都省例
大徳3.6	典 54, 刑16, 21b		收捕不救援例	行臺准
大徳3.6	正 斷13, 擅興412		軍民官失捕耗賊	御史臺呈
大徳3.6	倉 19		〈倉庫官〉	吏部言
大徳3.6	倉 26	至大3.3	〈倉庫官陞轉例〉	中書省劄
大徳3.6	賦 104a		事大不論乎失	臺呈, 瑞州

大徳3.6	水 8,98下		呉松江堙塞合極治方略	都水庸田使麻合馬…講義
大徳3.6.8	秘 11,9b		〈典書〉	周之徳＊
大徳3.6.9	典 25,戸11,3b	☆	休遮護當差事	完澤丞相等奏過
大徳3.6.9	通 2,22a		官豪影占	中書省奏
大徳3.6.10	通 2.27b		又(以籍爲定)	樞密院奏
大徳3.6.20	秘 9,13b		〈秘書監丞〉	黄惟中＊
大徳3.7	典 8,吏2,23b	大徳7.10	遷用通事知印等例	告暇遷葬
大徳3.7	典 12,吏6,23a		書吏奏差避籍	御史臺咨
大徳3.7	通 27,11a		諸王經行科斂	中書省
大徳3.7.2	典 53,刑15,21b		樂人詞訟約會	中書省奏奉聖旨
大徳3.7.3	通 3,7a		寺院佃戸	中書省奏
大徳3.7.18	典 38,兵5,2b		禁打捕禿鷲	奏過事内
大徳3.7.18	通 27,9b		禁捕禿鷹	中書省奏
大徳3.7.18	山 21a			中書省奏准禁捕禿鷲
大徳3.7.19 (100)	秘 11,1b		〈令史〉	楊倬＊
大徳3.7.20	典 新刑,贓賄6b	至治1.9	又(延祐七年革後稟到通例)	承奉中書省判送
大徳3.7.28	秘 4,13b		〈纂修〉	據著作局呈
大徳3.8	典 21,戸7,3a		餘糧許糶接濟	行臺准
大徳3.8	典 53,刑15,11a		被告官吏回避	御史臺據河南道廉訪司申
大徳3.8	憲 2608,12a		照刷鐵冶提擧司文卷	中書省劄付
大徳3.8	通 4,16a		務停	中書省,御史臺呈
大徳3.8	廟 6, 130	大徳4.2	廉訪分司擧明體察	本道肅政廉訪司體覆儒人
大徳3.8.2	秘 10,6a		〈秘書郎〉	温澤＊
大徳3.8.6	廟 6, 129	大徳4.1	籍定儒戸免役	承奉江浙等處行中書省劄付
大徳3.9	正 斷2,職制11		擅自離職	刑部呈
大徳3.9	高 44			晅上表陳情
大徳3.9.25	秘 9,9a	至元31.8.24	〈秘書少監〉	傅巖卿…＊
大徳3.10	典 53,刑15,25a		又(年例停務月日)	湖廣行省准
大徳3.10	典 59,工2,13a		軍民約會廨宇	御史臺咨
大徳3.10	正 條34,獄官345		又(非理鞫囚)	江浙行省咨
大徳3.10	賦 62b		妄認或依於錯認/妄認	中書省,遼陽行省咨
大徳3.10.15	典 1,詔1,6a	大徳3.12	立皇后詔	授以玉冊
大徳3.10.22	典 46,刑8,10b	大徳7.5	取受被察推病,依例罷職	奏過事内
大徳3.11	典 14,吏8,5a		長官不得差占	江西行省據檢校官呈
大徳3.11	典 18,戸4,15b		廣官妻妾嫁例	湖廣等處行省准
大徳3.11	典 35,兵2,3b		拘禁僧人弓箭	行省劄付
大徳3.11	通 4,5b		又(嫁娶)	中書省,御史臺呈

大徳3.11	通 20,7b		又(獲賊)	中書省,江浙行省咨
大徳3.11	正 條30,賞令271		又(獲賊)	江浙省咨
大徳3.11	正 斷8,戸婚258		入廣官員妻妾	御史臺呈
大徳3.11	正 斷11,廐庫364		追問私鹽欺隱斷没錢物	陝西省咨
大徳3.11	廟 6, 124		申明儒人課試	江浙等處行中書省＊劄付該
大徳3.11.4	典 60,工3,2b	大徳6.5	納物人員	差委前杭州路人匠提擧
大徳3.11.13	站 4,上98			丞相完澤…等奏
大徳3.11.16	書 5a			法師張松堅言
大徳3.11.17	典 36,兵3,34a	大徳3.12	走死鋪馬交陪	奏奉聖旨
大徳3.11.21	典 46,刑8,12b	大徳10.6	司吏犯贓,經格告敍	受要訖倉官黄天俊中統鈔
大徳3.12	典 1,詔1,6a		立皇后詔	欽奉聖旨
大徳3.12	典 24,戸10,5b		新軍限地難同漢軍	湖廣行省該
大徳3.12	典 34,兵1,34b		病軍減支新糧	中書省據刑部侍郎呈該
大徳3.12	典 36,兵3,34a		走死鋪馬交陪	湖廣行省劄付
大徳3.12	通 7,2a		又(口糧醫藥)	中書省,刑部侍郎等官呈
大徳3.12	站 9,下91		禁走驟鋪馬	湖廣行省劄付
大徳3.12.19	典 46,刑8,16b	大徳4	侵使軍人盤費	本院官奏過事内
大徳3.12.29	典 34,兵1,15b	☆	擬定新附軍籍	奏過事内

大徳4年(庚子, 1300)

大徳4	典 12,吏6,35b	大徳11.3	選補州縣司吏新例	點充平准昏鈔庫子
大徳4	典 12,吏6,37a		縣尉設司吏例	湖廣行省劄付
大徳4	典 21,戸7,4b	大徳7.8.19	短少糧斛提調官罪名	倉官元報
大徳4	典 21,戸7,15b		州縣官伴走例	湖廣行省劄付
大徳4	典 22,戸8,18a	大徳4.11	新降鹽法事理	自＊爲始
大徳4	典 22,戸8,24b	延祐5.3.16	申明鹽課條畫	改法立倉
大徳4	典 22,戸8,34b	至大4.9	鹽法依大徳四年立法恢辦	
大徳4	典 22,戸8,44b	大徳5	犯界酒課不便	収支錢糧
大徳4	典 29,禮2,7a		軍官窠闕印信	御史臺咨
大徳4	典 30,禮3,12a		祖先牌座事理	中書省咨
大徳4	典 37,兵4,7b	大徳5.11	帳冊十斤以上不入遞	事跡帳冊
大徳4	典 46,刑8,16a		侵使軍人盤費	御史臺准樞密院,湖廣行省咨
大徳4	典 58,工1,2a	大徳7.12.2	預支人匠口糧	工糧
大徳4	典 58,工1,5a	大徳5.10	選買細絲事理	夏季段疋

大徳4	通 29,12a	大徳8.4.5	又(商税地税)	省官人毎
大徳4	正 斷10,廐庫336	大徳7.8	計點不實	倉官郭楫短少
大徳4	倉 25	大徳10.6	<倉庫官>	咨准定例
大徳4	驛 1,下122			通政院奏准
大徳4	驛 1,下128			兵部議得
大徳4	驛 1,下147			中渡省
大徳4	驛 1,下156			樂城縣申
大徳4	海 上62	大徳6		有男張文彪究思元言
大徳4	秘 8,4b		正旦表	孔淑
大徳4	秘 8,5a		正旦賀表	王公儒
大徳4	秘 8,5a		天壽節表	趙炘
大徳4	秘 9,9b	大徳1.8.27	<秘書少監>	忙古台…＊[101]
大徳4	永 15950,15b		<漕運> 成憲綱要	都省咨
大徳4	金 6,34a		<御史中丞>	趙某＊
大徳4	金 6,37a		<侍御史>	高睿＊
大徳4	金 6,42b		<都事>	張道源＊
大徳4	金 6,42b		<都事>	張孝思＊
大徳4	金 6,45a		<照磨承發司管勾兼獄丞>	程好禮＊
大徳4	金 6,46a		<架閣庫管勾>	石林甕吉剌歹＊
大徳4	金 6,52b		<監察御史>	樊會慶＊
大徳4	金 6,52b		<監察御史>	拜都＊
大徳4	金 6,52b		<監察御史>	詹士龍＊
大徳4	金 6,52b		<監察御史>	李俞＊
大徳4	金 6,52b		<監察御史>	忻都＊
大徳4	金 6,52b		<監察御史>	奥敦忽都魯＊
大徳4.1	典 9,吏3,41a		院務副使紋格	江西行省劄付
大徳4.1	典 39,刑1,9a		僧人自犯重刑	江西行省准
大徳4.1	憲 2608,12b		復立海北海南道廉訪司	本臺官奏
大徳4.1	驛 1,下122			欽奉聖旨
大徳4.1	廟 6, 125		籍定儒戸免役	江南諸道行御史臺＊劄付
大徳4.1.17	典 49,刑11,21a	大徳7.3	受雇人盗主物免刺	憑黄仲三作保
大徳4.1.21	典 18,戸4,10a	大徳6.4	胡元一兄妹爲婚	據五都第十六社長胡信甫状申
大徳4.1.25	秘 10,9b		<校書郎>	萬遜＊
大徳4.2	典 12,吏6,25a	至大3	臺察書吏出身	議得,廉訪司書吏
大徳4.2	典 12,吏6,25a	至大3	臺察書吏出身	議得,先役書吏
大徳4.2	典 12,吏6,25b	至大3	臺察書吏出身	議得
大徳4.2	典 14,吏8,10b		檢目譯史繋歴	江西行省劄付
大徳4.2	典 40,刑2,10b		罪囚患病分數	江西廉訪司准瑞州路牒呈
大徳4.2	廟 6, 130		廉訪分司擧明體察	浙東海右道肅政廉訪司＊牒該
大徳4.2	水 1,7上		庸田司通管江東兩浙	

成宗大徳４年(1300)

大徳4. 2. 9	秘 9, 9b		〈秘書少監〉	史也先不花＊
大徳4. 3	典 8, 吏2, 20b		遠方吏員月日	江浙行省准
大徳4. 3	典 16, 戸2, 7a		差劄内開寫分例草料	中書省該
大徳4. 3	典 20, 戸6, 14b	大徳7. 12. 6	禁治僞鈔	至＊収禁
大徳4. 3	典 33, 禮6, 3a		講主長老替頭	行宣政院會驗
大徳4. 3	典 40, 刑2, 3a		禁治遊街等刑	湖廣行省准
大徳4. 3	高 44			闊里吉思上言
大徳4. 3	永 15950, 15b		〈漕運〉成憲綱要	戸部呈
大徳4. 4	典 17, 戸3, 15a		又(妻姪承繼, 以籍爲定)	江西行省准
大徳4. 4	典 18, 戸4, 9b		領訖財禮改嫁事理	江浙省省掾石仲實承行劄付
大徳4. 4	典 49, 刑11, 15b		遇格免徴倍贓	江西行省准
大徳4. 4	通 27, 18a		投下千分	中書省所委廉訪使乞失烈陸拾言
大徳4. 4	通 28, 21a		又(闌遺)	中書省, 宣徽院備
大徳4. 4	正 條24, 廐牧59B		又(闌遺)	宣徽院備闌遺監呈
大徳4. 4	正 斷13, 擅興425		私[代]軍夫	工部呈
大徳4. 4. 4	驛 1, 下147	大徳4		咨
大徳4. ?. 4	典 35, 兵2, 4b	至大1	禁治弓箭彈弓	傳奉聖旨
大徳4. 4. 12	典 16, 戸2, 11a	延祐6	規劃祗應	奏過事内
大徳4. 4. 12	秘 4, 17a		〈纂修〉	據秘書郎呈
大徳4. 4. 22	典 18, 戸4, 10a	大徳6. 4	胡元一兄妹爲婚	據臨江路備新喩州申
大徳4. 5. 15	典 22, 戸8, 66b	大徳7. 6. 18	軍人孫眞匿税	承奉中書省劄付
大徳4. 5. 16	典 37, 兵4, 2b	大徳6. 4	又(整點急近鋪舍)	承奉中書省劄付
大徳4. 5. 28	典 19, 戸5, 20a		哈迷與張徳榮爭房地	湖南宣慰司蒙湖廣等處行省
大徳4. 6	典 9, 吏3, 44a		上中州添設首領官	江西行省
大徳4. 6	典 12, 吏6, 37a		捕盗司設司吏例	湖廣行省劄付
大徳4. 6	正 斷10, 廐庫340		監臨攬税	御史臺呈
大徳4. 6	站 4, 上105	大徳6. 1. 22		都省照擬
大徳4. 6	廟 6, 132		行省差設教諭	江浙等處行中書省＊劄付
大徳4. 6	廟 6, 134		成宗設立小學書塾	江浙等處儒學提擧司＊指揮該
大徳4. 6	廟 6, 136	大徳5. 6	山長改教授及正録教諭格例	約會到翰林國史·集賢院
大徳4. 6. 7	典 22, 戸8, 12a	大徳4. 9	茶法	到來潭州, 見爲榜文禁治私茶
大徳4. 6. 10	通 8, 1b		表牋	中書省奏奉聖旨
大徳4. 6. 15	站 4, 上105	大徳6. 1. 22		奏准聖旨
大徳4. 7	典 22, 戸8, 66b		匿税提調官司斷	江西行省據瑞州路申
大徳4. 7. 8	典 34, 兵1, 33b	大徳4. 10	禁擅差役軍人	本院官奏過事内

大徳4. 7. 8	通 7, 14a		擅差	樞密院奏
大徳4. 7. 16	秘 5, 7b		〈秘書庫〉	准中書禮部關
大徳4. 7. 24	秘 9, 13b		〈秘書監丞〉	盛從善＊
大徳4. 7. 25	典 41, 刑3, 8b	大徳5. 5. 28	蹋死堂姪	承奉中書省判送
大徳4. 7. 29	典 26, 戸12, 9b	大徳5. 12	添支水旱脚價	承奉中書省劄付
大徳4. 7. 29	永 15950, 18b	大徳5. 10. 24	〈漕運〉大徳典章	承奉中書省劄付
大徳4. 8	典 9, 吏3, 44a		江南提控吏目遷轉	江西行省准
大徳4. 8	典 17, 戸3, 15b		異姓承繼立戸	行臺劄付
大徳4. 8	倉 20		〈倉庫官〉	上都留守司關
大徳4. 8. 18	通 6, 11b		又 (廕例)	中書省奏奉聖旨
大徳4. 8. 24	秘 10, 9b		〈校書郎〉	李嗣宗＊
大徳4. 8. 25	典 12, 吏6, 34a	大徳10. 10	路吏運司吏出身	咨
大徳4. 8. 26	正 斷2, 職制28		又 (官文書有誤)	完澤丞相等奏
大徳4. R8. 24 (102)	秘 10, 12a		〈辨驗書畫直長〉	唐文質＊
大徳4. 9	典 19, 戸5, 17b		典賣田地給據税契	湖廣行省准
大徳4. 9	典 19, 戸5, 19b	至大1. 7	舒仁仲錢業各歸元主	都省定例
大徳4. 9	典 22, 戸8, 12a		茶法	湖南宣慰司准江西榷茶都運使司牒
大徳4. 9	典 22, 戸8, 41b	延祐6. 10	犯界食餘鹽貨	奉省札
大徳4. 9	典 40, 刑2, 2b		禁殺殺問事	江西行省劄付
大徳4. 9	典 40, 刑2, 11a	至大2. 3	病囚考證醫藥	准中書省咨
大徳4. 9	典 43, 刑5, 5b		無檢驗骨殖例	江西行省劄付
大徳4. 9	通 19, 5b		巡警	中書省, 刑部呈
大徳4. 9	正 條34, 獄官346		非法用刑	江西行省咨
大徳4. 9	倉 20		〈倉庫官〉	戸部言
大徳4. 9	站 4, 上98			參政馬哈麻等賫奉詔書
大徳4. 9	無 上, 24b		檢驗骨殖無定例	江西行省劄付
大徳4. 9. 4	站 4, 上99	大徳4. 9		回據順徳路申
大徳4. 9. 20	秘 1, 16a	至元26	〈兼領〉	欽受宣命
大徳4. 9. 24	畫 15a			速古兒赤衆家奴…奉旨
大徳4. 9. 24	秘 6, 3b	大徳4. 10. 30	〈秘書庫〉	速古兒赤衆家奴・哈剌撒哈都欽奉聖旨
鼠兒年9. 26	典 36, 兵3, 20b	大徳5. 1	使臣起馬數目	奏
鼠兒年9. 26	站 9, 下119	大徳5. 1	使臣起馬數目	奏
大徳4. 10	典 3, 聖2, 13a		〈惠鰥寡〉	欽奉詔書
大徳4. 10	典 11, 吏5, 16a		曾提調鹽官解由開寫	湖南道宣慰司奉湖廣行省劄付
大徳4. 10	典 19, 戸5, 6a		開荒展限收税	欽奉聖旨
大徳4. 10	典 21, 戸7, 16a		正官押運事理	湖廣行省劄付
大徳4. 10	典 34, 兵1, 33a		禁擅差役軍人	行臺劄付
大徳4. 10	典 34, 兵1, 37a		軍裝依期支給	江西行省劄付
大徳4. 10	通 3, 18a		收嫂	中書省, 河南行省咨

大徳4. 10	正 斷5, 職制130		私用站車	御史臺呈
大徳4. 10	賦 127a		聽贖收贖	部議
大徳4. 10. 16	典 34, 兵1, 37a	大徳4. 10	軍裝依期支給	贛州路於＊方行中稟夏衣
大徳4. 10. 30	秘 6, 3b		〈秘書庫〉	准中書工部關
大徳4. 11	典 22, 戸8, 18a		新降鹽法事理	兩淮都轉運鹽使司承奉中書省
大徳4. 11. 14	典 46, 刑8, 6a	大徳5. 3. 11	軍官犯贓在逃	本院官奏過事内
大徳4. 12	典 8, 吏2, 21a		發補令史事理	御史臺奉
大徳4. 12	畫 15b	大徳4. 9. 24		自＊爲始
大徳4. 12. 2	典 6, 臺2, 18b	大徳6	又(指巻照刷)	本臺官奏奉聖旨
大徳4. 12. 2	典 24, 戸10, 6b	大徳7. 1	不得打量漢軍地土	本院官奏過事内
大徳4. 12. 2	通 16. 33b		打量田土	樞密院奏
大徳4. 12. 2	正 條26, 田令107		打量軍民田土	樞密院奏
大徳4. 12. 2	秘 10, 3b		〈著作佐郎〉	李賢＊
大徳4. 12. 3	典 6, 臺2, 18a	大徳5	指巻照刷	奏過事内
大徳4. 12. 3	驛 1, 下151			中書省奏准
大徳4. 12. 4	秘 10, 1b		〈著作郎〉	郭道恭＊
大徳4. 12. 19	秘 10, 6a		〈秘書郎〉	劉的斤＊
大徳4. 12. 20	典 22, 戸8, 18a	大徳4. 11	新降鹽法事理	聞奏過
大徳4. 12. 20	南 2610, 7b		移臺事	御史臺奏過事内
大徳4. 12. 20 (103)	秘 11, 6b		〈怯里馬赤〉	王伯顔察兒＊
大徳4. 12. 21	典 36, 兵3, 14b	大徳5. 5	體覆消乏站戸	奏
大徳4. 12. 21	典 53, 刑15, 21b	☆	投下詞訟約會	奏過事内
大徳4. 12. 21	站 4, 上99			通政院使只兒哈忽·哈只等奏
大徳4. 12. 21	站 9, 下112	大徳5. 5	體覆消乏站戸	奏
大徳4. 12. 24	典 41, 刑3, 2b	大徳5. 3	捏克伯虛稱母死	本臺奏過事内
大徳4. 12. 24	正 斷3, 職制60		回納公服稽緩	御史臺奏
大徳4. 12. 29	憲 2608, 12b		選用風憲官員	本臺官奏

大徳5年(辛丑, 1301)

大徳5	典 6, 臺2, 18a		指巻照刷	中書省咨
大徳5	典 6, 臺2, 18b	大徳6	又(指巻照刷)	下半年
大徳5	典 6, 臺2, 18b	大徳6	又(指巻照刷)	例
大徳5	典 8, 吏2, 8b	延祐4. 12. 14	遷調官員	例
大徳5	典 22, 戸8, 19b	大徳4. 11	新降鹽法事理	自＊爲始
大徳5	典 22, 戸8, 21b	大徳4. 11	新降鹽法事理	自＊爲始
大徳5	典 22, 戸8, 37a		禁治砂鹽	江浙行省據福建運司申
大徳5	典 22, 戸8, 44b		犯界酒課不便	江浙行省據左右司都事趙承事呈
大徳5	典 34, 兵1, 22b	大徳8. 6	又(拘刷在逃軍驅)	樞密院官人毎奏
大徳5	典 46, 刑8, 6b		軍官取受例	御史臺據監察御史呈

大徳5	典 50, 刑12, 6a	至大1. 7	放火賊人例	奏准盜賊通例
大徳5	典 53, 刑15, 5a	至大1. 4	站官不得接受詞状	典訖田四十七畝
大徳5	典 57, 刑19, 36a		禁科斂迎木偶	行御史臺據監察御史呈
大徳5	典 58, 工1, 2a	大徳7. 12. 2	預支人匠口糧	工糧
大徳5	典 58, 工1, 5a	大徳5. 3. 10	顆吐絲價	自＊爲始
大徳5	典 新刑, 諸盜4b	延祐7. 3	拯盜未盡事例	奏准通例
大徳5	典 新刑, 諸盜4b	延祐7. 3	拯盜未盡事例	通例
大徳5	典 新刑, 諸盜10b	延祐6. 10	盜軀偷拐錢物, 二罪從重論免刺	云隱藏盜軀
大徳5	通 29, 12b	大徳8. 4. 5	又(商税地税)	宣政院奏
大徳5	官 64		〈都水庸田使司〉	省臣奏
大徳5	官 69		〈廣誼司〉	大都路
大徳5	倉 21		〈倉庫官〉	戸部員外郎趙章訓言
大徳5	站 4, 上105	大徳6. 1. 22		站赤止給鷹食
大徳5	站 4, 上107	大徳6. 8		額撥祗應錢内放支買置
大徳5	站 9, 下92		結攬站赤	中書兵部承奉
大徳5	驛 1, 下133			兵部呈
大徳5	驛 2, 下174			通政院奉令旨
大徳5	秘 1, 3a		〈設官〉	添設秘監一員
大徳5	秘 1, 8a		〈設幕府〉	提控案牘改設爲知事
大徳5	秘 8, 5b		天壽節賀表	郭道恭
大徳5	秘 8, 6a		天壽節表	王庸
大徳5	秘 9, 5a	至元10. 2. 7	〈秘書監〉	添一人
大徳5	秘 9, 9b	大徳2. 7. 8	〈秘書少監〉	秦國瑞…＊ (104)
大徳5	秘 11, 6a	至元28	〈怯里馬赤〉	別的斤…＊
大徳5	賦 57a		言其變	盜賊斷例
大徳5	金 6, 33a		〈御史中丞〉	孛蘭奚＊
大徳5	金 6, 37a		〈侍御史〉	高凝＊
大徳5	金 6, 40a		〈治書侍御史〉	劉衡＊
大徳5	金 6, 52b		〈監察御史〉	抄兒赤＊
大徳5	金 6, 52b		〈監察御史〉	沙的＊
大徳5	金 6, 52b		〈監察御史〉	劉良弼＊
大徳5	金 6, 52b		〈監察御史〉	鄭雲翼＊
大徳5	金 6, 52b		〈監察御史〉	乞里吉＊
大徳5	金 6, 52b		〈監察御史〉	牛弘道＊
大徳5	金 6, 52b		〈監察御史〉	宴只哥＊
大徳5	金 6, 52b		〈監察御史〉	納魯＊
大徳5	金 6, 52b		〈監察御史〉	忽都察＊
大徳5	金 6, 52b		〈監察御史〉	怯烈赤＊
大徳5. 1	典 36, 兵3, 20b		使臣起馬數目	湖廣行省准
大徳5. 1	典 37, 兵4, 8a		拖鋪兵挑擔	湖廣行省准
大徳5. 1	典 54, 刑16, 6a	至大3. 3	枉勘死平民	朱僉事借中統鈔
大徳5. 1	站 4, 上103	大徳5. 12		時估北羊肉價
大徳5. 1	站 9, 下119		使臣起馬數目	湖廣行省准

成宗大德５年(1301)

大德5. 1	賦 41a		罪囚捜検而得	江浙省咨, 紹興路
大德5. 1. 10	典 18, 戸4, 11a	大德6. 4	胡元一兄妹爲婚	據臨江路申
大德5. 1. 11	典 11, 吏5, 14b	大德5. 7	又(捕盜官給由例)	到東平路東阿縣北値強賊
大德5. 1. 11	典 46, 刑8, 6a	大德5. 5	犯贓官吏在逃不敍	奏過事内
大德5. 1. 11	典 51, 刑13, 14b	大德8. 2	失盜解由開寫	到東平路東平縣北, 値賊
大德5. 1. 11	典 新刑, 贓賄4a	延祐7. 8	延祐七年革後稟到通例	御史臺奏過事内
大德5. 1. 11	站 4, 上99			太傅右丞相完澤等奏
大德5. 1. 26	典 41, 刑3, 6b	大德5. 3	胡參政殺弟	奏奉聖旨
大德5. 1. 29	典 12, 吏6, 34a	大德10. 10	路吏運司吏出身	咨該
大德5. 2	典 12, 吏6, 19b		選理問所令史	行中書省准
大德5. 2	典 17, 戸3, 9b		儒醫抄數爲定	湖廣行省劄付
大德5. 2	典 22, 戸8, 36a		引鹽不相離	江浙行省准
大德5. 2	典 34, 兵1, 22a	大德8. 6	又(拘刷在逃軍驅)	樞密院欽奉聖旨
大德5. 2	通 28, 16a		又(祈賽等事)	御史臺准江南行臺咨
大德5. 2	站 4, 上99			遼陽行省大寧路言
大德5. 2	高 44			罷行省官
大德5. 2	賦 108a		犯不知者	江浙省爲處州路
大德5. 2. 5	秘 6, 4b		〈秘書庫〉	本監准中書工部關
大德5. 2. 5	秘 11, 9b		〈典書〉	馬克明＊
大德5. 3	典 2, 聖1, 3a		〈肅臺綱〉	欽奉皇帝聖旨
大德5. 3	典 8, 吏2, 21a		巡檢月日	江浙行省准
大德5. 3	典 12, 吏6, 37b		待闕吏充書鋪	承奉行臺劄付
大德5. 3	典 41, 刑3, 2a		揑克伯虚稱母死	行臺准
大德5. 3	典 41, 刑3, 6b		胡參政殺弟	江西湖東道肅政廉訪司准監察御史牒該
大德5. 3	典 53, 刑15, 1b	大德11. 5	籍記吏書状	江南行臺監察御史忻都將仕呈
大德5. 3	典 59, 工2, 5a		禁治拘刷鹽船	兩淮都轉運鹽使司牒
大德5. 3	憲 2608, 12b			欽奉皇帝聖旨
大德5. 3	馬 16		〈和買馬〉	兵部承奉
大德5. 3	秘 3, 19a		〈雜録〉	准中書吏部關
大德5. 3	賦 35b		首從之法	河南省咨准
大德5. 3	賦 80a		情重於物	廣平路司獄魏紹
大德5. 3. 1	倉 21	大德5		齊界交割
大德5. 3. 1	倉 21	大德5		齊界實慮倉官短少, 卒不敷用
大德5. 3. 1	倉 22	大德5		先行逐旋發補
大德5. 3. 10	典 58, 工1, 4b		纇吐絲價	江西行省據江州路申

大德5. 3. 11	典 46, 刑8, 6a		軍官犯贓在逃	江南行御史臺准
大德5. 3. 26	馬 16	大德5. 3	〈和買馬〉	奏
大德5. 4	典 20, 戸6, 12a		昏鈔每季燒納	近准中書省咨
大德5. 4	站 4, 上100			省委點站官苗好謙言
大德5. 4. 1	秘 3, 17b	大德5. 6. 14	〈守兵〉	自＊爲始
大德5. 4. 2 (105)	秘 11, 1b		〈令史〉	趙仁＊
大德5. 4. 11	典 42, 刑4, 9b		用鐵棍於被上打死	江西行省准中書省咨
大德5. 4. 20	秘 3, 8b		〈分監〉	據知印申居仁呈
大德5. 4. 20	秘 10, 3b		〈著作佐郎〉	王庸＊
大德5. 5	典 23, 戸9, 13a		禁斫伐桑果樹	行臺准
大德5. 5	典 36, 兵3, 14a		體覆消乏站戸	行御史臺准
大德5. 5	典 37, 兵4, 5a		入遞文字	行御史臺准
大德5. 5	典 46, 刑8, 5b		犯贓官吏在逃不敍	行御史臺准
大德5. 5	倉 22		〈倉庫官〉	省議
大德5. 5	倉 22		〈倉庫官〉	甘肅行省言
大德5. 5	站 9, 下111		體覆消乏站戸	行御史臺准
大德5. 5	秘 9, 17b		〈知事〉	改提控案牘爲知事
大德5. 5. 12	典 21, 戸7, 17a	至大1	格前克落錢糧稟例	…承奉中書省劄付
大德5. 5. 12	典 21, 戸7, 17b	至大1	格後追徵錢糧稟例	…承奉中書省劄付
大德5. 5. 25	典 51, 刑13, 14b	大德8. 2	失盜解由開寫	准中書省咨
大德5. 5. 28	典 41, 刑3, 8b		踢死堂姪	江西行省准
大德5. 6	典 9, 吏3, 16a	延祐4. 1	正録教諭直學	湖廣行省准
大德5. 6	典 27, 戸13, 2a		斡脱毎休約當	欽奉聖旨
大德5. 6	典 新吏, 官制4a	延祐4. 1	正録教諭直學	湖廣行省准
大德5. 6	倉 23			御史臺言
大德5. 6	站 4, 上100			御史臺備監察御史言
大德5. 6	秘 3, 17b	大德5. 6. 14	〈守兵〉	至＊終
大德5. 6	廟 6, 136		山長改教授及正録教諭格例	江浙等處行中書省＊劄付
大德5. 6	檢 102 (永914, 26a)	大德7. 1		弟劉子勝買香貨
大德5. 6. 1	倉 21	大德5		齊界交割
大德5. 6. 1	倉 21	大德5		河糧已畢
大德5. 6. 1	倉 21	大德5		齊集交割
大德5. 6. 1	倉 22	大德5		關發
大德5. 6. 14	秘 3, 17b		〈守兵〉	武衞親軍百戸完顏壞義
大德5. 6. 26	秘 9, 9b		〈秘書少監〉	申敬＊
大德5. 7	典 11, 吏5, 14b		又（捕盜官給由例）	湖廣行省准
大德5. 7	典 19, 戸5, 1b		轉佃官田	江西行省准
大德5. 7	典 41, 刑3, 12a		妖言虚説兵馬	中書省咨
大德5. 7	通 16, 22a		佃種官田	中書省議得
大德5. 7	通 28, 15b		又（祈賽等事）	中書省准蒙古文字譯該
大德5. 7	正 條26, 田令91		佃種官田	中書省議得

大徳5.7	站 4, 上100			御史臺准監察御史上言
大徳5.7	永 7385, 10b		〈喪禮〉	欽奉聖旨節該
大徳5.7.2	秘 4, 15a		〈纂修〉	准兵部關
大徳5.7.9	秘 5, 8a	大徳4.7.16	〈秘書庫〉	准禮部關
大徳5.7.9	秘 5, 8b		〈秘書庫〉	本監移中書兵部關
大徳5.7.10	典 14, 吏8, 11a	大徳6.8	蒙古刑名立漢兒文案	奏奉聖旨
大徳5.7.10	典 34, 兵1, 21b	☆	拘刷在逃軍驅	本院官奏過事内
大徳5.7.10	典 46, 刑8, 7a	大徳5	軍官取受例	本臺奏過事内
大徳5.7.11	典 42, 刑4, 6a	大徳7.7.14	挾讎故殺部民	奏過事内
大徳5.7.21	典 53, 刑15, 22a		畏吾兒等公事約會	欽奉聖旨
大徳5.8	典 2, 聖1, 3b		〈肅臺綱〉	欽奉詔書
大徳5.8	典 2, 聖1, 4a		〈肅臺綱〉	又一款
大徳5.8	典 3, 聖2, 14b		〈賑飢貧〉	欽奉詔書
大徳5.8	典 3, 聖2, 18a		〈崇祭祀〉	欽奉聖旨條畫
大徳5.8	典 3, 聖2, 19a		〈明政刑〉	欽奉詔書
大徳5.8	典 4, 朝1, 3b	皇慶2.5	省部減繁格例	欽奉聖旨條畫
大徳5.8	典 18, 戸4, 19b		離異買休妻例	湖廣行省據湖南道宣慰司呈
大徳5.8	典 20, 戸6, 21b		禁販私肌	中書省咨
大徳5.8	典 22, 戸8, 69a		站馬不納税錢	通政院准本院同僉孫奉政咨
大徳5.8	典 46, 刑8, 12b	大徳10.6	司吏犯贓, 經格告敍	欽奉詔書以前
大徳5.8	典 新都, 3b	至治1.1.22	貼書犯贓, 却充俸吏	欽奉詔書
大徳5.8	通 17, 5a		主首里正	欽奉聖旨
大徳5.8	正 條27, 賦役169		均當主首里正	聖旨節該
大徳5.8	正 條33, 獄官319	皇慶1.12.26	囚案明白聽決	欽奉聖旨節該
大徳5.8	憲 2608, 13a			欽奉詔書
大徳5.8	憲 2608, 13b			又一款
大徳5.8	秘 4, 14a		〈纂修〉	四至八到坊郭體式
大徳5.8	檢 104(永914, 27a)	大徳11.6		陳祐＊將歸善縣初檢
大徳5.8.3	憲 2608, 13b		審理罪囚定例	欽奉聖旨賑災條畫内
大徳5.8.6	秘 3, 18a		〈工匠〉	秘書監據知書畫支分裱褙人王芝呈
大徳5.8.17	秘 1, 3a		〈設官〉	賈翔於＊上
大徳5.8.17	秘 9, 6a		〈秘書監〉	賈翔＊
大徳5.8.18	典 54, 刑16, 13b	大徳9.9	刑名枉錯斷例	據廉阿羅状告
大徳5.8.19	典 54, 刑16, 14a	大徳9.9	刑名枉錯斷例	承行歸善縣申
大徳5.8.26	典 54, 刑16, 12b	大徳9.9	刑名枉錯斷例	有司吏趙賢輔將到歸善縣申
大徳5.8.27	典 54, 刑16, 12a	大徳9.9	刑名枉錯斷例	經過遠江務
大徳5.8.27	檢 102(永914, 26a)	大徳7.1		經過遠江務

大徳5. 9	典 34, 兵1, 29a	至大1	病死軍人棺木	欽奉聖旨條畫
大徳5. 9	站 4, 上101			通政院敬奉晉王令旨
大徳5. 9	站 4, 上101			隴北廉訪司僉事梁承事言
大徳5. 9	站 4, 上101			四川道宣慰司都元帥府言
大徳5. 9. 13	秘 9, 1b		〈行秘書監事〉	贍思丁＊
大徳5. 10	典 58, 工1, 5a		選買細絲事理	湖廣行省准
大徳5. 10	通 27, 25b		又（帶行人）	中書省，御史臺呈
大徳5. 10	站 4, 上101			兵部奉中書省判送
牛兒年10. 21	典 31, 禮4, 2b	大徳6. 7	生徒數目	本院官荅失蠻…等奏
大徳5. 10. 22	典 4, 朝1, 1a	大徳6. 2. 22	奏事經由中書省	奏過事内
大徳5. 10. 24	永 15950, 17b		〈漕運〉大徳典章	江西行省准中書省咨
大徳5. 11	典 37, 兵4, 7a		帳冊十斤以上不入遞	行臺准
大徳5. 11	典 46, 刑8, 7a		替閑官員犯贓	福建閩海道肅政廉訪司近爲古田縣貼書
大徳5. 11	通 3, 20a		又（收嫂）	中書省准陝西行省咨
大徳5. 11	站 4, 上102			保定路定興驛言
大徳5. 11	站 4, 上102			遼陽行省減較定擬到
大徳5. 11. 28	典 39, 刑1, 8b	大徳6. 3. 10	怯怜口官吏犯罪	本院官啓過事内
大徳5. 11. 28	憲 2608, 14a	大徳6. 4	照刷中政院文巻	本院官啓過事内
大徳5. 12	典 26, 戸12, 8b		添支水旱脚價	江浙行省准
大徳5. 12	站 4, 上103			湖廣行省備播州宣慰司言
大徳5. 12	站 4, 上103			通政院備雷家站等驛言
大徳5. 12	站 4, 上103			江浙行省言
大徳5. 12	賦 15a		例分八字/及字	盜賊例
大徳5. 12	賦 113a		贓罪六色	盜賊斷例
大徳5. 12. 2	永 15950, 19a	大徳6. 7	〈漕運〉大徳典章	據常山水歩站申
大徳5. 12. 24	典 41, 刑3, 2b	大徳5. 3	揑克伯虚稱母死	本臺奏過事内
大徳5. 12. 25 (106)	秘 11, 4b		〈回回令史〉	阿合馬＊
大徳5. 12. 25	秘 11, 7b		〈奏差〉	劉那海＊
大徳5. 12. 26	典 49, 刑11, 3a	大徳6. 3	強切盜賊通例	奏奉聖旨
大徳5. 12. 26	典 49, 刑11, 7a	皇慶2. 6	盜賊各分首從	奏准
大徳5. 12. 26	典 49, 刑11, 10a	延祐4. 3	盜賊出軍處所	奏奉聖旨
大徳5. 12. 26	典 49, 刑11, 13a	大徳7. 3	盜猪依例追陪	奏准節該
大徳5. 12. 26	典 49, 刑11, 17b	大徳6	八剌哈赤人等作賊刺斷	奏准定例
大徳5. 12. 26	典 49, 刑11, 30a		警跡人拘檢關防	奏准

大徳5. 12. 26	典 49, 刑11, 30b	大徳7. 4	警跡人轉發元籍	奏准
大徳5. 12. 26	典 49, 刑11, 31a	至大1. 9	警跡人獲賊功賞	奏奉
大徳5. 12. 26	典 51, 刑13, 8b		又(獲強切盜給賞)	奏准條畫
大徳5. 12. 26 (107)	典 51, 刑13, 10a	大徳7. 5	放支捕盜賞錢	奏奉聖旨條畫
大徳5. 12. 26	典 51, 刑13, 13a		又(失過盜賊責罰)	奏准
大徳5. 12. 26	典 新刑, 巡捕1a	延祐5. 3	獲賊陞賞	奏奉盜賊條畫
大徳5. 12. 26	通 19, 5b	大徳7. 10	又(捕盜功過)	例後
大徳5. 12. 26 (108)	通 20, 5a		又(獲賊)	中書省奏
大徳5. 12. 26	正 條29, 捕亡241	大徳7. 10	又(捕盜功過)	例後

大徳6年(壬寅, 1302)

大徳6	典 3, 聖2, 4b	大徳7. 3	〈復租賦〉	被災闕食
大徳6	典 6, 臺2, 18b		又(指卷照刷)	行臺准
大徳6	典 8, 吏2, 7b	大徳7. 10. 29	犯贓官員除授	下半年文巻
大徳6	典 10, 吏4, 3a		又(遠年求仕)	中書省咨
大徳6	典 12, 吏6, 30b	至大1. 3	廉訪司奏差, 州吏内選取	呈准省判
大徳6	典 34, 兵1, 35b	大徳7. 11. 22	逃亡軍糧	議得
大徳6	典 47, 刑9, 4b		軍官攬納飛鈔	行臺准
大徳6	典 49, 刑11, 12b	大徳7. 4	偸頭口賊, 依強切盜刺斷	中書省奏准定到斷賊盜例
大徳6	典 49, 刑11, 17a		八剌哈赤人等作賊刺斷	御史臺咨
大徳6	典 50, 刑12, 7a		發塚賊人刺斷	江浙行省准據浙東道呈
大徳6	典 52, 刑14, 3b	大徳8. 3	詐申漂流文巻	大徳三年至＊終已未絶文巻
大徳6	典 53, 刑15, 25b		爭田詞訟停務	御史臺咨
大徳6	典 54, 刑16, 20a	皇慶2. 12	又(官典刑名違錯)	充龍興路新建縣無俸司吏
大徳6	典 56, 刑18, 3a		孛蘭奚鷹犬	御史臺咨
大徳6	典 新刑, 訴訟4b	延祐6. 2	互爭不結絶, 地租官収	河南省官人每與將文書來
大徳6	典 新刑, 贓賄7b	至治1. 9	又(延祐七年革後稟到通例)	承奉中書省判送
大徳6	通 17, 10b	皇慶2. 9. 21	又(田禾災傷)	臺官人每説
大徳6	正 條27, 賦役148	皇慶2. 9. 21	風憲體覆災傷	…臺官人每説
大徳6	海 上60			以海道運糧萬戸府官員
大徳6	站 4, 上107	大徳6. 8		撥降官錢
大徳6	站 5, 上108	大徳7. 5. 28		甘肅行省言
大徳6	驛 1, 下136			通制＊兵部呈
大徳6	驛 1, 下136表			通制＊土番宣慰司花押進呈
大徳6	驛 1, 下139			做買賣人

大徳6	驛 1, 下158			戸部據大都運司申
大徳6	驛 1, 下173表			兵部呈准
大徳6	秘 8, 6a		正旦賀表	趙炞
大徳6	秘 8, 6b		天壽節賀表	王庸
大徳6	賦 21a		私貸私借/移見鈔本以盗論	戸刑部議
大徳6	無 上, 17b		死無親屬, 許鄰佑地主坊主申官	行省准中書省
大徳6	水 4, 39上			大徳七年分浙西數郡官民田土
大徳6	永 15950, 14a		〈漕運〉成憲綱要	御史臺奉中書省
大徳6	金 6, 34a		〈御史中丞〉	陳天祥＊
大徳6	金 6, 39a		〈治書侍御史〉	識篤兒＊
大徳6	金 6, 40a		〈治書侍御史〉	趙世延＊
大徳6	金 6, 41a		〈經歴〉	脱脱＊
大徳6	金 6, 42b		〈都事〉	潘昂霄＊
大徳6	金 6, 42b		〈都事〉	苗好謙＊
大徳6	金 6, 46a		〈架閣庫管勾〉	劉元亨＊
大徳6	金 6, 53a		〈監察御史〉	郝文＊
大徳6	金 6, 53a		〈監察御史〉	田澤＊
大徳6	金 6, 53a		〈監察御史〉	孟遵＊
大徳6	金 6, 53a		〈監察御史〉	忽速剌沙＊
大徳6	金 6, 53a		〈監察御史〉	王別帖木兒＊
大徳6	金 6, 53a		〈監察御史〉	楊慤＊
大徳6	金 6, 53a		〈監察御史〉	呉擧＊
大徳6. 1	典 23, 戸9, 6a		社長不管餘事	江西湖東道肅政廉訪司承奉
大徳6. 1	典 45, 刑7, 10a		指奸革撥	江西道廉訪司承奉行臺劄付
大徳6. 1	典 49, 刑11, 21a	大徳7. 3	受雇人盗主物免刺	＊至三月…偸盗訖雇主
大徳6. 1	典 51, 刑13, 14a	大徳7. 10	失盗添資降等	欽奉聖旨條畫
大徳6. 1	通 16, 28b		異代地土	中書省, 陝西行省咨
大徳6. 1	正 條26, 田令103		異代地土	陝西行省咨
大徳6. 1	正 斷7, 戸婚214		非法虐驅	御史臺呈
大徳6. 1	驛 1, 下152			通政院奏
大徳6. 1	賦 60b		官物宜吝於給受	臺呈, 大都路
大徳6. 1. 2	秘 9, 17b		〈知事〉	王士熻＊
大徳6. 1. 3	秘 1, 8a	大徳5	〈設幕府〉	王士熻於＊禮任
大徳6. 1. 15	憲 2608, 13b		體覆災傷	本臺官奏過事内
大徳6. 1. 20	典 6, 臺2, 10a	☆	體察體覆事理	奏過事内
大徳6. 1. 20	典 25, 戸11, 3b	大徳6. 4	趓避差發	奏過事内
大徳6. 1. 20	典 36, 兵3, 23b	☆	分揀鋪馬馳駄	本院官奏過事内
大徳6. 1. 20	憲 2608, 13b	大徳6. 1. 15	體覆災傷	奏過事内
大徳6. 1. 20	通 17, 9b		又(田禾災傷)	御史臺奏
大徳6. 1. 20	通 22, 1b		又(奔喪遷葬)	樞密院奏

成宗大德６年（1302）

大德6. 1. 20	站 4, 上104			通政院使禿滿答兒·哈只等奏
大德6. 1. 20	站 4, 上104			又通政院官奏
大德6. 1. 22	典 36, 兵3, 27b		長行馬草料休與	奏
大德6. 1. 22	典 36, 兵3, 35a	大德6. 5	站戸在逃	本院官奏過事内
虎兒年1. 22	典 39, 刑1, 8a	大德6. 9	審復蒙古重刑	可魯忽赤寶哥…上位奏
大德6. 1. 22	站 4, 上104			通政院使察乃等奏
大德6. 1. 22	站 4, 上104			通政院使察乃…等奏
大德6. 1. 22	站 4, 上104			河南行省備汴梁路脱脱禾孫言
大德6. 1. 22	站 4, 上105			打捕鷹鷂官
大德6. 1. 22	站 4, 上105			中書下兵部安置站車
大德6. 1. 22	站 4, 上105			河南府新安縣
大德6. 1. 23	驛 1, 下165			通政院奏
大德6. 1. 24	典 49, 刑11, 21a	大德7. 3	受雇人盜主物免刺	爲始…偸盜雇主呉旺糯米
大德6. 1. 26	正 斷9, 廐庫292		抽分羊馬	御史臺奏
大德6. 2	典 15, 戸1, 9a	☆	又（犯罪罷職, 公田不給）	都省例
大德6. 2	典 16, 戸2, 4b		下番使臣山羊分例	福建道宣慰司承奉江浙行省
大德6. 2	典 19, 戸5, 21a		遠年賣田, 告稱卑幼收贖	湖州路承奉江浙行省劄付
大德6. 2	典 50, 刑12, 3a		出征軍人搶奪, 比同強盜杖斷	江西行省准
大德6. 2	通 13, 9b		又（俸禄職田）	中書省, 河南行省咨
大德6. 2	正 斷5, 職制119		增乘驛馬	陝西省咨
大德6. 2	站 4, 上106			江西省咨
大德6. 2	賦 26a		贓非頻犯後發	都省通事禿忽赤
大德6. 2. 8	典 34, 兵1, 19b		乾討虜依例軍器糧食	欽奉聖旨
大德6. 2. 22	典 4, 朝1, 1a		奏事經由中書省	江西廉訪司承奉
大德6. 3	典 3, 聖2, 21a		〈霈恩宥〉	欽奉詔書
大德6. 3	典 12, 吏6, 38a		革去濫設貼書	行御史臺據監察御史呈
大德6. 3	典 19, 戸5, 19a	大德8. 2	違法成交田土	欽遇詔赦
大德6. 3	典 40, 刑2, 10a		罪囚衣絮	湖南宣慰司爲各處見禁
大德6. 3	典 41, 刑3, 7b		因弟作盜, 斫傷身死	江西行省准
大德6. 3	典 49, 刑11, 3a		強切盜賊通例	江浙行省准
大德6. 3	典 53, 刑15, 7a		人吏不得問事	行臺准
大德6. 3	典 54, 刑16, 7a	至大3. 3	枉勘死平民	承奉中書省劄付
大德6. 3	通 19, 6a		倉庫被盜	中書省, 刑部呈

大徳6.3	正 條29, 捕亡243		倉庫被盗	刑部議得
大徳6.3	檢 102(永914, 25b)			刑部呈, 鄒平縣黄成告
大徳6.3	檢 102(永914, 26a)			中書所委官呈
大徳6.3.2	秘 10, 6a		〈秘書郎〉	孔淑＊
大徳6.3.3	典 3, 聖2, 21a	大徳6.3	〈霈恩宥〉	昧爽以前
大徳6.3.3	典 6, 臺2, 18b	大徳6	又(指巻照刷)	欽奉赦恩
大徳6.3.3	典 11, 吏5, 6a	大徳6.7	患病侍親格限	爲格以前
大徳6.3.3	典 42, 刑4, 6a	大徳7.7.14	挾讎故殺部民	欽遇詔赦
大徳6.3.3	典 49, 刑11, 21a	大徳7.3	受雇人盗主物免刺	已前事理
大徳6.3.3	典 54, 刑16, 27b	大徳7.10	防禁盗賊私役弓手	已後到今
大徳6.3.3	典 57, 刑19, 10a	大徳6.11	典雇有夫婦人贓鈔	已前
大徳6.3.3	典 新吏, 職制2b	延祐6.2	作闕官告敍, 委官保勘	爲革例
大徳6.3.10	典 39, 刑1, 8b		怯怜口官吏犯罪	江西行省准
大徳6.3.20	典 9, 吏3, 11a	大徳6.10	又(投下不得勾職官)	刷馬時節喚我去來
大徳6.3.20	典 15, 戸1, 3b	大徳7.3.24	被問致除俸例	得替開除名俸
大徳6.3.20	典 46, 刑8, 18a	延祐4.7	減徴事故起發盤纏	奏奉聖旨
大徳6.3.27	典 49, 刑11, 17b	大徳7.9	僧盗師伯物刺斷	夜, 切盗師兄善智財物
大徳6.3.29	典 54, 刑16, 17b	皇慶1.4	官吏檢屍違錯	奉省判
大徳6.4	典 18, 戸4, 10a		胡元一兄妹爲婚	江西行省據龍興路申
大徳6.4	典 25, 戸11, 3b		趓避差發	中書省咨
大徳6.4	典 37, 兵4, 2b		又(整點急近鋪舎)	江西行中書省准
大徳6.4	典 51, 刑13, 9b	大徳6.11	捕獲強切盗賊, 准折功過	省准刑部符文
大徳6.4	典 59, 工2, 5b		漕運糧斛船夫	行御史臺准
大徳6.4	憲 2608, 14a		照刷中政院文巻	中政院咨
大徳6.4	通 4, 14b		又(鰥寡孤獨)	中書省, 江西行省
大徳6.4	驛 1, 下129表			兵部呈准
大徳6.4	洗 新例2a		聖朝頒降新例/官吏親臨檢屍	行臺劄付
大徳6.4.4	典 54, 刑16, 12a	大徳9.9	刑名枉錯斷例	欽遇釋免
大徳6.4.4	永 15950, 19a	大徳6.7	〈漕運〉大徳典章	承奉通政院劄付
大徳6.4.25	典 54, 刑16, 9a	大徳6.11	捕獲強切盗賊, 准折功過	准本司牒
大徳6.4.26	典 51, 刑13, 9a	大徳6.11	捕獲強切盗賊, 准折功過	准本州捕盗司隷軍戸元良弼
大徳6.5	典 16, 戸2, 7b		應副豹子分例	江西行省准
大徳6.5	典 36, 兵3, 35a		站戸在逃	江浙行省准
大徳6.5	典 46, 刑8, 16a	大徳8.8	辦課人員取受	有提領董謙男董詢告論
大徳6.5	典 60, 工3, 2b		納物人員	江西行省准
大徳6.5	通 27, 4b		又(兵杖應給不應給)	中書省, 江浙省咨

成宗大徳６年(1302)

大徳6. 5. 3	典 9, 吏3, 11b	大徳6. 1	又(投下不得勾職官)	有使臣怯來賫敬奉阿只吉大王令旨
大徳6. 5. 6	典 36, 兵3, 23b	大徳7. 3	鋪馬不般運諸物	奏奉聖旨
大徳6. 5. 14	典 10, 吏4, 9a	大徳7. 11. 16	投下人員未換授, 不得之任	承奉本投下王傅照會到
大徳6. 5. 21	典 57, 刑19, 3b		略賣良人價錢	江西省檢照得
大徳6. 5. 24	典 57, 刑19, 3a	大徳7. 9. 12	部民故毆本屬官長	承奉便宜都總帥府劄付
大徳6. 5. 29 (109)	秘 11, 3b		〈譯史〉	蓋洋＊
大徳6. 6	典 54, 刑16, 26b		民官役民致死	行臺
大徳6. 6	典 新戸, 錢債1a	大徳10. 8	軍官多取軍人息錢	將鈔四定借與泉州住坐軍人
大徳6. 6	典 新刑, 訴訟4a	延祐4. 10	告爭婚姻	爭田入務例
大徳6. 6	通 4, 15a		又(鰥寡孤獨)	中書省, 御史臺呈
大徳6. 6	通 6, 25b		病闋	中書省, 吏部呈
大徳6. 6	正 斷8, 戸婚273		定婚聞姦強娶	禮部呈
大徳6. 6	秘 6, 4a	大徳4. 10. 30	〈秘書庫〉	裱褙畢工
大徳6. 6. 4	典 38, 兵5, 8b	大徳7. 5	禁內打死獐兎	因飲牛於黍子地
大徳6. 6. 22	秘 9, 15b		〈管勾〉	孫思榮＊
大徳6. 6. 22	秘 10, 9b		〈校書郎〉	李世長＊
大徳6. 6. 27	典 46, 刑8, 9b	延祐4. 3	職官殿年, 自被問停職日月計算	在任, 因事受楊才中統鈔
大徳6. 6. 29	典 21, 戸7, 17a	至大1	格前克落錢糧稟例	承奉中書省劄付
大徳6. 6. 29	典 21, 戸7, 17b	至大1	格後追徴錢糧稟例	承奉中書省劄付
大徳6. 7	典 11, 吏5, 4之5b		患病侍親格限	江西行省准
大徳6. 7	典 31, 禮4, 2b		生徒數目	江浙行省准
大徳6. 7	典 42, 刑4, 19a		主戸打死佃客	中書省劄付
大徳6. 7	典 46, 刑8, 9b	延祐4. 3	職官殿年, 自被問停職月日計算	承奉中書省判送
大徳6. 7	典 57, 刑19, 20b		禁賭博攀指	江浙行省准
大徳6. 7	典 新吏, 職制2b	延祐6. 2	作闕官告敍, 委官保勘	患病作闕
大徳6. 7	永 15950, 19a		〈漕運〉大徳典章	袁州路奉江西行省劄付
大徳6. 7. 2	典 42, 刑4, 10a	大徳7. 3	打死強要定親媒人	有鄧成二將引雷九俚
大徳6. 7. 26 (110)	秘 11, 5a		〈知印〉	李九思＊
大徳6. 8	典 14, 吏8, 11a		蒙古刑名立漢兒文案	行御史臺准
大徳6. 8	通 28, 2b		野火	中書省, 刑部呈
大徳6. 8	正 斷5, 職制148		體覆站戸消乏	兵部議得
大徳6. 8	南 2611, 7a	至正12. 2. 26	僉補站戸	兵部議得
大徳6. 8	站 4, 上107			廣平路言
大徳6. 8	站 4, 上107			江浙行省言
大徳6. 8. 3	典 6, 臺2, 18b	大徳6	又(指巻照刷)	本臺官禿赤大夫…奏過事内

大徳6.8.3	典 56, 刑18, 2a		告首隱藏孛蘭奚賞鈔	江西行省准
大徳6.8.13	典 52, 刑14, 3b	大徳8.3	詐申漂流文巻	戌時, 巨風大雨
大徳6.8.14	典 53, 刑15, 24b		竈戸詞訟約會	行臺准
大徳6.9	典 39, 刑1, 7b		審復蒙古重刑	行臺准
大徳6.9	典 53, 刑15, 4a		出使人不得接詞訟	江浙行省准
大徳6.9	通 3, 19b		又(収嫂)	中書省, 禮部呈
大徳6.9	通 19, 6b		又(倉庫被盜)	中書省, 刑部呈
大徳6.9	正 斷10, 廐庫348		倉庫被盜	刑部呈
大徳6.9	書 6a			奉敕建文廟
大徳6.9.2	秘 9, 9b		〈秘書少監〉	伯牙烏台＊
大徳6.9.10	典 54, 刑16, 4a	大徳7.7.7	拷勘葉十身死	獲到汪有成被盜絲貨可疑人
大徳6.9.19	典 57, 刑19, 13a	大徳7.5	賞捕私宰牛馬	承奉中書省劄付
大徳6.9.25	檢 102(永914, 26a)			定襄縣張仲恩告
大徳6.9.27	檢 102(永914, 26b)	大徳6.9.25		却聽怯來等言
大徳6.10	典 9, 吏3, 11b		又(投下不得勾職官)	行臺准
大徳6.10	典 27, 戸13, 2a		追斡脱錢擾民	江浙行省准
大徳6.10	通 20, 1b		軍功	中書省議得
大徳6.10	通 27, 14b		又(解典)	中書省, 河南省咨
大徳6.10	正 條30, 賞令259		又(告獲謀反)	中書省議得
大徳6.10	驛 1, 下165表			欽奉
大徳6.10	永 15950, 15b		〈漕運〉成憲綱要	中書省咨
大徳6.10.15	典 49, 刑11, 28a	大徳7.9	父首子爲盜免罪	隻身前去邵立…院内
大徳6.11	典 21, 戸7, 12a		各路週歳紙札	福建宣慰司近爲福州·汀州路申
大徳6.11	典 36, 兵3, 15a		站戸餘糧當差	江浙行省劄付
大徳6.11	典 51, 刑13, 9a		捕獲強切盜賊, 准折功過	中書省咨
大徳6.11	典 57, 刑19, 10a		典雇有夫婦人贓鈔	江西行省准
大徳6.11	典 新吏, 職制2b	延祐6.2	作闕官告敍, 委官保勘	遠年告敍
大徳6.11	站 9, 下113		站戸餘糧當差	江浙省劄付
大徳6.11	秘 10, 1b	大徳2.7.14	〈著作郎〉	趙炘…＊
大徳6.11.30	典 36, 兵3, 33b	大徳7.3.21	枉道馳驛	本院官奏
大徳6.11.30	站 4, 上107			通政院使禿満答兒…等奏
大徳6.12	典 19, 戸5, 20b		趙若震爭柑園	湖廣行省, 本道呈
大徳6.12	通 6, 23a		又(軍官襲替)	中書省, 吏部呈
大徳6.12.6	典 49, 刑11, 21b	大徳7.9	兩姨兄弟免刺	夜, 糾合黄文二盜
大徳6.12.11	秘 9, 9b		〈秘書少監〉	腆哈＊
大徳6.12.19	秘 10, 6a		〈秘書郎〉	侯彰＊
大徳6.12.19	秘 10, 10a		〈校書郎〉	侯彰＊

大徳7年(癸卯, 1303)

大徳7	典 3, 聖2, 4b	大徳7. 3	〈復租賦〉	差發税糧
大徳7	典 8, 吏2, 22b	皇慶1. 1	又(巡檢月日)	通例
大徳7	典 15, 戸1, 5a		又(官吏添支俸給)	欽奉詔條
大徳7	典 15, 戸1, 9a	☆	又(犯罪罷職, 公田不給)	都省例
大徳7	典 16, 戸2, 12a	大徳11. 1	站赤祇應庫子	奉使宣撫與本省講議到
大徳7	典 18, 戸4, 21b		奩田聽夫家爲主	江浙行省准
大徳7	典 19, 戸5, 19b	至大1. 7	舒仁仲錢業, 各歸元主	移准中書省咨該
大徳7	典 20, 戸6, 15b	大徳10	格後行使僞鈔	各處承奉斷例
大徳7	典 21, 戸7, 12b	大徳6. 11	各路週歳紙札	從＊爲始
大徳7	典 22, 戸8, 45a	延祐6. 5	私造酒麴, 依匿税例科斷	禁酒聖旨條畫
大徳7	典 22, 戸8, 45b	延祐6. 5	私造酒麴, 依匿税例科斷	禁酒例
大徳7	典 32, 禮5, 6a	大徳8. 5	郷貢藥物, 趁時收採	藥物已科
大徳7	典 34, 兵1, 18b		探馬赤軍驅當役	江浙行省准樞密院咨
大徳7	典 34, 兵1, 35a		又(回軍米藥)	江西行省准
大徳7	典 46, 刑8, 14a	至大4. 12	犯贓再犯通論	奏准十二章格例
大徳7	典 48, 刑10, 9b		造贓濫冊	江浙行省准
大徳7	典 48, 刑10, 12a		罷織清廉官吏	江浙行省准
大徳7	典 53, 刑15, 6a		諸人言告虛實例	中書省咨
大徳7	典 53, 刑15, 15b	☆	又(稱冤赴臺陳告)	張閭陝西做監司
大徳7	典 57, 刑19, 12b		倒死牛馬, 里正主首告報過開剥	福建宣慰司承奉
大徳7	典 59, 工2, 14a		禁賣係官房舍	江浙行省劄付
大徳7	典 新吏, 官制2a	延祐7. 3	拘收詐冒宣敕	例革
大徳7	典 新戸, 課程8a	延祐6. 3	私酒同匿税科斷	禁酒例
大徳7	典 新戸, 課程8b	延祐6. 3	私酒同匿税科斷	禁酒例
大徳7	正 斷8, 戸婚276	大徳8. 11. 7	又(僧道娶妻)	俺曾奏
大徳7	官 64		〈都水庸田使司〉	乃乞罷
大徳7	官 67		〈都水庸田使司〉	革罷
大徳7	海 上55			再設六翼
大徳7	海 下93		〈排年海運水脚價鈔〉	起運稻穀
大徳7	驛 1, 下136表			通制＊宣政院所委伯顏帖木兒
大徳7	驛 1, 下136表			通制＊河南省咨
大徳7	驛 1, 下151			江西省移准都省咨
大徳7	驛 1, 下161			宣政院議得
大徳7	驛 1, 下169			兵部議到

大德7	驛 1, 下172	延祐3. 10		兩浙奉使宣撫與本省一同講議
大德7	秘 8, 7a		正旦賀表	趙炌
大德7	水 2, 16上		〈水利問答〉	亦遭水害
大德7	水 4, 39上			大德六年＊分浙西數郡官民田土
大德7	水 5, 50下	大德11	任監丞言	水災數目
大德7	水 5, 54下	大德11. 6. 3	開河置閘	水災數目
大德7	水 5, 55下	大德11. 6. 19	行都水監照得	水災數目
大德7	水 5, 60上	大德11. 11	行都水監照到	比與＊之水不殊
大德7	水 5, 64上	至大2. 11	呉松江利病	往年大水, 惟＊爲最
大德7	水 8, 100下	大德9. 5	乞陞正三品	遂承例革
大德7	永 15950, 15a		〈漕運〉成憲綱要	河南省咨
大德7	永 15950, 13a		〈漕運〉蘇州志	併立海道都漕運萬戶府
大德7	金 6, 33a		〈御史中丞〉	高睿＊
大德7	金 6, 36a		〈侍御史〉	太答＊
大德7	金 6, 45a		〈照磨承發司管勾兼獄丞〉	張中＊
大德7	金 6, 53a		〈監察御史〉	李愷＊
大德7	金 6, 53a		〈監察御史〉	楊寅＊
大德7	金 6, 53a		〈監察御史〉	續希賢＊
大德7	金 6, 53a		〈監察御史〉	蕭泰登＊
大德7	金 6, 53a		〈監察御史〉	馬兒＊
大德7	金 6, 53a		〈監察御史〉	楊演＊
大德7	金 6, 53a		〈監察御史〉	李至道＊
大德7	金 6, 53a		〈監察御史〉	朶烈禿＊
大德7	金 6, 53a		〈監察御史〉	李蕃＊
大德7	金 6, 53a		〈監察御史〉	教化＊
大德7	金 6, 53a		〈監察御史〉	哈只＊
大德7	金 6, 53b		〈監察御史〉	王格＊
大德7. 1	典 8, 吏2, 22a	皇慶1. 1	又 (巡檢月日)	承奉中書省劄付
大德7. 1	典 8, 吏2, 22a	皇慶1. 1	又 (巡檢月日)	以前
大德7. 1	典 24, 戸10, 6a		不得打量漢軍地土	江浙行省准樞密院咨
大德7. 1	典 51, 刑13, 3a		關防倉庫盜賊	行臺准
大德7. 1	典 51, 刑13, 6a		添給巡捕弓箭	江浙行省准
大德7. 1	典 54, 刑16, 12a	大德9. 9	刑名枉錯斷例	承奉中書省劄付
大德7. 1	通 4, 6a		又 (嫁娶)	中書省, 刑部呈
大德7. 1	通 13, 9a		又 (俸祿職田)	中書省, 戸部呈
大德7. 1	檢 102 (永914, 26a)			御史臺呈
大德7. 1. 13	典 54, 刑16, 24b		多收工墨除名	行臺准
大德7. 1. 17	典 8, 吏2, 11a		民官陣亡廕敍	江西行省准
大德7. 1. 17	典 24, 戸10, 9a		和尚休納稅糧	欽奉聖旨
大德7. 1. 26	典 53, 刑15, 27a	大德7. 4	又禁撇無頭文字	奏過事内
大德7. 1. 26	典 54, 刑16, 26b	大德7. 4. 24	萬戸慶童渰死軍	奏過事内

成宗大德７年(1303)

大徳7.2	典 11, 吏5, 16b		給由開具収捕獲功	湖廣行省劄付
大徳7.2	通 6, 31b	大徳8.5	又(擧保)	更新之後
大徳7.2	通 6, 37a		又(令譯史通事知印)	中書省, 江浙行省咨
大徳7.2.4	典 34, 兵1, 18b	大徳7	探馬赤軍驅當役	本院官奏過事内
大徳7.2.19	站 5, 上108			中書省奏
大徳7.2.24	典 39, 刑1, 9a	☆	僧道做賊殺人, 管民官問者	奏過事内
大徳7.2.24	南 2610, 8b	大徳8.9.22	照刷鹽運司文巻	奏過事内
大徳7.2.24	通 28, 1b		分間怯薛	中書省奏
大徳7.2.24	官 66		〈都水庸田使司〉	中書省稟
大徳7.2.27	典 49, 刑11, 17b	大徳7.9	僧盜師伯物刺斷	切盜東寮師伯公袁允中
大徳7.3	典 3, 聖2, 4a		〈復租賦〉	設立奉使宣撫詔書
大徳7.3	典 3, 聖2, 4b		〈復租賦〉	又一款
大徳7.3	典 3, 聖2, 10a		〈救災荒〉	欽奉設立奉使宣撫詔書
大徳7.3	典 3, 聖2, 13a		〈惠鰥寡〉	欽奉設立奉使宣撫詔書
大徳7.3	典 3, 聖2, 14b		〈賑飢貧〉	欽奉設立奉使宣撫詔書
大徳7.3	典 3, 聖2, 16a		〈恤流民〉	欽奉設立奉使宣撫詔書
大徳7.3	典 3, 聖2, 19a		〈明政刑〉	設立奉使宣撫欽奉聖旨
大徳7.3	典 8, 吏2, 22b		遷轉奏差巡檢月日	江浙行省准
大徳7.3	典 9, 吏3, 35b	☆	鹽場窠闕處所	大都運司鹽場, *併入河間運司
大徳7.3	典 11, 吏5, 17b	大徳11.2	殿罷官員即與解由	欽奉聖旨
大徳7.3	典 19, 戸5, 18a		格前私賣田土	湖廣行省准
大徳7.3	典 36, 兵3, 23b		鋪馬不般運諸物	江浙行省據通政院呈
大徳7.3	典 36, 兵3, 24a		打捕鷹廝濫騎鋪馬	江浙行省准
大徳7.3	典 36, 兵3, 34b		又(走死鋪馬交陪)	福建宣慰司准通政院咨
大徳7.3	典 42, 刑4, 10a		打死強要定親媒人	江西行省准
大徳7.3	典 46, 刑8, 11b	大徳7.11	官典取受羊酒, 解任求仕	已前事理
大徳7.3	典 49, 刑11, 13a		盜猪依例追陪	江西行省准
大徳7.3	典 49, 刑11, 20b		親屬相盜免刺	江西行省准
大徳7.3	典 49, 刑11, 21a		受雇人盜主物免刺	江西行省准
大徳7.3	典 57, 刑19, 36b		禁下番人口等物	江浙行省照得
大徳7.3	通 2, 22b		又(官豪影占)	欽奉聖旨條畫
大徳7.3	通 13, 2b		又(俸禄職田)	中書省, 戸部呈
大徳7.3	通 18, 4b		又(和雇和買)	中書省, 宣徽院呈
大徳7.3	正 條28, 關市211		又(和雇和買)	戸部與禮部議得
大徳7.3	正 斷8, 戸婚261		轉嫁男婦	禮部議得

大徳7. 3	正 斷9, 廏庫285		私宰病馬牛	江西省咨
大徳7. 3	站 5, 上108			河南行省備汝寧府言
大徳7. 3	秘 10, 12a		〈辨驗書畫直長〉	支瑋＊
大徳7. 3. 3	典 2, 聖1, 12a		〈勸農桑〉	欽奉奉使宣撫詔書
大徳7. 3. 16	典 46, 刑8, 1b		贓罪條例	
大徳7. 3. 16	典 46, 刑8, 13b	至大4. 12	犯贓再犯通論	欽奉聖旨
大徳7. 3. 16	典 50, 刑12, 7a		禁治子孫發塚	江西行省准
大徳7. 3. 16	正 斷6, 職制149		取受十二章	欽奉聖旨
大徳7. 3. 21	典 36, 兵3, 33b		枉道馳驛	江西行省准
大徳7. 3. 24	典 15, 戸1, 3b		被問致除俸例	江西行省准
大徳7. 3. 24	典 22, 戸8, 37b	大徳7. 4. 20	鹽司人休買要鹽引	奏過下項事理
大徳7. 3. 26	典 26, 戸12, 1a	大徳7. 11. 2	編排里正主首例	准中書省咨
大徳7. 3. 26	秘 3, 8b		〈分監〉	蒙昭文館大學士省會年例
大徳7. 3. 30	秘 4, 16a	大徳7. 5. 2	〈纂修〉	…秘書監岳鉉等奏
大徳7. 4	典 12, 吏6, 41a		典史	中書吏部承奉
大徳7. 4	典 12, 吏6, 43a		庫子滿日, 依舊發充司吏	准御史臺咨
大徳7. 4	典 22, 戸8, 42b		私鹽合醬	江浙行省據兩浙運司申
大徳7. 4	典 49, 刑11, 12b		偸頭口賊, 依強切盗刺斷	江浙行省准
大徳7. 4	典 49, 刑11, 17b	大徳7. 9	僧盗師伯物刺斷	承奉中書省劄付
大徳7. 4	典 49, 刑11, 30a		警跡人轉發元籍	江西行省准
大徳7. 4	典 49, 刑11, 31a	至大4. 10	拘鈐不令離境	河南行省咨
大徳7. 4	典 53, 刑15, 27a		又禁撇無頭文字	江浙行省准
大徳7. 4	通 4, 7a		又 (嫁娶)	中書省, 禮部呈
大徳7. 4	通 16, 31b		撥賜田土還官	中書省, 江浙行省咨
大徳7. 4	正 條26, 田令127		典賣係官田産	江浙省咨
大徳7. 4. 13	典 54, 刑16, 22a	延祐5. 3. 17	人民餓死, 官吏斷罪	御史臺承奉
大徳7. 4. 16	典 8, 吏2, 26a	至大1. 5	司庫准理月日	准中書省咨
大徳7. 4. 20	典 22, 戸8, 37b		鹽司人休買要鹽引	江西行省准
大徳7. 4. 21	典 10, 吏4, 9a	大徳7. 11. 16	投下人員未換授, 不得之任	捏不烈大王位下乾州段長官
大徳7. 4. 24	典 54, 刑16, 26b		萬戸慶童渰死軍	江西廉訪司承奉
大徳7. 5	典 38, 兵5, 8b		禁内打死獐兎	行臺准
大徳7. 5	典 40, 刑2, 5a		不得法外枉勘	行省准
大徳7. 5	典 40, 刑2, 15a		重刑結案	行省准
大徳7. 5	典 46, 刑8, 10b		取受被察推病, 依例罷職	行御史臺准
大徳7. 5	典 51, 刑13, 10a		放支捕盗賞錢	行省准
大徳7. 5	典 51, 刑13, 11a		獲盗遇赦給賞	湖廣行省准
大徳7. 5	典 57, 刑19, 13a		賞捕私宰牛馬	湖廣行省准
大徳7. 5	典 新戸, 課程5a	延祐5. 12	延祐五年拯治茶課	中書省咨文
大徳7. 5	通 16, 27a		又 (典賣田産事例)	中書省, 戸部呈

成宗大徳７年(1303)

大徳7. 5	正 條26, 田令122		貿易田産	戸部議得
大徳7. 5	正 斷3, 職制80		詭名買引	兩浙運司同知趙尚敬
大徳7. 5	正 斷13, 擅興423		又(私役軍人)	河南省咨
大徳7. 5	賦 113a		贓罪六色	部議
大徳7. 5. 2	秘 4, 16a		〈纂修〉	秘書郎呈
大徳7. 5. 2	秘 10, 3b		〈著作佐郎〉	陳惟徳＊
大徳7. 5. 7	典 46, 刑8, 12a	大徳8. 2	廉訪書吏不公, 斷没財産一半	赴奉使宣撫處
大徳7. 5. 10	秘 10, 1b		〈著作郎〉	温澤＊
大徳7. 5. 11	站 5, 上116	大徳10		兩浙奉使宣撫與本省講究
大徳7. 5. 15	秘 11, 7b		〈奏差〉	馬克明＊
大徳7. 5. 21	典 59, 工2, 14a		倒死係官牛隻	御史臺呈
大徳7. 5. 26	典 19, 戸5, 18b		貿易田宅	江西行省准
大徳7. 5. 27 [111]	秘 11, 1b		〈令史〉	段禧＊
大徳7. 5. 28	典 15, 戸1, 5a	大徳11	又(官吏添支俸給)	奏過事内
大徳7. 5. 28	南 2610, 7b	大徳7. 6	行御史臺官吏禄米	奏過事内
大徳7. 5. 28	通 28, 6b		又(擾民)	中書省奏
大徳7. 5. 28	站 5, 上108			中書省奏
大徳7. 5. 28	秘 2, 4a	大徳7. R5. 22	〈禄秩〉	奏過事内
大徳7. R5	典 53, 刑15, 4a		詞状不許口傳言語	江西廉訪司承奉
大徳7. R5	正 斷8, 戸婚268		姪女嫁驅	禮部呈
大徳7. R5. 2	典 9, 吏3, 12a		大小勾當體例	江西行省准
大徳7. R5. 2	秘 10, 6a		〈秘書郎〉	王笴＊
大徳7. R5. 6	典 11, 吏5, 6a		病故官申牒所在官司	江西行省准
大徳7. R5. 20	典 47, 刑9, 5b		侵盗官錢有失提調	江西行省准
大徳7. R5. 22	秘 2, 3b		〈禄秩〉	准中書戸部關
大徳7. R5. 22	秘 4, 16b		〈纂修〉	准中書兵部關
大徳7. R5. 24	典 59, 工2, 13a		見任官住官舎, 自合修理	准中書省咨
大徳7. 6	南 2610, 7b		行御史臺官吏禄米	准御史臺咨
大徳7. 6	通 4, 4b		又(嫁娶)	中書省, 江浙行省咨
大徳7. 6	通 14, 16b		附餘短少	中書省, 戸部呈
大徳7. 6	正 條34, 獄官369		又(囚病醫藥)	江浙省咨
大徳7. 6	站 5, 上109			行通政院言
大徳7. 6	賦 99a		相侵不辨於尊卑	都省照得
大徳7. 6. 1	秘 11, 7b		〈奏差〉	苑徳林＊
大徳7. 6. 5	典 11, 吏5, 16b		官員給由, 開具過名	江西行省准
大徳7. 6. 9	典 47, 刑9, 10a		税官侵使課程	御史臺承奉劄付
大徳7. 6. 18	典 22, 戸8, 66b		軍人孫眞匿税	江西行省劄付
大徳7. 6. 21	通 6, 20a		又(軍官襲替)	樞密院奏
大徳7. 7	典 12, 吏6, 31b		遷轉人吏	江西行省准
大徳7. 7	典 49, 刑11, 22a	大徳8. 1	偸粟米賊人免刺	承奉中書省劄付
大徳7. 7	典 54, 刑16, 7a	至大3. 3	枉勘死平民	承奉中書省劄付
大徳7. 7	通 29, 2b		姦盗	中書省, 御史臺呈

大德7. 7	正 斷5, 職制120		又 (增乘驛馬)	河南省咨
大德7. 7	正 斷5, 職制121		又 (增乘驛馬)	御史臺呈
大德7. 7. 2	秘 11, 9b		〈典書〉	徐元鳳＊
大德7. 7. 6	通 29, 15a		拘收執把文字	中書省奏
大德7. 7. 7	典 54, 刑16, 4a		拷勘葉十身死	中書省咨
大德7. 7. 14	典 42, 刑4, 6a		挾讎故殺部民	行臺劄付
大德7. 7. 20	典 11, 吏5, 19a	大德7. 9. 29	七十致仕	奏過事内
大德7. 7. 20	典 11, 吏5, 19b	大德8. 11	年過七十, 依例致仕	格限已後
大德7. 7. 20	通 6, 26b		致仕	中書省奏
大德7. 8	典 40, 刑2, 13b		又 (推官專管刑獄)	江西行省准
大德7. 8	典 49, 刑11, 29a		強切盗賊窩主	江西行省准
大德7. 8	通 17, 13a		弓手税糧	中書省, 御史臺呈
大德7. 8	通 27, 18b		拜賀行禮	中書省, 御史臺呈
大德7. 8	正 條27, 賦役140		弓手税糧	御史臺呈
大德7. 8	正 條34, 獄官337		推官理獄	御史臺呈
大德7. 8	正 斷8, 戸婚242		有妻娶妻	江南湖廣道奉使宣撫呈
大德7. 8	正 斷10, 廐庫336		計點不實	御史臺呈
大德7. 8	驛 1, 下159			兵部呈准
大德7. 8	賦 80a		情重於物	陝西省運司
大德7. 8. 6	典 22, 戸8, 13b		私茶	江西行省准
大德7. 8. 6	通 6, 13a	大德8. 2	又 (廕例)	平陽地震
大德7. 8. 16	典 27, 戸13, 6a	大德8. 7	解典金銀諸物, 並二周年不架	至＊…兩次將本息鈔兩前去
大德7. 8. 19	典 21, 戸7, 4a		短少糧斛提調官罪名	江西行省准
大德7. 8. 20	典 28, 禮1, 1a		禮儀社直	江西行省准
大德7. 8. 25	典 24, 戸10, 5a		又 (弓手戸免差税)	江西行省准
大德7. 9	典 40, 刑2, 11a		罪囚藥餌, 惠民局内給付	行臺准
大德7. 9	典 45, 刑7, 18a		僧道犯奸還俗	江西行省准
大德7. 9	典 49, 刑11, 17b		僧盗師伯物刺斷	准中書省咨
大德7. 9	典 49, 刑11, 21b		兩姨兄弟免刺	江西行省准
大德7. 9	典 49, 刑11, 28a		父首子爲盗免罪	山東東西道宣慰司准中書刑部關
大德7. 9	典 57, 刑19, 14a		偸宰牛馬	江西行省准
大德7. 9	通 8, 8b		又 (賀謝迎送)	中書省, 江西行省咨
大德7. 9	正 斷3, 職制78		違法買引	燕南山東道奉使宣撫呈
大德7. 9	正 斷9, 廐庫302		閘鈔官有失關防	燕南山東道奉使宣撫呈
大德7. 9	站 5, 上109			管領諸路打捕鷹房總管府言
大德7. 9	賦 93a		伯叔愛隆於刺史	御史臺糾察
大德7. 9. 12	典 44, 刑6, 3a		部民故毆本屬官長	行臺准
大德7. 9. 13 (112)	秘 10, 4a		〈著作佐郎〉	王鐸＊

成宗大徳 7 年 (1303)

大徳7. 9. 20	典 28, 禮1, 10b		迎接	江西行省准
大徳7. 9. 27	典 27, 戸13, 6a	大徳8. 7	解典金銀諸物, 並二周年不架	至…＊兩次將本息鈔兩前去
大徳7. 9. 27	典 52, 刑14, 2b	大徳8. 10	詐傳省官鈞旨	因爲徐幼儀告
大徳7. 9. 29	典 11, 吏5, 19a		七十致仕	江西行省准
大徳7. 10	典 8, 吏2, 23b		遷用通事知印等例	江浙行省准
大徳7. 10	典 12, 吏6, 23b		考試廉訪司書吏等例	行臺准
大徳7. 10	典 51, 刑13, 2b		社長覺察非違	江西行省准
大徳7. 10	典 51, 刑13, 14a		失盜添資降等	江西行省准
大徳7. 10	典 54, 刑16, 27b		防禁盜賊私役弓手	江西行省准
大徳7. 10	典 新刑, 諸盜10b	延祐6. 10	盜騙偸拐錢物, 二罪從重論免刺	中書刑部呈
大徳7. 10	通 7, 2b		又 (口糧醫藥)	中書省, 甘肅行省咨
大徳7. 10	通 15, 1a		抽分羊馬	中書省, 戸部呈
大徳7. 10	通 16, 4a		又 (立社巷長)	中書省, 御史臺呈
大徳7. 10	通 19, 5b		又 (捕盜功過)	中書省, 刑部呈
大徳7. 10	通 20, 8b		又 (獲僞鈔賊)	中書省, 江浙行省咨
大徳7. 10	正 條24, 廐牧51		抽分羊馬	戸部呈
大徳7. 10	正 條25, 田令69		又 (立社)	御史臺呈
大徳7. 10	正 條29, 捕亡241		又 (捕盜功過)	刑部呈
大徳7. 10	正 條30, 賞令276		獲僞鈔賊	江浙省咨
大徳7. 10	正 斷2, 職制32		妄申水渰文巻	御史臺呈
大徳7. 10	正 斷13, 擅興424		私役弓手	刑部議得
大徳7. 10	倉 23		〈倉庫官〉	吏部呈
大徳7. 10	賦 44b		棄囚拒捕	部議
大徳7. 10. 5	通 3, 6a		太醫差役	樞密院奏
大徳7. 10. 5	馬 42		〈抽分羊馬〉	中書兵部承奉
大徳7. 10. 19	典 57, 刑19, 22a		閑良官把柄官府	江西行省准
大徳7. 10. 21	典 29, 禮2, 3b		典史公服	江西行省准
大徳7. 10. 21	典 53, 刑15, 18b		閑居官與百姓爭訟, 子姪代訴	江西行省准
大徳7. 10. 25	典 26, 戸12, 1a	大徳7. 11. 2	編排里正主首例	一同議得
大徳7. 10. 29	典 8, 吏2, 7b		犯贓官員除授	江西行省准
大徳7. 11	典 28, 禮1, 13a		貢獻毋令迎接	江西行省准
大徳7. 11	典 45, 刑7, 7b		通奸許諸人首捉	江西行省准
大徳7. 11	典 46, 刑8, 11b		官典取受羊酒, 解任求仕	中書省咨
大徳7. 11	典 53, 刑15, 12a		婿告丈人造私酒	山東宣慰司准中書刑部關
大徳7. 11	典 58, 工1, 10b		雜造物料, 各局自行收買	江浙行省准
大徳7. 11	通 4, 2a		又 (嫁娶)	中書省, 禮部呈
大徳7. 11	通 5, 20a		又 (蒙古字學)	中書省, 禮部呈
大徳7. 11	通 7, 3a		又 (口糧醫藥)	中書省, 河南行省咨

大徳7.11	通 20, 8a		獲僞鈔賊	中書省, 刑部呈
大徳7.11	通 27, 3a		又 (兵杖應給不應給)	中書省, 河東陝西道奉使宣撫呈
大徳7.11	通 27, 5a		又 (兵杖應給不應給)	中書省, 江浙省咨
大徳7.11	通 28, 34b		豪覇遷徙	中書省, 福建江西道奉使宣撫呈
大徳7.11	正 條30, 賞令277		又 (獲僞鈔賊)	刑部呈
大徳7.11	正 條34, 獄官352		囚曆	刑部議得
大徳7.11	正 斷3, 職制73		監臨中物	福建道奉使宣撫呈
大徳7.11	正 斷5, 職制134		使臣廻還日程	都省議得
大徳7.11	正 斷6, 職制179		強取民財	燕南山東道奉使宣撫呈
大徳7.11	站 5, 上109			江浙省宣使呂從善等
大徳7.11	驛 1, 下124			通制＊江浙省宣使呂從善等
大徳7.11	驛 1, 下159表			通制＊都省議得
大徳7.11.2	典 26, 戸12, 1a		編排里正主首例	江西行省該
大徳7.11.3	典 39, 刑1, 4a	皇慶1.12	豪覇兇徒遷徙	中書省據江西福建道奉使宣撫呈
大徳7.11.11	典 22, 戸8, 60b		鐵課依鹽法例	中書省, 御史臺呈
大徳7.11.16	典 10, 吏4, 9a		投下人員未換授, 不得之任	中書省咨
大徳7.11.18	通 28, 7b		又 (擾民)	欽奉聖旨
大徳7.11.22	典 34, 兵1, 35b		逃亡軍糧	江西行省准
大徳7.12	典 40, 刑2, 4b		巡檢司獄具不便	中書省據河南江北道奉使宣撫呈
大徳7.12	典 59, 工2, 6a		禁治河渡取受	行臺據監察御史呈
大徳7.12	通 30, 10b		織造料例	中書省近爲各處行省并腹裏
大徳7.12	海 上63			併海道運糧萬戸府三爲一
大徳7.12.2	典 58, 工1, 2a		預支人匠口糧	江西行省准
大徳7.12.2	典 58, 工1, 5b		段疋斤重	江西行省准
大徳7.12.2	秘 10, 6b		〈秘書郎〉	李仲元＊
大徳7.12.6	典 20, 戸6, 14b		禁治僞鈔	江西行省准
大徳7.12.17	典 50, 刑12, 1b	大徳11.6	懵藥摸鈔斷例	起意買到葷麹
大徳7.12.18	通 16, 24a		官田	中書省奏
大徳7.12.18	正 條26, 田令90		禁索官田	中書省奏
大徳7.12.21	典 59, 工2, 13b		體察公廨	行臺准
大徳7.12.24	典 54, 刑16, 6a	至大3.3	枉勘死平民	慶遠宜山縣人戸
大徳7.12.25	典 新戸, 賦役3a	延祐4.2	差役驗鼠尾糧數, 依次點差	江西行省與奉使宣撫議得

大徳7. 12. 26	典 56, 刑18, 2b		孛蘭奚正官拘解	江西行省准

大徳8年(甲辰, 1304)

大徳8	典 2, 聖1, 19a		〈抑奔競〉	欽奉恤隱省刑詔書
大徳8	典 3, 聖2, 4b		〈復租賦〉	欽奉詔書
大徳8	典 3, 聖2, 4b	大徳8	〈復租賦〉	自＊爲始
大徳8	典 3, 聖2, 4b		〈復租賦〉	又一款
大徳8	典 3, 聖2, 4b	大徳8	〈復租賦〉	係官投下
大徳8	典 3, 聖2, 7b		〈減私租〉	欽奉詔書
大徳8	典 3, 聖2, 7b	大徳8	〈減私租〉	自＊
大徳8	典 3, 聖2, 9a		〈簡訴訟〉	欽奉恤隱省刑詔書
大徳8	典 3, 聖2, 11a	大徳9. 2	〈貸逋欠〉	百姓拖欠
大徳8	典 3, 聖2, 14b		〈賑飢貧〉	欽奉詔書
大徳8	典 3, 聖2, 19b		〈理冤滯〉	振恤詔書
大徳8	典 3, 聖2, 19b		〈理冤滯〉	恤民詔書
大徳8	典 6, 臺2, 16a	大徳10. 5	刷卷首尾相見體式	上半年文巻
大徳8	典 9, 吏3, 13a	☆	諸教官遷轉例	定須年五十以上
大徳8	典 9, 吏3, 16a	延祐4. 1	正録教諭直學	考試程式
大徳8	典 9, 吏3, 40b	大徳8. 8. 26	辦課官齊年交代	所辦課程
大徳8	典 11, 吏5, 8a		官吏丁憂, 終制敍任	欽奉詔書
大徳8	典 11, 吏5, 20a	大徳10. 6	致仕加授散官職事	得除扣該七十致仕
大徳8	典 12, 吏6, 33a		路州縣吏勾補	湖廣行省准
大徳8	典 16, 戸2, 12a	大徳11. 1	站赤祗應庫子	都省咨
大徳8	典 23, 戸9, 16a		賑濟文冊	江浙行省准
大徳8	典 32, 禮5, 6a	大徳8. 5	郷貢藥物, 趁時収採	相近貢納
大徳8	典 33, 禮6, 11a		禁也里可温攙先祝讚	江浙行省准
大徳8	典 36, 兵3, 15b	大徳11. 9	站戸簪載避役	詔書内一款
大徳8	典 49, 刑11, 9a	延祐3. 6	賊人出軍免刺	盗賊通例
大徳8	典 49, 刑11, 19a	延祐4. 3	女直作賊刺字	盗賊通例
大徳8	典 49, 刑11, 19b	延祐4. 3	女直作賊刺字	盗賊通例
大徳8	典 54, 刑16, 20a	皇慶2. 12	又 (官典刑名違錯)	告敍復充進賢縣司吏
大徳8	典 新吏, 官制4a	延祐4. 1	正録教諭直學	考試程式
大徳8	典 新吏, 職制2b	延祐6. 2	作闕官告敍, 委官保勘	患病作闕官
大徳8	典 新吏, 職制2b	延祐6. 2	作闕官告敍, 委官保勘	丁憂
大徳8	典 新刑, 刑制1b	☆	奴兒干出軍	奏准
大徳8	典 新刑, 刑獄2b	至治1. 4	禁司獄用刑	江南行臺准
大徳8	典 新刑, 人口1b	延祐7. 5	探馬赤軍人逃軀	奏准通例
大徳8	通 16, 29b	大徳8. 1	江南私租	永爲定例
大徳8	正 條26, 田令104	大徳8. 1	江南私租	自＊以十分爲率

大徳8	正 條26, 田令118	至大1. 10	又(典賣田産)	欺昧本家
大徳8	南 2610, 8b		裁減吏員	准御史臺咨
大徳8	海 上64			平江路開司署事
大徳8	站 9, 下114	大徳11. 9	站戸簪載避役	詔書内一款
大徳8	驛 1, 下136			通制＊中書省照得
大徳8	驛 1, 下142			通政院奏
大徳8	驛 1, 下152			都省咨
大徳8	驛 1, 下159			兵部呈准
大徳8	無 上, 13a		屍帳例	行省准中書省咨
大徳8	無 上, 21a		受理人命詞訟及檢屍例	都省據刑部呈
大徳8	水 2, 21上		〈水利問答〉	之冬…止辦修治呉江
大徳8	水 3, 26下		集呉中之利	行都水監…集呉中之利
大徳8	水 4, 41上		開呉松江	江浙行省咨都省開呉松江
大徳8	水 4, 41下	大徳8	開呉松江	前都水庸田司書吏呉執中言
大徳8	水 5, 50下	大徳11	任監丞言	自至元二十八年至＊累次陳言
大徳8	水 5, 54上	大徳11. 6. 3	開河置閘	自至元二十八年至＊屢次陳言
大徳8	水 5, 55上	大徳11. 6. 19	行都水監照得	自至元二十八年至＊屢次陳言
大徳8	水 8, 100下	大徳9. 5	乞陞正三品	又欽奉聖旨
大徳8	水 9, 117下		捜洗渾泥法	泰定二年, 二次開江置閘
大徳8	金 6, 32a		〈御史大夫〉	阿里馬＊
大徳8	金 6, 34b		〈御史中丞〉	張珪＊
大徳8	金 6, 39a		〈治書侍御史〉	按難不花＊
大徳8	金 6, 41a		〈經歷〉	阿思蘭海牙＊
大徳8	金 6, 46a		〈架閣庫管勾〉	張居懌＊
大徳8	金 6, 53b		〈監察御史〉	管不八＊
大徳8	金 6, 53b		〈監察御史〉	站木赤＊
大徳8	金 6, 53b		〈監察御史〉	侯壽安＊
大徳8	金 6, 53b		〈監察御史〉	王蒙＊
大徳8	金 6, 53b		〈監察御史〉	王節＊
大徳8. 1	典 31, 禮4, 3a		保擧蒙古生徒	江浙行省准
大徳8. 1	典 41, 刑3, 24a	延祐3. 2	採生蟲毒	奉中書省劄付
大徳8. 1	典 43, 刑5, 4a	延祐2. 3	屍帳不先標寫正犯名色	承奉中書省劄付
大徳8. 1	典 49, 刑11, 21b		偸粟米賊人免刺	承奉中書省劄付
大徳8. 1	典 57, 刑19, 22a		豪覇紅粉壁迤北屯種	湖廣行省准
大徳8. 1	典 新刑, 頭疋1b	延祐7	禁宰馬牛及婚姻筵席品味	欽奉詔書

成宗大德８年(1304)

大德8. 1	通 3, 15a		又(婚姻禮制)	欽奉詔書
大德8. 1	通 3, 17b		又(夫亡守志)	欽奉詔書
大德8. 1	通 16, 22b		妄獻田土	欽奉詔書
大德8. 1	通 16, 29b		江南私租	欽奉詔書
大德8. 1	通 29, 1a		給據簪剃	欽奉詔書
大德8. 1	正 條26, 田令104		江南私租	詔書内一款
大德8. 1	站 1, 下7			御史臺臣言
大德8. 1	洗 新例5b	延祐2. 1	聖朝頒降新例/屍帳用印關防	承奉中書省劄付
大德8. 1	婚 153		大德聘禮	男女居室, 人之大倫
大德8. 1	正 條26, 田令110		又(妄獻地土)	詔書内一款
大德8. 1. 17	站 5, 上110			御史臺備監察御史言
大德8. 1. 22	典 39, 刑1, 9b		和尚犯罪種田	欽奉聖旨
大德8. 2	典 49, 刑11, 4b	大徳8. 6. 10	舊賊再犯出軍	奏
大德8. 2	典 2, 聖1, 16a		〈重民籍〉	恤隱省刑詔書
大德8. 2	典 19, 戸5, 19a		違法成交田土	江西行省劄付
大德8. 2	典 46, 刑8, 12a		廉訪書吏不公, 斷没財産一半	行臺准
大德8. 2	典 48, 刑10, 2b		帶行人過錢, 斷罪發還元籍	江西福建道奉使宣撫承奉
大德8. 2	典 51, 刑13, 14b		失盜解由開寫	江西行省准
大德8. 2	通 6, 13a		又(廕例)	中書省, 御史臺呈
大德8. 2	正 斷3, 職制69		織造不如法	中書省照得
大德8. 2	正 斷8, 戸婚262		逐壻嫁女	禮部議得
大德8. 2	站 5, 上116	大徳10		中書下令
大德8. 3	典 10, 吏4, 10a	大徳8. 9	赴任程限等例	欽奉聖旨
大德8. 3	典 15, 戸1, 7b	大徳8. 4	軍官俸米	自＊爲始
大德8. 3	典 43, 刑5, 2a		檢屍法式	江西行省准
大德8. 3	典 52, 刑14, 3b		詐申漂流文巻	行臺准
大德8. 3	通 2, 23a		非法賦斂	中書省, 御史臺呈
大德8. 3	通 4, 6b		又(嫁娶)	中書省, 御史臺呈
大德8. 3	通 7, 4a		巡軍	中書省, 刑部呈
大德8. 3	畫 6b			奉皇后□旨
大德8. 3	洗 新例3b		聖朝頒降新例/檢驗法式	江西行省准
大德8. 3	檢 120(永914, 34a)			江西行省准中書省咨
大德8. 3. 10	典 54, 刑16, 5a		打死換作磕死	御史臺咨
大德8. 3. 16	典 9, 吏3, 7b	大徳8. 6	投下達魯花赤	奏過事内
大德8. 3. 16	典 10, 吏4, 13b	至大2. 8. 28	不赴任官員	奏過事内
大德8. 3. 16	典 34, 兵1, 22b	大徳8. 6	又(拘刷在逃軍驅)	奏過事内
大德8. 3. 16	典 57, 刑19, 3a	大徳8. 6	略賣良人新例	奏過事内
大德8. 3. 16	典 57, 刑19, 37a	大徳8. 7	抽分羊馬牛例	奏過事内
大德8. 3. 16	正 條24, 廐牧52		又(抽分羊馬)	聖旨節該
大德8. 3. 16	馬 43		〈抽分羊馬〉	中書省奏
大德8. 3. 22	典 49, 刑11, 10a	延祐4. 3	盜賊出軍處所	欽奉聖旨

大徳8. 3. 23	典 49, 刑11, 5b	大徳11. 1	流遠出軍地面	奏, 去年秋裏
大徳8. 3. 24	典 5, 臺1, 7a		立行御史臺官	欽奉聖旨
大徳8. 3. 24	憲 2608, 5b		立行御史臺官	欽奉聖旨
大徳8. 3. 27	典 18, 戸4, 16a		流官求娶妻妾	江西行省准
大徳8. 3. 28	典 16, 戸2, 4b	大徳8. 7	鋪馬分例	奏過事内
大徳8. 3. 28	典 新兵, 軍制4b	延祐7. 4	軍中不便事件	奏過事内
大徳8. 3. 28	站 5, 上111			中書省奏
大徳8. 4	典 11, 吏5, 14b		又(捕盗官給由例)	湖廣行省准
大徳8. 4	典 15, 戸1, 7a		軍官俸米	江浙行省劄付
大徳8. 4	典 新禮, 沈刻6a		祭祀社稷體例	湖廣等處行中書省劄付
大徳8. 4	正 條33, 獄官311		恤刑	刑部呈
大徳8. 4	站 5, 上111			大都路總管千奴
大徳8. 4	驛 1, 下157			欽奉聖旨
大徳8. 4. 1	秘 9, 13b		〈秘書監丞〉	王利亨＊
大徳8. 4. 2	典 12, 吏6, 26a		取補行省典吏	江西行省准
大徳8. 4. 5	通 29, 11a		又(商税地税)	中書省奏
大徳8. 4. 13	典 36, 兵3, 24a		納鷹鶻鋪馬	欽奉皇帝聖旨
大徳8. 4. 29	典 36, 兵3, 9a	大徳10. 6	出使筵會事理	戸部楊司計爲催起京敖鹽引
大徳8. 5	典 32, 禮5, 6a		郷貢藥物, 趁時收採	湖廣行省准
大徳8. 5	通 3, 20b		收繼嬸母	中書省, 樞密院呈
大徳8. 5	通 6, 31a		又(擧保)	中書省, 御史臺備
大徳8. 5	通 16, 26b		又(典賣田産事例)	中書省, 江西行省咨
大徳8. 5	正 斷8, 戸婚280		職官娶倡	刑部議得
大徳8. 5	正 斷10, 廐庫346		倉官帶收席價	御史臺呈
大徳8. 5	賦 3a		能擧綱而不紊/擧綱斷獄	刑部呈
大徳8. 5	水 1, 7上		設立行都水監	中書省照會
大徳8. 5. 13	典 11, 吏5, 18a	大徳11. 5	給由置簿首領官提調	承奉江南行臺劄付
大徳8. 5. 21	水 1, 7上	大徳8. 5	設立行都水監	奏過事内
大徳8. 5. 21	水 5, 63上	至大2. 11	呉松江利病	中書省奏奉聖旨
大徳8. 5. 22	典 22, 戸8, 53b		提調課程	江西行省近據瑞州路申
大徳8. 5. 28	典 新刑, 巡捕3a	至治1. 6	李旺陳言盗賊	准中書省咨
大徳8. 6	典 9, 吏3, 7b		投下達魯花赤	江浙行省准
大徳8. 6	典 15, 戸1, 7b	大徳8. 4	軍官俸米	自＊爲始
大徳8. 6	典 34, 兵1, 22a		又(拘刷在逃軍驅)	江西行省准
大徳8. 6	典 57, 刑19, 2b		略賣良人新例	江西省准
大徳8. 6	站 5, 上111			陝西道奉使宣撫言
大徳8. 6. 5	典 15, 戸1, 7b	大徳8. 4	軍官俸米	准中書省咨
大徳8. 6. 10	典 49, 刑11, 4b		舊賊再犯出軍	江西行省准
大徳8. 6. 11	典 新都, 2b	至治1. 1. 22	貼書犯贓, 却充俸吏	案呈
大徳8. 6. 14	典 11, 吏5, 19b	大徳8. 11	年過七十, 依例致仕	承准河東山西道廉訪司牒

成宗大德８年(1304)

大德8.6.15	秘 9, 17b		〈知事〉	張克明＊
大德8.6.17	典 新刑, 諸盗10b	延祐6.10	盗騙偸拐錢物, 二罪從重論免刺	夜, 偸盗訖本使蠻子回回
大德8.6.18	秘 9, 6a		〈秘書監〉	師箸＊
大德8.6.18	秘 9, 9b		〈秘書少監〉	張應珍＊
大德8.6.20	典 11, 吏5, 19b	大德8.11	年過七十, 依例致仕	照會之任
大德8.6.22	典 29, 禮2, 4a		巡檢公服	江西省准
大德8.7	典 9, 吏3, 28b		倉庫官例	江浙行省准
大德8.7	典 16, 戸2, 4b		鋪馬分例	江浙行省准
大德8.7	典 21, 戸7, 4a		把壇庫子	江浙行省准
大德8.7	典 27, 戸13, 6a		解典金銀諸物, 並二周年不架	江浙行省准
大德8.7	典 43, 刑5, 7b		埋銀先行追給苦主	江浙行省准
大德8.7	典 45, 刑7, 10b		轉指僧人犯奸革撥	行宣政院劄付
大德8.7	典 57, 刑19, 37a		抽分羊馬牛例	御史臺咨
大德8.7	典 新刑, 贓賄7a	至治1.9	又(延祐七年革後稟到通例)	承奉中書省劄付
大德8.7	典 新都, 1a	至治1.1.22	貼書犯贓, 却充俸吏	承管句容縣丙四等殺死
大德8.7	通 29, 15a		追毀木印	中書省, 刑部呈
大德8.7	正 斷10, 廏庫337	大德9.4	又(計點不實)	江陵路椿積倉官
大德8.7	倉 24		〈倉庫官〉	湖廣省咨
大德8.7	站 5, 上112			陝西道奉使宣撫言
大德8.7	站 5, 上112			御史臺備山南廉訪司言
大德8.7	站 6, 上165	至順1.2		中書省照得
大德8.7	賦 28a		毆不必告也	湖廣省
大德8.7	水 1, 8上		五行都水監整治水利	
大德8.7.2	秘 9, 10a		〈秘書少監〉	馬合馬＊
大德8.7.10	典 新都, 3a	至治1.1.22	貼書犯贓, 却充俸吏	議得
大德8.8	典 33, 禮6, 13a		旌表孝義等事	湖廣行省准
大德8.8	典 46, 刑8, 16a		辦課人員取受	江浙行省准
大德8.8	通 17, 17b		又(孝子義夫節婦)	中書省據禮部呈
大德8.8	正 條27, 賦役179		又(孝子節婦免役)	禮部議得
大德8.8	賦 36a		首從之法	刑部議得
大德8.8.2	秘 9, 10a		〈秘書少監〉	荅兒麻吉的＊
大德8.8.12	典 22, 戸8, 26b	延祐6.8.13	鹽法通例	也可扎魯忽赤奏准
大德8.8.12	典 49, 刑11, 5b	大德11.1	流遠出軍地面	欽奉聖旨
大德8.8.18	典 8, 吏2, 13a	延祐2.3	職官廕子例	奏奉聖旨
大德8.8.26	典 9, 吏3, 39b		辦課官齊年交代	湖廣行省准
大德8.9	典 10, 吏4, 9b		赴任程限等例	御史臺咨
大德8.9	典 40, 刑2, 12b		罪囚季報起數	湖廣行省准
大德8.9	通 6, 33a		教官不稱	中書省, 兩浙江東道奉使宣撫呈

大徳8. 9	水 4, 45上	大徳10. 2	開挑呉松江乞添力成就	設立本監
大徳8. 9. 22	南 2610, 8b		照刷鹽運司文巻	御史臺承奉
大徳8. 10	典 8, 吏2, 23b		省部臺院典吏月日事理	御史臺咨
大徳8. 10	典 12, 吏6, 30a		補用宣使	行臺准
大徳8. 10	典 19, 戸5, 22a		佃戸不給, 田主借貸	江浙行省會驗
大徳8. 10	典 52, 刑14, 2b		詐傳省官鈞旨	江南行臺准
大徳8. 10	典 57, 刑19, 14a		倒死係官牛隻	湖廣行省劄付
大徳8. 10	通 4. 19a		擅配匠妻	中書省, 禮部呈
大徳8. 10	通 21, 1a		醫學	中書省, 湖廣行省咨
大徳8. 10	正 條31, 醫藥291		醫學	禮部准太醫院關
大徳8. 10	水 4, 41上	大徳8	開呉松江	興工開挑
大徳8. 10	水 4, 45上	大徳10. 2	開挑呉松江乞添力成就	監官親詣, 暫併開浚河道
大徳8. 10	水 5, 51下	大徳11	任監丞言	與元言人任監丞一同踏視
大徳8. 11	典 11, 吏5, 19b		年過七十, 依例致仕	湖廣行省准
大徳8. 11	典 46, 刑8, 9b	延祐4. 3	職官殿年, 自被問停職日月計算	依不枉法例二十貫以下
大徳8. 11	水 5, 54上	大徳11. 6. 3	開河置閘	根隨提調官徹里平章
大徳8. 11	水 5, 57上	大徳11. 11	行都水監照到	與監丞任昭信一同踏視
大徳8. 11	水 5, 63下	至大2. 11	呉松江利病	與元言人任仁發一同踏視
大徳8. 11. 7	正 斷8, 戸婚276		又(僧道娶妻)	宣政院奏
大徳8. 11. 8	水 5, 50下	大徳11	任監丞言	興工
大徳8. 11. 8 (113)	水 5, 54下	大徳11. 6. 3	開河置閘	興工
大徳8. 11. 8	水 5, 55上	大徳11. 6. 19	行都水監照得	興工
大徳8. 11. 11	水 4, 46上	大徳10. 6	二次開挑呉松江故道工程	自*興工
大徳8. 11. 24	水 4, 46下	大徳10. 6	二次開挑呉松江故道工程	自*入役
大徳8. 12	典 9, 吏3, 46a		下縣添設縣尉	湖廣行省准
大徳8. 12	典 新刑, 諸盗10b	延祐6. 10	盗軀傔拐錢物, 二罪從重論免刺	陝西省咨
大徳8. 12. 2	秘 10, 6b		〈秘書郎〉	毛莊*
大徳8. 12. 4	官 56		〈行大司農司〉	本司官集議
大徳8. 12. 23	水 4, 46下	大徳10. 6	二次開挑呉松江故道工程	自*入役

大徳9年(乙巳, 1305)

大徳9	典 3, 聖2, 4b	大徳9. 6	〈復租賦〉	差發税糧
大徳9	典 9, 吏3, 40b	大徳8. 8. 26	辦課官齊年交代	都省奏奉聖旨

成宗大德９年(1305)

大德9	典 11, 吏5, 8b	延祐1. 8	官吏服闋先銓補	官吏丁憂
大德9	典 30, 禮3, 16a	延祐4. 1	添祭祀錢	官定祭祀
大德9	典 30, 禮3, 16a	延祐4. 1	添祭祀錢	元擬
大德9	典 30, 禮3, 16a	延祐4. 1	添祭祀錢	元降錢數
大德9	典 32, 禮5, 2b		醫學科目	江浙行省准
大德9	典 32, 禮5, 5a		醫學官罰俸例	江浙行省准
大德9	典 50, 刑12, 1b	大德11. 6	懵藥摸鈔斷例	上半年文卷
大德9	典 54, 刑16, 27a	至大1. 9	牧民官私役淹死人夫	署押批帖, 貼買楠木
大德9	典 新都, 5b	至治1. 1. 22	貼書犯贓, 却充俸吏	承准江東廉訪司牒
大德9	南 2610, 9a		廉訪司名字不改	御史臺奏
大德9	站 5, 上114	大德10. 5. 10		自＊至十年正月西番節續差來西僧
大德9	站 7, 下5	至順1. 7. 29		依＊例
大德9	驛 1, 下141			中書省奏准
大德9	秘 9, 5a	至元10. 2. 7	〈秘書監〉	陞正三品
大德9	秘 9, 8a	至元10. 2. 7	〈秘書少監〉	陞正四品
大德9	秘 9, 9b	大德1. 8. 27	〈秘書少監〉	忙古台…＊ (114)
大德9	秘 9, 13a	至元16. 3	〈秘書監丞〉	陞從五品
大德9	水 2, 21上		〈水利問答〉	之秋, 止辦修治呉江
大德9	水 4, 46上	大德10. 6	二次開挑呉松江故道工程	已開西白鶴江東至新華
大德9	水 5, 54下	大德11. 6. 3	開河置閘	略得豊稔
大德9	水 5, 59下	大德11. 11	行都水監照到	幸蒙…徹里榮禄灼見其弊
大德9	金 6, 53b		〈監察御史〉	買哥＊
大德9	金 6, 53b		〈監察御史〉	撼赤＊
大德9	金 6, 53b		〈監察御史〉	劉公弼＊
大德9	金 6, 53b		〈監察御史〉	珊竹八哈赤＊
大德9. 1	典 49, 刑11, 32b	大德11. 6	妻告夫作賊, 不離異	據謝阿徐告
大德9. 2	典 3, 聖2, 11a		〈貸逋欠〉	欽奉詔書
大德9. 2	典 3, 聖2, 13a		〈惠鰥寡〉	欽奉寛恩恤民詔書
大德9. 2	典 3, 聖2, 14a		〈賜老者〉	欽奉寛恩恤民詔書
大德9. 2	典 3, 聖2, 16a		〈恤流民〉	欽奉詔書
大德9. 2	典 9, 吏3, 14a		考試教官等例	湖廣行省准
大德9. 2	典 40, 刑2, 18a		禁約獄内無得飲酒	湖廣行省准
大德9. 2	典 45, 刑7, 10b		指奸有孕例	准中書省
大德9. 2	通 3, 6b		年老侍丁	欽奉詔書
大德9. 2	通 16, 17b		又 (農桑)	欽奉詔書
大德9. 2	正 條26, 田令85		又 (禁擾農民)	詔書内一款
大德9. 2. 3	水 4, 47上	大德10. 6	二次開挑呉松江故道工程	工畢

大徳9. 2. 4	水 4, 47上	大徳10. 6	二次開挑呉松江故道工程	自＊入役
大徳9. 2. 13	典 54, 刑16, 6a	至大3. 3	枉勘死平民	據廣西廉訪司申
大徳9. 2. 21	水 4, 47下	大徳10. 6	二次開挑呉松江故道工程	自＊入役
大徳9. 2. 24	典 11, 吏5, 8a	大徳9. 5. 9	官吏丁憂聽從	奏過事内
大徳9. 2. 24	典 43, 刑5, 7a	大徳9. 3. 12	燒埋錢不敷, 官司支與	…八都馬辛右丞…等奏
大徳9. 2. 24	典 43, 刑5, 11b	皇慶1. 6	燒埋錢貧難無追	前後月日
大徳9. 2. 24	典 43, 刑5, 11b	皇慶1. 6	燒埋錢貧難無追	已前
大徳9. 2. 24	典 43, 刑5, 11b	皇慶1. 6	燒埋錢貧難無追	已後
大徳9. 2. 25	典 3, 聖2, 21a	大徳9. 6	〈霈恩宥〉	昧爽以前
大徳9. 2. 25	典 41, 刑3, 9b	大徳11. 3. 24	鄭貴謀故殺姪	以前
大徳9. 2. 25	典 49, 刑11, 25b	至大1	流囚釋放通例	詔赦已前
大徳9. 2. 25	典 51, 刑13, 17a	延祐3. 6	又 (格前失盗革撥)	詔赦已前
大徳9. 2. 25	典 新刑, 巡捕2b	延祐7. 8	延祐七年革後稟到捕盗官不獲賊例	詔赦已前
大徳9. 2. 30	水 4, 46上	大徳10. 6	二次開挑呉松江故道工程	至＊工畢
大徳9. 3	典 36, 兵3, 30a	延祐3. 11	遠方官員丁憂脚力	中書省咨
大徳9. 3	典 43, 刑5, 10b		打死奸夫, 不徴燒埋	瑞州路承奉
大徳9. 3	水 4, 44上		開浚澱山湖	提調官江浙省平章政事徹里
大徳9. 3. 2	秘 10, 10a		〈校書郎〉	趙文郁＊
大徳9. 3. 8	水 5, 50下	大徳11	任監丞言	至＊將呉松江故道開通
大徳9. 3. 8	水 5, 54下	大徳11. 6. 3	開河置閘	將呉松江故道開通
大徳9. 3. 8	水 5, 55上	大徳11. 6. 19	行都水監照得	將呉松江故道開通
大徳9. 3. 12	典 43, 刑5, 7a		燒埋錢不敷, 官司支與	湖廣行省准
大徳9. 3. 23	典 54, 刑16, 6b	至大3. 3	枉勘死平民	欽遇釋免
大徳9. 4	典 49, 刑11, 5a		斷賊徒例, 粉壁曉諭	湖廣行省准
大徳9. 4	正 條34, 獄官351		又 (獄具)	刑部呈
大徳9. 4	正 斷10, 廐庫337		又 (計點不實)	御史臺呈
大徳9. 5	通 21, 2a		科目	中書省, 禮部呈
大徳9. 5	正 條31, 醫藥292		科目	禮部准太醫院關
大徳9. 5	水 8, 100上		乞陞正三品	行都水監呈中書省
大徳9. 5. 9	典 11, 吏5, 8a		官吏丁憂聽從	湖廣行省准
大徳9. 6	典 1, 詔1, 6a		立皇太子詔	欽奉聖旨
大徳9. 6	典 2, 聖1, 8a		〈擧賢才〉	寛恩詔書
大徳9. 6	典 2, 聖1, 18b		〈旌孝節〉	欽奉立皇太子詔書
大徳9. 6	典 3, 聖2, 4b		〈復租賦〉	欽奉詔書
大徳9. 6	典 3, 聖2, 8a		〈息徭役〉	欽奉寛恩恤民詔書

成宗大徳９年(1305)

大徳9. 6	典 3, 聖2, 14a		〈賜老者〉	欽奉立皇太子詔書
大徳9. 6	典 3, 聖2, 14b		〈賑飢貧〉	欽奉立皇太子詔書
大徳9. 6	典 3, 聖2, 18a		〈崇祭祀〉	欽奉立皇太子詔書
大徳9. 6	典 3, 聖2, 19b		〈理寃滯〉	設立奉使宣撫詔書
大徳9. 6	典 3, 聖2, 21a		〈霈恩宥〉	立皇太子詔
大徳9. 6	典 3, 聖2, 21a		〈霈恩宥〉	欽奉詔書
大徳9. 6	典 11, 吏5, 20a		致仕家貧, 給半俸	欽奉詔書
大徳9. 6	典 40, 刑2, 1b		諸衙門杖數笞杖等第	湖廣行省准
大徳玖年6	通 6, 29a		又(擧保)	欽奉詔書
大徳9. 6	通 20, 10a		又(獲僞鈔賊)	中書省, 陝西行省咨
大徳9. 6	正 條30, 賞令278		又(獲僞鈔賊)	陝西省咨
大徳9. 6	水 4, 44下	大徳9. 3	開浚澱山湖	准咨文, 一體開挑
大徳9. 6. 2	秘 10, 10a		〈校書郎〉	王安仁＊
大徳9. 6. 5	典 1, 詔1, 6b	大徳9. 6	立皇太子詔	授以皇太子寶
大徳9. 6. 5	典 8, 吏2, 8a		親老從近遷除	立皇太子詔書條畫
大徳9. 6. 5	典 8, 吏2, 8b		外任減資陞轉	欽奉詔書
大徳9. 6. 7	典 49, 刑11, 18b	至大2. 3	再犯經革刺左項	夜, 爲從行刼事主張李一
大徳9. 6. 29	典 41, 刑3, 21b		妻告夫奸男婦, 斷離	准中書省咨
大徳9. 7	典 4, 朝1, 1b		外省不許泛濫咨稟	湖廣行省准
大徳9. 7	典 49, 刑11, 25b	至大1	流囚釋放通例	承奉中書省劄付
大徳9. 7	通 20, 2b	皇慶1. 5	又(軍功)	海陽縣大麻寨鍾友鳴
大徳9. 7	秘 9, 18a		〈典簿〉	改知事爲典簿
大徳9. 7. 1	水 5, 52下	大徳11	任監丞言	承奉中書省劄付
大徳9. 7. 1	水 5, 62上	大徳11. 11	行都水監照到	相視計料
大徳9. 7. 13	秘 1, 1b		〈立監〉	中書省奏
大徳9. 7. 13	秘 1, 8a		〈設幕府〉	中書省奏
大徳9. 7. 13	秘 3, 2b	大徳9. 10. 25	〈印章〉	奏過事内
大徳9. 7. 13	秘 3, 3a	大徳10. 3. 12	〈印章〉	奏准
大徳9. 7. 30	典 53, 刑15, 6b	大徳10. 10	告事非全虚例	接受魏三中統鈔
大徳9. 8	典 40, 刑2, 18a		牢獄分輪提點	湖廣行省准
大徳9. 8	典 51, 刑13, 16b	延祐3. 6	又(格前失盗革撥)	承奉中書省判送
大徳9. 8	典 新禮, 校補6a		添支各項祭錢	湖廣等處行中書省劄付
大徳9. 8	典 新刑, 巡捕2b	延祐7. 8	延祐七年革後稟到捕盗官不獲賊例	奉中書省劄付
大徳9. 8	站 7, 下4			中書省委官呈
大徳9. 8	驛 1, 下141			中書省奏
大徳9. 8. 1	秘 9, 9b	大徳5. 6. 26	〈秘書少監〉	申敬…＊
大徳9. 8. 2	典 58, 工1, 6b	大徳9. 10. 19	禁織佛像段子	奏過事内

大德9. 8. 2	通 28, 1a		佛像西天字段子	宣政院奏
大德9. 8. 3	站 5, 上113			陝西行省咨
大德9. 8. 4	通 5, 1a		廟學	中書省奏
大德9. 9	典 40, 刑2, 8b		訟情監禁罪囚	行臺准
大德9. 9	典 54, 刑16, 12a		刑名枉錯斷例	福建廉訪司承奉
大德9. 9	典 59, 工2, 7b		黄河渡錢例	御史臺咨
大德9. 9	水 4, 45上	大德10. 2	開挑呉松江乞添力成就	畢工
大德9. 9. 16	典 12, 吏6, 38b	大德10. 1	革去久占衙門人吏	據福州路申
大德9. 10	典 新都, 5b	至治1. 1. 22	貼書犯贓, 却充俸吏	承奉江浙行省劄付
大德9. 10	水 4, 46上	大德10. 6	二次開挑呉松江故道工程	二次開挑呉松江故道工程
大德9. 10. 2	秘 10, 12a		〈辨驗書畫直長〉	張輝＊
大德9. 10. 17	典 47, 刑9, 6a	大德10. 11	接攬税糧事理	本管岳百戸指稱點糧爲名
大德9. 10. 19	典 58, 工1, 6b		禁織佛像段子	湖廣行省准
大德9. 10. 22	秘 9, 9b	大德8. 6. 18	〈秘書少監〉	張應珍…＊
大德9. 10. 25	秘 3, 2b		〈印章〉	准中書禮部關
大德9. 11	正 條28, 關市218		派賣物貨遇革	刑部議得
大德9. 11	正 條28, 關市219		和買多破遇革	刑部議得
大德9. 11	水 4, 44下	大德10. 2	開挑呉松江乞添力成就	興工開浚呉松江故道
大德9. 11. 1	秘 9, 5b	至元25. 9. 17	〈秘書監〉	岳鉉…＊
大德9. 11. 4	畫 16a			司徒阿尼哥等奉皇后懿旨
大德9. 11. 5	站 5, 上113			中書省奏准事理
大德9. 11. 14	典 54, 刑16, 8b	大德11. 6	枉禁輕生自縊	據李阿劉状告
大德9. 12. 2 (115)	秘 10, 4a		〈著作佐郎〉	侯彰＊
大德9. 12. 2	秘 10, 6b		〈秘書郎〉	狄思聖＊
大德9. 12. 4	秘 10, 1b	大德2. 7. 14	〈著作郎〉	趙炘…＊
大德9. 12. 22	水 4, 46下	大德10. 6	二次開挑呉松江故道工程	畢工
大德9. R12. 21 (116)	站 5, 上114			丞相完澤等奏

大徳10年(丙午, 1306)

大徳10	典 3, 聖2, 15a		〈賑飢貧〉	欽奉詔書
大徳10	典 20, 戸6, 15a		格後行使僞鈔	江南行臺准
大徳10	典 22, 戸8, 63a	至大2. 5	和買諸物税錢	收到和買木綿税鈔, 依正課結解
大徳10	典 22, 戸8, 63a	至大2. 5	和買諸物税錢	和買木綿布疋
大徳10	典 22, 戸8, 69b	至大4. R7	折收物色, 難議收税	錢糧
大徳10	典 36, 兵3, 24b		近行休奏鋪馬	湖廣行省准
大徳10	典 57, 刑19, 22b		札忽兒歹陳言三件	江浙行省准
大徳10	典 新禮, 禮制2a	延祐4. 12	站官公服	儒官服色
大徳10	站 1, 上7			從江浙省言

成宗大徳10年 (1306)

大徳10	站 5, 上116			冬, 江浙省言
大徳10	站 5, 上116			言
大徳10	驛 1, 下127			御史臺呈准
大徳10	驛 1, 下129			通政院呈
大徳10	驛 1, 下152			通政院呈
大徳10	秘 1, 15a	至大1. R11. 5	〈兼領〉	依＊員數
大徳10	水 2, 15下		〈水利問答〉	十一年連値水災
大徳10	水 2, 16上		〈水利問答〉	自濟州以南直至浙右, 水害深甚
大徳10	水 2, 21上		〈水利問答〉	春, 始行移路府州縣
大徳10	水 2, 21上		〈水利問答〉	有司以熟作荒
大徳10	水 5, 50下	大徳11	任監丞言	自春以來, 雨水頻併, 數月不止
大徳10	水 5, 54下	大徳11. 6. 3	開河置閘	雨水頻併, 河港盈溢, 兼値數颶風
大徳10	水 5, 55下	大徳11. 6. 19	行都水監照得	自春以來, 雨水頻併, 數月不止
大徳10	金 6, 36a		〈侍御史〉	拜都＊
大徳10	金 6, 37b		〈侍御史〉	王宏＊
大徳10	金 6, 37b		〈侍御史〉	王仁＊
大徳10	金 6, 40a		〈治書侍御史〉	張道源＊
大徳10	金 6, 42b		〈都事〉	趙宏偉＊
大徳10	金 6, 42b		〈都事〉	田澤＊
大徳10	金 6, 53b		〈監察御史〉	魏柔克＊
大徳10. 1	典 8, 吏2, 13b	延祐3	正從六七品子孫承廕陞轉	承奉中書省劄付
大徳10. 1	典 9, 吏3, 40b	大徳8. 8. 26	辦課官齊年交代	交代
大徳10. 1	典 12, 吏6, 38b		革去久占衙門人吏	江浙行省准
大徳10. 1	典 20, 戸6, 15a		縱賊虛指買使僞鈔	御史臺咨
大徳10. 1	典 53, 刑15, 20a		詞訟不指親屬干證	湖廣行省准
大徳10. 1	典 53, 刑15, 27b		禁捜草檢簿籍事	湖廣行省准
大徳10. 1	倉 25	大徳10. 6		爲始
大徳10. 1	站 5, 上114	大徳10. 1. 20		自大徳九年至＊西番節續差來西僧
大徳10. 1	水 5, 51下	大徳11	任監丞言	又行新開元擬呉松江故道
大徳10. 1	水 5, 57上	大徳11. 11	行都水監照到	興工
大徳10. 1	水 5, 63下	至大2. 11	呉松江利病	再行集夫入役
大徳10. 1. 5	水 5, 59下	大徳11. 11	行都水監照到	奏准, 勸率百姓
大徳10. 1. 20	站 5, 上114			中書省奏
大徳10. 1. 21	典 11, 吏5, 20b	大徳10. 6	致仕加授散官職事	奏過事内
大徳10. 1. 26	典 9, 吏3, 46b	大徳10. 3	減併額設巡檢事理	奏過事内
大徳10. 1. 26	典 36, 兵3, 24b	大徳10	近行休奏鋪馬	奏過事内
大徳10. 1. 30	站 5, 上114			宣政院使沙的…等奏
大徳10. R1	典 新刑, 刑禁5a	至治1. 4	兇徒遇革, 依例遷徙	承奉中書省劄付

大徳10. R1. 3	水 4, 48下	大徳10. 6	二次開挑呉松江故道工程	自＊興工
大徳10. R1. 7	水 4, 49上	大徳10. 6	二次開挑呉松江故道工程	入役
大徳10. 2	正 斷10, 廏庫358		押運官物短少	刑部議得
大徳10. 2	典 46, 刑8, 9b	延祐4. 3	職官殿年, 自被問停職日月計算	當職＊満缺
大徳10. 2	水 4, 44下		開挑呉松江乞添力成就	行都水監呈中書省
大徳10. 2. 1	水 4, 49下	大徳10. 6	二次開挑呉松江故道工程	自＊爲始興工
大徳10. 2. 11	典 9, 吏3, 45a	大徳10. 4	敕牒提控案牘	奏過事内
大徳10. 2. 11	水 8, 102上	大徳10. 3	行都水監陞隨朝正三品衙門	奏過事内
大徳10. 2. 12	水 4, 49上	大徳10. 6	二次開挑呉松江故道工程	至＊工畢
大徳10. 2. 17	水 4, 49上	大徳10. 6	二次開挑呉松江故道工程	爲始興工
大徳10. 2. 22	秘 1, 2a		〈立監〉	中書省奏
大徳10. 2. 26	秘 10, 2a		〈著作郎〉	劉士冕＊
大徳10. 3	典 9, 吏3, 46a		減併額設巡檢事理	湖廣行省准
大徳10. 3	典 56, 刑18, 3a		人口不得寄養	御史臺咨
大徳10. 3	通 4, 15b		又（鰥寡孤獨）	中書省, 御史臺呈
大徳10. 3	通 6, 28b		公罪	中書省, 刑部呈
大徳10. 3	正 斷11, 廏庫385		官鹽插土	刑部議得
大徳10. 3	秘 2, 6a	大徳10. 7. 12	〈禄秩〉	支付
大徳10. 3	賦 67b		使之迷繆	李廣志
大徳10. 3	水 4, 45下	大徳10. 2	行都水監添氣力	行都水監添氣力
大徳10. 3	水 8, 102上		行都水監陞隨朝正三品衙門	中書省咨
大徳10. 3. 7	典 42, 刑4, 14b	延祐2. 8	殺死妻	承奉中書省判送
大徳10. 3. 8	水 4, 49下	大徳10. 6	二次開挑呉松江故道工程	自＊至十五日節續興工
大徳10. 3. 11	秘 3, 3b		〈印章〉	准中書工部關
大徳10. 3. 12	秘 3, 3a		〈印章〉	准中書禮部關
大徳10. 3. 14	水 4, 49下	大徳10. 6	二次開挑呉松江故道工程	至＊工畢
大徳10. 3. 15	秘 9, 1b	大徳5. 9. 13	〈行秘書監事〉	贍思丁…＊
大徳10. 3. 15	秘 9, 6a	大徳8. 6. 18	〈秘書監〉	師箸…＊
大徳10. 3. 15	秘 9, 6a	大徳1. 8. 27	〈秘書監〉	于仁良…＊
大徳10. 3. 15	秘 9, 9b	大徳2. 7. 8	〈秘書少監〉	秦國瑞…＊ (117)
大徳10. 3. 15	秘 9, 10a	大徳8. 7. 2	〈秘書少監〉	馬合馬…＊
大徳10. 3. 15	秘 9, 13b	大徳3. 6. 20	〈秘書監丞〉	黄惟中…＊
大徳10. 3. 15	秘 9, 13b	大徳4. 7. 24	〈秘書監丞〉	盛從善…＊
大徳10. 3. 15	秘 9, 13b	大徳8. 4. 1	〈秘書監丞〉	王利亨…＊
大徳10. 3. 15	秘 9, 18a		〈典簿〉	張克明＊
大徳10. 3. 16	水 1, 8下		行都水監添氣力	先八兒委有時分寫來

成宗大德10年 (1306)

大德10. 3. 24 (118)	秘 10, 4a		〈著作佐郎〉	何守謙＊
大德10. 3. 24	水 4, 48下	大德10. 6	二次開挑呉松江故道工程	工畢
大德10. 3. 29	水 4, 48下	大德10. 6	二次開挑呉松江故道工程	至＊畢工
大德10. 4	典 9, 吏3, 44b		敕牒提控案牘	湖廣行省准
大德10. 4	典 36, 兵3, 19a		起馬置曆挨次	湖廣行省准
大德10. 4	典 46, 刑8, 17a	至大3. 9	出使取受送遺	承奉中書省劄付
大德10. 4	通 27, 17a		又 (私宴)	中書省, 御史臺呈
大德10. 4	正 斷4, 職制101		私役部民	御史臺呈
大德10. 4	倉 24		〈倉庫官〉	吏部言
大德10. 4	站 9, 下116		起馬置曆挨次	湖廣行省准
大德10. 4. 7	秘 9, 10a		〈秘書少監〉	田時佐＊
大德10. 4. 10	水 5, 58上	大德11. 11	行都水監照到	取發到監丞任昭信牒
大德10. 5	典 2, 聖1, 10b		〈興學校〉	欽奉整治恤民詔書
大德10. 5	典 6, 臺2, 15b		刷巻首尾相見體式	行臺准
大德10. 5	典 43, 刑5, 9a	延祐3. 9	殺死二人燒埋錢	承奉中書省劄付
大德10. 5	典 57, 刑19, 4b		禁乞養過房販賣良民	江南行臺准
大德10. 5	通 5, 3b		又 (廟學)	中書省, 御史臺呈
大德10. 5	通 8, 8b		又 (賀謝迎送)	中書省, 四川行省咨
大德10. 5	通 16, 25a		典賣田産事例	中書省, 御史臺呈
大德10. 5	正 條26, 田令119		典質合同文契	禮部議得
大德10. 5	驛 1, 下123			欽奉聖旨條款
大德10. 5	驛 1, 下161			中書省奏准
大德10. 5. 3	水 5, 58上	大德11. 11	行都水監照到	以來, 適値霪雨
大德10. 5. 10	站 5, 上114			通政院使察乃言
大德10. 5. 13	水 1, 8下	大德10. 3. 16	行都水監添氣力	行監開讀
大德10. 5. 14	站 5, 上115	大德10. 5. 10		以察乃所陳奏准聖旨
大德10. 5. 16	典 36, 兵3, 24b	大德11. 9	不許濫差鋪馬	欽奉聖旨條畫
大德10. 5. 18	典 2, 聖1, 4a		〈肅臺綱〉	欽奉詔書
大德10. 5. 18	典 2, 聖1, 5b		〈飭官吏〉	欽奉聖旨
大德10. 5. 18	典 2, 聖1, 5b		〈飭官吏〉	又一款
大德10. 5. 18	典 2, 聖1, 12b		〈勸農桑〉	欽奉整治恤民詔書
大德10. 5. 18	典 2, 聖1, 15a		〈安黎庶〉	整治政化詔書
大德10. 5. 18	典 2, 聖1, 16a		〈重民籍〉	整治詔書
大德10. 5. 18	典 2, 聖1, 17a		〈恤站赤〉	欽奉整治恤民詔書
大德10. 5. 18	典 3, 聖2, 16a		〈恤流民〉	欽奉詔書
大德10. 5. 18	典 3, 聖2, 20a		〈理冤滯〉	欽奉詔書
大德10. 5. 18	典 27, 戸13, 5a	☆	又 (軍官不得放債)	命相詔
大德10. 5. 18	憲 2608, 14a			欽奉詔書
大德10. 5. 18	站 5, 上115	大德10. 11		奏准聖旨

大徳10.5.18	站 9,下119		恤站赤	欽奉整治恤民詔書
大徳10.5.22	典 46,刑8,8b	延祐3.4	茶司官吏取受	本臺官奏過事内
大徳10.6	典 11,吏5,20a		致仕加授散官職事	行臺准
大徳10.6	典 29,禮2,4a		儒官服色	湖廣行省准
大徳10.6	典 29,禮2,5a		南北士服各從其便	湖廣行省准
大徳10.6	典 36,兵3,9a		出使筵會事理	湖廣行省准
大徳10.6	典 46,刑8,12a		司吏犯贓,經格告敍	福建道宣慰司承奉江浙行省
大徳10.6	倉 25		〈倉庫官〉	河南省咨
大徳10.6	站 9,下103		出使筵會事理	湖廣行省准
大徳10.6	秘 2,6a	大徳10.7.12	〈禄秩〉	自＊爲始支俸
大徳10.6	水 4,46上		二次開挑呉松江故道工程	行都水監照到
大徳10.6.23	典 48,刑10,3a	大徳10.10	僧人過錢,察司就問	本臺官奏過事内
大徳10.6.23	通 29,15b		過錢	御史臺奏
大徳10.6.24	典 6,臺2,8b	大徳11.5	整治廉訪司	奏過下項事理
大徳10.6.25 (119)	秘 11,6b		〈怯里馬赤〉	郝黑的＊
大徳10.7	典 新刑,刑禁4a	延祐1.3	把持人再犯稟例遷徙	奉中書省劄付
大徳10.7	典 新刑,刑禁6a	延祐5.2.3	賭博赦後爲坐	因與沈七將已挑僞鈔
大徳10.7	正 斷5,職制144		整點急遞鋪	都省議得
大徳10.7	站 5,上115			通政院稟給司言
大徳10.7	站 5,上115			河間路言
大徳10.7.12	秘 2,6a		〈禄秩〉	秘書監准中書戸部關
大徳10.8	典 12,吏6,42a		獄典出身通例	湖廣行省准
大徳10.8	典 新戸,婚姻3b	至治1.6	祖母喪亡,拜靈成親,離異	張廣清告
大徳10.8	典 新戸,錢債1a		軍官多取軍人息錢	中書刑部奉
大徳10.8	正 條33,獄官314		鬪毆殺人結案詳斷	刑部呈
大徳10.8	正 斷10,廏庫345		中糧插和私米	甘肅省咨
大徳10.8	正 斷11,廏庫372		無権貨不坐	御史臺呈
大徳10.8.27	典 36,兵3,24b	大徳11.9	不許濫差鋪馬	江浙行省准
大徳10.9	南 2610,9a		人衆委問	御史臺議得
大徳10.9	秘 3,3b		〈印章〉	准中書禮部關
大徳10.9	檢 102(永914,26b)			御史臺呈
大徳10.9	水 5,61上	大徳11.11	行都水監照到	秋成農隙
大徳10.9.15	水 5,58下	大徳11.11	行都水監照到	准少監哈散奉議牒該
大徳10.10	典 12,吏6,34a		路吏運司吏出身	江浙行省准
大徳10.10	典 48,刑10,3a		僧人過錢,察司就問	行臺准
大徳10.10	典 53,刑15,6b		告事非全虛例	御史臺咨
大徳10.10	典 55,刑17,2a		牢子私縱配囚行劫	御史臺咨
大徳10.11	典 20,戸6,18a		挑鈔再犯,流遠屯種	行臺准
大徳10.11	典 47,刑9,6a		接攬税糧事理	御史臺咨

大徳10. 11	站 5, 上115			遼陽行省備諸王阿只吉令旨言
大徳10. 11	站 5, 上115			河南府路申
大徳10. 11	賦 65b		失器物者	工部都城所申
大徳10. 11	水 5, 55下	大徳11. 6. 19	行都水監照得	依准貴監牒文
大徳10. 12. 11	典 36, 兵3, 25a	大徳11. 9	不許濫差鋪馬	本省差宣使張顯解納
大徳10. 12. 18	典 3, 聖2, 21a		〈霈恩宥〉	中書省欽奉聖旨
大徳10. 12. 18	典 50, 刑12, 1b	大徳11. 6	僞藥撲鈔斷例	欽遇聖旨
大徳10. 12. 19	典 36, 兵3, 24b	大徳11. 9	不許濫差鋪馬	本省差宣使脱脱木兒送納
大徳10. 12. 21	秘 9, 10a		〈秘書少監〉	劉賡＊
大徳10. 12. 22	典 36, 兵3, 25a	大徳11. 9	不許濫差鋪馬	本省差譯史完者禿, 進賀正旦節
大徳10. 12. 26	典 新吏, 官制6a	延祐5. 5	急缺倉庫等官, 諸衙門不得選取	奏准

大徳11年(丁未, 1307)

大徳11	典 3, 聖2, 4b	大徳11. 5	〈復租賦〉	自＊爲始
大徳11	典 3, 聖2, 5a	大徳11. 8	〈復租賦〉	自＊爲始
大徳11	典 3, 聖2, 10a		〈救災荒〉	御史臺咨該
大徳11	典 3, 聖2, 10b		〈救災荒〉	湖廣行省准
大徳11	典 3, 聖2, 15a		〈賑飢貧〉	欽奉至大改元詔書
大徳11	典 8, 吏2, 25b	至大1. 5	司庫准理月日	秋季稽遲
大徳11	典 12, 吏6, 33b		試補司吏	江浙行省准
大徳11	典 25, 戸11, 5b		納綿府雑泛	行臺准
大徳11	典 53, 刑15, 17b		越訴的人要罪過	江浙行省准
大徳11	典 54, 刑16, 5a		打死驗作病死	行臺准
大徳11	典 新吏, 吏制3b	延祐6. 2	散府上州司吏出身	發充江陰州司吏請俸
大徳11	秘 8, 7a		正旦賀表	
大徳11	秘 8, 7b		天壽節賀表	劉士冕
大徳11	秘 8, 8a		皇太子受冊賀箋	趙炘
大徳11 (120)	秘 8, 8a		皇太子箋	趙炘
大徳11	站 5, 上116	大徳10. 11		依舊例應付
大徳11	站 5, 上121	至大4. 6		站需錢物
大徳11	賦 43b		出擧得利	甘肅省咨准
大徳11	無 上, 7b	☆	張知州辨明惡逆	省部通例＊磁州成安縣
大徳11	水 2, 15下		〈水利問答〉	大徳十年＊連値水災
大徳11	水 5, 50下			任監丞言
大徳11	水 5, 51上	大徳11	任監丞言	夏雨霖霔, 水泛溢
大徳11	水 5, 55下	大徳11. 6. 19	行都水監照得	夏雨霖霔, 潦水泛溢

大德11	金 6, 33a		〈御史中丞〉	廉道安＊
大德11	金 6, 53b		〈監察御史〉	不花＊
大德11. 1	典 8, 吏2, 25a		提控案牘月日通例	湖廣行省准
大德11. 1	典 9, 吏3, 40b	大徳8. 8. 26	辦課官齊年交代	交代近滿未代之人
大德11. 1	典 16, 戸2, 12a		站赤祇應庫子	江浙行省近爲各路申
大德11. 1	典 21, 戸7, 10a		錢糧數目, 以零就整	江浙行省據本省檢校官呈
大德11. 1	典 34, 兵1, 36a		新附軍老小口糧	江浙行省准
大德11. 1	典 49, 刑11, 5a		流遠出軍地面	行臺申強盜持杖
大德11. 1	典 58, 工1, 6b		禁軍民段疋服色等第	江浙行省准
大德11. 1	典 60, 工3, 3a		差官起解錢帛等物	江浙行省照得
大德11. 1	典 新戸, 勸課1b		虫蝗出發申報	行臺劄付
大德11. 1	通 20, 3b	皇慶1. 12	又 (軍功)	當職領兵將引本司令史
大德11. 1	通 30, 12a		官舍	中書省, 工部呈
大德11. 1	正 斷10, 廏庫360		官物有失關防	刑部議得
大德11. 1. 3	水 5, 52上	大徳11	任監丞言	承奉平章政事提調官劄付
大德11. 1. 7	秘 9, 6a		〈秘書監〉	諳都剌＊
大德11. 1. 22	典 40, 刑2, 11b	至大2. 3	病囚考證醫藥	自＊以後
大德11. 1. 25	秘 11, 9b		〈典書〉	李居貞＊
大德11. 2	典 11, 吏5, 17b		殿罷官員即與解由	江浙行省准
大德11. 2	通 20, 6b		又 (獲賊)	中書省, 刑部呈
大德11. 2	正 條30, 賞令272		又 (獲賊)	刑部呈
大德11. 2. 8 (121)	典 3, 聖2, 1b		〈均賦役〉	欽奉聖旨
大德11. 3	典 12, 吏6, 35b		選補州縣司吏新例	江浙行省准
大德11. 3	典 41, 刑3, 3a	至大3. 3	張大榮服内宿娼	之任, 不合遇筵席呼喚娼女
大德11. 3	典 45, 刑7, 4a		重刑公事, 毋得亂行申覆	中書刑部奉中書省劄付
大德11. 3	賦 67b		使之迷繆	御史臺呈
大德11. 3. 12	典 9, 吏3, 8a		革罷南人達魯花赤	福建廉訪分司牒
大德11. 3. 21	典 53, 刑15, 5a	至大1. 4	站官不得接受詞状	將典田價錢中統鈔一十三定
大德11. 3. 24	典 41, 刑3, 9a		鄭貴謀故殺姪	福建廉訪司承奉
大德11. 3. 28 (122)	秘 11, 5b		〈知印〉	彭嗣祖＊
大德11. 4	典 48, 刑10, 3b		出首贓錢過錢人免罪	江南行臺准
大德11. 4	正 斷10, 廏庫341		又 (監臨攬税)	御史臺呈
大德11. 4	秘 1, 16a	至元26	〈兼領〉	有也里審班等官奉皇太子令旨
大德11. 4. 7	秘 1, 16a	至元26	〈兼領〉	苫思丁, 於＊禮任
大德11. 4. 7	秘 9, 1a		〈知秘書監事〉	岳鉉＊
大德11. 4. 7	秘 9, 6a		〈秘書監〉	秦國瑞＊
大德11. 4. 7	秘 9, 6a		〈秘書監〉	也奴＊

成宗大德11年 (1307)

大德11.4.7	秘 9, 10a		〈秘書少監〉	苫思丁＊
大德11.5	典 1, 詔1, 6b		登寶位詔	欽奉皇帝聖旨
大德11.5	典 1, 詔1, 7a		尊皇太后詔	欽奉皇帝聖旨
大德11.5	典 2, 聖1, 7a		〈守法令〉	欽奉登寶位詔書
大德11.5	典 2, 聖1, 10b		〈興學校〉	欽奉登寶位詔書
大德11.5	典 2, 聖1, 14a		〈撫軍士〉	欽奉詔書
大德11.5	典 2, 聖1, 16b		〈重民籍〉	登寶位詔書
大德11.5	典 2, 聖1, 17a		〈恤站赤〉	欽奉登寶位詔書
大德11.5	典 2, 聖1, 18b		〈旌孝節〉	欽奉登寶位詔書
大德11.5	典 2, 聖1, 19a		〈抑奔競〉	欽奉登寶位詔書
大德11.5	典 3, 聖2, 4b		〈復租賦〉	欽奉登寶位詔書
大德11.5	典 3, 聖2, 11a		〈貸逋欠〉	欽奉登寶位詔書
大德11.5	典 3, 聖2, 11a		〈貸逋欠〉	又一款
大德11.5	典 3, 聖2, 13a		〈惠鰥寡〉	欽奉登寶位詔書
大德11.5	典 2, 聖1, 16a		〈恤流民〉	欽奉詔書
大德11.5	典 3, 聖2, 18a		〈崇祭祀〉	欽奉登寶位詔書
大德11.5	典 3, 聖2, 21b		〈霈恩宥〉	欽奉登寶位詔書
大德11.5	典 6, 臺2, 8b		整治廉訪司	中書省照得
大德11.5	典 11, 吏5, 17b		給由置簿首領官提調	福建道廉訪司檢會到
大德11.5	典 53, 刑15, 1b		籍記吏書状	行臺准
大德11.5	典 53, 刑15, 26a		田土告攔	江浙行省准
大德11.5	通 7, 1a		差遣	中書省, 御史臺呈
大德11.5	站 9, 下119		又 (恤站赤)	欽奉登寶位詔書
大德11.5.5	秘 9, 6a		〈秘書監〉	李敬祖＊
大德11.5.9	水 5, 51上	大德11	任監丞言	依准來牒, 行下松江府
大德11.5.9	水 5, 55下	大德11.6.19	行都水監照得	依准來牒, 行下松江府
大德11.5.14	正 斷6, 職制172		弓手犯贓	御史臺呈
大德11.5.18	典 4, 朝1, 7b		詞訟用心平理	整治朝綱詔書
大德11.5.21	典 1, 詔1, 7a	大德11.5	登寶位詔	即皇帝位
大德11.5.21	典 2, 聖1, 15a		〈安黎庶〉	登寶位詔書
大德11.5.22	典 1, 詔1, 7a	大德11.5	登寶位詔	昧爽以前
大德11.5.22	典 3, 聖2, 21b	大德11.5	〈霈恩宥〉	昧爽以前
大德11.5.22	典 22, 戸8, 63a	至大2.5	和買諸物税錢	已前事理
大德11.5.22	通 16, 21a		又 (司農事例)	欽奉詔書
大德11.5.22	通 16, 29b		又 (逃移財産)	欽奉詔書
大德11.5.22	正 條26, 田令86		又 (禁擾農民)	詔書内一款
大德11.5.22	正 條26, 田令130		又 (逃移財産)	詔書内一款
大德11.5.24	水 5, 51上	大德11	任監丞言	纔得開通放水
大德11.5.24	水 5, 55下	大德11.6.19	行都水監照得	纔得開通放水
大德11.6	典 1, 詔1, 7b		建儲詔	欽奉皇帝聖旨
大德11.6	典 15, 戸1, 3b		官員患病俸例	行臺准
大德11.6	典 45, 刑7, 2b		強奸幼女處死	行臺准
大德11.6	典 49, 刑11, 32b		妻告夫作賊, 不離異	江浙行省准
大德11.6	典 50, 刑12, 1b		懵藥摸鈔斷例	行臺准
大德11.6	典 54, 刑16, 8a		枉禁輕生自縊	江西行省准

大徳11.6	正 斷9, 廐庫307		盗官本知情寄放	省臺委官呈
大徳11.6	檢 104 (永914, 27a)			刑部奉省判
大徳11.6.1	典 1, 詔1, 7b	大徳11.6	建儲詔	授以皇太子金寶
大徳11.6.3	水 5, 53上			爲開河置閘等事, 牒行監呈省
大徳11.6.19	水 5, 55上			牒, 行都水監照得
大徳11.6.20	秘 9, 13b		〈秘書監丞〉	忻都＊
大徳11.6.24	典 6, 臺2, 9b	大徳11.10	宣諭憲司事理	奏過事内
大徳11.6.24	典 新朝, 御史臺3b	延祐7.8	延祐七年革後稟到刷巻例	奏過事内
大徳11.6.25	秘 9, 6a		〈秘書監〉	忙古臺＊
大徳11.6.25	秘 9, 10a		〈秘書少監〉	失列門＊
大徳11.6.25 (123)	秘 11, 1b		〈令史〉	韓肅＊
大徳11.7	典 12, 吏6, 36b		吏員出身	江浙行省准
大徳11.7	典 53, 刑15, 5a	至大1.4	站官不得接受詞状	…接受所差庫子…状誣告
大徳11.7	典 新戸, 婚姻4a	至治1.3	兄收弟妻斷離	有伯娘劉阿牛爲姪男
大徳11.7	水 8, 102上		撩清人夫	行中書省會議
大徳11.7.1	通 6, 15a		又 (軍官襲替)	樞密院奏
大徳11.7.5	水 5, 58下	大徳11.11	行都水監照到	准元人監丞任昭信牒該
大徳11.7.10	水 5, 60上	大徳11.11	行都水監照到	寅時以來, 水勢退減
大徳11.7.10	水 5, 64上	至大2.11	呉松江利病	寅時以來, 水勢退減
大徳11.7.16	秘 9, 6a		〈秘書監〉	史徳歸＊
大徳11.7.17	典 21, 戸7, 21a	至大3.4	變賣官物	安寧府申
大徳11.7.24	南 2610, 9b		戒飭	御史臺奏過事内
大徳11.7.25	典 34, 兵1, 22b	至大1.3	又 (拘刷在逃軍驅)	本院官奏
大徳11.7.25	典 56, 刑18, 4a	至大1.3	孛蘭奚逃軀, 不得隱藏	本院官奏
大徳11.8	典 2, 聖1, 1a		〈振朝綱〉	欽奉命相詔書
大徳11.8	典 3, 聖2, 5a		〈復租賦〉	欽奉命相詔書
大徳11.8	典 53, 刑15, 14a		稱寃從臺察告	御史臺咨
大徳11.8.2	秘 10, 6b		〈秘書郎〉	李嗣宗＊
大徳11.8.17	典 3, 聖2, 10a	大徳11	〈救災荒〉	本臺官奏過事内
大徳11.8.28	典 8, 吏2, 25b	至大1.5	司庫准理月日	杭州路備北關門庫申
大徳11.9	典 12, 吏6, 36b		州縣司吏轉補路吏	江西行省准
大徳11.9	典 15, 戸1, 7b		雜職官俸米	江浙行省照得
大徳11.9	典 36, 兵3, 15b		站戸簪載避役	江浙行省准
大徳11.9	典 36, 兵3, 24b		不許濫差鋪馬	江浙行省准
大徳11.9	南 2610, 13b	皇慶2.3.9	行御史臺官俸給	鑄造行臺印
大徳11.9	站 9, 下113		站戸簪載避役	江浙行省准
大徳11.9.1	典 53, 刑15, 17b	大徳11	越訴的人要罪過	中書省特奉聖旨
大徳11.9.2	秘 9, 10a		〈秘書少監〉	節歇兒的＊

武宗大徳11年 (1307)

大徳11. 9. 8	典 58, 工1, 11b	至大1. 2	禁金趐雕様皮帽頂兒	本府達魯花赤奉別不花平章鈞旨
大徳11. 9. 9	典 58, 工1, 11a		禁做金趐鵰	特奉聖旨
大徳11. 9. 9	南 2610, 13b	皇慶2. 3. 9	行御史臺官俸給	別不花平章奏
大徳11. 9. 22	典 8, 吏2, 26a	至大1. 5	司庫准理月日	准中書省咨
大徳11. 9. 23	典 22, 戸8, 62a	至大1. 4	山場河泊開禁	奏過事内
大徳11. 9. 23	典 23, 戸9, 9b	至大1. 3	食踐田禾斷例	欽奉聖旨
大徳11. 9. 28	典 25, 戸11, 5b	大徳11	納綿府雜泛	本院官啓過事内
大徳11. 10	典 6, 臺2, 9b		宣諭憲司事理	行臺准
大徳11. 10	典 8, 吏2, 25b		縣吏准州吏月日	湖廣行省准
大徳11. 10. 12	典 2, 聖1, 1b	至大1. 3	〈振朝綱〉	傳奉聖旨
大徳11. 10. 14	典 32, 禮5, 9a	至大1	陰陽法師	傳奉聖旨
大徳11. 10. 14	正 斷2, 職制23		各位下陰陽人	欽奉聖旨
大徳11. 10. 15	典 5, 臺1, 4a		整治臺綱	欽奉聖旨
羊兒年 10. 15	典 5, 臺1, 4b	大徳11. 10. 15	整治臺綱	
大徳11. 10. 15	憲 2608, 14b		整治臺綱	欽奉聖旨
羊兒年 10. 15	憲 2608, 14b	大徳11. 10. 15	整治臺綱	
大徳11. 10. 30	秘 10, 10a		〈校書郎〉	席郁 *
大徳11. 11	典 15, 戸1, 4a		枉被賍誣, 停職俸例	行臺准
大徳11. 11	典 新禮, 僧道1a	延祐5. 5	僧道犯罪經斷遇免, 依奸盜例還俗	新興寺僧人程普等
大徳11. 11	通 6, 29b		又 (擧保)	御史臺會驗
大徳11. 11	通 13, 17a		馬疋草料	中書省奏
大徳11. 11	正 條24, 廄牧42		宿衞馬疋草料	中書省奏
大徳11. 11	水 5, 57上			行都水監照到
大徳11. 11. 1	典 新刑, 諸殺1b	至大2. 4	誤踏藥箭射死	不從官路經由小路前去
大徳11. 11. 27	畫 1a		〈御容〉	敕
大徳11. 12	典 1, 詔1, 7b		至大改元詔	欽奉皇帝聖旨
大徳11. 12	典 2, 聖1, 1b		〈振朝綱〉	欽奉至大改元詔書
大徳11. 12	典 2, 聖1, 5b		〈飭官吏〉	欽奉至大改元詔書
大徳11. 12	典 2, 聖1, 9b		〈求直言〉	至大改元詔書
大徳11. 12	典 2, 聖1, 10b		〈興學校〉	欽奉至大改元詔書
大徳11. 12	典 2, 聖1, 12b		〈勸農桑〉	欽奉至大改元詔書
大徳11. 12	典 2, 聖1, 14a		〈撫軍士〉	欽奉至大改元詔書
大徳11. 12	典 2, 聖1, 15a		〈安黎庶〉	至大改元詔書
大徳11. 12	典 2, 聖1, 16b		〈重民籍〉	至大改元詔書
大徳11. 12	典 2, 聖1, 17a		〈恤站赤〉	欽奉至大改元詔書
大徳11. 12	典 2, 聖1, 16b		〈恤流民〉	欽奉詔書
大徳11. 12	典 3, 聖2, 18a		〈崇祭祀〉	欽奉至大改元詔書

大德11.12 (124)	典 27, 戸13, 4a	☆	又(放債取利三分)	至大改元詔
大德11.12 (125)	典 27, 戸13, 5a	☆	又(軍官不得放債)	至大改元詔
大德11.12	典 50, 刑12, 6a	至大1.7	放火賊人例	夜五更前後, 掏火
大德11.12	通 6, 6b		殿最	欽奉詔書
大德11.12	站 9, 下119		又(恤站赤)	欽奉至大改元詔書
大德11.12.4	典 35, 兵2, 4a	至大1	禁治弓箭彈弓	傳奉聖旨
大德11.12.6	典 38, 兵5, 3a		收拾石虎皮	中書省＊特奉聖旨
大德11.12.6	典 38, 兵5, 6a		禁採鵰鶚事	中書省＊特奉聖旨
羊兒年 12.11	典 3, 聖2, 2b	大德11.2.8	〈均賦役〉	寫來
大德11.12.26	典 8, 吏2, 26a	至大1.5	吏員月日例	奏過事内
大德11.12.26	典 9, 吏3, 42a	至大1.5	整治站官事理	奏過事内
大德11.12.26	典 39, 刑1, 1b	至大1.6	犯法度人有司決斷	奏過事内
大德11.12.26	站 9, 下108	至大1.5	整治站官事理	奏過事内
大德11.12.27	典 9, 吏3, 42a	至大1.5	整治站官事理	改元詔書
大德11.12.27	典 34, 兵1, 29a	至大1	病死軍人棺木	欽奉詔書
大德11.12.27	站 9, 下108	至大1.5	整治站官事理	改元詔書

至大元年(戊申, 1308)

至大1	典 3, 聖2, 5a	至大1.7	〈復租賦〉	差發夏税
至大1	典 12, 吏6, 2a		又(隨路歲貢儒吏)	行臺近爲廉訪司合設書吏奏差
至大1	典 21, 戸7, 17a	至大1	格前克落錢糧稟例	行臺准
至大1	典 21, 戸7, 17b	至大1	格後追徵錢糧稟例	行臺准
至大1	典 22, 戸8, 69b	至大4.R7	折收物色, 難議收税	准中書省咨
至大1	典 28, 禮1, 6b		上位名字	行臺准
至大1	典 32, 禮5, 9a		陰陽法師	江浙行省准
至大1	典 34, 兵1, 28b		病死軍人棺木	江浙行省准
至大1	典 35, 兵2, 4a		禁治弓箭彈弓	行臺准
至大1	典 49, 刑11, 16a		贓依犯時估價	江浙行省准
至大1	典 49, 刑11, 25b		流囚釋放通例	江浙行省准
至大1	典 53, 刑15, 13a		誣告官吏斷罪	行臺近據來申
至大1	典 53, 刑15, 22b		軍民詞訟約會	行省准
至大1	典 57, 刑19, 24b		禁富勢擅錮奴隸	行省准
至大1	典 新禮, 沈刻6a	大德8.4	祭祀社稷體例	鈔到
至大1	典 新禮, 校補6a	大德9.8	添支各項祭錢	抄到
至大1	正 條26, 田令114	至大4.4.26	爭訟田宅革限	在＊以前者
至大1	海 上68			温台荒歉
至大1	站 5, 上121	至大4.6		站需錢物
至大1	秘 1, 11a		〈設吏屬〉	都省准添設知印
至大1	秘 11, 10b		〈典吏〉	王鑑＊
至大1	許 75, 16b	至元21	蒙山銀	撥屬徽政院
至大1	永 15950, 13a		〈漕運〉蘇州志	萬戸孛羅帖木兒
至大1	金 6, 32a		〈御史大夫〉	火你赤＊

武宗至大元年(1308)

至大1	金 6, 34b		〈御史中丞〉	董士珍＊
至大1	金 6, 36a		〈侍御史〉	普化＊
至大1	金 6, 37b		〈侍御史〉	李彧＊
至大1	金 6, 42b		〈都事〉	杜溥＊
至大1	金 6, 42b		〈都事〉	王鍈＊
至大1	金 6, 46a		〈架閣庫管勾〉	那懷＊
至大1	金 6, 53b		〈監察御史〉	月忽難＊
至大1	金 6, 53b		〈監察御史〉	不魯罕＊
至大1	金 6, 53b		〈監察御史〉	太不花＊
至大1	金 6, 53b		〈監察御史〉	木八剌乞＊
至大1	金 6, 53b		〈監察御史〉	張天翼＊
至大1	金 6, 53b		〈監察御史〉	李企賢＊
至大1	金 6, 54a		〈監察御史〉	呂良佐＊
至大1	金 6, 54a		〈監察御史〉	甕吉剌歹＊
至大1	金 6, 54a		〈監察御史〉	奥屯履＊
至大1	金 6, 54a		〈監察御史〉	陳珪＊
至大1	金 6, 54a		〈監察御史〉	申從敬＊
至大1	金 6, 54a		〈監察御史〉	拜降＊
至大1	金 6, 54a		〈監察御史〉	袁師愈＊
至大1	金 6, 54a		〈監察御史〉	帖木哥＊
至大1	金 6, 54a		〈監察御史〉	劉泰＊
至大1.1	典 3, 聖2, 9a	至大4.4	〈簡詞訟〉	以前者
至大1.1	典 20, 戸6, 7a	至大4.4	住罷銀鈔銅錢, 使中統鈔	已前者
至大1.1	通 16, 29a	至大4.4.29	田訟革限	已前者
至大1.1	站 5, 上117			江西行省咨
至大1.1	驛 1, 下129	至大4		中書省奏准
至大1.1	驛 1, 下142			中書省奏准節該
至大1.1.9	典 36, 兵3, 3a	至大1.5	拯治站赤	奏准下項事理
至大1.1.9	典 36, 兵3, 4a	皇慶1.1	長官提調站赤	中書省奏過事内
至大1.1.9	站 9, 下95	至大1.5	拯治站赤	奏准下項事理
至大1.1.9	站 9, 下96	皇慶1.1	長官提調站赤	中書省奏過事内
至大1.1.14	典 28, 禮1, 6b	至大1	上位名字	本院官奏
至大1.1.14	通 8, 2b		又(臣子避忌)	樞密院奏
至大1.1.19	站 5, 上122	至大4.7		已經奏准
至大1.2	典 58, 工1, 11b		禁金趐雕様皮帽頂兒	行臺准
至大1.2	正 斷10, 廐庫333		賑糶紅帖罪賞	刑部講究得
至大1.2.3	水 序			雲間任仁發序
至大1.2.12	秘 1, 16a	至元26	〈兼領〉	愛薛香山柳林裏奏
至大1.2.16 (126)	秘 11, 1b		〈令史〉	張輝＊
猴兒年2.18 (127)	典 33, 禮6, 7a	☆	爲傳法籙事	寫來
猴兒年2.18 (128)	典 33, 禮6, 7b	☆	爲法籙先生事	寫來
至大1.3	典 2, 聖1, 1b		〈振朝綱〉	江浙行省准
至大1.3	典 12, 吏6, 28a		府州譯史, 轉補路譯史	江西行省准

至大1.3	典 12,吏6,30a		廉訪司奏差,州吏内選取	行臺准
至大1.3	典 12,吏6,42a		補獄典例	行臺准
至大1.3	典 19,戸5,17a		站戸賣訖田土,隨地收税	江西行省准
至大1.3	典 23,戸9,9a		食踐田禾斷例	行臺准
至大1.3	典 34,兵1,22b		又(拘刷在逃軍驅)	江浙行省准樞密院咨
至大1.3	典 56,刑18,4a		孛蘭奚逃驅,不得隱藏	江浙行省准
至大1.3.4	秘 10,6b		〈秘書郎〉	張謙*
至大1.3.10 (129)	秘 10,12a		〈辨驗書畫直長〉	胡宣*
至大1.4	典 22,戸8,62a		山場河泊開禁	江浙行省准
至大1.4	典 49,刑11,18a		遇赦依例刺字	行臺准
至大1.4	典 53,刑15,4b		站官不得接受詞状	行臺據江浙監察御史呈
至大1.4	秘 11,5a	元貞1.1	〈知印〉	添一人
至大1.4	秘 11,5b	大徳11	〈知印〉	彭嗣祖…*
至大1.4	賦 15b		例分八字/若字	部呈
至大1.4	賦 86b		同罪之刑至絞	部議楡林站
至大1.4.8	典 22,戸8,62a	至大1.4	山場河泊開禁	雨復霖霈
至大1.4.10	海 下94		〈排年海運水脚價鈔〉	奏過海運糧脚價
至大1.4.10	秘 1,15b		〈兼領〉	秘書少監苦思丁
至大1.4.16	典 36,兵3,25a	至大1.9	各官取租與鋪馬	本院官奏
至大1.4.27	秘 9,6b		〈秘書監〉	高塔失不花*
至大1.5	典 8,吏2,25b		司庫准理月日	江浙行省據本省檢校官呈
至大1.5	典 8,吏2,26a		吏員月日例	江浙行省准
至大1.5	典 9,吏3,42a		整治站官事理	江浙行省准
至大1.5	典 36,兵3,3a		拯治站赤	江浙行省,中書省咨
至大1.5	典 44,刑6,3b		戮碎兩眼雙睛	袁州路蒙江西行省所委官斷過宜春縣申
至大1.5	站 9,下95		拯治站赤	江浙行省,中書省咨
至大1.5	站 9,下108		整治站官事理	江浙行省准
至大1.5	驛 1,下134			欽奉聖旨
至大1.5	秘 1,11b		〈設吏屬〉	秘監知事改陞典簿
至大1.5	秘 11,10b		〈典吏〉	設一人
至大1.5	水 5,64下	至大2.11	呉松江利病	與衙門一例革罷
至大1.5.13	典 59,工2,8a		河道船隻	欽奉聖旨
至大1.5.18	典 12,吏6,16a		職官補充吏員	皇帝聖旨
至大1.5.18	典 49,刑11,26a	至大1	流囚釋放通例	奏過事内
至大1.5.18	典 53,刑15,22b	至大1	軍民詞訟約會	奏過事内
至大1.5.18	通 29,17a		又(俗人做道場)	中書省奏

武宗至大元年 (1308)

至大1. 5. 18	無 上, 27b	☆	強盜殺傷錢主, 隨即合檢驗	中書省咨, ＊奏過事内一件
至大1. 5. 26	典 12, 吏6, 17a	至大2. 6	選取職官令史	奉中書省劄付
至大1. 5. 28	典 58, 工1, 11b	至大1. R11	禁異樣帽兒	欽奉聖旨
至大1. 6	典 39, 刑1, 1b		犯法度人, 有司決斷	江浙行省准
至大1. 6	典 49, 刑11, 22a		老幼篤廢疾免刺	江西行省准
至大1. 6	通 20, 10b		平反冤獄	中書省, 江浙行省咨
至大1. 6	正 斷6, 職制175		侵使軍人寄収錢糧	御史臺呈
至大1. 6	正 斷7, 戸婚235		災傷不即檢覆	御史臺呈
至大1. 6. 10	秘 11, 10b		〈典吏〉	杜伯懋＊
至大1. 6. 11	典 10, 吏4, 8b		無照會官員, 不許禮任	中書省奏過事内
至大1. 6. 13	秘 10, 2a		〈著作郎〉	解節亨＊
至大1. 6. 16	秘 3, 7a		〈廨宇〉	奉都堂鈞旨
至大1. 6. 16 (130)	秘 10, 6b		〈秘書郎〉	趙崇＊
至大1. 6. 22	典 53, 刑15, 23a	☆	又 (軍民詞訟約會)	只兒哈郎大夫等奏
至大1. 6. 22 (131)	秘 11, 4b		〈回回令史〉	木撒＊
至大1. 7	典 2, 聖1, 1b		〈振朝綱〉	欽奉皇帝聖旨
至大1. 7	典 2, 聖1, 2a		〈振朝綱〉	又一款
至大1. 7	典 2, 聖1, 5b		〈飭官吏〉	欽奉立左丞相詔書
至大1. 7	典 3, 聖2, 5a		〈復租賦〉	欽奉命相詔書
至大1. 7	典 19, 戸5, 19a		舒仁仲錢業, 各歸元主	臨江路奉江西行省劄付
至大1. 7	典 50, 刑12, 6a		放火賊人例	行臺准
至大1. 7	典 56, 刑18, 5a	延祐3. 9	孛蘭奚頭疋	収到無主水牛牸
至大1. 7	通 16, 4b		又 (立社巷長)	中書省, 刑部呈
至大1. 7	正 條25, 田令70		又 (立社)	刑部呈
至大1. 7	正 斷3, 職制82		減價買物	刑部議得
至大1. 7	正 斷7, 戸婚208		又 (科斂擾民)	刑部議得
至大1. 7	檢 104 (永914, 27a)			大宗正府蒙古文字譯
至大1. 7. 14	秘 9, 13b	大徳11. 6. 20	〈秘書監丞〉	忻都…＊
至大1. 7. 29	典 53, 刑15, 20b	至大1. 11	又 (詞訟不指親屬干證)	奏過事内
至大1. 7. 29	南 2610, 9b		廉訪司取問行省譯史	御史臺官奏
至大1. 8	典 46, 刑8, 16b		侵使軍人盤纏	行臺准
至大1. 8	賦 58b		語其常	浙江省咨准
至大1. 8. 24	秘 9, 18a		〈典簿〉	張淑＊
至大1. 8. 28 (132)	秘 10, 4a		〈著作佐郎〉	張謙＊
至大1. 9	典 33, 禮6, 13b		旌表郭廷煒世守孝義	福建宣慰司近據興化路申
至大1. 9	典 36, 兵3, 8b	至大4. 8	使臣拷打站官	御位下西僧使臣烈思八巴等
至大1. 9	典 36, 兵3, 25a		各官取租與鋪馬	江浙行省准

至大1. 9	典 49, 刑11, 30b		警跡人獲賊功賞	江西行省准
至大1. 9	典 54, 刑16, 27a		牧民官私役淬死人夫	行臺准
至大1. 9	典 57, 刑19, 16a		遺火決斷通例	江浙行省准
至大1. 9	站 9, 下103	至大4. 8	使臣拷打站官	御位下西僧使臣烈思八巴等
至大1. 9. 1 (133)	秘 10, 4a		〈著作佐郎〉	張賑＊
至大1. 9. 7	秘 9, 10a		〈秘書少監〉	王賓＊
至大1. 9. 19	典 36, 兵3, 8b	至大4. 8	使臣拷打站官	有開讀聖旨
至大1. 9. 19	站 9, 下102	至大4. 8	使臣拷打站官	有開讀聖旨
至大1. 10	典 6, 臺2, 17b		違錯輕的罰俸, 重要罪過	福建道廉訪司承奉江南行臺
至大1. 10	典 40, 刑2, 11b	至大2. 3	病囚考證醫藥	終, 計死損罪囚
至大1. 10	典 56, 刑18, 3b		孛蘭奚牛, 發付屯田種養	行臺准
至大1. 10	通 16, 25b		又 (典賣田産事例)	中書省, 樞密院呈
至大1. 10	正 條26, 田令118		又 (典賣田産)	樞密院呈
至大1. 10. 6	典 新刑, 諸殺1b	至大2. 4	誤踏藥箭射死	將弩箭毒藥
至大1. 10. 15	典 21, 戸7, 6a	至大1. R11	贓罰開寫名件	終, 應收贓罰鈔物數目
至大1. 10. 16	典 新刑, 諸盗5a	延祐6. 1	盗賊革後事發, 追贓免罪	夜, 持仗㧞訖事主
至大1. 11	典 3, 聖2, 5a		〈復租賦〉	欽奉建中都宮闕詔書
至大1. 11	典 3, 聖2, 21b		〈霈恩宥〉	肇建中都詔書
至大1. 11	典 53, 刑15, 20b		又 (詞訟不指親屬干證)	行臺准
至大1. 11. 25	典 3, 聖2, 21b	至大1. 11	〈霈恩宥〉	昧爽以前
至大1. 11. 25	典 36, 兵3, 8b	至大4. 8	使臣拷打站官	欽遇詔赦
至大1. 11. 25	典 新刑, 諸盗5a	延祐6. 1	盗賊革後事發, 追贓免罪	詔赦已前
至大1. 11. 25	典 新刑, 諸殺1b	至大2. 4	誤踏藥箭射死	已前
至大1. 11. 25	站 9, 下103	至大4. 8	使臣拷打站官	欽遇詔赦
至大1. 11. 26	典 新刑, 諸殺1b	至大2. 4	誤踏藥箭射死	男楊縁與姪楊安採草
至大1. R11	典 21, 戸7, 6a		贓罰開寫名件	袁州路承准江西廉訪司牒
至大1. R11	典 58, 工1, 11b		禁異樣帽兒	御史臺咨
至大1. R11	典 新戸, 婚姻3a	延祐7. 1	夫亡服内成親, 斷離與男同居	刑部呈准
至大1. R11	典 新戸, 婚姻4a	至治1. 3	兄收弟妻斷離	承奉中書省判送
至大1. R11	正 條34, 獄官340		越分審囚	御史臺呈
至大1. R11	正 斷8, 戸婚251		又 (居喪嫁娶)	遼陽省咨
至大1. R11. 5	典 新刑, 諸殺1b	至大2. 4	誤踏藥箭射死	承奉中書省判送
至大1. R11. 5	秘 1, 15a		〈兼領〉	岳鉉有旨
至大1. R11. 11	典 44, 刑6, 3b	至大1. 5	戮碎兩眼雙睛	回奉省劄
至大1. R11. 16 (134)	秘 11, 5b		〈知印〉	馮守節＊
至大1. R11. 28 (135)	秘 10, 10a		〈校書郎〉	張從善＊

至大1. 12	典 30, 禮3, 11b		禁約厚葬	龍興路奉
至大1. 12	通 6, 35b		令譯史通事知印	中書省
至大1. 12	賦 100a		相犯各加於彼此	江浙省咨, 湖州路
至大1. 12. 1	典 43, 刑5, 11b	皇慶1. 6	燒埋錢貧難無追	欽遇釋放
至大1. 12. 12	典 9, 吏3, 29b	至大2. 9	倉官貼補, 庫官對補	臨江路申

至大2年(己酉, 1309)

至大2	典 3, 聖2, 5a	至大2. 2	〈復租賦〉	腹裏差税
至大2	典 3, 聖2, 11a	至大3. 10. 18	〈貸逋欠〉	以前
至大2	典 3, 聖2, 15a	至大2. 2	〈賑飢貧〉	依前再開禁一年
至大2	典 15, 戸1, 5b		又(官吏添支俸給)	欽奉詔書
至大2	典 17, 戸3, 9b	至大3. 11	災傷缺食, 供寫元籍戸名	差税倚免
至大2	典 22, 戸8, 33b	至大4. R7	鹽袋毎引四百斤	尚書省奏准毎鹽一引
至大2	典 26, 戸12, 4a	至大3. 5	和買諸物, 對物估體支價	周歳已支
至大2	典 32, 禮5, 6b	至大4. 11	禁治庸醫	廣平路曲周縣醫工張永
至大2	典 43, 刑5, 6a	皇慶1. 3	又(殺人償命, 仍徵燒埋銀)	欽奉詔書條畫
至大2	典 52, 刑14, 5a	皇慶2. 10	僞造税印	捉獲僞彫税印
至大2	典 57, 刑19, 28a	至大4. 10	禁治聚衆作會	就西安府大開元寺, 以修建萬僧
至大2	海 上67	☆		以來, 蒙官司召顧
至大2	驛 1, 下155			戸部呈
至大2	永 15950, 13a		〈漕運〉蘇州志	孛羅帖木兒
至大2	金 6, 33a		〈御史中丞〉	拜都＊
至大2	金 6, 40b		〈治書侍御史〉	敬儼＊
至大2	金 6, 46b		〈架閣庫管勾〉	蘇惟中＊
至大2	金 6, 54a		〈監察御史〉	孫宏＊
至大2	金 6, 54a		〈監察御史〉	滕安＊
至大2	金 6, 54a		〈監察御史〉	潘汝劼＊
至大2	金 6, 54a		〈監察御史〉	呂允＊
至大2	金 6, 54a		〈監察御史〉	趙靖＊
至大2	金 6, 54a		〈監察御史〉	張崇＊
至大2. 1	典 3, 聖2, 11a	至大2. 1	〈貸逋欠〉	以前
至大2. 1	典 8, 吏2, 8b	至大2. 1	内外四品以下, 普覃散官一等	以前
至大2. 1	典 8, 吏2, 8b	至大2. 1	内外四品以下, 普覃散官一等	以前入役
至大2. 1	典 19, 戸5, 11a		呉震告爭家財	袁州路奉
至大2. 1	典 30, 禮3, 15a		三皇配享	行省准
至大2. 1	典 新吏, 沈刻23a		劉萬戸奔繼父喪	江西行省准
至大2. 1	通 20, 3b	皇慶1. 12	又(軍功)	六寨歹蠻
至大2. 1	正 條33, 獄官324		二罪倶發	刑部呈

至大2.1	驛 1, 下145			通政院奏准
至大2.1.7	典 1, 詔1, 8a	至大2.2	上尊號恩詔	御大明殿
至大2.1.14	典 10, 吏4, 14a	至大2.8.28	不赴任官員	奏過事内
雞兒年1.15	典 36, 兵3, 29a	皇慶1.5	遠方任回官員	察乃平章奏
至大2.1.19	檢 104(永914, 27a)	至大4.7		張好義告
至大2.2	典 1, 詔1, 8a		上尊號恩詔	皇帝聖旨
至大2.2	典 2, 聖1, 6a		〈飭官吏〉	欽奉上尊號詔書
至大2.2	典 2, 聖1, 15a		〈安黎庶〉	上尊號詔書
至大2.2	典 3, 聖2, 5a		〈復租賦〉	欽奉上尊號詔書
至大2.2 (136)	典 3, 聖2, 11a		〈貸逋欠〉	欽奉上尊號詔書
至大2.2	典 3, 聖2, 13a		〈惠鰥寡〉	欽奉上尊號詔書
至大2.2	典 3, 聖2, 15a		〈賑飢貧〉	欽奉上尊號詔書
至大2.2	典 3, 聖2, 15a		〈賑飢貧〉	又一款
至大2.2	典 2, 聖1, 16b		〈恤流民〉	欽奉上尊號詔書
至大2.2	典 2, 聖1, 16b		〈恤流民〉	又一款
至大2.2	典 3, 聖2, 18a		〈崇祭祀〉	欽奉上尊號詔書
至大2.2 (137)	典 8, 吏2, 8b		內外四品以下, 普覃散官一等	上尊號詔書
至大2.2	典 46, 刑8, 12b		諸犯二罪俱發, 從重者論	江西行省准
至大2.2	賦 10b		意有未顯	刑部議得
至大2.2	賦 52a		流刑加役	部檢舊例
至大2.2.16	典 36, 兵3, 18a	至大3.5	印信文字, 乘驛鋪馬	有安豊路高府判馳驛前來
至大2.2.21	通 28, 8b		又(擾民)	欽奉詔書條畫
至大2.3	典 25, 戶11, 4a		禁職田佃戶規避差役	江西廉訪司奉
至大2.3	典 40, 刑2, 11a		病囚考證醫藥	江西廉訪司奉
至大2.3	典 49, 刑11, 18b		再犯經革刺左項	江西行省奉
至大2.3	南 2610, 10a		職當體察	御史臺奏過事内
至大2.3	賦 93a		伯叔愛隆於刺史	江浙省議斷
至大2.3.2	典 28, 禮1, 11a	至大2.5	又(迎接)	奏過事内
至大2.3.2	通 8, 9a		又(賀謝迎送)	赤因帖木兒奏
至大2.3.8	典 12, 吏6, 24b	至大3	臺察書吏出身	本臺奏過事内
至大2.3.22	南 2610, 9b		整治臺綱制	宣諭聖旨
至大2.4	典 9, 吏3, 8a	至大4.9	有姓達魯花赤革去	欽奉聖旨
至大2.4	典 新戶, 婚姻2a		年幼過房, 難比同姓爲婚	奉江浙行省劄付
至大2.4	典 新刑, 諸殺1b		誤踏藥箭射死	承奉江浙行省近據來申
至大2.5	典 22, 戶8, 63a		和買諸物稅錢	袁州路奉
至大2.5	典 28, 禮1, 11a		又(迎接)	江西行省准
至大2.5	典 新吏, 官制6b	延祐5.12	廣濟庫攢各庫子對補	准中書省咨
至大2.5	典 46, 刑8, 14a	至大4.12	犯贓再犯通論	與訖兀馬兒中統鈔五定
至大2.6	典 12, 吏6, 17a		選取職官令史	行臺准
至大2.6	倉 26		〈倉庫官陞轉例〉	之任

武宗至大２年(1309)

至大2. 6	典 新刑, 刑禁6a	延祐5. 2. 3	賭博赦後爲坐	又與徐三商議, 開置兌房
至大2. 6. 7	典 41, 刑3, 18a	至大4. 2	將妻沿身雕青	將妻狄四娘沿身刁刺
至大2. 6. 12	驛 1, 下163			中書省奏
至大2. 7	典 27, 戸13, 4a		又(部下不得借債)	行臺准
至大2. 7	正 斷6, 職制165		運司取受茶商分例	江西省咨
至大2. 7	賦 111b		非毆非傷	部議上都税課
至大2. 7. 1	秘 9, 6a	大徳11. 6. 25	〈秘書監〉	忙古臺… *
至大2. 8. 25	秘 9, 10a		〈秘書少監〉	李迪 *
至大2. 8. 28	典 10, 吏4, 13b	☆	不赴任官員	奏過事内
至大2. 8. 28	正 斷7, 戸婚210		投下占戸	尚書省奏
至大2. 9	典 2, 聖1, 4a		〈肅臺綱〉	尚書省欽奉詔書
至大2. 9	典 2, 聖1, 6a		〈飭官吏〉	申立尚書省詔書
至大2. 9	典 2, 聖1, 9b		〈求直言〉	申立尚書省詔書
至大2. 9	典 2, 聖1, 11a		〈興學校〉	欽奉改尚書省詔書
至大2. 9	典 2, 聖1, 12b		〈勸農桑〉	欽奉改尚書省詔書
至大2. 9	典 2, 聖1, 17a		〈恤站赤〉	欽奉立尚書省詔書
至大2. 9	典 2, 聖1, 18a		〈厚風俗〉	欽奉立尚書省詔書
至大2. 9	典 3, 聖2, 11a		〈貸逋欠〉	一款
至大2. 9	典 3, 聖2, 13b		〈惠鰥寡〉	欽奉改立尚書省詔書
至大2. 9	典 2, 聖1, 16b		〈恤流民〉	欽奉改尚書省詔書
至大2. 9	典 3, 聖2, 20a		〈理冤滯〉	立尚書省欽奉詔書
至大2. 9	典 8, 吏2, 21b	皇慶1. 1	又(巡檢月日)	欽奉詔書
至大2. 9	典 9, 吏3, 29a		倉官貼補, 庫官對補	袁州路奏
至大2. 9	典 11, 吏5, 22a		流官五品以上封贈	立尚書省詔書
至大2. 9	典 18, 戸4, 14a		舅姑得嫁男婦	尚書省奏過事内
至大2. 9	典 39, 刑1, 3a	至大4. 3	罰贖毎下至元鈔二錢	欽奉詔書聖旨
至大2. 9	典 53, 刑15, 29a	至大3. 4	又(禁止干名犯義)	欽奉
至大2. 9	正 斷1, 衛禁8		門尉不嚴	刑部呈
至大2. 9	憲 2608, 14b		又(整治臺綱)	尚書省欽奉聖旨
至大2. 9	倉 26	至大3. 3	〈倉庫官陞轉例〉	省議
至大2. 9	站 9, 下120		又(恤站赤)	欽奉立尚書省詔書
至大2. 9	驛 1, 下173	延祐6. 3		欽奉詔書
至大2. 9. 3	典 51, 刑13, 16b	至大3. 10	格前失盜革撥	夜, 有盜賊五六人
至大2. 9. 4	典 4, 朝1, 1b	☆	省部紀綱	奏過事内
至大2. 9. 11	典 12, 吏6, 24b	至大3	臺察書吏出身	欽奉詔書
至大2. 9. 11	典 53, 刑15, 12a	延祐2. 3	驅口首本使私鹽	欽奉詔書
至大2. 9. 11	典 53, 刑15, 28b		禁止干名犯義	欽奉詔書

至大2.9.14	典 3,聖2,15a		〈賑飢貧〉	奏過事内
至大2.9.14	通 27,22a		山場	尚書省奏
至大2.10	典 3,聖2,21b		〈霈恩宥〉	欽奉詔書
至大2.10	典 57,刑19,32a	延祐5.4	局騙錢物	緝到李慧光有鈔買田
至大2.10	驛 1,下139			欽奉聖旨
至大2.10	倉 27	至大4.9	〈倉庫官陞轉例〉	蒙尚書省遷充前職
至大2.10.2	典 30,禮3,9b	至大3.1	樂人休迎出殯	本司官傳奉皇太子令旨
至大2.10.2 (138)	秘 11,3b		〈譯史〉	師贇＊
至大2.10.10	典 30,禮3,15a	至大2.1	三皇配享	會集到集賢·翰林…等官一同議得
至大2.10.17	典 3,聖2,21b	至大2.10	〈霈恩宥〉	昧爽以前
至大2.10.17	典 36,兵3,18b	至大3.5	印信文字,乘驛鋪馬	詔恩已前
至大2.10.17	典 51,刑13,16b	至大3.10	格前失盜革撥	昧爽以前
至大2.10.17	典 51,刑13,16b	至大3.10	格前失盜革撥	詔恩已前
至大2.10.17	典 新刑,諸殺2a	至大2.4	誤踏藥箭射死	欽遇詔赦
至大2.10.17	站 9,下116	至大3.5	印信文字,乘驛鋪馬	詔恩已前
至大2.10.28	典 51,刑13,16b	至大3.10	格前失盜革撥	欽奉詔書
至大2.11	典 57,刑19,32a	延祐5.4	局騙錢物	設計持以買人爲由
至大2.11	水 5,63上		呉松江利病	浙東道宣慰使都元帥李中奉言
至大2.11.5	秘 5,13a	至大2.12		尚書省官奏
至大2.11.5	秘 5,13a	至大2.12	〈秘書庫〉	…三寶奴丞相·忙哥帖木兒丞相等奏過事内
至大2.11.12	典 35,兵2,4b	至大3.3	禁斷軍器	奏
至大2.11.24	典 34,兵1,30b	延祐2.5	軍官代替軍人	據湖北廉訪司申
至大2.11.26	典 57,刑19,24b	至大3.1	禁治行兇潑皮	奏
至大2.11.28	永 7507,20b		〈常平倉〉	欽奉詔書内一款
至大2.12	通 13,3a		又(俸祿職田)	尚書省奏
至大2.12	秘 5,12b		〈秘書庫〉	准尚書禮部關
至大2.12.6	典 57,刑19,28a	至大4.10	禁治聚衆作會	承奉陝西行省劄付該
至大2.12.11	秘 10,6b		〈秘書郎〉	何守謙＊
至大2.12.22	典 41,刑3,6a	至大3.9	穆豁子殺兄	穆仲良告
至大2.12.28	典 15,戸1,5b		又(官吏添支俸給)	丞相等奏
至大2.12.28	典 15,戸1,6a	至大3.3	俸鈔改支至元,拘職田支米	奏
至大2.12.28	南 2610,11a	至大3.2.7	行御史臺官吏俸給	奏
至大2.12.28	秘 2,7b	至大3.1.29	〈祿秩〉	太尉脫脫丞相…等奏

至大3年(庚戌, 1310)

至大3	典 3, 聖2, 5a	至大3. 10. 18	〈復租賦〉	秋税
至大3	典 8, 吏2, 22a	皇慶1. 1	又(巡檢月日)	各月選内銓注各各窠闕
至大3	典 12, 吏6, 24b		臺察書吏出身	御史臺近爲察院
至大3	典 21, 戸7, 12b	延祐4. 1	軍人鹽錢	每鹽一引
至大3	典 22, 戸8, 69b	至大4. R7	折收物色, 難議收税	税糧
至大3	典 26, 戸12, 2a	皇慶1. 4	又(編排里正主首例)	自＊爲始
至大3	典 26, 戸12, 4a	至大3. 5	和買諸物, 對物估體支價	合計置疋帛木綿等物
至大3	典 26, 戸12, 4b	至大3. 5	和買諸物, 對物估體支價	額定已定
至大3	典 36, 兵3, 29a	皇慶1. 5	遠方任回官員	尚書省議得
至大3	典 54, 刑16, 31a	皇慶1. 5	虚報災傷田糧官吏斷罪	水旱災傷
至大3	海 下94		〈排年海運水脚價鈔〉	准尚書省咨該
至大3	海 下94	至大3	〈排年海運水脚價鈔〉	海運糧斛差官召顧到海船
至大3	驛 1, 下123			刑部呈准
至大3	驛 1, 下123			兵部呈准
至大3	驛 1, 下129			兵部呈
至大3	驛 1, 下131			兵部呈准
至大3	驛 1, 下141表			兵部呈准
至大3	秘 8, 8b		上皇太后尊號賀皇帝表	張振
至治3	許 76, 30b	☆	正始十事	九曰…＊之數欽蒙免徵
至大3	永 15950, 13a		〈漕運〉蘇州志	行省丞相答失蠻
至大3	金 6, 39a		〈治書侍御史〉	晏只哥＊
至大3	金 6, 40b		〈治書侍御史〉	趙簡＊
至大3	金 6, 41a		〈經歴〉	忽都察＊
至大3	金 6, 54a		〈監察御史〉	楊彌堅＊
至大3	金 6, 54a		〈監察御史〉	僧家奴＊
至大3	金 6, 54a		〈監察御史〉	脱脱＊
至大3	金 6, 54b		〈監察御史〉	周馳＊
至大3. 1	典 15, 戸1, 6a	至大2. 12. 28	又(官吏添支俸給)	自＊爲始
至大3. 1	典 15, 戸1, 6b	至大3. 3	俸鈔改支至元, 拘職田支米	自＊爲始
至大3. 1	典 30, 禮3, 9b		樂人休迎出殯	江西行省准
至大3. 1	典 57, 刑19, 24b		禁治行兇潑皮	行省准
至大3. 1	南 2610, 11b	至大3. 2. 7	行御史臺官吏俸給	自＊爲始
至大3. 1	秘 2, 8a	至大3. 1. 29	〈禄秩〉	截自＊爲始

至大3.1	賦 126b		小功大功/毆期親尊長	江浙省咨
至大3.1	倉 27	至大4.9	〈倉庫官陞轉例〉	齊界之任
至大3.1	永 15950, 14a		〈漕運〉成憲綱要	欽奉聖旨節該
至大3.1.10	秘 9, 6b		〈秘書監〉	脱烈＊
至大3.1.13	秘 1, 15a		〈兼領〉	香山…啓
至大3.1.18	典 22, 戸8, 57a	皇慶1.5	契本税錢	奏准條畫
至大3.1.19	秘 9, 10a		〈秘書少監〉	劉事義＊
至大3.1.19	秘 9, 14a		〈秘書監丞〉	張謙＊
至大3.1.20	典 49, 刑11, 22b	至大4.9	父首子爲羊免刺	爲始…糾合錢阿十等偸盜
至大3.1.21	畫 7b			敕
至大3.1.29	秘 2, 7a		〈禄秩〉	准中書戸部關
至大3.1.29	秘 2, 7a			准戸部關
至大3.2	典 23, 戸9, 10a		農桑	尚書省奏奉聖旨
至大3.2	典 23, 戸9, 16a		捕除虫蝗遺子	尚書省據御史臺
至大3.2	南 2610, 11b	至大3.2.7	行御史臺官吏俸給	分員數
至大3.2.7	南 2610, 11a		行御史臺官吏俸給	准御史臺咨
至大3.3	典 9, 吏3, 2a		銓選官從元籍保勘	行臺准
至大3.3	典 15, 戸1, 6a		俸鈔改支至元, 拘職田支米	行省准
至大3.3	典 21, 戸7, 10a		數目去零	江西行省准
至大3.3	典 35, 兵2, 4b		禁斷軍器	江西行省准
至大3.3	典 41, 刑3, 2b		張大榮服内宿娼	行臺
至大3.3	典 54, 刑16, 6a		枉勘死平民	福建廉訪司承奉
至大3.3	正 斷10, 廏庫354		尅落皮貨	御史臺呈
至大3.3	倉 26		〈倉庫官陞轉例〉	尚書省判
至大3.3.1	倉 27	至大4.9	〈倉庫官陞轉例〉	齊界禮任
至大3.3.1	倉 26		〈倉庫官陞轉例〉	齊界交代
至大3.3.11	馬 30		〈刷馬〉	丞相別不花奏
至大3.3.18	典 41, 刑3, 11a	至大3.9	亂言平民作歹	奏將來
至大3.3.19	典 41, 刑3, 10b	至大3.9	亂言平民作歹	爲知官司捉獲帖里等謀歹
至大3.3.24	典 41, 刑3, 11a	至大3.9	亂言平民作歹	就隆福宮前, 問不得名校尉道
至大3.3.25	典 41, 刑3, 10b	至大3.9	亂言平民作歹	蒙都堂鈞旨
至大3.4	典 21, 戸7, 21a		變賣官物	行省准
至大3.4	典 53, 刑15, 29a		又（禁止干名犯義）	行臺准
至大3.4.2	典 21, 戸7, 21a	至大3.8	別里哥索錢糧	奏
至大3.4.18	典 2, 聖1, 16b		〈重民籍〉	上皇太后尊號詔書
至大3.4.18	秘 10, 10a		〈校書郎〉	王復＊
至大3.4.19 (139)	秘 11, 4b		〈回回令史〉	睦八剌沙＊
至大3.5	典 26, 戸12, 4a		和買諸物, 對物估體支價	行臺准
至大3.5	典 36, 兵3, 18a		印信文字, 乘驛鋪馬	行臺准

武宗至大３年(1310)

至大3. 5	南 2610, 13a		又(行御史臺官吏俸給)	准御史臺咨
至大3. 5	站 1, 上7			給嘉興·松江·瑞州三路
至大3. 5	站 9, 下115		印信文字, 乘驛鋪馬	行臺准
至大3. 5. 8	站 5, 上117			尚書省奏
至大3. 5. 10 (140)	秘 11, 2a		〈令史〉	徐元鳳＊
至大3. 5. 28	秘 11, 9b		〈典書〉	杜伯懋＊
至大3. 6. 1	倉 26		〈倉庫官陞轉例〉	齊界交代
至大3. 6. 1	倉 27	至大4. 9	〈倉庫官陞轉例〉	齊界之任
至大3. 6. 2	秘 11, 10b		〈典吏〉	黄禮＊
至大3. 6. 8	典 4, 朝1, 4a	皇慶2. 5	省部減繁格例	承奉中書省劄付
至大3. 7. 19	典 50, 刑12, 8a	皇慶1. 7	盗掘祖宗墳墓財物	夜, 各執钁頭前去
至大3. 7. 19	秘 9, 10b		〈秘書少監〉	盛從善＊
至大3. 7. 29	典 35, 兵2, 6a	☆	監察廉訪司依先例懸帶弓箭	奏過事内
至大3. 7. 29	通 27, 1b		又(兵杖應給不應給)	御史臺奏
至大3. 8	典 19, 戸5, 3b		捨施寺觀田土, 有司給據	江西行省准
至大3. 8	典 21, 戸7, 21a		別里哥索錢糧	江西行省准
至大3. 8. 2	南 2610, 10b		整治臺綱制	欽奉聖旨
至大3. 8. 11	站 5, 上117			詹事月魯鐵木兒·朶觧奉皇太子令旨
狗兒年8. 12	典 31, 禮4, 7b	至大4. 1	整治學校	寫來
至大3. 8. 19	秘 10, 2a		〈著作郎〉	高植＊
至大3. 8. 20	秘 9, 14a		〈秘書監丞〉	解節亨＊
至大3. 8. 20	秘 9, 14a		〈秘書監丞〉	李信＊
至大3. 8. 22	秘 9, 10b		〈秘書少監〉	王師心＊
至大3. 9	典 26, 戸12, 4b	至大3. 5	和買諸物, 對物估體支價	終, 赴都納足
至大3. 9	典 36, 兵3, 36a	皇慶1. 4	蹉打船隻	内, 裝載諸物
至大3. 9	典 41, 刑3, 6a		穆豁子殺兄	江西行省准
至大3. 9	典 41, 刑3, 10b		亂言平民作歹	福建宣慰司承奉
至大3. 9	典 46, 刑8, 17a		出使取受送遺	行臺准
至大3. 9	典 57, 刑19, 37b		禁治鑼鼓	行臺准
至大3. 9. 1	秘 10, 10a		〈校書郎〉	賈晦＊
至大3. 9. 25	秘 9, 6b		〈秘書監〉	苫思丁＊
至大3. 10	典 3, 聖2, 21b		〈霈恩宥〉	欽奉立皇太后詔書
至大3. 10	典 3, 聖2, 22a		〈霈恩宥〉	又條
至大3. 10	典 46, 刑8, 13a		弓手犯贓, 次丁當役	福建宣慰司承奉
至大3. 10	典 51, 刑13, 16b		格前失盗革撥	江西行省准
至大3. 10	通 2, 29a		又(冒戸)	欽奉詔書
至大3. 10	通 17, 6a		又(雜泛差役)	欽奉詔書
至大3. 10	正 條27, 賦役172		差役不許妨農	詔書内一款
至大3. 10. 2	倉 26		〈倉庫官陞轉例〉	禮任

至大3. 10. 6	典 49, 刑11, 23b	延祐2. 11	盜神衣免刺	承奉尚書省判送
至大3. 10. 11	典 60, 工3, 3b		校尉擾民	尚書省咨
至大3. 10. 18	典 2, 聖1, 19a		〈抑奔競〉	欽奉上皇太后尊號詔書
至大3. 10. 18	典 3, 聖2, 5a		〈復租賦〉	欽奉上尊號詔書
至大3. 10. 18	典 3, 聖2, 8a		〈息徭役〉	欽奉上皇太后尊號詔書
至大3. 10. 18	典 3, 聖2, 9a		〈簡訴訟〉	欽奉上皇太后尊號詔書
至大3. 10. 18	典 3, 聖2, 11a		〈貸逋欠〉	欽奉上皇太后尊號詔書
至大3. 10. 18	典 3, 聖2, 21b	至大3. 10	〈霈恩宥〉	昧爽以前
至大3. 10. 18	典 39, 刑1, 3a		民官公罪許罰贖	欽奉詔書
至大3. 10. 18	典 41, 刑3, 18a	至大4. 2	將妻沿身雕青	欽奉詔赦
至大3. 10. 18	秘 10, 12b		〈辨驗書畫直長〉	何鏞＊
至大3. 10. 22	秘 11, 7b		〈奏差〉	牛仲實＊
至大3. 10. 26	典 50, 刑12, 7b	皇慶1. 7	盜掘祖宗墳墓財物	廬陵縣申
至大3. 10. 29	海 下94	至大4	〈排年海運水脚價鈔〉	奏准
至大3. 11	典 17, 戸3, 9b		災傷缺食, 供寫元籍戸名	江西行省准
至大3. 11	典 18, 戸4, 13b		受財將妻轉嫁	湖南宣慰司奉
至大3. 11	通 3, 11b		祗候曳剌稅糧	尚書省, 湖廣行省咨
至大3. 11	通 6, 4a		又 (選格)	尚書省, 吏部呈
至大3. 11	站 5, 上118			河西廉訪司言
狗兒年11. 15	典 59, 工2, 9b	至大4. 2	海道運糧船戸免雜泛差役	寫來
至大3. 11. 15	秘 9, 10b		〈秘書少監〉	朶兒只班＊ (141)
至大3. 11. 16 (142)	秘 10, 4a		〈著作佐郎〉	白鐸＊
至大3. 11. 21	秘 9, 15b		〈管勾〉	李恕＊
至大3. 11. 23	典 3, 聖2, 22a		〈霈恩宥〉	禋祀南郊詔書
至大3. 12 (143)	海 上71	☆		欽奉聖旨
至大3. 12. 2	秘 10, 6b		〈秘書郎〉	謝必昌＊
至大3. 12. 11	典 48, 刑10, 10b	至大4. 11	使臣往治屬取受	尚書省差來直省舍人
至大3. 12. 22	典 21, 戸7, 19b	☆	舊錢糧休追	奏

至大4年(辛亥, 1311)

至大4	典 1, 詔1, 8a		頒至大銀鈔銅錢詔	廢罷銀鈔
至大4	典 3, 聖2, 5a	至大3. 10. 18	〈復租賦〉	中都
至大4	典 3, 聖2, 5b	至大4. 1	〈復租賦〉	腹裏百姓
至大4	典 3, 聖2, 5b	至大4. 4		自＊爲始
至大4	典 20, 戸6, 7a	至大4. 4	住罷銀鈔銅錢, 使中統鈔	自＊爲始
至大4	典 33, 禮6, 1b		革罷僧司衙門	福建宣慰司承奉

武宗至大４年(1311)

至大4	典 43, 刑5, 6b	皇慶1. 3	又(殺人償命, 仍徵燒埋銀)	欽遇詔赦
至大4	典 52, 刑14, 5a	皇慶2. 10	僞造稅印	捉獲私熬顏色李徳全
至大4	典 53, 刑15, 29a		傳聞不許言告	詔書内一款
至大4	典 58, 工1, 11b		禁斷金箔等物斷例	中書省咨
至大4	典 新朝, 御史臺3b	延祐7. 8	延祐七年革後稟到刷巻例	革後稟取受
至大4	典 新戸, 田宅2a	延祐7. 10	探馬赤軍典賣草地	行來的聖旨例
至大4	典 新兵, 軍制6a	延祐7. 8	延祐七年革後稟到軍官私役軍人等例	犯在格前
至大4	典 新刑, 贓賄4a	延祐7. 8	延祐七年革後稟到通例	犯在格前
至大4	典 新刑, 贓賄4b	延祐7. 8	延祐七年革後稟到通例	照出避罪
至大4	正 條26, 田令102	延祐7. 7. 15	探馬赤地土	依…＊行來的聖旨體例
至大4	官 56		〈行大司農司〉	添建架閣庫
至大4	海 上66			遣官同江浙行省提調運糧官講究海運
至大4	海 上68			浙西船戸到於福建經營本處
至大4	海 上69			温･台兩路運糧廻還, 在海遭風
至大4	海 上69			奉江浙省符文
至大4	海 上69			海運正糧
至大4	海 下94		〈排年海運水脚價鈔〉	准中書省咨
至大4	站 1, 上8	皇慶2. 4		凡聖旨皆納之于翰林院
至大4	站 6, 上141	延祐1. 5. 17		已前逃亡消乏站戸
至大4	站 6, 上142	延祐1. 6. 22		將此聖旨納于翰林院
至大4	站 6, 上156	至治2		已降聖旨事意
至大4	站 6, 上163	天曆3. 1. 17		以漢站隷兵部
至大4	驛 1, 下128			刑部呈准
至大4	驛 1, 下129			中書省咨
至大4	驛 1, 下140			中書省奏准
至大4	驛 1, 下145表			刑部呈准
至大4	驛 1, 下153			兵部呈
至大4	驛 1, 下156表			兵部呈准
至大4	驛 1, 下157			宣徽院奏准
至大4	驛 1, 下160			兵部呈准
至大4	驛 1, 下160			兵部呈准
至大4	驛 1, 下160			兵部呈

至大4	秘 8, 9b		賀皇太子千秋箋	白鐸
至大4	秘 8, 10a		登極賀表	白鐸
至大4	秘 9, 6b	至大3. 9. 25	〈秘書監〉	苫思丁…＊
至大辛亥	山 26a			復有孕, 及期臨蓐
至大4	永 15950, 13a		〈漕運〉蘇州志	中書奏
至大4	永 15950, 16a		〈漕運〉成憲綱要	刑部呈准
至大4	金 6, 33b		〈御史中丞〉	高睿＊
至大4	金 6, 34b		〈御史中丞〉	于璋＊
至大4	金 6, 36a		〈侍御史〉	咬住＊
至大4	金 6, 37b		〈侍御史〉	董士恭＊
至大4	金 6, 39a		〈治書侍御史〉	孛蘭奚＊
至大4	金 6, 42b		〈都事〉	郝文＊
至大4	金 6, 42b		〈都事〉	呉舉＊
至大4	金 6, 46b		〈架閣庫管勾〉	張季賢＊
至大4	金 6, 54b		〈監察御史〉	撒的迷失＊
至大4	金 6, 54b		〈監察御史〉	佛保＊
至大4	金 6, 54b		〈監察御史〉	賈訥＊
至大4	金 6, 54b		〈監察御史〉	托普化＊
至大4	金 6, 54b		〈監察御史〉	忽都魯沙＊
至大4	金 6, 54b		〈監察御史〉	鄭榮祖＊
至大4	金 6, 54b		〈監察御史〉	拜降＊
至大4	金 6, 54b		〈監察御史〉	王恭政＊
至大4	金 6, 54b		〈監察御史〉	陳珪＊
至大4	金 6, 54b		〈監察御史〉	完者＊
至大4	金 6, 54b		〈監察御史〉	捉住＊
至大4	金 6, 54b		〈監察御史〉	賈汝玉＊
至大4	金 6, 54b		〈監察御史〉	別速歹＊
至大4	金 6, 54b		〈監察御史〉	傅昱＊
至大4. 1	典 3, 聖2, 5a		〈復租賦〉	欽奉祀南郊詔書
至大4. 1	典 3, 聖2, 11a		〈貸逋欠〉	欽奉祀南郊詔書
至大4. 1	典 31, 禮4, 7a		整治學校	欽奉聖旨
至大4. 1	通 28, 34a		銘旌忌避	尚書省, 刑部呈
至大4. 1	賦 49a		議親議故/保功	欽奉詔書節該
至大4. 1	永 7385, 11a		〈喪禮〉(通制)	刑部呈
至大4. 1. 5	典 3, 聖2, 11a	至大4. 1	〈貸逋欠〉	以前
至大4. 1. 5	典 3, 聖2, 18a		〈崇祭祀〉	欽奉祀南郊詔書
至大4. 1. 5	典 3, 聖2, 18b		〈崇祭祀〉	又一款
至大4. 1. 5	典 3, 聖2, 22a	至大3. 11. 23	〈霈恩宥〉	昧爽以前
至大4. 1. 5	典 3, 聖2, 22a	至大4. 3. 17	〈霈恩宥〉	教行了的赦書
至大4. 1. 5	典 新刑, 諸盜5b	延祐6. 1	盜賊革後事發, 追贓免罪	欽遇詔赦
至大4. 1. 11	典 57, 刑19, 16b	皇慶1. 4	任官遺火燒官房	夜, 祝縣尉家人陶慶兒執灯
至大4. 1. 16	通 27, 22a		又(山場)	詹事院官月魯帖木兒特奉皇太子令旨
至大4. 1. 16	驛 1, 下169			通政院奏
至大4. 2	典 41, 刑3, 18a		將妻沿身雕青	江西行省准

武宗至大４年(1311)

至大4.2	典 57, 刑19, 5a		站戸消乏, 轉賣親屬	行臺准
至大4.2	典 57, 刑19, 14b		私宰牛馬	省准尚書省咨
至大4.2	典 57, 刑19, 28a	至大4.10	禁治聚衆作會	自＊以來
至大4.2	典 59, 工2, 9b		海道運糧船戸免雜泛差役	欽奉聖旨
至大4.2	站 6, 上166	至順1.2		兵部契勘
至大4.2	賦 111a		非毆非傷	部議鳳翔府
至大4.2	秘 9, 1b		〈秘書卿〉	改監爲卿
至大4.2	秘 9, 5a	至元10.2.7	〈秘書監〉	改爲卿
至大4.2	永 15950, 14a		〈漕運〉成憲綱要	欽奉聖旨節該
至大4.2.5	秘 抄本5, 3a	至大4.2.6	〈秘書庫〉	…特奉皇太子令旨
至大4.2.6	站 5, 上118			通政院察乃·朶年等啓於皇太后
至大4.2.6	秘 抄本5, 3a		〈秘書庫〉	…傳奉皇太子令旨
至大4.2.7	典 43, 刑5, 6a	皇慶1.3	又(殺人償命, 仍徵燒埋銀)	奉前行尚書省劄付
至大4.2.9	典 33, 禮6, 4a	至大4.4	又(僧道簪剃給據)	啓過事内
至大4.2.16	驛 1, 下164			敬奉懿旨令旨
至大4.2.16	秘 1, 3a		〈設官〉	徹里, 特奉皇太子令旨
至大4.2.17	正 斷2, 職制24		漏泄官事	中書省奏
至大4.2.17	秘 1, 3a		〈設官〉	舎里伯赤徹里奉聖旨
至大4.2.18	典 53, 刑15, 7b	皇慶1.2	儒人詞訟有司問	儒人沈麟孫告
至大4.2.18	正 斷5, 職制140		軍官被差違限	樞密院奏
至大4.2.18	秘 1, 3b	至大4.2.17	〈設官〉	徹里…於＊禮任
至大4.2.21	典 53, 刑15, 30a	至大4.6.13	又(傳聞不許言告)	本臺官啓過事内
至大4.2.22	通 28, 9a		又(擾民)	李平章·回回參議啓
至大4.2.26	驛 1, 下161			特奉皇太子令旨
至大4.2.27	典 33, 禮6, 1b	至大4	革罷僧司衙門	特奉皇太子令旨
至大4.3	典 2, 聖1, 2a		〈振朝綱〉	欽奉登寶位詔書
至大4.3	典 2, 聖1, 7b		〈守法令〉	欽奉登寶位詔書
至大4.3	典 3, 聖2, 22a		〈霈恩宥〉	欽奉登寶位詔書
至大4.3	典 3, 聖2, 22b		〈霈恩宥〉	又一條
至大4.3	典 39, 刑1, 3a		罰贖毎下至元鈔二錢	江西廉訪司奉
至大4.3	通 13, 3b		又(俸禄職田)	欽奉詔書
至大4.3	通 16, 21b		又(司農事例)	欽奉詔書
至大4.3	通 16, 23a		又(妄獻田土)	欽奉詔書
至大4.3	通 17, 6a		又(雜泛差役)	欽奉詔書
至大4.3	通 18, 6a		又(和雇和買)	欽奉詔書
至大4.3	通 18, 18a		中寶	欽奉詔書
至大4.3	通 28, 13a		又(圍獵)	欽奉詔書
至大4.3	通 28, 32b		監臨榮利	欽奉詔書
至大4.3	正 條26, 田令87		又(禁擾農民)	詔書内一款
至大4.3	正 條27, 賦役161		又(均當雜泛差役)	詔書内一款
至大4.3 (144)	正 條28, 關市204		禁中寶貨	詔書内一款

至大4.3	正 條28,關市212		又(和雇和買)	詔書内一款
至大4.3	正 斷6,職制150		枉法贓滿追奪	詔書内一款
至大4.3	正 斷7,戸婚223		冒獻地土	詔書内一款
至大4.3	站 1,上7			詔
至大4.3	驛 1,下134			詔條節該
至大4.3	驛 1,下137			兵部呈,契勘
至大4.3	驛 1,下157			詔條節該
至大4.3	許 75,12b		丁憂	欽奉詔書
至大4.3.2	秘 10,2a		〈著作郎〉	耿允＊
至大4.3.2 (145)	秘 10,4a		〈著作佐郎〉	史燎＊
至大4.3.9	秘 9,18a		〈典簿〉	劉復初＊
至大4.3.13	站 5,上118			樞密院特奉潛邸聖旨
至大4.3.17	典 3,聖2,22a		〈霈恩宥〉	中書省啓過事内
至大4.3.18	典 1,詔1,8b		登寶位詔	上天眷命皇帝聖旨
至大4.3.18	典 1,詔1,8b	至大4.3.18	登寶位詔	即皇帝位
至大4.3.18	典 1,詔1,8b	至大4.3.18	登寶位詔	昧爽以前
至大4.3.18	典 2,聖1,6a		〈飭官吏〉	欽奉登寶位詔書
至大4.3.18	典 2,聖1,9b		〈求直言〉	欽奉登寶位詔書
至大4.3.18	典 2,聖1,11a		〈興學校〉	欽奉登寶位詔書
至大4.3.18	典 2,聖1,12b		〈勸農桑〉	登寶位詔書
至大4.3.18	典 2,聖1,14b		〈撫軍士〉	欽奉登寶位詔書
至大4.3.18	典 2,聖1,16b		〈重民籍〉	欽奉登寶位詔書
至大4.3.18	典 2,聖1,17a		〈恤站赤〉	欽奉登寶位詔書
至大4.3.18	典 2,聖1,19a		〈抑奔競〉	欽奉登寶位詔書
至大4.3.18	典 2,聖1,19b		〈止貢獻〉	欽奉登寶位詔書
至大4.3.18	典 3,聖2,2b		〈均賦役〉	欽奉登寶位詔書
至大4.3.18	典 3,聖2,又7a		〈薄税斂〉	欽奉詔書
至大4.3.18	典 3,聖2,8a		〈息徭役〉	欽奉登寶位詔書
至大4.3.18	典 3,聖2,13b		〈惠鰥寡〉	欽奉登寶位詔書
至大4.3.18	典 3,聖2,14a		〈賜老者〉	欽奉登寶位詔書
至大4.3.18	典 3,聖2,18b		〈崇祭祀〉	欽奉登寶位詔書
至大4.3.18	典 3,聖2,20a		〈理冤滯〉	欽奉登寶位詔書
至大4.3.18	典 3,聖2,22a	至大4.3	〈霈恩宥〉	昧爽以前
至大4.3.18	典 8,吏2,18b		能通經史免傔使	欽奉詔書
至大4.3.18	典 11,吏5,8a		丁憂並許終制	欽奉詔書
至大4.3.18	典 14,吏8,11b	至大4.11	刷巻朱銷入架	以前事理
至大4.3.18	典 17,戸3,10a	皇慶1.1	打捕戸計	欽奉詔書
至大4.3.18	典 31,禮4,6a	皇慶1.10	儒人差役事	欽奉詔書
至大4.3.18	典 36,兵3,29b	皇慶2.2	官員之任脚力	欽奉詔書
至大4.3.18	典 38,兵5,8a		又(禁地打野物)	登寶位詔書
至大4.3.18	典 41,刑3,4b	延祐5.6	裴從義冒哀公參	欽奉詔書
至大4.3.18	典 46,刑8,2b		又(贓罪條例)	欽奉登寶位詔書
至大4.3.18	典 53,刑15,24a		投下并探馬赤詞訟約會	欽奉登寶位詔書
至大4.3.18	典 53,刑15,27b		又(禁撇無頭文字)	欽奉登寶位詔書
至大4.3.18	典 57,刑19,29a	至大4.10	禁治聚衆作會	欽遇詔赦

仁宗至大４年(1311)

至大4.3.18	典 58, 工1, 11b	至大4	禁斷金箔等物斷例	欽奉詔書
至大4.3.18	典 新都, 6a	至治1.1.22	貼書犯贓, 却充俸吏	吏人犯贓不敍例
至大4.3.18	通 6, 13b	至大4.4	又(廕例)	欽遇詔書日
至大4.3.18	通 6, 25b	延祐1.5	終制	欽奉詔書
至大4.3.18	海 上73	☆		欽奉詔書
至大4.3.18	站 5, 上118			欽奉詔書
至大4.3.18	站 5, 上135	皇慶2.10.15		欽奉詔書
至大4.3.18	站 9, 下120		又(恤站赤)	欽奉登寶位詔書
至大4.3.18	許 76, 30b	☆	正始十事	至今應係賞賜
至大4.3.22	秘 11, 10a		〈典書〉	黄禮＊
至大4.3.22	秘 11, 10b		〈典吏〉	王惟正＊
至大4.3.23	典 36, 兵3, 3b	至大4.7	兵部管站赤	奏過事内
至大4.3.23	站 5, 上119			中書省奏
至大4.3.23	站 9, 下96	至大4.7	兵部管站赤	奏過事内
至大4.3.28	典 49, 刑11, 18a	皇慶2.4	僧盜師叔物刺字	夜, 偸盜師叔華祖仁綿線
至大4.3.29	典 54, 刑16, 18b	皇慶2.11	官典刑名違錯	夜, …打着身死
至大4.4	典 2, 聖1, 4a		〈肅臺綱〉	住罷銀鈔銅錢詔書
至大4.4	典 3, 聖2, 5b		〈復租賦〉	欽奉廢罷銅錢詔書
至大4.4	典 3, 聖2, 9a		〈簡訴訟〉	欽奉住罷銀鈔銅錢詔書
至大4.4	典 20, 戸6, 6a		住罷銀鈔銅錢, 使中統鈔	上天眷命皇帝聖旨
至大4.4	典 20, 戸6, 15b	皇慶1.6	應捕人捉獲僞鈔理賞	欽奉詔書
至大4.4	典 20, 戸6, 18b	皇慶1.7	挑鈔窩主罪名	欽奉詔書
至大4.4	典 33, 禮6, 1a		革僧道衙門免差發	欽奉聖旨
至大4.4	典 33, 禮6, 4a		又(僧道簪剃給據)	福建宣慰司承奉
至大4.4	典 46, 刑8, 14b	皇慶1.3	偸課程, 依職官取受例問	杭州路税課提擧司攔頭付顯等告
至大4.4	典 新都, 2b	至治1.1.22	貼書犯贓, 却充俸吏	蒙監察御史取具根脚
至大4.4	通 6, 13b		又(廕例)	中書省, 吏部呈
至大4.4	憲 2608, 14b		又(整治臺綱)	住罷銀鈔銅錢詔書
至大4.4	站 1, 上7			中書省臣言
至大4.4.3	典 54, 刑16, 18b	皇慶2.11	官典刑名違錯	准本縣關
至大4.4.5	典 49, 刑11, 24a	延祐3.8	從賊不得財免刺	夜, 被賊打傷刼訖
至大4.4.7	典 49, 刑11, 18a	皇慶2.4	僧盜師叔物刺字	被盜訖綿線三十兩
至大4.4.9	典 38, 兵5, 6a	至大4.8	昔寶赤擾民	特奉聖旨
至大4.4.11	典 2, 聖1, 2a		〈振朝綱〉	中書省奏
至大4.4.14	典 10, 吏4, 11b		官員依限赴任, 病就任醫	御史臺奏過事内
至大4.4.14	典 53, 刑15, 14b	至大4.R7	稱冤赴臺陳告	奏過事内

至大4.4.19	秘 1,4a		〈設官〉	楊光祖…＊禮任
至大4.4.22	驛 1,下123			中書省奏
至大4.4.23	典 33,禮6,1b	皇慶2.7	僧道教門清規	有僧正司爲賜帛事
至大4.4.24	站 5,上119			中書省奏
至大4.4.26	典 53,刑15,7b	皇慶1.2	儒人詞訟有司問	欽奉聖旨
至大4.4.26	通 16,29a		田訟革限	欽奉詔書
至大4.4.26	通 20,9b		又(獲僞鈔賊)	欽奉詔書
至大4.4.26	通 20,9b		又(獲僞鈔賊)	欽奉詔書
至大4.4.26	通 27,23a		金銀	欽奉詔書
至大4.4.26	正 條26,田令114		爭訟田宅革限	詔書內一款
至大4.4.26	正 條28,關市220		買賣金銀	詔書內一款
至大4.4.26	正 條30,賞令279		又(獲僞鈔賊)	詔書內一款
至大4.4.30	站 5,上119			中書省奏
至大4.5	通 27,7a		鐵禾叉	中書省,河南行省咨
至大4.5	站 5,上120			山東東西肅政廉訪司言
至大4.5.6	典 57,刑19,27a	至大4.8	禁治毒藥	太醫院官奏
至大4.5.7	通 28,33b		冒支官物	中書省奏
至大4.5.7	正 條23,倉庫30		冒支怯薛襖子	中書省奏
至大4.5.11	站 5,上119			中書省奏准
至大4.5.12	典 28,禮1,5b	皇慶1.1	各衙門進賀表箋	特奉聖旨
至大4.5.12	站 5,上120			中書省奏
至大4.5.12	驛 1,下153			特奉聖旨
至大4.5.12	秘 3,7b	至大4.6.25	〈廨宇〉	李平章…等奏過事內
至大4.5.12	秘 3,7b	至大4.5.14		欽奉聖旨
至大4.5.14	秘 3,7a		〈廨宇〉	本監典簿劉復初呈
至大4.5.25	典 33,禮6,1b	皇慶2.7	僧道教門清規	准本省參知政事高中奉咨
至大4.5.27	典 新刑,贓賄1a	延祐5.4	宣使奏差犯贓例前殿敍	因點鋪戸鹽貨,取受武福安
至大4.6	典 34,兵1,12a		拯治軍官軍人條畫	樞密院官人每奏
至大4.6	通 14,26b		司庫	中書省,戸部呈
至大4.6	正 斷8,戸婚240		命婦不許再醮	吏部呈
至大4.6	站 5,上120			通政院言
至大4.6	站 5,上120			赤城驛言
至大4.6	站 5,上121			李好謙言
至大4.6	站 5,上121			甘肅行省左右司郎中楊傑言
至大4.6	站 5,上121			中書省據兵部呈
至大4.6.2	秘 11,7b		〈奏差〉	李居貞＊
至大4.6.7	典 54,刑16,31a	皇慶1.5	虛報災傷田糧官吏斷罪	依例標附
至大4.6.12	典 新刑,諸盜5a	延祐6.1	盜賊革後事發,追贓免罪	刑部呈

仁宗至大４年（1311）

至大4. 6. 12	秘 3, 7a	至大4. 5. 14	〈廨宇〉	欽奉聖旨
至大4. 6. 13	典 53, 刑15, 29a		又（傳聞不許言告）	江西廉訪司承奉
至大4. 6. 17	典 22, 戸8, 34b	至大4. 9	鹽法依大徳四年立法㧑辦	奏過事内
至大4. 6. 20	典 12, 吏6, 17b		保擧官員書吏	御史臺奏
至大4. 6. 20	憲 2608, 15a		殿中標記奏事	本臺官特奉聖旨
至大4. 6. 21	典 33, 禮6, 2a	皇慶2. 7	僧道教門清規	出榜發下
至大4. 6. 25	秘 3, 7a		〈廨宇〉	准中書禮部關
至大4. 6. 29	典 新都, 2a	至治1. 1. 22	貼書犯贓, 却充俸吏	奉總府指揮
至大4. 7	典 36, 兵3, 3b		兵部管站赤	江西行省准
至大4. 7	典 54, 刑16, 23a	延祐5	縣官扯譴部民妻	刑部呈准
至大4. 7	典 新吏, 吏制2b		諸譯史遷調	准中書省咨
至大4. 7	通 2, 22b		又（官豪影占）	中書省, 御史臺呈
至大4. 7	通 15, 7a		冒支官錢糧	中書省, 刑部呈
至大4. 7	通 20, 13b		又（平反冤獄）	中書省, 江浙行省咨
至大4. 7	通 28, 14a		船路阻害	中書省, 禮部呈
至大4. 7	正 條24, 廐牧49		冒支馬匹草料	刑部議得
至大4. 7	正 條30, 賞令254		平反冤獄	刑部議得
至大4. 7	正 條30, 賞令280		又（獲僞鈔賊）	四川省咨
至大4. 7	正 斷7, 戸婚206		影避差徭	御史臺呈
至大4. 7	站 5, 上122			中書兵部呈
至大4. 7	站 5, 上123			丁忠信陳言
至大4. 7	站 9, 下96		兵部管站赤	江西行省准
至大4. 7	驛 1, 下130			通制＊中書省議得
至大4. 7	秘 9, 1b		〈秘書卿〉	贍思丁＊
至大4. 7	秘 9, 1b		〈秘書卿〉	闊里＊
至大4. 7	秘 9, 2a		〈秘書卿〉	忙古台＊
至大4. 7	檢 102（永914, 26b）			御史臺呈
至大4. 7. 1	站 5, 上122			中書省奏
至大4. 7. 6	憲 2608, 16a	皇慶1. 11	照刷徽政院文巻	特奉皇太后懿旨
至大4. 7. 14	站 5, 上122			中書省奏
至大4. 7. 19	秘 9, 1b		〈秘書卿〉	楊光祖＊
至大4. 7. 21	秘 4, 17b		〈纂修〉	中書省奏准事内
至大4. 7. 22	典 48, 刑10, 3b	延祐3. 4	過錢剋落入己	將池賓興行求
至大4. 7. 25	典 49, 刑11, 6a		拯治盜賊新例	欽奉聖旨
至大4. 7. 25	典 49, 刑11, 6b	皇慶2. 6	盜賊各分首從	欽奉聖旨
至大4. 7. 25	典 49, 刑11, 10a	延祐4. 3	盜賊出軍處所	欽奉聖旨
猪兒年7. 25	典 49, 刑11, 6b	至大4. 7. 25	拯治盜賊新例	
至大4. 7. 27	典 54, 刑16, 17a	皇慶1. 2	縣官擅斷軍事	有李賢就扯行兇
至大4. 7. 29	憲 2608, 15a		選用色目監察御史	本臺官特奉聖旨
至大4. R7	典 10, 吏4, 4b		求仕不許赴都	江西行省准
至大4. R7	典 22, 戸8, 33b		鹽袋毎引四百斤	行臺准
至大4. R7	典 22, 戸8, 69b		折收物色, 難議收税	袁州路奉
至大4. R7	典 44, 刑6, 5a		毆傷同僚官	行臺准
至大4. R7	典 53, 刑15, 14a		稱冤赴臺陳告	江西廉訪司承奉
至大4. R7	典 54, 刑16, 25a		省官多取分例	江西廉訪司承奉

至大4.R7	典 57, 刑19, 24b		禁富戸子孫根隨官員	行省准
至大4.R7	通 4, 17a		訴良人口	中書省, 御史臺呈
至大4.R7	通 6, 16b		又(軍官襲替)	樞密院照得
至大4.R7	通 7, 9b		又(禁治擾害)	中書省, 御史臺呈
至大4.R7	通 15, 2a		又(抽分羊馬)	中書省奏
至大4.R7	通 15, 5b		又(鷹食分例)	完澤平章特奉聖旨
至大4.R7	站 1, 上8			復立通政院
至大4.R7.5	典 8, 吏2, 17b		軍官年二十歲承襲	樞密院奏
至大4.R7.5	通 16, 21b		又(司農事例)	李平章奏
至大4.R7.5	正 條26, 田令88		又(禁擾農民)	中書省, 李平章奏
至大4.R7.8	秘 9, 1b		〈秘書卿〉	脱烈＊
至大4.R7.19	站 5, 上123			兵部呈
至大4.R7.19	站 5, 上123			都省復奉聖旨
至大4.R7.20	典 9, 吏3, 5a	皇慶1.1	管蒙古軍官陞除	奏
至大4.R7.20	典 9, 吏3, 5b	皇慶1.2	軍官依例保舉	奏
至大4.R7.20	典 9, 吏3, 6a	皇慶1.1	軍官七十許替	奏
至大4.R7.20	通 6, 15b		又(軍官襲替)	樞密院奏
至大4.R7.20	秘 9, 1b		〈秘書卿〉	秦國瑞＊
至大4.R7.20	秘 9, 10b		〈秘書少監〉	李信＊
至大4.R7.20	秘 9, 10b		〈秘書少監〉	任道明＊
至大4.R7.20	秘 9, 14a		〈秘書監丞〉	賈汝立＊
至大4.R7.20	秘 9, 14a		〈秘書監丞〉	忽里哈赤＊
至大4.R7.24	通 6, 21a		又(軍官襲替)	樞密院奏
至大4.8	典 18, 戸4, 16b		命婦夫死, 不許改嫁	江西行省准
至大4.8	典 36, 兵3, 8b		使臣拷打站官	江西行省准
至大4.8	典 38, 兵5, 6a		昔寶赤擾民	福建廉訪司承奉
至大4.8	典 57, 刑19, 27a		禁治毒藥	江西行省准
至大4.8	站 1, 上8			詔
至大4.8	站 9, 下102		使臣拷打站官	江西行省准
至大4.8.5	典 新刑, 諸盗3a	延祐7.8	例前除元刺字難補刺	切盗訖宜春縣袁受四家
至大4.8.5	站 5, 上123			兵部呈
至大4.8.10	典 54, 刑16, 17a	皇慶1.2	縣官擅斷軍事	奏
至大4.8.18	典 18, 戸4, 32a	☆	禁取樂人爲妻	李平章特奉聖旨
至大4.8.18	通 3, 22b		又(樂人婚姻)	李平章特奉聖旨
至大4.8.18	正 斷8, 戸婚278		禁娶樂人	中書省特奉聖旨
至大4.8.22	秘 10, 2a		〈著作郎〉	耶律楷＊
至大4.8.24	典 33, 禮6, 2a	皇慶2.7	僧道教門清規	照得
至大4.8.28	秘 10, 6b		〈秘書郎〉	李訥＊
至大4.8.28	秘 10, 10a		〈校書郎〉	李＊
至大4.9	典 9, 吏3, 8a		有姓達魯花赤革去	行臺准
至大4.9	典 22, 戸8, 34b		鹽法依大徳四年立法恢辦	袁州路准兩淮鹽運司牒
至大4.9	典 49, 刑11, 22b		父首子爲羊免刺	福建宣慰司承奉
至大4.9	典 57, 刑19, 5b		人口無親屬者, 從其所願	行省准

仁宗至大４年(1311)

至大4. 9	典 新刑, 諸盜5a	延祐6. 1	盜賊革後事發, 追贓免罪	刑部呈
至大4. 9	通 13, 17b		又(馬疋草料)	中書省奏
至大4. 9	正 條24, 廄牧43		又(宿衞馬疋草料)	中書省奏
至大4. 9	倉 27		〈倉庫官陞轉例〉	戸部言
至大4. 9	站 5, 上124			陝西行臺, 監察御史袁承事呈
至大4. 9. 1	秘 9, 10b		〈秘書少監〉	李薛闍干＊
至大4. 9. 1 (146)	秘 9, 14a		〈秘書監丞〉	陳景元＊
至大4. 9. 1 (147)	秘 9, 14a		〈秘書監丞〉	楊也孫台＊
至大4. 9. 1	秘 10, 6b		〈秘書郎〉	席郁＊
至大4. 9. 3	典 20, 戸6, 18b	皇慶1. 7	挑鈔窩主罪名	窩藏蔡軟驢
至大4. 9. 6	典 59, 工2, 13b	延祐1	官員修理官舍住坐	劉景芳陳言
至大4. 9. 7	典 新禮, 僧道1a	延祐5. 5	僧道犯罪, 經斷遇免, 依奸盜例還俗	奉江浙行省劄付
至大4. 9. 13	典 10, 吏4, 14a	☆	官員嫌地遠不去罪例	欽察郎中特奉聖旨
至大4. 9. 26	憲 2608, 15a		西臺增設監察御史四人	本臺官奏
至大4. 9. 26 (148)	南 2610, 13a		減本臺監察御史四人	御史臺奏
至大4. 9. 26	秘 9, 18a		〈典簿〉	理熙＊
至大4. 10	典 1, 詔1, 9a		皇慶改元詔	上天眷命皇帝聖旨
至大4. 10	典 33, 禮6, 6b		道官有妻妾歸俗	行御史臺准
至大4. 10	典 49, 刑11, 31a		拘鈐不令離境	江西省准
至大4. 10	典 57, 刑19, 28a		禁治聚衆作會	江浙行省准
至大4. 10	通 28, 21b		又(闌遺)	中書省, 四川行省咨
至大4. 10	正 條24, 廄牧60		又(闌遺)	四川行省咨
至大4. 10	海 上65			海道運糧萬戸府舊設官
至大4. 10	站 5, 上135	皇慶2. 10. 5		自＊至皇慶二年七月, 功德使司
至大4. 10	驛 1, 下161			御史臺奏
至大4. 10. 4	典 53, 刑15, 8a	皇慶1. 3	哈的有司問	特奉聖旨
至大4. 10. 4	通 29, 5a		又(詞訟)	欽奉聖旨
至大4. 10. 5	典 43, 刑5, 8b	至大4. 12	強盜殺傷事主, 經革倍徵埋銀	札付
至大4. 10. 7	站 5, 上130	皇慶1. 6		馳運鈔本
至大4. 10. 9	典 55, 刑17, 3a	皇慶3. 1	番禺縣官保放劫賊	東莞縣關報唐至明告
至大4. 10. 10	典 19, 戸5, 4a		和尚與百姓爭地	中書省奏過事内
至大4. 10. 14	通 29, 3a		詞訟	省臺官同奏
至大4. 10. 14	站 5, 上124			樞密院據東平等路諸軍奥魯總管府言
至大4. 10. 15	秘 9, 6a	大徳11. 6. 25	〈秘書監〉	忙古臺…＊

至大4.10.20	典 28,禮1,7a	皇慶1.2	做好事與素茶飯	本院官特奉聖旨
至大4.10.23	通 27,1a		上用甲	御史臺奏
至大4.10.23	站 5,上125			御史臺奏
至大4.10.23	檢 104(永914,27b)	皇慶1		先令妻梁二嫂
至大4.10.27	典 20,戸6,16a	至大4.11	燒毀僞造印板	糾合甘元亨同情抄造僞鈔
至大4.10.27	典 新戸,鈔法3a	至治1.7.4	僞鈔板未成,遇革釋放	抄造僞鈔
至大4.10.29	南 2610,13b	皇慶2.3.9	行御史臺官俸給	李平章特奉聖旨
至大4.11	典 14,吏8,11a		刷卷朱銷入架	江西廉訪司奉
至大4.11	典 20,戸6,16a		燒毀僞造印板	福建宣慰司奉
至大4.11	典 22,戸8,35a		巡鹽不便	行臺准
至大4.11	典 26,戸12,2a		站戸祗待免當役	行省爲站戸祗待
至大4.11	典 32,禮5,6b		禁治庸醫	江西行省准
至大4.11	典 48,刑10,10b		使臣往治屬取受	江西行省准
至大4.11	通 19,4a		又(捕盗責限)	中書省,刑部呈
至大4.11	正 條29,捕亡232		又(捕盗責限)	刑部議得
至大4.11	正 斷9,廐庫299		監臨倒鈔	刑部呈
至大4.11	海 上67			蒙官司召顧
至大4.11	站 1,上8			給中政院鋪馬聖旨二十道
至大4.11	站 5,上125			兵部照得
至大4.11	站 5,上126			兵部照擬
至大4.11	檢 104(永914,27b)			御史臺呈
至大4.11.3	典 31,禮4,6a	皇慶1.10	儒人差役事	儀鳳司官奏
至大4.11.4	典 46,刑8,14b	皇慶1.3	偷課程,依職官取受例問	奏過事内
至大4.11.4	通 14,28b		務官欺課	中書省奏
至大4.11.7	典 55,刑17,3b	皇慶3.1	番禺縣官保放劫賊	照過廣州路行巻
至大4.11.11	典 59,工2,14b	皇慶1.2	住罷造作	奏奉聖旨
至大4.11.11	站 5,上125			中書省奏
至大4.11.14	秘 1,4a		〈設官〉	譚振宗…＊禮任
至大4.11.15	典 59,工2,14b	皇慶1.2	住罷造作	啓奉皇太后懿旨
至大4.11.18	典 43,刑5,8b	至大4.12	強盜殺傷事主,經革倍徴埋銀	路吏劉允
至大4.11.19	通 28,16b		又(屠禁)	納牙失里班的荅八哈奏
至大4.11.21	典 32,禮5,9b	皇慶1.4	禁約陰陽人	特奉聖旨
至大4.11.21	通 28,31a	皇慶1.1	各位下陰陽人	岳學士特奉聖旨
至大4.11.25	典 10,吏4,7a	皇慶2.3	預期守待之任	預期一年,將引家眷前去
至大4.11.27	憲 2608,15a		作新風憲	本臺官特奉聖旨
至大4.12	典 43,刑5,8b		強盜殺傷事主,經革倍徴埋銀	福建宣慰司承奉
至大4.12	典 46,刑8,13b		犯贓再犯通論	江西行省准
至大4.12	典 新刑,贓賄1b	延祐5.4	宣使奏差犯贓例前殿敍	因差計點站赤爲由取受
至大4.12	通 13,3b		又(俸禄職田)	中書省,戸部呈

至大4.12	正 斷8,戸婚277		又(僧道娶妻)	刑部議得
至大4.12	海 下100		〈記標指淺〉	海道府據常熟州船戸蘇顯陳言
至大4.12	站 5,上126			江浙行省備衢州路總管朱嘉議
至大4.12	站 5,上126			御史臺奏
至大4.12	驛 1,下144			御史臺奏准
至大4.12.20	檢 107(永914,28a)	皇慶1		再告,方行檢驗
至大4.12.24	典 新刑,贓賄1a	延祐5.4	宣使奏差犯贓例前殿敍	因差點站取受
至大4.12.27	典 36,兵3,20a	皇慶1.5	又(禮上官員二千里外騎鋪馬)	奏過事内
至大4.12.27	站 9,下118	皇慶1.5	又(禮上官員二千里外騎鋪馬)	奏過事内
至大4.12.28	秘 3,12b		〈什物〉	據架閣庫管勾李恕呈

皇慶元年(壬子,1312)

至大5	典 20,戸6,6b	至大4.4	住罷銀鈔銅錢,使中統鈔	鹽引
皇慶1	典 36,兵3,29b	皇慶2.2	官員之任脚力	月日不等,奉中書省判送
皇慶1	典 51,刑13,10a		捕盜功賞	中書省咨
皇慶1	通 28,25b	延祐1.5.17	又(闌遺)	宣徽員官却奏了
皇慶1	正 條24,廐牧62	延祐1.5.17	又(闌遺)	宣徽員官却奏了
皇慶1	海 上77	☆		海運糧斛一百八十萬石
皇慶1	站 5,上132			兵部照擬
皇慶1	站 6,上141	延祐1.5.17		已後逃徙者
壬子年	站 6,上147	延祐2.3.24		至今天旱
皇慶1	驛 1,下134			兵部呈
皇慶1	驛 1,下136表			通制＊刑部呈准
皇慶1	驛 1,下138表			通制＊河南省咨
皇慶1	驛 1,下146			兵部呈准
皇慶1	驛 1,下147			兵部呈
皇慶1	許 76,20a	☆	辯廉使劉藻	因揚州路包辦酒課不便
皇慶1	檢 104(永914,27b)			刑部呈
皇慶1	永 15950,15b		〈漕運〉成憲綱要	刑部呈
皇慶1	永 15950,13b		〈漕運〉蘇州志	運糧
皇慶1	金 6,40b		〈治書侍御史〉	趙宏偉＊
皇慶1	金 6,41a		〈經歷〉	管不八＊
皇慶1	金 6,54b		〈監察御史〉	烏馬兒沙＊
皇慶1	金 6,54b		〈監察御史〉	阿出＊
皇慶1	金 6,55a		〈監察御史〉	李文質＊
皇慶1	金 6,55a		〈監察御史〉	朶兒赤＊

皇慶1	金 6, 55a		〈監察御史〉	井居仁＊
皇慶1	金 6, 55a		〈監察御史〉	苑眞＊
皇慶1.1	典 8, 吏2, 21b		又(巡檢月日)	江西行省准
皇慶1.1	典 9, 吏3, 5a		管蒙古軍官陞除	行臺准
皇慶1.1	典 9, 吏3, 6a		軍官七十許替	行臺准
皇慶1.1	典 16, 戸2, 5a		正從分例差劄上開寫	江西行省准
皇慶1.1	典 17, 戸3, 10a		打捕戸計	江西行省准
皇慶1.1	典 28, 禮1, 5b		各衙門進賀表箋	江西行省准
皇慶1.1	典 28, 禮1, 13b		使臣就路開讀, 不許輒往屬郡	行臺准
皇慶1.1	典 36, 兵3, 3b		長官提調站赤	江西行省准
皇慶1.1	典 新刑, 贓賄1b	延祐5.4	宣使奏差犯贓例前殿敍	呈准
皇慶1.1	典 新刑, 贓賄1b	延祐5.4	宣使奏差犯贓例前殿敍	立格
皇慶1.1	通 20, 10a		私酒	中書省, 江浙行省咨
皇慶1.1	通 20, 13b		會赦給賞	中書省, 江浙行省咨
皇慶1.1	通 28, 31a		各位下陰陽人	中書省, 集賢院呈
皇慶1.1	正 條30, 賞令284		告獲私酒	江浙省咨
皇慶1.1	正 條30, 賞令288		會赦給賞	刑部議得
皇慶1.1	憲 2608, 15b		命塔思不花·[塔]失海牙並爲御史大夫制	欽奉聖旨
皇慶1.1	憲 2608, 16a		作新風紀	本臺官傳奉聖旨
皇慶1.1	海 上67			纔蒙官司放支一半脚價
皇慶1.1	站 9, 下96		長官提調站赤	江西行省准
皇慶1.1	驛 1, 下145			兵部呈准
皇慶1.1.11	典 51, 刑13, 15a	皇慶1.3	失盜的決不罰俸	野訥院使傳奉聖旨
皇慶1.2	典 9, 吏3, 5b		軍官依例保舉	行臺准
皇慶1.2	典 9, 吏3, 15a		選取教官	江西行省准
皇慶1.2	典 22, 戸8, 57a		契本毎本至元鈔三錢	江西行省准
皇慶1.2	典 28, 禮1, 7a		做好事與素茶飯	福建宣慰司承奉
皇慶1.2	典 53, 刑15, 7b		儒人詞訟有司問	江西廉訪司奉
皇慶1.2	典 54, 刑16, 15又16b		縣官擅斷軍事	福建宣慰司准本道廉訪司牒該
皇慶1.2	典 59, 工2, 14b		住罷造作	江浙行省准
皇慶1.2	通 7, 4b		又(巡軍)	中書省奏
皇慶1.2	正 條34, 獄官338		(推官理獄)	刑部呈
皇慶1.2	站 5, 上127			中書省准四川行省咨
皇慶1.2	站 5, 上127			兵部議擬
皇慶1.2	站 5, 上128			禮部呈

仁宗皇慶元年(1312)

皇慶1.2	站 5, 上128			大都路驛言
皇慶1.2	站 5, 上129	皇慶1.5		自＊爲始
皇慶1.2	驛 1, 下148			中書省據兵部呈
皇慶1.2.3	典 51, 刑13, 15b	皇慶1.3	失盗的決不罰俸	奏過事内
皇慶1.2.5	通 6, 36b		又(令譯史通事知印)	中書省奏
皇慶1.2.8	秘 9, 1a	大徳11.4.7	〈知秘書監事〉	岳鉉…＊
皇慶1.2.9	秘 1, 3b		〈設官〉	温徳榮…＊禮任
皇慶1.2.9	秘 9, 2a		〈秘書卿〉	温徳榮＊
皇慶1.2.9	秘 9, 2a		〈秘書卿〉	塔不台＊
皇慶1.2.10	典 22, 戸8, 54a		監辦課程	中書省奏過事内
皇慶1.2.10	典 31, 禮4, 6a	皇慶1.10	儒人差役事	奏過事内
皇慶1.2.10	通 17, 6b		又(雜泛差役)	中書省奏
皇慶1.2.10	正 條27, 賦役162		又(均當雜泛差役)	中書省奏
皇慶1.2.14	典 54, 刑16, 9b	延祐4.1	胡廣等遊街身死	據青陽縣解到當攔客旅
鼠兒年2.15	典 29, 禮2, 10b	皇慶1.8	拘収員牌	寫來
皇慶1.2.18	典 43, 刑5, 9b	延祐3.9	殺死二人燒埋錢	承奉中書省劄付
皇慶1.2.20	秘 10, 7a		〈秘書郎〉	王文郁＊
皇慶1.2.21	典 新刑, 頭疋1a	延祐7.9	宰殺馬牛, 首從罪例	承奉中書省劄付
皇慶1.2.24	典 22, 戸8, 35b		銀中鹽引	中書省奏過事内
皇慶1.2.24	典 51, 刑13, 6a	皇慶1.5	弓手專一巡捕	奏過事内
皇慶1.3	典 33, 禮6, 8a		有張天師戒法做先生	欽奉聖旨
皇慶1.3	典 43, 刑5, 6a		又(殺人償命, 仍徴燒埋銀)	江西行省准
皇慶1.3	典 46, 刑8, 14b		偸課程, 依職官取受例問	行臺准
皇慶1.3	典 51, 刑13, 15a		失盗的決不罰俸	江西行省准
皇慶1.3	典 53, 刑15, 8a		哈的有司問	福建宣慰司奉
皇慶1.3	典 60, 工3, 5a		祗候弓手	江西行省准
皇慶1.3	通 18, 18b		又(牙行)	中書省, 御史臺呈
皇慶1.3	正 條28, 關市223		又(牙行欺弊)	御史臺呈
皇慶1.3.2	典 46, 刑8, 11a	皇慶2.4.8	五品官犯罪, 依十二章行	本臺官奉過事内
皇慶1.3.2	秘 10, 7a		〈秘書郎〉	阿里＊
皇慶1.3.3	驛 1, 下167			欽奉聖旨
皇慶1.3.3	秘 11, 10b		〈典吏〉	高伯榮＊
皇慶1.3.7	站 5, 上128			河東山西道宣慰司備冀寧路申
皇慶1.3.10	站 5, 上128			通政院奏
皇慶1.3.13	典 49, 刑11, 11b	延祐4.9	剜豁土居人物, 依常盗論	奏過事内
皇慶1.3.17	秘 3, 8a		〈廨宇〉	監丞賈奉訓…稟
皇慶1.3.27	典 51, 刑13, 5b	皇慶1.8	州判兼管捕盗	咨文
鼠兒年3.29	典 33, 禮6, 8b	皇慶1.3	有張天師戒法做先生	寫來
皇慶1.3.29	站 5, 上129			禿魯花鐵木兒奏

皇慶1.4	典 18,戸4,16b		外甥轉娶舅母爲妻	行臺准
皇慶1.4	典 22,戸8,13b		茶課從長恢辦	欽奉聖旨
皇慶1.4	典 26,戸12,2a		又(編排里正主首例)	袁州路奉
皇慶1.4	典 32,禮5,9b		禁約陰陽人	江西行省准
皇慶1.4	典 36,兵3,36a		蹉打船隻	江西行省准
皇慶1.4	典 46,刑8,15a		吏員贓賄一體追奪	行臺准
皇慶1.4	典 46,刑8,15a		又(吏員贓賄一體追奪)	行臺准
皇慶1.4	典 54,刑16,17b		官吏檢屍違錯	袁州路奉
皇慶1.4	典 57,刑19,16b		任官遺火燒官房	行省准
皇慶1.4	典 59,工2,9b		入廣軍船	袁州路奉
皇慶1.4	通 13,10b		又(俸祿職田)	御史臺奏
皇慶1.4	正 斷7,戸婚215		又(非法虐驅)	御史臺呈
皇慶1.4.2	通 17,6b		又(雜泛差役)	中書省奏
皇慶1.4.2	正 條27,賦役163		又(均當雜泛差役)	中書省奏
皇慶1.4.2	站 5,上130	皇慶1.6		甘肅省和糴糧鈔
皇慶1.4.5	典 57,刑19,27a	皇慶1.7	禁治沿街貨藥	太醫院官奏
皇慶1.4.6	典 33,禮6,2b	皇慶2.7	僧道教門清規	回准咨該
皇慶1.4.12	典 53,刑15,15a	☆	又(稱冤赴臺陳告)	奏過事内
皇慶1.4.12	南 2610,13a		赴臺稱冤	御史臺奏過事内
皇慶1.4.17	典 12,吏6,18b	皇慶1.6	又(保擧官員書吏)	奏過事内
皇慶1.4.17	典 15,戸1,9a	皇慶2.2	職田驗俸月分收	本臺官奏過事内
皇慶1.4.17	通 29,13b		又(商税地税)	中書省奏
皇慶1.4.18	典 9,吏3,6a	皇慶2.11	軍官休差占	本院官奏
皇慶1.5	典 20,戸6,19a		買使挑鈔斷例	江浙行省准
皇慶1.5	典 22,戸8,57a		契本税錢	江西行省准
皇慶1.5	典 36,兵3,20a		又(禮上官員二千里外騎鋪馬)	江南行臺准
皇慶1.5	典 36,兵3,28b		遠方任回官員	江西行省准
皇慶1.5	典 36,兵3,30a	延祐3.11	遠方官員丁憂脚力	奉省府劄付
皇慶1.5	典 49,刑11,23a		僧盜師祖物免刺	江西行省准
皇慶1.5	典 50,刑12,1b		白晝毆打,搶摸鈔兩	福建宣慰司承奉
皇慶1.5	典 51,刑13,6a		弓手專一巡捕	江西行省准
皇慶1.5	典 54,刑16,31a		虛報災傷田糧官吏斷罪	行臺准
皇慶1.5	通 15,3b		又(抽分羊馬)	中書省奏
皇慶1.5	通 20,2b		又(軍功)	中書省,江西行省咨
皇慶1.5	通 28,22a		又(闌遺)	中書省,宣徽院備闌遺監呈
皇慶1.5	正 條24,廐牧61		又(闌遺)	宣徽院備闌遺監呈
皇慶1.5	正 條30,賞令264		又(軍功)	江西省咨
皇慶1.5	海 下106		〈艘數裝泊〉	海道都府承奉
皇慶1.5	站 5,上129			中書兵部照擬
皇慶1.5	站 9,下118		又(禮上官員二千里外騎鋪馬)	江南行臺准

仁宗皇慶元年(1312)

皇慶1.5.7	通 28,13a		又(圜獄)	御史臺奏
皇慶1.5.13	站 5,上129			中書省奏
皇慶1.6	典 12,吏6,18a		又(保擧官員書吏)	行臺准
皇慶1.6	典 19,戸5,12a		過房子與庶子分家財	江西行省准
皇慶1.6	典 20,戸6,15b		應捕人捉獲僞鈔理賞	江西行省准
皇慶1.6	典 43,刑5,11a		燒埋錢貧難無追	袁州路奉
皇慶1.6	典 53,刑15,9a		被罪終制究問	江西行省准
皇慶1.6	通 7,5a		又(巡軍)	中書省,刑部呈
皇慶1.6	正 斷3,職制85		又(借民錢債)	刑部議得
皇慶1.6	正 斷3,職制90		侵使贍學錢糧	刑部議得
皇慶1.6	站 5,上129			良郷縣提調站赤達魯花赤迷兒火者等言
皇慶1.6.1	典 54,刑16,9b	延祐4.1	胡廣等遊街身死	准分司牒
皇慶1.6.8	典 9,吏3,8a	延祐3.6	有姓達魯花赤追奪不敍	奏過事内
皇慶1.6.8	典 新吏,官制3a	延祐7.8	延祐七年革後稟詐冒求仕等例	奏過事内
皇慶1.6.11	典 46,刑8,11b	延祐1.2.11	軍官詐死,同獄成不敍	身死,欽遇赦恩還職勾當
皇慶1.6.11	正 條34,獄官356		又(提調刑獄)	中書省奏
皇慶1.7	典 9,吏3,42b		又(整治站官事理)	江西行省准
皇慶1.7	典 20,戸6,18b		挑鈔窩主罪名	江西行省准
皇慶1.7	典 36,兵3,4b		禁治擾擾站赤	江西廉訪司承奉
皇慶1.7	典 45,刑7,3a		奸八歲女斷例	福建宣慰司承奉
皇慶1.7	典 50,刑12,7b		盗掘祖宗墳墓財物	袁州路奉
皇慶1.7	典 57,刑19,27a		禁治沿街貨藥	江西行省准
皇慶1.7	典 57,刑19,34b		斛斗秤尺牙人	袁州路奉
皇慶1.7	通 20,11a		又(平反冤獄)	中書省,江浙行省咨
皇慶1.7	站 9,下97		禁治擾擾站赤	江西廉訪司承奉
皇慶1.7	站 9,下109		又(整治站官事理)	江西行省准
皇慶1.7.2	典 57,刑19,17a	延祐2.2	遺火搶奪	承奉中書省劄付
鼠兒年7.12 (149)	典 35,兵2,3b	☆	禁買賣人軍器	寫來
皇慶1.7.12	憲 2608,16a	皇慶1.11	照刷徽政院文巻	欽奉聖旨
皇慶1.7.14	秘 1,3b		<設官>	荅兒馬失里…*禮任
皇慶1.7.14	秘 9,2a		<秘書卿>	荅兒麻失里*
鼠兒年7.16	典 53,刑15,24a	皇慶2.3	都護府公事約會	寫來
皇慶1.7.21	憲 2608,16a		更令史爲掾史	中書省劄付
皇慶1.7.22	秘 9,10b		<秘書少監>	解節亨*
皇慶1.8	典 29,禮2,10a		拘收員牌	欽奉聖旨
皇慶1.8	典 41,刑3,18b		割去義男囊腎	福建道宣慰司奉
皇慶1.8	典 51,刑13,5b		州判兼管捕盗	福建宣慰司承奉
皇慶1.8	典 56,刑18,4a		移易隱占孛蘭奚人口等事	福建宣慰司承奉

皇慶1. 8	通 18, 19a		又 (牙行)	中書省照得
皇慶1. 8	正 條28, 關市224		又 (牙行欺弊)	中書省照得
皇慶1. 8	站 5, 上130			中書省准陝西行省咨
皇慶1. 8	賦 77b		盜已成猶爲未成	中書省准江西行省龍興路
皇慶1. 8. 2 (150)	秘 10, 4a		〈著作佐郎〉	別敦＊
皇慶1. 8. 4	馬 44		〈抽分牛馬〉	樞密院奏
皇慶1. 8. 16	站 5, 上130			監察御史奏
皇慶1. 8. 20	典 41, 刑3, 4a	延祐2. 5	張敏不丁母憂	繼母党氏身故
皇慶1. 8. 28	秘 9, 14a		〈秘書監丞〉	鄭乞荅台＊
皇慶1. 9	典 36, 兵3, 32a		不須防送麄重物件	江西行省准
皇慶1. 9	通 13, 14b		又 (工糧則例)	中書省奏
皇慶1. 9	正 斷4, 職制111	延祐7. 6	又 (詐稱親喪)	見故, 匿不擧哀
皇慶1. 9. 8	正 斷2, 職制15		應直不直	御史臺奏
皇慶1. 9. 8	正 斷3, 職制63		失誤賜帛	御史臺奏
皇慶1. 9. 15	站 5, 上130			兵部尚書脱兒解奏
皇慶1. 10	典 3, 聖2, 22b		〈霈恩宥〉	欽奉諸王入覲詔書
皇慶1. 10	典 19, 戸5, 11a		同宗過繼男, 與庶生子均分家財	江浙行省准
皇慶1. 10	典 31, 禮4, 6a		儒人差役事	行臺准
皇慶1. 10	通 20, 4b		獲賊	中書省, 刑部呈
皇慶1. 10	正 條30, 賞令273		又 (獲賊)	刑部約會吏部議得
皇慶1. 10	正 斷2, 職制49		關防吏弊	御史臺呈
皇慶1. 10	正 斷8, 戸婚253		娶定婚婦	御史臺呈
皇慶1. 10. 16	典 11, 吏5, 2b	皇慶2. 4	官吏不得擅離職	奏過事内
皇慶1. 10. 16	典 44, 刑6, 5b	皇慶3. 4	知府毆打軍官	本院官奏過事内
皇慶1. 10. 16	典 新兵, 軍制2a	延祐7. 4	軍中不便事件	奏過事内
皇慶1. 10. 19	典 新刑, 刑禁4b	延祐1. 3	把持人再犯稟例遷徙	詔赦已前
皇慶1. 10. 24	典 新刑, 諸盜9a	延祐7. 2	革閑弓手祗候奪騙錢物	奉中書省劄付
皇慶1. 10. 24	通 7, 12a		又 (存恤)	中書省, 刑部呈
皇慶1. 10. 24	正 條27, 賦役164		又 (均當雜泛差役)	中書省奏
皇慶1. 10. 24	正 條30, 賞令267		捕賊被害	刑部呈
皇慶1. 10. 29	典 3, 聖2, 22b	皇慶1. 10	〈霈恩宥〉	昧爽以前
皇慶1. 10. 29	典 10, 吏4, 7a	皇慶2. 3	預期守待之任	以前
皇慶1. 10. 29	典 42, 刑4, 7a	皇慶2. 10. 25	持刃殺人同故殺	已前
皇慶1. 10. 29	典 54, 刑16, 31b	延祐2. 6	官吏檢踏災傷不實	以前
皇慶1. 11	正 條23, 倉庫14		燒鈔官不許差除	戸部呈
皇慶1. 11	正 斷7, 戸婚216		擅披剃僧	刑部議得
皇慶1. 11	正 斷8, 戸婚265		擅嫁匠妻	刑部議得
皇慶1. 11	憲 2608, 16a		照刷徽政院文卷	徽政院咨
皇慶1. 11	站 5, 上131			江浙・湖廣省言

皇慶1. 11	秘 2, 12a		〈禄秩〉	集賢大學士…苫思丁…等官傳奉聖旨
皇慶1. 11. 5	通 6, 37a	延祐2. 3	又 (令譯史通事知印)	蒙都省奏准
皇慶1. 11. 13	通 20, 5b		又 (獲賊)	中書省奏
皇慶1. 11. 13	正 條30, 賞令268		又 (捕賊被害)	中書省奏
皇慶1. 11. 17	秘 2, 12a	皇慶1. 11	〈禄秩〉	有提調陰陽官曲出…傳奉聖旨
皇慶1. 11. 18	站 5, 上130			中書省奏
皇慶1. 11. 18	站 5, 上131			又奏
皇慶1. 11. 27	典 35, 兵2, 5a	皇慶2. 7	拘收新附軍人軍器	本院官奏
皇慶1. 12	典 39, 刑1, 4a		豪覇兇徒遷徙	江西行省准
皇慶1. 12	通 14, 26a		又 (燒毀昏鈔)	中書省, 戸部呈
皇慶1. 12	通 20, 3a		又 (軍功)	中書省, 湖廣行省咨
皇慶1. 12	正 條30, 賞令265		又 (軍功)	刑部議得
皇慶1. 12	正 斷5, 職制129		枉道不詰	河南省咨
皇慶1. 12	正 斷6, 職制180		又 (強取民財)	御史臺呈
皇慶1. 12	秘 9, 2a	至大4. 7	〈秘書卿〉	忙古台…＊
皇慶1. 12	賦 42a		事須追究而正	刑部議得
皇慶1. 12	賦 101b		對燒非積物	部議
皇慶1. 12. 9	典 新刑, 諸盜3b	皇慶2. 10	盜官糧未出倉面刺	大濟倉捉獲賊人喩住子
皇慶1. 12. 14	通 28, 13b		又 (圍獵)	中書省奏
皇慶1. 12. 14	秘 9, 2a		〈秘書卿〉	譚振宗＊
皇慶1. 12. 16	畫 19b			敕崇祥使野訥
皇慶1. 12. 18	典 54, 刑16, 15x16a	皇慶2. 3	長官擅斷屬官	差建寧縣主簿
皇慶1. 12. 21	典 新刑, 頭疋1b	延祐7	禁宰馬牛及婚姻筵席品味	八剌脱因奏
皇慶1. 12. 23	通 27, 10a		禁捕天鵞	中書省奏
皇慶1. 12. 26	典 4, 朝1, 2a	皇慶2. 5	省部減繁格例	奏過事内
皇慶1. 12. 26	典 新都, 4a	至治1. 1. 22	貼書犯贓, 却充俸史	奏准減繁例
皇慶1. 12. 26	通 6, 34a		行省令譯史	中書省奏准
皇慶1. 12. 26	通 6, 34b		匠官	中書省奏准
皇慶1. 12. 26	正 條23, 倉庫34		投下歲賜	中書省奏准減繁事内
皇慶1. 12. 26	正 條33, 獄官319		囚案明白聽決	中書省奏節該
皇慶1. 12. 27	通 6, 32a		投下達魯花赤	中書省奏
皇慶1. 12. 28	站 5, 上131			中書省奏
皇慶1. 12. 29	典 新刑, 刑禁4a	延祐1. 3	把持人再犯稟例遷徙	奉中書省判送

皇慶2年(癸丑, 1313)

皇慶2	典 2, 聖1, 8a		〈學賢才〉	須行科舉條制
皇慶2	典 3, 聖2, 5b	延祐1. 1	〈復租賦〉	曾經賑濟

皇慶2	典 18, 戸4, 12b	延祐6. 4	丁慶一爭婚	元定婚姻通例
皇慶2	典 53, 刑15, 8b	延祐5. 3. 7	僧俗相爭	省官宣政院官一同商量了
皇慶2	典 53, 刑15, 9a	延祐5. 3. 7	僧俗相爭	衆人商量定
皇慶2	典 新吏, 官制8a	至治1. 1	辦課官增課陞等	辦等
皇慶2	典 新吏, 吏制3b	延祐6. 2	散府上州司吏出身	復補松江府司吏歷俸
皇慶2	海 下99	延祐3. 1	〈漕運水程〉	照依＊例
皇慶2	站 6, 上137	延祐1. 2		旱災
皇慶2	站 6, 上148	延祐2. 5		皮甲
皇慶2	站 7, 下2	至順1. 11		中書省奏准聖旨事意
皇慶2	驛 1, 下130			兵部呈
皇慶2	驛 1, 下146			中書省咨
皇慶2	驛 1, 下148表			減鐵匠
皇慶2	婚 155		皇慶科擧詔	詔行科擧
皇慶2	金 6, 32a		〈御史大夫〉	塔失海牙＊
皇慶2	金 6, 34b		〈御史中丞〉	姚煒＊
皇慶2	金 6, 42b		〈都事〉	傅昱＊
皇慶2	金 6, 42b		〈都事〉	高奎＊
皇慶2	金 6, 46b		〈架閣庫管勾〉	李阿都赤＊
皇慶2	金 6, 54b		〈監察御史〉	靳克忠＊
皇慶2	金 6, 55a		〈監察御史〉	劉士英＊
皇慶2	金 6, 55a		〈監察御史〉	郭友直＊
皇慶2	金 6, 55a		〈監察御史〉	八剌＊
皇慶2	金 6, 55a		〈監察御史〉	呂哈剌＊
皇慶2	金 6, 55a		〈監察御史〉	怯台＊
皇慶2	金 6, 55a		〈監察御史〉	馬敏＊
皇慶2	金 6, 55a		〈監察御史〉	月忽難＊
皇慶2. 1	典 57, 刑19, 37b		禁投醮捨身燒死賽願	福建廉訪司承奉
皇慶2. 1	正 條34, 獄官371		試驗獄醫	刑部呈
皇慶2. 1	倉 28		〈倉庫官陞轉例〉	河東宣慰司言
皇慶2. 1	站 5, 上132			和林總管府推官張奉訓母喪
皇慶2. 1. 2	憲 2608, 16b		命伯忽爲御史大夫	本臺官特奉聖旨
皇慶2. 1. 13	典 33, 禮6, 4b	皇慶2. 4	保擧住持長老	本臺官奏過事内
皇慶2. 1. 13	典 41, 刑3, 3b	皇慶2. 5	汪宣慰不奔父喪	本臺官奏過事内
皇慶2. 1. 13	典 46, 刑8, 11a	皇慶2. 4. 8	五品官犯罪, 依十二章行	本臺官奏過事内
皇慶2. 1. 13	秘 9, 2a		〈秘書卿〉	韓公麟＊
皇慶2. 1. 13	秘 9, 10b		〈秘書少監〉	劉吉＊
皇慶2. 1. 15	站 5, 上132			參議中書省事不花特奉聖旨
皇慶2. 1. 26	通 8, 2a	皇慶2. 11. 2	公服私賀	本臺官等奏
皇慶2. 1. 26	站 5, 上132			知樞密院也先鐵木兒等奏
皇慶2. 1. 28	通 29, 4b		又(詞訟)	中書省奏

仁宗皇慶２年(1313)

皇慶2.1.29	典 49,刑11,7a	皇慶2.6	盜賊各分首從	奏過事内
皇慶2.2	典 15,戶1,9a		職田驗俸月分収	行省准
皇慶2.2	典 36,兵3,29b		官員之任脚力	福建廉訪司承奉
皇慶2.2	典 59,工2,7a		禁治搶劫船隻	中書省咨
皇慶2.2	通 20,12a		又(平反冤獄)	中書省,江浙行省咨
皇慶2.2	驛 1,下173	延祐6.3		奏准減繁事
皇慶2.2	倉 3		〈在京諸倉〉	建屢豐倉
皇慶2.2	倉 3		〈在京諸倉〉	建大有倉
皇慶2.2	倉 3		〈在京諸倉〉	建廣貯倉
皇慶2.2	倉 3		〈在京諸倉〉	建廣濟倉
皇慶2.2	倉 3		〈在京諸倉〉	建豐穰倉
皇慶2.2.2	典 45,刑7,3b	延祐2.2	強奸幼女處死	被鄰人陳伴僧將十歲女
皇慶2.2.21	典 4,朝1,2b	皇慶2.5	省部減繁格例	章閭平章…等官奏
皇慶2.2.27	典 15,戶1,6b	皇慶2.5	俸鈔改支至元	奏過事内
皇慶2.2.27	典 36,兵3,26a	延祐4.7	鋪馬駄酒	奏過事内
皇慶2.2.27	典 36,兵3,26b	延祐4.7	鋪馬駄酒	啓
皇慶2.2.27	通 13,4a		又(俸祿職田)	中書省奏
皇慶2.2.27	通 27,11b		詐稱賜酒	中書省奏
皇慶2.2.27	站 7,下2	至順1.11		中書省奏
皇慶2.2.28	典 新兵,軍制4a	延祐7.4	軍中不便事件	奏過事内
皇慶2.3	典 1,詔1,9a		立后詔	上天眷命皇帝聖旨
皇慶2.3	典 10,吏4,7a		預期守待之任	江西行省准
皇慶2.3	典 32,禮5,7a		試驗獄醫	中書省咨
皇慶2.3	典 42,刑4,14a	延祐2.8	殺死妻	因爲過活生受
皇慶2.3	典 44,刑6,5b		録事毆經歴	江西行省准
皇慶2.3	典 53,刑15,24a		都護府公事約會	欽奉聖旨
皇慶2.3	典 54,刑16,15ｘ16a		長官擅斷屬官	福建道宣慰司准本道廉訪司牒
皇慶2.3	正 斷2,職制20		典質牌面	刑部議得
皇慶2.3.1	典 44,刑6,6a	延祐2.3	縣尉與達魯花赤互相毆詈	習儀,…品齊排拜致爭
皇慶2.3.6	憲 2608,16b		命脱歡爲御史大夫	本臺官特奉聖旨
皇慶2.3.9	南 2610,13b		行御史臺官俸給	准御史臺咨
皇慶2.3.14	正 斷10,廐庫362	後至元6.1	照算錢帛	奉省判
皇慶2.3.16	典 1,詔1,9a	皇慶2.3	立后詔	授以玉冊
皇慶2.3.18	典 50,刑12,8b	皇慶2.6	禁子孫掘賣祖宗墳塋樹木	…傳奉聖旨
皇慶2.3.18	通 16,28a		墳墓樹株	中書省欽奉聖旨
皇慶2.3.18	正 條26,田令126		禁賣墳塋樹株	聖旨
皇慶2.3.24 (151)	秘 10,12b		〈辨驗書畫直長〉	武立禮＊
皇慶2.4	典 11,吏5,2b		官吏不得擅離職	福建廉訪司承奉
皇慶2.4	典 33,禮6,4b		保擧住持長老	江浙行省准
皇慶2.4	典 49,刑11,18a		僧盜師叔物刺字	福建道宣慰司承奉江浙行省

皇慶2.4	典 50, 刑12, 6a		放火殺人	江西行省准
皇慶2.4	典 50, 刑12, 8b		子隨父發塚刺斷	福建宣慰司承奉
皇慶2.4	通 14, 又17a		運糧作弊	中書省, 江浙行省咨
皇慶2.4	通 27, 27b		又 (控鶴等服帶)	中書省, 禮部呈
皇慶2.4	正 斷8, 戸婚243		許婚而悔	禮部與刑部議得
皇慶2.4	站 1, 上8			增給陝西行臺鋪馬聖旨
皇慶2.4	永 15950, 15a		〈漕運〉成憲綱要	江浙省咨
皇慶2.4.7	站 5, 上133			御史臺奏
皇慶2.4.8	典 46, 刑8, 10b		五品官犯罪, 依十二章行	江西廉訪司奉
皇慶2.4.12 (152)	秘 10, 4a		〈著作佐郎〉	鄭立＊
皇慶2.4.20	秘 9, 15b		〈管勾〉	劉宗良＊
皇慶2.4.21	站 5, 上133			中書省奏
皇慶2.4.21	驛 1, 下146			中書省奏
皇慶2.4.26	典 39, 刑1, 2a	☆	做罪過的不疏放	奏過事内
皇慶2.4.26	通 16, 30a		撥賜田土	中書省奏
皇慶2.4.26	正 條26, 田令94		撥賜田土	中書省奏
皇慶2.4.29	典 59, 工2, 14b	延祐1.7	住罷不急工役	奏過事内
皇慶2.4.29	站 5, 上133			御史臺奏
皇慶2.5	典 4, 朝1, 2a		省部減繁格例	江西行省准
皇慶2.5	典 4, 朝1, 5a		又 (省部減繁格例)	江西廉訪司奉
皇慶2.5	典 15, 戸1, 6b		俸鈔改支至元	江西行省准
皇慶2.5	典 18, 戸4, 11a		定婚不許悔親	江浙行省准
皇慶2.5	典 29, 禮2, 10b		軍官解典牌面	江西廉訪司承奉
皇慶2.5	典 41, 刑3, 3b		汪宣慰不奔父喪	江西廉訪司奉
皇慶2.5	典 57, 刑19, 21a	延祐4.5	賭博錢物	中書刑部呈
皇慶2.5	典 新戸, 婚姻1a		定婚不許悔親別嫁	江浙行省准
皇慶2.5	通 6, 37b		又 (令譯史通事知印)	中書省, 御史臺呈
皇慶2.5.1	秘 9, 14b		〈秘書監丞〉	王義＊
皇慶2.6	典 15, 戸1, 9b		職田佃戸子粒	江西廉訪司奉
皇慶2.6	典 49, 刑11, 6b		盜賊各分首從	中書省咨
皇慶2.6	典 50, 刑12, 8b		禁子孫掘賣祖宗墳塋樹木	江西行省准
皇慶2.6	通 5, 6a		又 (廟學)	御史臺伯忽大夫等官奏
皇慶2.6	通 20, 4a		又 (軍功)	中書省, 湖廣行省咨
皇慶2.6	通 20, 12b		又 (平反冤獄)	中書省, 江浙行省咨
皇慶2.6	正 條30, 賞令266		又 (軍功)	湖廣省咨
皇慶2.6	正 斷5, 職制128		走死鋪馬	御史臺呈
皇慶2.6	站 1, 上8			中書省臣言
皇慶2.6	站 5, 上134			江浙行省咨
皇慶2.6.1	正 斷7, 戸婚239	皇慶2.7	地震不申	地震
皇慶2.6.6	通 16, 32a		又 (撥賜田土還官)	中書省奏

仁宗皇慶２年(1313)

皇慶2. 6. 6	正 條26, 田令95		又(撥賜田土)	中書省奏
皇慶2. 6. 7	典 新刑, 頭疋1b	延祐7	禁宰馬牛及婚姻筵席品味	承奉中書省劄付
皇慶2. 6. 7	站 5, 上133			御史臺奏
皇慶2. 6. 17	典 33, 禮6, 5a		和尚頭目	欽奉聖旨
皇慶2. 6. 17	典 53, 刑15, 8a	延祐1. 8	僧人互告違法及過鈔	欽奉聖旨
皇慶2. 6. 17	通 29, 5b		又(詞訟)	欽奉聖旨
皇慶2. 6. 22	站 5, 上134			中書省奏
皇慶2. 6. 23	典 44, 刑6, 4a	延祐1. 5	馮崇等剜壞池傑目睛	主使佃戸楊僧次姪徐明
皇慶2. 6. 28	典 46, 刑8, 9a	延祐4. 1	軍官不丁憂取受, 依例問	父喪服制未終
皇慶2. 7	典 18, 戸4, 12a	延祐6. 4	丁慶一爭婚	中書刑部言
皇慶2. 7	典 33, 禮6, 1b		僧道教門清規	江浙行省准
皇慶2. 7	典 35, 兵2, 5a		拘収新附軍人軍器	江西行省准樞密院咨
皇慶2. 7	正 條33, 獄官312		重囚結案	刑部呈
皇慶2. 7	正 斷7, 戸婚239		地震不申	戸部呈
皇慶2. 7	站 5, 上135	皇慶2. 10. 15		功徳使司及提調印經官
皇慶2. 7	驛 1, 下134			中書省咨
皇慶2. 7. 2	站 6, 上150	延祐3. 5. 22		已經奏准聖旨
皇慶2. 7. 9	典 44, 刑6, 6a	延祐2. 3	縣尉與達魯花赤互相毆詈	袁州路申
皇慶2. 7. 21	典 21, 戸7, 5a	延祐1. 5	義倉驗口數留粟	奏
皇慶2. 7. 21	典 59, 工2, 2b	延祐1. 1	道傍等處栽樹	…本司曲木太保…等奏過事内
皇慶2. 7. 21	通 16, 17a		又(農桑)	大司農司奏奉聖旨
皇慶2. 7. 21	通 16, 17b		又(農桑)	大司農司奏
皇慶2. 7. 21	正 條25, 田令79		秋耕田	大司農司奏奉聖旨
皇慶2. 7. 21	正 條26, 田令89		又(禁擾農民)	大司農司奏
皇慶2. 7. 27 (153)	秘 10, 4a		〈著作佐郎〉	杜泰＊
皇慶2. 8	檢 107(永914, 28a)			御史臺呈
皇慶2. 8. 2	秘 10, 2a		〈著作郎〉	高樞＊
皇慶2. 8. 5	典 新吏, 職制2b	延祐6. 2	作闕官告敍, 委官保勘	禮任
皇慶2. 8. 16	畫 8b			敕
皇慶2. 9	典 42, 刑4, 6b		大槌打死人係故殺	袁州路奉
皇慶2. 9	典 新戸, 課程7a	延祐5. 12	延祐五年拯治茶課	中書省咨文
皇慶2. 9	正 斷7, 戸婚228		虚包公田	刑部議得
皇慶2. 9	站 5, 上134			中書省奉旨
皇慶2. 9. 3	站 5, 上136	皇慶2. 11		奏准聖旨
皇慶2. 9. 14	驛 1, 下163			中書省, 聖旨節該
皇慶2. 9. 21	通 17, 10a		又(田禾災傷)	中書省奏
皇慶2. 9. 21	正 條27, 賦役148		風憲體覆災傷	中書省奏

皇慶2.9.28	秘 9,10b		〈秘書少監〉	阿魯禿＊
皇慶2.10	典 52,刑14,5a		僞造税印	江西行省准
皇慶2.10	典 新刑,諸盗3b		盗官糧未出倉面刺	江西行省准
皇慶2.10	通 5,7b		科擧	中書省奏
皇慶2.10	海 上78			增海運糧脚價
皇慶2.10	站 5,上135			朶觧·禿堅不花奏
皇慶2.10.14	站 5,上134			中書省奏
皇慶2.10.15	站 5,上134			兵部呈
皇慶2.10.19	站 5,上135	皇慶2.10.15		奏准聖旨
皇慶2.10.23	典 31,禮4,8b	延祐1.2.30	科擧程式條目	奏
皇慶2.10.23	通 16,30b		又(撥賜田土)	中書省奏
皇慶2.10.23	正 條26,田令96		又(撥賜田土)	中書省奏
皇慶2.10.23	站 5,上135			中書省奏
皇慶2.10.25	典 42,刑4,7a		持刃殺人同故殺	建寧路承奉福建宣慰司劄付
皇慶2.10.25	海 下95	延祐1.2.2	〈排年海運水脚價鈔〉	奏准,斟酌地理遠近,比元價之上
皇慶2.10.29	通 17,19a		又(孝子義夫節婦)	中書省奏
皇慶2.11	典 9,吏3,6a		軍官休差占	中書省劄付
皇慶2.11	典 31,禮4,7b		科擧條制	上天眷命皇帝聖旨
皇慶2.11	典 54,刑16,18a		官典刑名違錯	江西廉訪司奉
皇慶2.11	通 5,15a		又(科擧)	欽奉詔書
皇慶2.11	正 條34,獄官373		因病親人入侍	刑部呈
皇慶2.11	站 5,上135			江浙省咨
皇慶2.11.2	通 8,2a		公服私賀	中書省,御史臺呈
皇慶2.11.12	畫 20a			留守伯帖木兒等奏
皇慶2.11.16	通 27,2b		又(兵杖應給不應給)	樞密院奏
皇慶2.12	典 54,刑16,19b		又(官典刑名違錯)	江西廉訪司准龍興路牒呈
皇慶2.12	正 條34,獄官370		又(因病醫藥)	刑部呈
皇慶2.12	正 斷3,職制55		失儀	御史臺奏節該
皇慶2.12	站 5,上136			嶺北行省檢校官李廷玉
皇慶2.12	站 6,上140	延祐1.4.3		搠思班武靖王令旨
皇慶2.12	驛 1,下136			通制＊嶺北省咨
皇慶2.12.3	典 46,刑8,9a	延祐4.1	軍官不丁憂取受,依例問	浙西道申
皇慶2.12.9	典 53,刑15,19a		不許婦人訴	承奉江浙行省劄付
皇慶2.12.21	典 11,吏5,20b	延祐1.R3	致仕陞散官一等	奏過事内

延祐元年(甲寅, 1314)

皇慶3	典 1, 詔1, 9b		延祐改元詔	上天眷命皇帝聖旨
延祐1	典 3, 聖2, 5b	延祐1. 1	〈復租賦〉	自＊蠲免
延祐1	典 3, 聖2, 5b	延祐1. 1	〈復租賦〉	差發税糧
延祐1	典 18, 戸4, 12a	延祐6. 4	丁慶一爭婚	水渰田禾
延祐1	典 21, 戸7, 12b	延祐4. 1	軍人鹽錢	毎鹽一引
延祐1	典 22, 戸8, 34b	延祐4. 6. 17	鹽價毎引三定	整治軍人
延祐1	典 46, 刑8, 18a	延祐4. 7	減徴事故起發盤纏	軍人起發
延祐1	典 59, 工2, 13a		官員修理官舍住坐	承奉中書省咨
延祐1	典 新吏, 官制8a	至治1. 1	辦課官增課陞等	辦到
延祐1	典 新戸, 錢糧1b	延祐3. 11	教授直學侵使學糧	侵用訖本學＊學糧
延祐1	典 新刑, 諸盗4b	延祐7. 3	拯盗未盡事例	通例
延祐1	典 新刑, 諸盗4b	延祐7. 3	拯盗未盡事例	通例
延祐1	典 新刑, 諸盗4b	延祐7. 3	拯盗未盡事例	定到罪名
延祐1	典 新刑, 諸盗4b	延祐7. 3	拯盗未盡事例	奏准通例
延祐1	正 條24, 廐牧64	後至元1. 12	又 (闌遺)	欽依＊奏奉聖旨事意
延祐1	站 6, 上145			冬, 通政院准也可札魯花赤
延祐1 (154)	婚 160		中書省部定到鄉試程式	
延祐1	金 6, 33a		〈御史中丞〉	鐵里脱歡＊
延祐1	金 6, 36a		〈侍御史〉	完澤＊
延祐1	金 6, 37b		〈侍御史〉	張玠＊
延祐1	金 6, 39a		〈治書侍御史〉	回回＊
延祐1	金 6, 40b		〈治書侍御史〉	王柔＊
延祐1	金 6, 41a		〈經歷〉	教化徳＊
延祐1	金 6, 45a		〈照磨承發司管勾兼獄丞〉	李希尹＊
延祐1	金 6, 46b		〈架閣庫管勾〉	葉大中＊
延祐1	金 6, 55a		〈監察御史〉	楊元亨＊
延祐1	金 6, 55a		〈監察御史〉	阿沙＊
延祐1	金 6, 55a		〈監察御史〉	那懷＊
延祐1	金 6, 55a		〈監察御史〉	張正＊
延祐1	金 6, 55a		〈監察御史〉	撒里蠻＊
延祐1	金 6, 55a		〈監察御史〉	沉寶＊
延祐1	金 6, 55a		〈監察御史〉	丁宏＊
延祐1	金 6, 55b		〈監察御史〉	教化＊
延祐1	金 6, 55b		〈監察御史〉	伯顔帖木兒＊
延祐1	金 6, 55b		〈監察御史〉	段傑＊
延祐1	金 6, 55b		〈監察御史〉	王懋＊
延祐1	金 6, 55b		〈監察御史〉	敬价＊
延祐1. 1	典 3, 聖2, 5b		〈復租賦〉	欽奉改元詔書

延祐1.1	典 3, 聖2, 5b		〈復租賦〉	又一款
延祐1.1	典 3, 聖2, 8a		〈息徭役〉	欽奉改元詔書
延祐1.1	典 3, 聖2, 11b		〈貸逋欠〉	欽奉改元詔書
延祐1.1	典 3, 聖2, 17a		〈恤流民〉	欽奉延祐改元詔書
延祐1.1	典 3, 聖2, 17a		〈恤流民〉	又一款
延祐1.1	典 3, 聖2, 22b		〈霈恩宥〉	欽奉改元詔書
延祐1.1	典 3, 聖2, 22b		〈霈恩宥〉	又一款
皇慶3.1	典 55, 刑17, 3a		番禺縣官保放劫賊	江西廉訪司奉
延祐1.1	典 59, 工2, 2b		道傍等處栽樹	江浙行省准
皇慶3.1.9	典 新都, 1b	至治1.1.22	貼書犯贓, 却充俸吏	准溧水州牒
延祐1.1.22	典 3, 聖2, 11b	延祐1.1	〈貸逋欠〉	以前
延祐1.1.22	典 3, 聖2, 22b	延祐1.1	〈霈恩宥〉	昧爽以前
延祐1.1.22	典 16, 戸2, 13a	延祐2.1	禁治久食分例	已前
延祐1.1.22	典 16, 戸2, 13a	延祐2.1	禁治久食分例	已前事理
延祐1.1.22	典 44, 刑6, 6b	延祐1.6	官告吏毀罵親聞乃坐	詔赦已前
延祐1.1.23	典 新刑, 諸盜8b	延祐2.8.4	持杖白晝搶奪同強盜	以前
延祐1.2	海 下106	延祐1.6	〈艘數裝泊〉	使至匯上
延祐1.2	站 6, 上137			保定路言
延祐1.2	檢 111(永914, 31b)			陝西行省咨
延祐1.2.2	海 下95		〈排年海運水脚價鈔〉	海道府奉中書戸部符文
延祐1.2.10	秘 9, 10b		〈秘書少監〉	王好謙＊
延祐1.2.11	典 46, 刑8, 11a		軍官詐死, 同獄成不敍	江南行臺准
延祐1.2.11	站 6, 上137			同知通政院事奏
延祐1.2.17	秘 9, 14b		〈秘書監丞〉	張九疇＊
延祐1.2.20	秘 10, 10a		〈校書郎〉	鄭方大＊
延祐1.2.21	典 57, 刑19, 15a	延祐3.4	李萬戸宰馬	令軀口高興兒用中統鈔
延祐1.2.25	站 6, 上137			中書省奏
延祐1.2.30	典 31, 禮4, 8b		科擧程式條目	行省准
延祐1.3	典 新吏, 職制1a		聽除官員開籍貫住坐聽候	准中書省咨
延祐1.3	典 新刑, 刑禁4a		把持人再犯稟例遷徙	江西行省准
延祐1.3	典 新刑, 刑禁8a		禁借辦習儀物色	袁州路奉
延祐1.3.15	站 6, 上137			中書兵部准提調印經官關
延祐1.3.17	通 17, 7b		又(雜泛差役)	中書省奏
延祐1.3.17	正 條27, 賦役165		又(均當雜泛差役)	中書省奏
延祐1.3.25	秘 9, 18a		〈典簿〉	王振鵬＊
延祐1.3.27	站 6, 上138			奏
延祐1.3.28	秘 10, 2a		〈著作郎〉	蕭處默＊
延祐1.3.29	典 新刑, 贓賄7b	至治1.9	又(延祐七年革後稟到通例)	呈准中書省劄付

仁宗延祐元年(1314)

延祐1.R3	典 11,吏5,20b		致仕陞散官一等	行省准
延祐1.R3	典 新工,造作1a		雜造生活合併起解	江西行省准
延祐1.R3	正 斷6,職制191		知人欲告回主	刑部議得
延祐1.R3	站 6,上139			江浙行省言
延祐1.R3	站 6,上139			大都驛言
延祐1.R3.2	站 6,上138			崇祥院使野訥等奏
延祐1.R3.5	典 57,刑19,17a	延祐2.2	遺火搶奪	達達鎮撫將引,前來佑聖觀橋
延祐1.R3.5	典 新刑,贓賄5b	延祐7.8	延祐七年革後稟到通例	承奉中書省劄付
延祐1.R3.6	站 6,上139			中書省奏
延祐1.R3.6	站 6,上139			又奏
皇慶3.4	典 44,刑6,5b		知府毆打軍官	福建宣慰司承奉
延祐1.4	驛 1,下140			中書省咨
延祐1.4	賦 29a		罵不必聞也	中書,御史臺呈
延祐1.4	許 74,10b	☆	農桑文冊	大司農司奏奉聖旨
延祐1.4.3	站 6,上140			中書省奏
延祐1.4.7	站 6,上140			中書省奏
延祐1.4.11	典 53,刑15,12a	延祐2.3	驅口首本使私鹽	探馬赤索郎古歹驅口
延祐1.4.22	典 20,戸6,19b	延祐2.12	侏儒挑鈔斷例	將賣到臙脂…刮除字貫
延祐1.4.25	通 15,7b	延祐1.5	大印子馬疋	尚乘寺官奏
延祐1.4.25	正 條24,廐牧37	延祐1.5	大印子馬疋	本寺官奏
延祐1.4.26	憲 2608,16b		黜陟官員	本臺官奏
延祐1.4.28 (155)	秘 11,5b		〈知印〉	牛仲實＊
延祐1.4.30	秘 10,10a		〈校書郎〉	文矩＊
延祐1.5	典 21,戸7,5a		義倉驗口數留粟	江西行省准
延祐1.5	典 22,戸8,14a		巡茶及茶商不便	江西廉訪司准監察御史牒該
延祐1.5	典 44,刑6,4a		馮崇等剜壞池傑目睛	建寧路准南劍路關
延祐1.5	通 6,25b		終制	中書省,禮部呈
延祐1.5	通 15,7b		大印子馬疋	中書省,刑部,尚乘寺關
延祐1.5	通 28,29a		妖書妖言	中書省,御史臺呈
延祐1.5	正 條24,廐牧37		大印子馬疋	刑部准尚乘寺關
延祐1.5	正 斷2,職制31		迷失卷宗	中書省檢校官呈
延祐1.5	正 斷8,戸婚260		又(妄嫁妻妾)	刑部議得
延祐1.5.2	秘 9,11a		〈秘書少監〉	鄭乞荅台＊
延祐1.5.2	秘 9,14a		〈秘書監丞〉	趙天祥＊
延祐1.5.8	站 6,上141			中書省奏
延祐1.5.17	通 28,9b		又(擾民)	奏過事内
延祐1.5.17	通 28,25b		又(闌遺)	中書省奏
延祐1.5.17	正 條24,廐牧62		又(闌遺)	中書省奏
延祐1.5.17	正 條27,賦役154		禁投下擅科擾民	中書省奏

延祐1. 5. 17	站 6, 上141			中書左丞相阿散奏
延祐1. 6	典 44, 刑6, 6b		官告吏毀罵親聞乃坐	江西行省准
延祐1. 6	典 59, 工2, 9b		海船阻礙官船	江浙行省准
延祐1. 6	典 新刑, 諸盜3a		偸鐵猫賊罪例	准中書省咨
延祐1. 6	通 6, 14b		又 (廕例)	中書省, 翰林國史院呈
延祐1. 6	正 斷4, 職制107		冒哀從仕	刑部呈
延祐1. 6	正 斷4, 職制110		詐稱親喪	刑部議得
延祐1. 6	海 下106		〈艘數裝泊〉	慶元紹興千戸范承直呈
延祐1. 6. 3	典 新刑, 諸盜9b	延祐7. 6	調白經革免刺	寧國路申
延祐1. 6. 11	驛 1, 下144			中書省奏
延祐1. 6. 12	站 6, 上141			中書省奏
延祐1. 6. 14	通 19, 4a		又 (捕盜責限)	中書省奏
延祐1. 6. 14	正 條29, 捕亡235		又 (軍民官捕盜)	中書省奏
延祐1. 6. 16	正 條24, 廐牧53		又 (抽分羊馬)	中書省奏
延祐1. 6. 16	馬 44		〈抽分羊馬〉	中書省奏
延祐6. 6. 19	正 條24, 廐牧54		又 (抽分羊馬)	中書省奏節該
延祐1. 6. 22	通 8, 1a		朝現	中書省奏
延祐1. 6. 22	站 6, 上141			中書省奏
延祐1. 6. 23	站 6, 上142			中書省奏
延祐1. 7	典 59, 工2, 14b		住罷不急工役	江南行臺
延祐1. 7	通 19, 8b		又 (倉庫被盜)	中書省, 刑部呈
延祐1. 7	正 條29, 捕亡244		又 (倉庫被盜)	刑部呈
延祐1. 7	正 條34, 獄官372		病囚分數	御史臺呈, 南臺咨
延祐1. 7	海 下106		〈記標指淺〉	據常熟江陰千戸所申
延祐1. 7	站 6, 上142			中書省奏
延祐1. 7. 4	秘 1, 14b		〈位序〉	…曲出太保…奏過事内
延祐1. 7. 4	秘 1, 15a	延祐1. 7. 4	〈位序〉	於＊署事
延祐1. 7. 6	秘 9, 2a		〈秘書卿〉	囊加台＊
延祐1. 7. 12	典 30, 禮3, 9b		禁治居喪飲宴	承奉江浙行省劄付
延祐1. 7. 12 (156)	秘 11, 2a		〈令史〉	王鑑＊
延祐1. 7. 18	站 6, 上142			中書省奏
延祐1. 7. 19	通 18, 7a		市舶	欽奉聖旨節該
延祐1. 7. 19	正 斷12, 廐庫408		市舶	聖旨節該
延祐1. 7. 26	秘 9, 2a		〈秘書卿〉	盛從善＊
延祐1. 8	典 11, 吏5, 8b		官吏服闋先銓補	江西行省准
延祐1. 8	典 53, 刑15, 8a		儒人互告違法及過鈔	行臺劄付
延祐1. 8	典 新戸, 課程2b	延祐7. 3	私鹽賞錢	欽奉聖旨條畫
皇慶3. 8	典 31, 禮4, 7b	皇慶2. 11	科舉條制	天下郡縣
皇慶3. 8	通 5, 15b	皇慶2. 11	又 (科舉)	天下郡縣
延祐1. 8	通 15, 5b		擅支馬駞草料	中書省奏准事理

仁宗延祐元年 (1314)

延祐1.8	正 條24, 廄牧40		馬駝草料	中書省奏准事理
延祐1.8	正 條30, 賞令281		告獲私鹽	戸部與刑部議得
延祐1.8	正 斷11, 廄庫373		軍民官縦放私鹽	戸部與刑部議得
延祐1.8	正 斷11, 廄庫375		軍官乞取官鹽	戸部與刑部議得
延祐1.8	正 斷11, 廄庫376		受寄私鹽	戸部與刑部議得
延祐1.8	正 斷11, 廄庫381		食用無主鹽	中書省議得
延祐1.8	正 斷11, 廄庫387		買食滷水鹻土	戸部與刑部議得
延祐1.8	正 斷11, 廄庫388		醃浥魚鰕	江浙省咨
延祐1.8	賦 8b		文有未備/著而有定	兩浙鹽法
延祐1.8	賦 50b		配所犯徒	欽奉鹽法條畫內
皇慶3.8	婚 155	皇慶2	皇慶科擧詔	天下郡縣與其賢者能者
延祐1.8.18	典 22, 戸8, 26a	延祐6.8.13	鹽法通例	有中書省差來官直省舎人欽賫御寶聖旨
延祐1.8.18	典 22, 戸8, 29b	延祐6.8.13	鹽法通例	欽奉聖旨條畫
延祐1.8.18	正 斷11, 廄庫365		私鹽罪賞	聖旨節該
延祐1.9	典 新刑, 贓賄2a	延祐5.10	前犯減斷, 後犯難同再犯	中書刑部呈
延祐1.9	通 13, 12b		又 (工糧)	中書省奏
延祐1.9	通 14, 28a		酒牌犯鈔	中書省近爲街下构欄
延祐1.9	正 斷6, 職制153		贓罪再犯	刑部議得
延祐1.9	秘 9, 1b	至大4.2	〈秘書卿〉	增一員
延祐1.9	秘 9, 6b		〈秘書太監〉	設秘書太監二員
延祐1.9	秘 9, 8a	至元10.2.7	〈秘書少監〉	減作二人
延祐1.9.2	秘 1, 7a		〈設官〉	阿里海牙左丞…奏
延祐1.9.2	秘 11, 8a		〈奏差〉	高伯榮＊
延祐1.9.4	秘 1, 7b	延祐1.9.2	〈設官〉	阿里海牙左丞特奉聖旨
延祐1.9.7	秘 9, 2b		〈秘書卿〉	劉＊
延祐1.9.7	秘 9, 2b		〈秘書卿〉	式剌＊
延祐1.9.7	秘 9, 6b		〈秘書太監〉	鄭乞荅台＊
延祐1.9.7	秘 9, 10b		〈秘書少監〉	馮慶＊
延祐1.9.7 [157]	秘 11, 2a		〈令史〉	杜伯茂＊
延祐1.9.7 [158]	秘 11, 6b		〈怯里馬赤〉	馬合某＊
延祐1.9.10	秘 9, 6b		〈秘書太監〉	劉吉＊
延祐1.9.14	正 斷6, 職制161		又 (風憲犯贓)	御史臺奏
延祐1.9.14	憲 2608, 16b		臺察官吏犯贓加重	本臺官奏過事內
延祐1.10	典 54, 刑16, 23a	延祐5	縣官強娶部民小妻	刑部議得
延祐1.10	通 18, 6b		又 (和雇和買)	中書省, 戸部呈
延祐1.10	通 27, 10b		捕白花蛇	中書省, 御史臺呈
延祐1.10	通 27, 12b		又 (非理行孝)	中書省, 禮部呈
延祐1.10	正 斷6, 職制164		軍官取受値喪	御史臺呈
延祐1.10	站 1, 上8			沙瓜州立屯儲總管萬戸府
延祐1.10	站 6, 上144			兵部呈

延祐1.10	検 108(永914,28b)			湖廣省咨
延祐1.10.2	検 107(永914,28a)			湖廣省咨
延祐1.10.15	典 新吏,吏制4a	延祐5.1	例前幕職,依舊例遷敍	奏過事内
延祐1.10.16	正 斷11,廐庫371		犯界鹽貨	中書省奏
延祐1.10.19	正 斷12,廐庫394		又(鐵課)	中書省奏
延祐1.10.19	站 6,上143			中書省奏
延祐1.10.22	通 3,10b		怯薛元役	中書省奏
延祐1.10.24	站 6,上143			中書省據御史臺
延祐1.10.25	典 新吏,職制2a		官員事故,申官作闕	吏部呈
延祐1.10.25	秘 9,11a		〈秘書少監〉	張景元*
延祐1.10.27	站 6,上143			中書省奏
延祐1.10.27	站 6,上143			中書省又奏
延祐1.10.27	站 6,上144			又奏
延祐1.10.27	站 6,上144			又奏
延祐1.11	典 20,戸6,16a		印造僞鈔未完	行省准
延祐1.11	典 28,禮1,4b		表章回避字樣	行省准
延祐1.11	典 41,刑3,3b		臧榮不丁父憂	承奉江南行臺劄付
延祐1.11	典 新戸,鈔法3a	至治1.7.4	僞鈔板未成,遇革釋放	江西行省准中書省咨
延祐1.11	典 新都,1b	至治1.1.22	貼書犯贓,却充俸吏	蒙監察御史巡按到縣
延祐1.11	正 斷12,廐庫403		職官不納契税	御史臺呈
延祐1.11	検 114(永914,33a)			御史臺呈
延祐1.11.22	通 21,5a		試驗太醫	御史臺奏
延祐1.11.22	正 條31,醫藥293		試驗太醫	御史臺奏
延祐1.11.26	站 6,上144			翰林承旨滅怯禿等奏
延祐1.12	典 新吏,吏制3b	延祐6.2	散府上州司吏出身	奉中書省劄付
延祐1.12	通 6,23b		廕敍錢穀	中書省,江西行省咨
延祐1.12	通 9,1b		又(服色)	欽奉聖旨
延祐1.12	正 斷2,職制29		漏報巻宗	中書省,檢校官呈
延祐1.12	検 108(永914,28b)			遼陽省咨
延祐1.12.1	典 38,兵5,3b	延祐3.1	漢兒人不得懸帶弓箭圍獵	奏過事内
延祐1.12.3	站 6,上144			中書省奏
延祐1.12.7	典 6,臺2,10b	延祐2.4	體察追問	奏過事内
延祐1.12.12	典 新都,1b	至治1.1.22	貼書犯贓,却充俸吏	蒙江南行臺監察御史案劄
延祐1.12.20	正 條27,賦役166		又(均當雜泛差役)	中書省奏
延祐1.12.21	典 49,刑11,8b	延祐2.5	處斷盜賊斷例	欽此。都省咨請欽依施行
延祐1.12.21	典 49,刑11,9a	延祐3.6	盜賊出軍免刺	奏准盜賊通例
延祐1.12.21	典 49,刑11,9b	延祐3.6	盜賊出軍免刺	奏准盜賊通例
延祐1.12.21	典 49,刑11,10a	延祐4.3	盜賊出軍處所	欽奉聖旨
延祐1.12.21	典 49,刑11,10a	延祐4.3	盜賊出軍處所	奏准盜賊通例

延祐1.12.21	典 49,刑11,13b	延祐3.1	盜牛革後爲坐	已前
延祐1.12.25	典 53,刑15,16a	延祐3.4	稱冤問虛斷例,好生斷者	趓兒只中丞奏
延祐1.12.28	通 29,6b		河西僧差税	中書省奏

延祐2年(乙卯,1315)

延祐2	典 3,聖2,5b	延祐2.11.27	〈復租賦〉	若有未納
延祐2	典 3,聖2,6a	延祐2.11.27	〈復租賦〉	自＊爲始
延祐2	典 32,禮5,7b	延祐3.3.26	試驗醫人	奏奉聖旨
延祐2	典 60,工3,3b		輪換公使人	承奉江南諸道行臺劄付
延祐2	典 新吏,官制8a	至治1.1	辦課官增課陞等	辦到
延祐2	典 新吏,職制6b	延祐6.4	務官匿過給由求仕	受省劄充前役
延祐2	典 新戸,課程5a	延祐5.12	延祐五年拯治茶課	都省准運使鄭中大夫呈
延祐2	典 新戸,課程5a	延祐5.12	延祐五年拯治茶課	都省咨文
延祐2	典 新兵,軍制6a	延祐7.8	延祐七年革後稟到軍官私役軍人等例	軍官代替軍人
延祐2	典 新刑,諸盗6a	延祐6.2	押發流囚期限名數	出軍賊人
延祐2	典 新刑,諸盗9b	延祐7.2	革閑弓手祗候奪騙錢物	楊貴七搶奪
延祐2	官 55		〈肅政廉訪司〉	奏賜銀印
延祐2	站 6,上149			冬,湖廣行省備興國路判官朱承直言
延祐2	站 6,上149	延祐3.4.26		天旱無草
延祐2	驛 1,下145			中書省咨
延祐2	驛 1,下150			嶺北行省咨
延祐2	驛 1,下162			中書省咨
延祐2	無 上,16a		屍帳仵作被告人畫字	行省准中書省咨
延祐2	金 6,32a		〈御史大夫〉	阿老瓦丁＊
延祐2	金 6,36a		〈侍御史〉	脱歡＊
延祐2	金 6,39a		〈治書侍御史〉	帖哥＊
延祐2	金 6,40b		〈治書侍御史〉	宋崇禄＊
延祐2	金 6,41a		〈經歷〉	密蘭＊
延祐2	金 6,42b		〈都事〉	鄭雲翼＊
延祐2	金 6,42b		〈都事〉	李答刺海＊
延祐2	金 6,55b		〈監察御史〉	壽僧＊
延祐2	金 6,55b		〈監察御史〉	倒刺沙＊
延祐2	金 6,55b		〈監察御史〉	不蘭奚＊
延祐2	金 6,55b		〈監察御史〉	徐元素＊
延祐2	金 6,55b		〈監察御史〉	張懲＊
延祐2.1	典 3,聖2,11b	延祐2.11.27	〈貸逋欠〉	以前者
延祐2.1	典 16,戸2,12b		禁治久食分例	江南行臺准

延祐2.1	典 新吏,職制2b	延祐6.2	作闕官告敍,委官保勘	忽染風病,回家看治
延祐2.1	典 新吏,吏制4b	至治1.5	鹽場司吏	承奉中書省劄付
延祐2.1	憲 2608,17b		人衆委問	本臺奏過事内
延祐2.1	站 6,上145			翰林院欽奉聖旨
延祐2.1	服 服例3a		服例/通制不丁憂例	中書省,御史臺呈
延祐2.1	洗 新例5a		聖朝頒降新例/屍帳用印關防	江浙行省劄付
延祐2.1.4	典 49,刑11,8b	延祐3.4	出軍賊人,差人鋪馬押送	奏過事内
延祐2.1.4	驛 1,下164			也可扎魯忽赤奏准
延祐2.1.9	典 49,刑11,9a	延祐3.6	賊人出軍免刺	又行切盜小李金銀頭面
延祐2.1.15	婚 163	延祐2.2	會試程式	於中書禮部印卷
延祐2.1.17	正 斷12,廐庫394	延祐1.10.19	又(鐵課)	奏
延祐2.1.19	秘 11,10a		〈典書〉	黄仲庸*
延祐2.1.26	典 49,刑11,24b	延祐4.10	劫賊弟物免刺	夜,明火持杖,打傷事主
延祐2.1.28	婚 163	延祐2.2	會試程式	中書禮部榜示
延祐2.1.29	典 34,兵1,31a	延祐2.5	軍官代替軍人	奏過事内
延祐2.2	典 29,禮2,2a		貴賤服色等第	欽奉聖旨
延祐2.2	典 45,刑7,3b		強奸幼女處死	江浙行省准
延祐2.2	典 46,刑8,7b		臺察官吏犯贓不敍	行臺准
延祐2.2	典 48,刑10,1b		知人欲告回錢	江南行臺准
延祐2.2	典 57,刑19,17a		遺火搶奪	江南行臺准
皇慶4.2	通 5,15b	皇慶2.11	又(科擧)	會試京師
延祐2.2	正 斷7,戸婚231		又(典賣田宅)	禮部呈
延祐2.2	站 6,上146			嶺北行省咨
皇慶4.2	婚 155	皇慶2	皇慶科擧詔	會試京師
延祐2.2	婚 163		會試程式	
延祐2.2.1	婚 163	延祐2.2	會試程式	黎明,擧人入院
延祐2.2.3	婚 163	延祐2.2	會試程式	如前
延祐2.2.4	通 13,13a		宿衞糧	宣徽院奏
延祐2.2.5	婚 164	延祐2.2	會試程式	如前
延祐2.2.6	典 新刑,贓賄1a	延祐5.4	宣使奏差犯贓例前殿敍	給由
延祐2.2.10	典 49,刑11,23a	延祐2.11	盜神衣免刺	因去本寺隨喜觀
延祐2.2.24	站 6,上146			宣政院奏
延祐2.2.24	站 6,上146			中書右丞相鐵木迭兒等奏
延祐2.2.24	驛 1,下163			通制*宣政院奏准,但凡西番地面里
延祐2.2.25	通 6,5b		又(五事)	御史臺奏
延祐2.2.27	站 6,上146			中書省奏
延祐2.2.27	站 6,上146			中書省又奏

延祐2.3	典 3,聖2,11b		〈貸逋欠〉	欽奉加皇太后尊號詔書
延祐2.3	典 8,吏2,12b		職官廕子例	行省准
延祐2.3	典 43,刑5,3b		屍帳不先標寫正犯名色	江西行省准
延祐2.3	典 44,刑6,6a		縣尉與達魯花赤互相毆詈	袁州路奉
延祐2.3	典 53,刑15,12a		驅口首本使私鹽	行省准
延祐2.3	典 54,刑16,9a		枉勘革前未取到招伏	江西省據廣東道呈
延祐2.3	典 新戸,禄廩1a		官員職田,依鄉原例分収	准中書省咨
延祐2.3	通 6,37a		又(令譯史通事知印)	中書省,吏部呈
延祐2.3	站 6,上147			江浙等處行中書省言
延祐2.3	賦 14b		例分八字/皆字	盗賊斷例
延祐2.3.1	婚 164		御試程式	於中書禮部印卷
延祐2.3.7	婚 164		御試程式	黎明,入試
延祐2.3.11	典 49,刑11,13a	延祐3.1	盜牛革後爲坐	前往亂葬岡,見黄牛五頭
延祐2.3.11 (159)	婚 164		御試程式	各於國子監關欄帽
延祐2.3.13	婚 164		御試程式	赴闕,聽候唱名
延祐2.3.24	站 6,上147			通政院准木憐阿失不剌
延祐2.3.26	通 28,26a		又(闌遺)	宣徽院奏
延祐2.3.26	正 斷9,廐庫293		闌遺頭疋	宣徽院奏
延祐2.3.26	站 6,上147			中書右丞相鐵木迭兒…啓於皇太后
延祐2.4	典 6,臺2,10b		體察追問	行臺劄付
延祐2.4	婚 164		進士受恩例	中書禮部呈奉中書省劄付該
延祐2.4.1	典 3,聖2,11b	延祐2.3	〈貸逋欠〉	以前
延祐2.4.4	婚 164	延祐2.4	進士受恩例	奏過事内
延祐2.4.16	秘 3,9a		〈分監〉	照得年例
延祐2.4.17	通 6,35b		又(令譯史通事知印)	中書省奏
延祐2.4.17	站 6,上147	延祐2.3.24		奏奉旨准
延祐2.4.17	典 新吏,官制6a	延祐5.5	急缺倉庫等官,諸衙門不得選取	中書省奏過事内
延祐2.4.17	婚 165	延祐2.4	進士受恩例	賜宴·榮宴·押宴
延祐2.4.23	秘 5,2a	延祐2.7.16	〈秘書庫〉	本院官曲出太保·叔固學士奏過
延祐2.4.27	秘 9,6b		〈秘書太監〉	阿里的迷失＊
延祐2.4.27	婚 165	延祐2.4	進士受恩例	於中書省祗受敕牒

延祐2.4.28	典 32,禮5,11b	☆	試陰陽人	…李平章…特奉聖旨
延祐2.4.29	婚 165	延祐2.4	進士受恩例	各具公服,詣殿廷謝恩
延祐2.4.30	婚 165	延祐2.4	進士受恩例	便服詣都堂參謝
延祐2.5	典 18,戸4,28a		兄亡嫂嫁小叔不得収	行臺劄付
延祐2.5	典 34,兵1,30b		軍官代替軍人	行臺劄付
延祐2.5	典 41,刑3,4a		張敏不丁母憂	承奉行省劄付
延祐2.5	典 49,刑11,7a		處斷盜賊斷例	江西行省准
延祐2.5	正 斷3,職制91		和雇和買違法	御史臺呈
延祐2.5	站 6,上148			武備寺言
延祐2.5.1	憲 2608,17a		復立陝西行御史臺	本臺官奏
延祐2.5.2	婚 165	延祐2.4	進士受恩例	謁先聖廟,行舎菜禮
延祐2.5.6	典 49,刑11,19a	延祐4.3	女直作賊刺字	首賊魏驢兒同情偸盜事主
延祐2.6	典 54,刑16,31b		官吏檢踏災傷不實	行臺准
延祐2.6	典 新吏,官制2a	延祐7.3	拘収詐冒宣敕	欽奉宣命,改名作桑和孫
延祐2.6	正 斷4,職制108		不丁父母憂	刑部議得
延祐2.6	正 斷9,廐庫286		又(私宰病馬牛)	刑部議得
延祐2.6.5	典 9,吏3,39b	延祐3.1	又例(院務官品級)	奏過事内
延祐2.6.19	憲 2608,17a		復立陝西廉訪司	本臺官奏
延祐2.6.20	站 6,上148			中書省奉旨
延祐2.6.22	站 6,上148	延祐2.6.20		尚書乞塔以其言奏聞
延祐2.6.25	站 6,上148			平章察乃等奏
延祐2.7	典 48,刑10,12b		有俸人員不須羈管	廉訪司牒,承奉奉使宣撫劄付
延祐2.7	典 54,刑16,23a	延祐5	軍官恣逞威權	臺呈
延祐2.7	正 斷6,職制171		捕盜官匿贓	刑部議得
延祐2.7	正 斷7,戸婚221		私種官田	刑部議得
延祐2.7.8	氈 8b		〈雜用〉	丞相阿散·左丞阿里海牙等稟
延祐2.7.10	秘 9,18a		〈典簿〉	鄭立＊
延祐2.7.16	秘 5,2a		〈秘書庫〉	奉集賢院劄付
延祐2.7.18	通 7,15b		管押	中書省奏
延祐2.7.18	通 13,9b		又(俸禄職田)	中書省奏
延祐2.7.22	通 20,14a		獲逃驅	也可扎魯忽赤奏
延祐2.7.22	正 條30,賞令286		獲逃驅	也可扎魯忽赤奏
延祐2.7.27	典 57,刑19,6b	延祐5.4	品官誘略良人爲驅	御史臺呈
延祐2.8	典 26,戸12,2a		站戸祗待	行省
延祐2.8	典 30,禮3,10b		喪服各從本俗	承奉江浙行省劄付
延祐2.8	典 42,刑4,14a		殺死妻	承奉行省劄付
延祐2.8.4	典 新刑,諸盜8b		持杖白晝搶奪同強盜	承奉中書省劄付

仁宗延祐２年(1315)

延祐2. 8. 9 (160)	秘 10, 12b		〈辨驗書畫直長〉	周明信＊
延祐2. 8. 9 (161)	秘 11, 5b		〈知印〉	張陟＊
延祐2. 8. 13	典 49, 刑11, 9a	延祐3. 6	賊人出軍免刺	切盗訖劉貴和銀把鍾
延祐2. 9	典 19, 戸5, 14a		典賣批問程限	江浙行省劄付
延祐2. 9	典 新戸, 田宅1a		典賣批問程限	江浙行省准
延祐2. 9	正 斷6, 職制158		已任未受犯贓	御史臺呈
延祐2. 9. 2	秘 10, 4b		〈著作佐郎〉	田惟貞＊
延祐2. 9. 5	秘 5, 1a		〈秘書庫〉	秘書郎呈
延祐2. 9. 6	秘 9, 15b		〈管勾〉	張世英＊
延祐2. 9. 12	典 新吏, 吏制4a	延祐5. 1	例前幕職, 依舊例遷敍	奏准官員
延祐2. 9. 12	驛 1, 下140			中政院奏
延祐2. 9. 14	典 46, 刑8, 8a	延祐2. 2	臺察官吏犯贓不敍	本臺官太傅伯忽大夫…等奏過
延祐2. 10	通 14, 10b		又 (計點)	中書省照得
延祐2. 10	正 斷10, 廏庫328		不由運司支糧	戸部議得
延祐2. 10. 6	通 13, 18a		又 (馬疋草料)	中書省奏
延祐2. 10. 6	正 條24, 廏牧44		又 (宿衞馬疋草料)	中書省奏
延祐2. 10. 13	典 41, 刑3, 17b		毆傷妻母	袁州路奉
延祐2. 10. 15	典 49, 刑11, 24a	延祐3. 8	從賊不得財免刺	蒙奉使宣撫到路審録到
延祐2. 11	典 3, 聖2, 13b		〈惠鰥寡〉	欽奉詔赦
延祐2. 11	典 3, 聖2, 23a		〈霈恩宥〉	欽奉詔赦
延祐2. 11	典 49, 刑11, 23a		盗神衣免刺	江西行省准
延祐2. 11	正 斷6, 職制166		遠方遷調官取受	刑部議得
延祐2. 11	正 斷9, 廏庫283		又 (私宰馬牛)	刑部議得
延祐2. 11. 9	典 49, 刑11, 9a	延祐3. 6	賊人出軍免刺	奉省判
延祐2. 11. 25	典 57, 刑19, 6a	延祐3. 3	過房人口	本臺官奏過事内
延祐2. 11. 27	典 3, 聖2, 5b		〈復租賦〉	欽奉詔赦
延祐2. 11. 27	典 3, 聖2, 5b		〈復租賦〉	又一款
延祐2. 11. 27	典 3, 聖2, 6a		〈復租賦〉	又一款
延祐2. 11. 27	典 3, 聖2, 11b		〈貸逋欠〉	欽奉詔赦
延祐2. 11. 27	典 3, 聖2, 11b		〈貸逋欠〉	又一款
延祐2. 11. 27	典 3, 聖2, 23a	延祐2. 11	〈霈恩宥〉	昧爽以前
延祐2. 11. 27	典 9, 吏3, 8b	延祐3. 6	有姓達魯花赤追奪不敍	合稟通例
延祐2. 11. 27	典 22, 戸8, 35b	延祐5	違限不納鹽退引	以後
延祐2. 11. 27	典 46, 刑8, 9a	延祐3. 4	茶司官吏取受	欽奉詔恩
延祐2. 11. 27	典 51, 刑13, 16b	延祐3. 6	又 (格前失盗革撥)	合稟通例
延祐2. 11. 27	典 53, 刑15, 16a	延祐3. 6	官吏革前稱冤	合稟通例
延祐2. 11. 27	典 54, 刑16, 8b	延祐3. 6	枉勘格前取到招伏	合稟通例
延祐2. 11. 27	典 54, 刑16, 9a	延祐3. 6	枉勘格前取到招伏	以前
延祐2. 11. 27	典 57, 刑19, 6b	延祐3. 3	過房人口	詔書内一款
延祐2. 11. 27	典 57, 刑19, 15a	延祐3. 4	李萬戸宰馬	欽奉詔恩
延祐2. 11. 27	典 新戸, 錢糧1b	延祐3. 11	教授直學侵使學糧	欽遇詔赦

延祐2.11.27	典 新兵, 軍制6a	延祐7.8	延祐七年革後稟到軍官私役軍人等例	以前
延祐2.11.27	通 4, 17b		又（過房男女）	欽奉詔書
延祐2.11.27	站 6, 上152	延祐4.2		已前
延祐2.11.27	站 6, 上152	延祐4.2		詔赦已前事理
延祐2.12	典 20, 戸6, 19b		侏儒挑鈔斷例	行省准
延祐2.12.16	典 41, 刑3, 19a	延祐3.10	燒烙前妻兒女	有本社亂山里老郝娘娘

延祐3年(丙辰, 1316)

延祐3	典 3, 聖2, 5b	延祐2.11.27	〈復租賦〉	自＊爲始
延祐3	典 3, 聖2, 5b	延祐2.11.27	〈復租賦〉	腹裏絲料
延祐3	典 3, 聖2, 5b	延祐2.11.27	〈復租賦〉	自＊爲始
延祐3	典 8, 史2, 13a		正從六七品子孫承廕陞轉	行省准
延祐3	典 新吏, 官制8a	至治1.1	辦課官增課陞等	辦到
延祐3	典 新吏, 職制6b	延祐6.4	務官匿過給由求仕	廬州路贓濫冊内
延祐3	典 新戸, 課程5b	延祐5.12	延祐五年拯治茶課	考較
延祐3	典 新戸, 課程6a	延祐5.12	延祐五年拯治茶課	辦到課鈔
延祐3	典 新戸, 課程6b	延祐5.12	延祐五年拯治茶課	辦了
延祐3	典 新戸, 賦役3a	延祐4.2	差役驗鼠尾糧數, 依次點差	依奉憲司委
延祐3	正 斷10, 廐庫343	至治2.7	倉官盜糶分例糧	元收＊稅糧
延祐3	秘 8, 10a		天壽節賀表	鄭方大
延祐3	許 76, 20b	皇慶1	辯廉使劉藻	奉使宣撫巡歷淮東, 耆老士庶
延祐3	金 6, 33a		〈御史中丞〉	普化＊
延祐3	金 6, 34b		〈御史中丞〉	薛處敬＊
延祐3	金 6, 36a		〈侍御史〉	長壽＊
延祐3	金 6, 41a		〈經歷〉	月忽難＊
延祐3	金 6, 42b		〈都事〉	兀顏瑛＊
延祐3	金 6, 45a		〈照磨承發司管勾兼獄丞〉	只兒哈＊
延祐3	金 6, 46b		〈架閣庫管勾〉	劉明安不花＊
延祐3	金 6, 55b		〈監察御史〉	咬住＊
延祐3	金 6, 55b		〈監察御史〉	燕只吉歹＊
延祐3	金 6, 55b		〈監察御史〉	完顏也先不花＊
延祐3	金 6, 55b		〈監察御史〉	郝志善＊
延祐3	金 6, 55b		〈監察御史〉	散竹兀歹＊
延祐3	金 6, 55b		〈監察御史〉	帖哥＊
延祐3	金 6, 55b		〈監察御史〉	卜顏那懷＊
延祐3	金 6, 55b		〈監察御史〉	黑驢＊
延祐3	金 6, 56a		〈監察御史〉	李儼＊
延祐3	金 6, 56a		〈監察御史〉	解世英＊
延祐3	金 6, 56a		〈監察御史〉	李侃＊

延祐3	金 6, 56a		〈監察御史〉	任志道＊
延祐3	金 6, 56a		〈監察御史〉	段輔＊
延祐3	金 6, 56a		〈監察御史〉	許雲翰＊
延祐3	金 6, 57a		〈監察御史〉	亦只兒不花＊
延祐3. 1	典 9, 吏3, 39b		又例(院務官品級)	行省准
延祐3. 1	典 22, 戸8, 29b	延祐6. 8. 13	鹽法通例	至年終各處解到私鹽
延祐3. 1	典 38, 兵5, 3b		漢兒人不得懸帶弓箭圍獵	御史臺咨
延祐3. 1	典 46, 刑8, 10a		承權官取受	江南行臺准
延祐3. 1	典 49, 刑11, 13a		盗牛革後爲坐	江西行省准
延祐3. 1	海 下99		〈漕運水程〉	海道都府據慶元紹興所申
延祐3. 1. 5	典 新吏, 吏制4a	延祐5. 1	例前幕職, 依舊例遷敍	准中書省咨
延祐3. 1. 11	典 新戸, 課程1b	延祐3. 3	鹽價	奏過事内
延祐3. 1. 14	站 6, 上149			都功德使輩眞乞剌思站班奏奉
延祐3. 2	典 21, 戸7, 6b		官錢不収軟鈔	行省准
延祐3. 2	典 41, 刑3, 24a		採生蠱毒	行省准
延祐3. 2	典 新吏, 職制6b	延祐6. 4	務官匿過給由求仕	得替
延祐3. 2	正 斷6, 職制156		未任取受	刑部議得
延祐3. 2. 22	典 49, 刑11, 19a	延祐4. 3	女直作賊剌字	…受未獲首賊魏驢兒
延祐3. 2. 28	典 新刑, 諸盗6a	延祐6. 10	出軍賊在途遇免, 押赴所在官司剌字	夜, 持仗刼訖唐正三
延祐3. 3	典 57, 刑19, 6a		過房人口	行臺劄付
延祐3. 3	典 新戸, 課程1b		鹽價	江西行省准
延祐3. 3	通 3, 11b		交換公使人隷	中書省, 刑部呈
延祐3. 3	賦 118b		故傷親畜産者	河南省咨准
延祐3. 3. 3	典 49, 刑11, 13b	延祐5. 2. 4	郭回軍盗驢	有事主何阿都赤
延祐3. 3. 9	秘 10, 4b		〈著作佐郎〉	袁矩＊
延祐3. 3. 21	秘 6, 1a		〈秘書庫〉	…叔固大學士…傳奉聖旨
延祐3. 3. 24	典 新刑, 諸盗5a	延祐6. 1	盗賊革後事發, 追贓免罪	夜二更時分, …刼去家財
延祐3. 3. 26	典 32, 禮5, 7a	☆	試驗醫人	奏過下項
延祐3. 3. 27	典 新刑, 諸盗5a	延祐6. 1	盗賊革後事發, 追贓免罪	准本縣尉司捉獲賊人林士貴等
延祐3. 4	典 46, 刑8, 8b		茶司官吏取受	行臺劄付
延祐3. 4	典 48, 刑10, 3b		過錢剋落入己	行臺劄付
延祐3. 4	典 49, 刑11, 8b		出軍賊人, 差人鋪馬押送	江西廉訪司奉
延祐3. 4	典 53, 刑15, 16a		稱冤問虛斷例, 好生斷者	江南行臺准
延祐3. 4	典 57, 刑19, 14b		李萬戸宰馬	行臺劄付
延祐3. 4	賦 24b		曾高同祖父也	欽頒封贈
延祐3. 4	賦 48b		議親議故/敬故	奏准

延祐3. 4	賦 49a		議親議故/重勤	封贈通例内
延祐3. 4. 12	站 6, 上149			丞相阿散…等奏
延祐3. 4. 14	典 新吏, 吏制1b	延祐7. 8	選補書吏	奏准定例
延祐3. 4. 17	典 新刑, 諸殺1a	延祐6. 12	李杞一身死	於金升六家内一同飲酒
延祐3. 4. 17	典 新都, 5b	至治1. 1. 22	貼書犯贓, 却充俸吏	浙西廉訪司斷過
延祐3. 4. 18	典 11, 吏5, 22a	延祐3. 8	流官封贈通例	聖旨來
延祐3. 4. 25	典 新刑, 諸殺3a	延祐5. 6	丘縣尹將病死人檢驗取受	有鄭茂珍告
延祐3. 4. 26	站 6, 上149			通政院言
延祐3. 4. 27	秘 5, 6b	延祐3. 5. 2	〈秘書庫〉	李叔固大學士傳奉聖旨
延祐3. 5	典 38, 兵5, 6b		禁約飛放	江浙行省准
延祐3. 5	正 斷6, 職制154		又 (贓罪再犯)	刑部議得
延祐3. 5. 2	秘 5, 6b		〈秘書庫〉	本監官楊秘卿傳説
延祐3. 5. 2	秘 10, 7a		〈秘書郎〉	阿里＊
延祐3. 5. 11	典 9, 吏3, 9a	延祐3. 7	設副達魯花赤	奏過事内
延祐3. 5. 11	典 22, 戸8, 30a	延祐6. 8. 13	鹽法通例	捉獲犯人陳壽一·李萬七私鹽
延祐3. 5. 18	典 新戸, 婚姻3a	延祐7. 1	夫亡服内成親, 斷離與男同居	因病亡歿, 孝服未滿
延祐3. 5. 22 (162)	站 6, 上150			武備寺言
延祐3. 5. 28	典 新戸, 婚姻3a	延祐7. 1	夫亡服内成親, 斷離與男同居	與唐二官爲妻
延祐3. 6	典 9, 吏3, 8b		有姓達魯花赤追奪不敍	行臺劄付
延祐3. 6	典 49, 刑11, 9a		賊人出軍免刺	吉安路奉
延祐3. 6	典 51, 刑13, 16b		又 (格前失盗革撥)	江西廉訪司奉
延祐3. 6	典 53, 刑15, 16a		官吏革前稱寃	江西廉訪司奉
延祐3. 6	典 54, 刑16, 8b		枉勘格前取到招伏	行臺劄付
延祐3. 6	正 條34, 獄官334		又 (臺憲審囚)	聖旨内一款
延祐3. 6	憲 2608, 17b		命伯忽·脱歡荅刺罕, 並爲御史大夫制	欽奉聖旨
延祐3. 6	憲 2608, 18a		廉訪分司斷職官會議	欽奉聖旨
延祐3. 6	憲 2608, 18a		人衆委問	欽奉聖旨
延祐3. 6	憲 2608, 18b		廉訪分司出巡日期	欽奉聖旨
延祐3. 6	許 74, 1b	☆	風憲十事	照得, ＊欽奉聖旨
延祐3. 6 (163)	許 74, 3a	☆	會議還司	照得, 作新風憲詔書
延祐3. 6. 5	典 新刑, 諸殺3a	延祐5. 6	丘縣尹將病死人檢驗取受	分司下馬
延祐3. 6. 7	正 條34, 獄官347		又 (非法用刑)	李平章特奉聖旨
延祐3. 6. 10	典 新刑, 諸殺3a	延祐5. 6	丘縣尹將病死人檢驗取受	贛州路贛縣劉元八告

仁宗延祐３年(1316)

延祐3. 6. 11	站 6, 上150			將作院使哈撒不花傳奉聖旨
延祐3. 6. 18	典 新刑, 諸殺5a	延祐4. 10	殺人在逃經革倍徵燒埋	夜, 因爭用篦刀
延祐3. 6. 18	秘 9, 14a	延祐1. 5. 2	〈秘書監丞〉	趙天祥…＊
延祐3. 6. 22	典 新刑, 諸殺5a	延祐4. 10	殺人在逃經革倍徵燒埋	臨川縣申
延祐3. 7	典 9, 吏3, 9a		設副達魯花赤	行省准
延祐3. 7	典 49, 刑11, 23b		主偸佃物免刺	袁州路
延祐3. 7. 2	秘 10, 10b		〈校書郎〉	李克基＊
延祐3. 7. 12	憲 2608, 17b		加脱歡荅剌罕大夫散官	本臺官奏
延祐3. 7. 18	秘 9, 2a	延祐1. 7. 26	〈秘書卿〉	盛從善…＊
延祐3. 7. 25	秘 10, 7a		〈秘書郎〉	任賢才＊
延祐3. 7. 25	秘 10, 10b		〈校書郎〉	吉省＊
延祐3. 8	典 11, 吏5, 22a		流官封贈通例	行省准
延祐3. 8	典 20, 戸6, 19a		挑補鈔犯人罪名	行省准
延祐3. 8	典 28, 禮1, 4b		又(表章回避字樣)	行臺劄付
延祐3. 8	典 41, 刑3, 18b		割斷義男脚筋	江浙行省劄付
延祐3. 8	典 49, 刑11, 24a		從賊不得財免刺	江西行省准
延祐3. 8. 13	秘 10, 2a		〈著作郎〉	文矩＊
延祐3. 9	典 43, 刑5, 9a		殺死二人燒埋錢	江西行省准
延祐3. 9	典 56, 刑18, 5a		孛蘭奚頭疋	行省准
延祐3. 9	典 新戸, 田宅2b	延祐4. 12	儒學災傷田糧	儒學申
延祐3. 9	典 新都, 5a	至治1. 1. 22	貼書犯贓, 却充俸吏	本路旨揮該
延祐3. 9	正 斷9, 廐庫315		又(監臨私借官錢)	刑部議得
延祐3. 9	站 6, 上150			湖廣行省備廣西路宣慰司言
延祐3. 9	站 6, 上150			江浙行省咨
延祐3. 9	賦 66b		貸市易者	刑部議得, 廣寧路
延祐3. 9. 2	秘 9, 6b		〈秘書太監〉	馮慶＊
延祐3. 9. 2	秘 9, 11a		〈秘書少監〉	蕭端＊
延祐3. 9. 6	典 39, 刑1, 4b	延祐4. R1	遷徙會赦不原	承奉中書省劄付
延祐3. 9. 7	秘 3, 19a		〈雜録〉	…苫思丁奏
延祐3. 10	典 41, 刑3, 19a		燒烙前妻兒女	江浙行省准
延祐3. 10	典 新禮, 禮制2a		醫官公服	江浙等處官醫提擧司承奉太醫院劄付
延祐3. 10	典 新刑, 贓賄1a	延祐5. 4	宣使奏差犯贓例前殿敍	監察御史照刷文卷
延祐3. 10	站 6, 上151			衞輝路言
延祐3. 10	驛 1, 下172			江浙行省爲站戸内差撥
延祐3. 10	賦 79a		義勝於服	江西省斷過袁州路彭谷清
延祐3. 10. 19	典 3, 聖2, 2b		〈均賦役〉	中書省奏過事内
延祐3. 10. 26	倉 12	延祐3. 11. 5	〈甘州倉〉	樞密院官稟

延祐3. 10. 28	典 27, 戸13, 3b	延祐4. 1	禁借卑幼錢, 爺死後取	本臺官奏過事内
延祐3. 11	典 36, 兵3, 30a		遠方官員丁憂脚力	行省准
延祐3. 11	典 49, 刑11, 27a		切盗父母年老免配	江西行省准
延祐3. 11	典 新戸, 錢糧1a		教授直學侵使學糧	江西廉訪司奉
延祐3. 11	驛 1, 下149			中書省咨
延祐3. 11	賦 85b		替流之役	部議
延祐3. 11	許 75, 14b	☆	糾副使哈只等	到任
延祐3. 11. 5	倉 12		〈甘州倉〉	甘肅行院咨
延祐3. 11. 13	典 40, 刑2, 6a	延祐4. 1. 24	有罪過人, 依體例問	奏過事内
延祐3. 11. 16	典 11, 吏5, 6a		官員具報曹状	御史臺官奏
延祐3. 11. 16	憲 2608, 18a		照刷營田提擧司文卷	本臺官奏過事内
延祐3. 11. 16	站 7, 下5			奏
延祐3. 11. 20	典 57, 刑19, 29b	延祐4. 6	流民聚衆擾民	奏奉聖旨
延祐3. 11. 25	典 2, 聖1, 15b	延祐4. R1	〈安黎庶〉	奏定事理
延祐3. 12	賦 124a		公坐爲私者	欽奉聖旨條畫
延祐3. 12. 4	馬 31		〈刷馬〉	太師右丞相鐵木迭兒等奏
延祐3. 12. 19	典 1, 詔1, 10a	延祐4. R1	建儲詔	授以金寶
延祐3. 12. 27	典 新兵, 軍制5b	延祐7. 8	延祐七年革後稟到軍官私役軍人等例	云軍人取奪財物鷄豬例

延祐4年(丁巳, 1317)

延祐4	典 2, 聖1, 14b	延祐4. R1. 10	〈撫軍士〉	合納税糧
延祐4	典 3, 聖2, 6a	延祐4. R1	〈復租賦〉	差發税糧
延祐4	典 22, 戸8, 34b	延祐4. 6. 17	鹽價每引三定	合辦鹽價
延祐4	典 新戸, 鈔法2a	延祐5. 3	提調鈔法	秋季昏鈔官
延祐4	典 新戸, 倉庫1a	至治1. 2	點視義倉有無物斛	物斛數目
延祐4	典 新戸, 課程8a	延祐7. 12	蒙山銀場多科工本	多取訖糧戸工本錢鈔
延祐4	典 新戸, 課程9a	至治1. 2	買賣契券, 赴本管務司投税	月日不等, 用中統鈔
延祐4	典 新戸, 賦役3b	延祐4. 2	差役驗鼠尾糧數, 依次點差	合設里正
延祐4	典 新兵, 軍制6a	延祐7. 4	延祐七年革後稟到軍官私役軍人等例	減徴事故
延祐4	典 新刑, 諸盗4b	延祐7. 3	拯盗未盡事例	刑部擬
延祐4	馬 34	延祐5. 12. 20	〈刷馬〉	刷馬定例
延祐4	海 下108	延祐6. 4. 20	〈艘數裝泊〉	奉省劄
延祐4	站 6, 上153			中書兵部言
延祐4	金 6, 33a		〈御史中丞〉	伯顔＊
延祐4	金 6, 37b		〈侍御史〉	敬儼＊
延祐4	金 6, 40b		〈治書侍御史〉	袁濬＊

延祐4	金 6, 43a		〈都事〉	丁宏＊
延祐4	金 6, 46b		〈架閣庫管勾〉	温瑛＊
延祐4	金 6, 56a		〈監察御史〉	大思都＊
延祐4	金 6, 56a		〈監察御史〉	嚴文＊
延祐4	金 6, 56a		〈監察御史〉	官音奴＊
延祐4	金 6, 56a		〈監察御史〉	乃蠻歹＊
延祐4	金 6, 56a		〈監察御史〉	李克寛＊
延祐4	金 6, 56a		〈監察御史〉	劉世傑＊
延祐4. 1	典 9, 吏3, 16a		正録教諭直學	行省准
延祐4. 1	典 21, 戸7, 12b		軍人鹽錢	行省准
延祐4. 1	典 27, 戸13, 3b		禁借卑幼錢, 爺死後取	行臺劄付
延祐4. 1	典 30, 禮3, 15b		添祭祀錢	行省劄付
延祐4. 1	典 42, 刑4, 16b		溺子依故殺子孫論罪	建寧路抄録
延祐4. 1	典 46, 刑8, 9a		軍官不丁憂取受, 依例問	行臺劄付
延祐4. 1	典 54, 刑16, 9b		胡廣等遊街身死	江西廉訪司承奉
延祐4. 1	典 60, 工3, 5a		祗候弓手充替	江浙行省准
延祐4. 1	典 新吏, 官制4a		正録教諭直學	行省准
延祐4. 1	站 7, 下5			中書吏部承奉
延祐4. 1. 2	典 22, 戸8, 29a	延祐6. 8. 13	鹽法通例	欽奉聖旨
延祐4. 1. 9	站 6, 上151			通政院使末吉等奏
延祐4. 1. 10	典 1, 詔1, 9b		赦罪詔	上天眷命皇帝聖旨
延祐4. 1. 10	典 1, 詔1, 10a	延祐4. 1. 10	赦罪詔	昧爽以前
延祐4. 1. 10	典 3, 聖2, 11b	延祐4. R1	〈貸逋欠〉	大赦以前
延祐4. 1. 10	典 3, 聖2, 22b		〈霈恩宥〉	欽奉原罪詔書
延祐4. 1. 10	典 3, 聖2, 23a	延祐4. 1. 10	〈霈恩宥〉	昧爽以前
延祐4. 1. 10	典 36, 兵3, 26a	延祐4. 7	鋪馬駄酒	欽遇詔赦
延祐4. 1. 10	典 36, 兵3, 26b	延祐4. 7	鋪馬駄酒	已前事理
延祐4. 1. 10	典 57, 刑19, 21a	延祐5. 3	賭博例革後爲坐	已前事理
延祐4. 1. 10	典 新吏, 職制2b	延祐6. 2	作闕官告敍, 委官保勘	欽遇詔赦
延祐4. 1. 10	典 新吏, 職制6a	延祐7. 3	提調錢糧官任滿, 交割給由	大赦以前
延祐4. 1. 10	典 新刑, 刑禁6a	延祐5. 2. 3	賭博赦後爲坐	已前事理
延祐4. 1. 13	秘 9, 2b	延祐1. 7. 26	〈秘書卿〉	盛從善…＊
延祐4. 1. 14	典 6, 臺2, 11a	延祐4. R1	寺家災傷體覆	本院官野訥院使等奏過事内
延祐4. 1. 19	典 22, 戸8, 41a	延祐6. 10	犯界食餘鹽貨	用中統鈔一兩…買到蜀鹽
延祐4. 1. 24	典 40, 刑2, 5b		有罪過人, 依體例問	江西行省准
延祐4. 1. 25	典 新刑, 諸盜8a	延祐6. 11. 2	掏摸賊依切盜斷	掏摸訖事主萬衆奴
延祐4. 1. 29	典 33, 禮6, 8b		又(有張天師戒法做先生)	欽奉聖旨

延祐4.1.29	典 39,刑1,10a		先生每犯罪	欽奉聖旨
延祐4.1.29	驛 1,下162			宣政院奉皇太后懿旨
延祐4.1.30	典 36,兵3,25a	延祐4.7	鋪馬馱酒	有御位下徹徹都·苫思丁
延祐4.1.30	正 條27,賦役159		雲南差發	中書省奏
延祐4.R1	典 1,詔1,10a		建儲詔	上天眷命皇帝聖旨
延祐4.R1	典 2,聖1,11a		〈興學校〉	欽奉建儲詔書
延祐4.R1	典 2,聖1,13a		〈勸農桑〉	欽奉建儲詔書
延祐4.R1	典 2,聖1,15b		〈安黎庶〉	欽奉建儲詔書
延祐4.R1	典 3,聖2,6a		〈復租賦〉	欽奉建儲詔書
延祐4.R1	典 3,聖2,6a		〈復租賦〉	又條
延祐4.R1	典 3,聖2,8a		〈息徭役〉	欽奉建儲詔書
延祐4.R1	典 3,聖2,11b		〈貸逋欠〉	欽奉建儲詔書
延祐4.R1	典 3,聖2,13b		〈惠鰥寡〉	欽奉建儲詔書
延祐4.R1	典 3,聖2,18b		〈崇祭祀〉	欽奉建儲詔書
延祐4.R1	典 6,臺2,11a		寺家災傷體覆	中書省劄付
延祐4.R1	典 39,刑1,4b		遷徙會赦不原	江西行省准
延祐4.R1	典 59,工2,6a		揚子江渡江資	中書省劄付
延祐4.R1.2 (164)	秘 9,11a		〈秘書少監〉	劉惠＊
延祐4.R1.8	典 49,刑11,24b	延祐4.10	劫賊弟物免刺	欽奉詔赦
延祐4.R1.10	典 2,聖1,14b		〈撫軍士〉	欽奉建儲詔書
延祐4.R1.11	典 22,戸8,41a	延祐6.10	犯界食餘鹽貨	盤獲王執祖犯界蜀鹽
延祐4.R1.11	典 新刑,諸殺5a	延祐4.10	殺人在逃經革倍徵燒埋	欽遇釋免
延祐4.R1.13	典 34,兵1,33b	延祐4.7	看守倉庫軍	奏
延祐4.R1.18	馬 32		〈刷馬〉	太師右丞相鐵木迭兒奏
延祐4.R1.25	典 49,刑11,10b	延祐4.6	入官倉庫偸錢物底敲了	夜間,王留住名字的人入萬億庫
延祐4.R1.25	站 6,上152	延祐4.9		涿州驛送到
延祐4.2	典 15,戸1,6b		副達魯花赤俸給	行省准
延祐4.2	典 新戸,賦役3a		差役驗鼠尾糧數,依次點差	袁州路准江西廉訪司牒
延祐4.2	站 6,上152			兵部照得
延祐4.2	許 75,14b	延祐3.11	糾副使哈只等	稱病徑歸
延祐4.2.1	站 6,上151			通政院使塔海…回奏
延祐4.2.1	站 6,上152	延祐4.9		復有西番僧短木察罕不花
延祐4.2.12	典 新朝,御史臺3b	延祐7.8	延祐七年革後稟到刷卷例	呈准中書省劄付
延祐4.2.12	典 新戸,錢糧2a	延祐7.8	延祐七年革後稟到錢糧	呈准中書省劄付
延祐4.2.12	典 新刑,贓賄4a	延祐7.8	延祐七年革後稟到通例	准中書省劄付

仁宗延祐４年(1317)

延祐4.2.12	典 新刑,贓賄4a	延祐7.8	延祐七年革後稟到通例	呈准中書省劄付
延祐4.2.12	典 新刑,贓賄4a	延祐7.8	延祐七年革後稟到通例	呈准中書省劄付
延祐4.2.12	典 新刑,贓賄8a	至治1.9	又(延祐七年革後稟到通例)	呈准中書省劄付
延祐4.2.12	典 新刑,人口1a	延祐7.8	延祐七年革後稟到隱藏人口例	呈准中書省劄付
延祐4.2.13	典 新刑,諸盗7b	延祐7.5	未配役再犯,合刺斷徒役	偸盗李榮三財物
延祐4.2.14	典 41,刑3,4b	延祐5.6	裴從義冒哀公參	冒哀公參
延祐4.2.14	站 6,上152			御史臺奏
延祐4.2.23	典 22,戸8,41a	延祐6.10	犯界食餘鹽貨	因變賣牛隻前到西川夔路
延祐4.2.27	典 6,臺2,11a		臺家聲跡體覆	御史臺官奏過
延祐4.2.30	典 新刑,贓賄1b	延祐5.10	前犯減斷,後犯難同再犯	接受訖姜正四退主首錢
延祐4.3	典 46,刑8,9a		職官殿年,自被問停職日月計算	行省准中書省咨該
延祐4.3	典 49,刑11,9b		盗賊出軍處所	江西行省准中書省咨,四川行省
延祐4.3	典 49,刑11,18b		女直作賊刺字	行省准中書省咨
延祐4.3	正 斷6,職制173		盗用侵使封裝	兵部與刑部議得
延祐4.3	正 斷6,職制174		又(盗用侵使封裝)	刑部議得
延祐4.3.2	典 新刑,諸盗3a	☆	偸船賊斷例	偸盗事主陳榮祖桯木板船一隻
延祐4.3.7	憲 2608,18b		命朶兒只爲御史中丞	本臺官特奉聖旨
延祐4.3.9	典 新兵,軍制6a	延祐7.8	延祐七年革後稟到軍官私役軍人等例	承奉中書省劄付
延祐4.3.20	典 新刑,贓賄3b	延祐6.8	回錢減等斷罪	受訖陳理翁中統鈔八定
延祐4.3.20	典 新都,5a	至治1.1.22	貼書犯贓,却充俸吏	奉府貼照勘
延祐4.3.21	典 新刑,贓賄3a	延祐6.8	回錢減等斷罪	赴河東廉訪司告首
延祐4.3.24	典 新刑,贓賄3a	延祐6.8	回錢減等斷罪	李伯達具到陳首文状
延祐4.3.25 (165)	秘 11,3b		<譯史>	劉道源＊
延祐4.3.26	典 49,刑11,10b	延祐4.6	入官倉庫偸錢物底敲了	奏過事内
延祐4.3.26	典 57,刑19,29b	延祐4.6	流民聚衆擾民	奏奉聖旨
延祐4.3.26	典 57,刑19,30a	延祐4.6	住罷集場聚衆等事	奏過事内
延祐4.4	典 55,刑17,2a		禁子受錢縱囚在逃	江西行省准
延祐4.4	倉 29		<倉庫官陞轉例>	江浙行省咨
延祐4.4.2 (166)	秘 11,4b		<回回令史>	納速剌＊
延祐4.4.4	典 6,臺2,11a		拯濟災傷	御史臺奏過事内
延祐4.4.4	典 6,臺2,12b		分巡須要遍歴	御史臺官奏

延祐4.4.4	典 6,臺2,12b		巡按一就審囚	御史臺奏過事内
延祐4.4.4	典 新刑,贓賄6a	至治1.9	又(延祐七年革後稟到通例)	本臺官奏
延祐4.4.4	憲 2608,18b		風憲官鈐束吏屬	御史臺奏過事内
延祐4.4.14	典 新刑,諸盜6b	延祐5.8.29	賊人先犯在逃,再犯止刺斷徒役	夜,爲從偸盜班千戸家
延祐4.4.19	典 新刑,諸盜7a	延祐6.12	又(賊人先犯在逃,再犯止刺斷徒役)	夜,盜訖釵沈世明鈔定
延祐4.4.20	典 新都,5a	至治1.1.22	貼書犯贓,却充俸吏	奉建康路旨揮該
延祐4.4.22	典 新刑,贓賄1a	延祐5.4	宣使奏差犯贓例前殿敍	四川省咨
延祐4.5	典 57,刑19,20b		賭博錢物	江西行省准
延祐4.5	典 57,刑19,29a		祈賽神社	行省准
延祐4.5	典 新禮,禮制1b		宣使開讀	袁州路奉
延祐4.5	賦 7b		文有未備/問答	濟南路申稟
延祐4.5	賦 22b		餘親餘贓/餘親餘贓	部議,奉元路
延祐4.5.17	典 新吏,官制3a	延祐7.8	延祐七年革後稟詐冒求仕等例	呈准中書省劄付
延祐4.5.17	典 新戸,田宅2b	延祐7.8	延祐七年革後稟到冒除災傷等例	承准中書省劄付
延祐4.5.17	典 新兵,軍制5b	延祐7.8	延祐七年革後稟到軍官私役軍人等例	呈准中書省劄付
延祐4.5.17	典 新兵,軍制6a	延祐7.8	延祐七年革後稟到軍官私役軍人等例	呈准都省劄付
延祐4.5.17	典 新刑,巡捕2b	延祐7.8	延祐七年革後稟到捕盜官不獲賊例	呈准中書省劄付
延祐4.5.17	典 新刑,贓賄4b	延祐7.8	延祐七年革後稟到通例	呈准中書省劄付
延祐4.5.17	典 新刑,贓賄5a	延祐7.8	延祐七年革後稟到通例	呈准中書省劄付
延祐4.5.17	典 新刑,贓賄5b	延祐7.8	延祐七年革後稟到通例	呈准中書省劄付
延祐4.5.17	典 新刑,雜犯1a	延祐7.8	延祐七年革後稟到官吏違枉雜犯等事	承准中書省劄付
延祐4.5.17	馬 17		〈和買馬〉	平章伯鐵木兒…等奏
延祐4.5.20	典 新刑,諸盜7a	延祐6.12	又(賊人先犯在逃,再犯止刺斷徒役)	偸盜忽都不丁銀合兒
延祐4.6	典 40,刑2,9b		匣禁	袁州路奉
延祐4.6	典 49,刑11,10a		入官倉庫偸錢物底敲了	江西行省准
延祐4.6	典 51,刑13,16a		又(失盜的决不罰俸)	江西行省准
延祐4.6	典 57,刑19,29b		流民聚衆擾民	中書省咨
延祐4.6	典 57,刑19,30a		住罷集場聚衆等事	行省准

延祐4. 6	典 新刑, 諸毆2b		針擦人眼均徵養贍鈔	袁州路奉
延祐4. 6	賦 40a		盗衆財必倍也	江浙省咨, 建康路
延祐4. 6. 2	秘 9, 18a		〈典簿〉	郝晏＊
延祐4. 6. 4	典 新吏, 職制3b	延祐7. 3	生父期服解官	有親父杜仲美病故
延祐4. 6. 17	典 9, 吏3, 9a	延祐5. 1	改正投下達魯花赤	本臺官奏過事内
延祐4. 6. 17	典 22, 戸8, 34a		鹽價每引三定	御史臺奏奉聖旨
延祐4. 6. 22	典 9, 吏3, 9b	延祐5. 1	改正投下達魯花赤	奏過事内
延祐4. 7	典 34, 兵1, 33b		看守倉庫軍	行臺劄付
延祐4. 7	典 36, 兵3, 25a		鋪馬馱酒	行省准
延祐4. 7	典 46, 刑8, 18a		減徵事故起發盤纏	行臺劄付
延祐4. 7	典 新刑, 刑獄3a		巡尉司囚月申	袁州路准江西廉訪司牒
延祐4. 7	正 斷8, 戸婚264		休妻再合	禮部議得
延祐4. 7. 2	典 新戸, 勸課1a		禁約食踐田禾	大司農司奏
延祐4. 7. 2	典 新刑, 諸盗11a	至治1. 3	發塚賊免刺, 發肇州屯種	與已死呉新九爲首
延祐4. 7. 20	典 22, 戸8, 34a	延祐4. 6. 17	鹽價每引三定	奏過事内
延祐4. 8	典 新刑, 諸殺4a	延祐6. 5. 29	檢驗不許閑雜人登場	民戸魏省七因與胡霧有讎
延祐4. 8. 11	畫 9b			中政院使闊闊觧奏
延祐4. 8. 14	倉 30		〈倉庫官陞轉例〉	湖廣省言
延祐4. 9	典 35, 兵2, 9b		軍匠自造軍器	行臺劄付
延祐4. 9	典 49, 刑11, 11a		剜豁土居人物, 依常盗論	江西行省准
延祐4. 9	典 新刑, 諸盗6a	延祐6. 10	出軍賊在途遇免, 押赴所在官司刺字	承奉中書省劄付
延祐4. 9	正 斷6, 職制159		去官取受	刑部議得
延祐4. 9	正 斷10, 廐庫342		取受附餘糧	刑部議得
延祐4. 9	正 斷10, 廐庫351		收草官折受輕賫	刑部議得
延祐4. 9	站 6, 上152			大都路良郷驛言
延祐4. 9	永 15950, 14b		〈漕運〉成憲綱要	欽奉聖旨節該
延祐4. 9. 4	典 11, 吏5, 前9a	☆	管軍衙門遷轉之人, 依例丁憂	據高郵寧國萬戸府知事孫顯呈
延祐4. 9. 11	典 新刑, 贓賄3b	延祐6. 8	回錢減等斷罪	赴分司口告
延祐4. 9. 27	典 新刑, 諸盗7a	延祐5. 8. 29	賊人先犯在逃, 再犯止刺斷徒役	夜, 偸盗在城李阿顔
延祐4. 10	典 9, 吏3, 29b		倉庫官陞轉	行省准
延祐4. 10	典 49, 刑11, 24b		劫賊弟物免刺	袁州路奉
延祐4. 10	典 新刑, 諸殺5a		殺人在逃經革倍徵燒埋	袁州路奉
延祐4. 10	典 新刑, 訴訟4a		告爭婚姻	江西行省准
延祐4. 10	正 條27, 賦役150		學田災傷	戸部議得
延祐4. 10	正 斷2, 職制33		漏附行止	刑部與吏部議得
延祐4. 10	站 6, 上153			甘肅行省言
延祐4. 10	檢 109(永914, 28b)			御史臺呈

延祐4. 10. 9	書 16b			敕
延祐4. 10. 12	典 53, 刑15, 8b	延祐5. 3. 7	僧俗相爭	…兀伯都剌平章‥俺衆人商量來
延祐4. 10. 16	典 新吏, 職制5a	延祐5. 4	起復官員諸例	奏過事内
延祐4. 10. 16	典 新刑, 巡捕1b	延祐5. 5	馬縣尉不即拿賊	將馬一疋…前來大都求仕
延祐4. 10. 17	典 8, 吏2, 8b	延祐4. 12. 14	遷調官員	奏過事内
延祐4. 10. 19	典 新刑, 諸盜5b	至治1. 4	盜賊遇革贓給主稟例	呈准中書省劄付
延祐4. 10. 22	典 新刑, 巡捕1b	延祐5. 5	馬縣尉不即拿賊	到清池縣卜老橋店北
延祐4. 10. 26	典 新刑, 巡捕3a	至治1. 6	李旺陳言盜賊	欽奉聖旨
延祐4. 10. 26	典 新刑, 巡捕3b	至治1. 6	李旺陳言盜賊	奏准聖旨
延祐4. 10. 27	典 11, 吏5, 25a	延祐5. 4	失節婦不封贈	奏過事内
延祐4. 10. 27	典 新刑, 巡捕2a	延祐5. 5	馬縣尉不即拿賊	才令醫工驗傷
延祐4. 11	典 新刑, 諸盜6b	延祐6. 2	押發流囚期限名數	江浙省咨
延祐4. 11. 8	典 新刑, 頭疋1b	延祐7	禁宰馬牛及婚姻筵席品味	承奉中書省劄付
延祐4. 11. 20	典 新吏, 官制6b	延祐5. 12	廣濟庫攢各庫子對補	本路差充廣濟庫攢典
延祐4. 11. 22	典 22, 戸8, 46a	延祐6. 5	私造酒麴, 依匿税例科斷	准本路副達魯花赤哈珊太中關
延祐4. 11. 22	秘 抄本11, 2b		〈令史〉	馬德謙＊ (167)
延祐4. 11. 29	正 斷1, 衛禁2		肅嚴宮禁	中書省奏節該
延祐4. 12	典 新戸, 田宅2b		儒學災傷田糧	江西行省准
延祐4. 12	典 新禮, 禮制2a		站官公服	江西行省准
延祐4. 12	正 斷7, 戸婚236		饑荒不申	刑部議得
延祐4. 12	正 斷7, 戸婚238		水災不申	刑部議得
延祐4. 12	海 下102		〈記標指淺〉	海道府承奉江浙行省劄付
延祐4. 12. 14	典 8, 吏2, 8b		遷調官員	行省准
延祐4. 12. 25	秘 10, 10b		〈校書郎〉	何鏞＊
延祐4. 12. 30	典 新刑, 諸盜2b	延祐7. 6	奴盜主物刺字	夜, 就本官家偸訖

延祐5年(戊午, 1318)

延祐5	典 8, 吏2, 13b		禁治驟陞品級	江西行省准
延祐5	典 22, 戸8, 35b		違限不納鹽退引	江浙行省准
延祐5	典 54, 刑16, 23a		縣官扯詐部民妻	承奉中書省咨
延祐5	典 54, 刑16, 23a		縣官強娶部民小妻	承奉中書省咨
延祐5	典 54, 刑16, 23a		軍官恣逞威權	承奉中書省咨
延祐5	典 新吏, 官制1a		重惜名爵	江西行省准
延祐5	典 新戸, 倉庫1a	至治1. 2	點視義倉有無物斛	物斛數目
延祐5	典 新戸, 課程5a	延祐5. 12	延祐五年拯治茶課	
延祐5	典 新戸, 課程5a	延祐5. 12	延祐五年拯治茶課	已增
延祐5	典 新戸, 課程7b	延祐6. 7	茶課添力辦納及不得拘奪運茶船	奏了減引添價

仁宗延祐５年(1318)

延祐5	典 新禮, 禮制1b	延祐6. 8	通事捧表, 不即起程	正旦表箋
延祐5	典 新禮, 禮制1b	延祐6. 8	通事捧表, 不即起程	正旦表箋
延祐5	典 新刑, 諸盜9b	延祐7. 2	革閑弓手祗候奪騙錢物	撇巻詐取
延祐5	正 條26, 田令100	至順1. 11	又(河南自實田糧)	奏准
延祐5	驛 1, 下123			兵部呈准
延祐5	驛 1, 下125表			御史臺呈省
延祐5	驛 1, 下153			兵部呈准
延祐5	驛 1, 下170			中書省奏
延祐5	金 6, 32a		〈御史大夫〉	伯顏＊
延祐5	金 6, 34b		〈御史中丞〉	趙簡＊
延祐5	金 6, 36a		〈侍御史〉	答蘭＊
延祐5	金 6, 37b		〈侍御史〉	弭禮＊
延祐5	金 6, 39a		〈治書侍御史〉	帖木哥＊
延祐5	金 6, 43a		〈都事〉	姚居敬＊
延祐5	金 6, 46b		〈架閣庫管勾〉	普顏都魯彌實＊
延祐5	金 6, 56a		〈監察御史〉	宋節＊
延祐5	金 6, 56a		〈監察御史〉	燕只吉歹＊
延祐5	金 6, 56a		〈監察御史〉	魏可大＊
延祐5	金 6, 56b		〈監察御史〉	雅安＊
延祐5	金 6, 56b		〈監察御史〉	哈剌歹＊
延祐5	金 6, 56b		〈監察御史〉	何守謙＊
延祐5	金 6, 56b		〈監察御史〉	王璽＊
延祐5	金 6, 56b		〈監察御史〉	買訥＊
延祐5. 1	典 9, 吏3, 9a		改正投下達魯花赤	江南行臺准
延祐5. 1	典 29, 禮2, 4b		站官服色	江浙行省准
延祐5. 1	典 新吏, 官制6b	延祐5. 12	廣濟庫攢各庫子對補	入役祗替
延祐5. 1	典 新吏, 吏制4a		例前幕職, 依舊例遷敍	江西行省准
延祐5. 1	正 斷4, 職制102		挾勢乞索	刑部議得
延祐5. 1. 5	典 新吏, 職制1b	至治1. 5	官員遷葬假限	起程
延祐5. 1. 27	典 新吏, 職制6b	延祐6. 4	務官匿過給由求仕	咨文
延祐5. 1. 27	典 新吏, 職制6b	延祐6. 4	務官匿過給由求仕	解由
延祐5. 1. 29	秘 9, 2b		〈秘書卿〉	范完者＊
延祐5. 1. 30	畫 9b			奉今歳青塔寺後殿内
延祐5. 2	典 43, 刑5, 4b		漂流屍首埋瘞	行中書省准
延祐5. 2. 2	秘 9, 14b		〈秘書監丞〉	張安石＊
延祐5. 2. 3	典 新刑, 刑禁6a		賭博赦後爲坐	奉江浙省劄
延祐5. 2. 3	秘 5, 5a	至治3. 7. 2	〈秘書庫〉	孔子五十四代孫孔思逮
延祐5. 2. 4	典 49, 刑11, 13b		郭回軍盜驢	行中書省准
延祐5. 2. 6	典 18, 戸4, 24b		田長宜強収嫂	江浙行省准
延祐5. 2. 15	站 6, 上153			中書省奏
延祐5. 2. 28	典 新吏, 官制3a	延祐5. 6	住罷封贈	陳大學士奏陳
延祐5. 3	典 57, 刑19, 21a		賭博例革後爲坐	江浙行省准
延祐5. 3	典 新戸, 鈔法2a		提調鈔法	江西行省准

延祐5.3	典 新戶, 課程1a		鹽法	欽奉聖旨
延祐5.3	典 新禮, 儒教1a		釋奠大成樂	江西行省准
延祐5.3	典 新刑, 巡捕1a		獲賊陞賞	准中書省咨
延祐5.3	典 新刑, 刑禁1b		坊里正主首羈養罪人不便	袁州路准江西廉訪司牒
延祐5.3	賦 75a		買贓非盜詐者	刑部議
延祐5.3.2	秘 9, 14b	皇慶2.5.1	〈秘書監丞〉	王義…＊
延祐5.3.7	典 53, 刑15, 8b		僧俗相爭	行中書省准
延祐5.3.8	典 22, 戶8, 40b	延祐6.10	越界魚鮝不拘	奏准聖旨條畫
延祐5.3.8	典 新戶, 課程3b	延祐6.10	鹽魚許令諸處投稅貨賣	奏准聖旨條畫
延祐5.3.9	秘 6, 6a		〈秘書庫〉	監官議得
延祐5.3.16	典 22, 戶8, 24a		申明鹽課條畫	長生天氣力裏…皇帝聖旨
延祐5.3.16	典 新戶, 婚姻4a	至治1.3	兄收弟妻斷離	有繆富二違例服内收繼
延祐5.3.17	典 54, 刑16, 22a		人民餓死, 官吏斷罪	江浙行省准
延祐5.3.26	典 新刑, 諸盜9b	延祐7.6	調白經革免刺	承奉中書省劄付
延祐5.4	典 11, 吏5, 25a		失節婦不封贈	江浙行省准
延祐5.4	典 57, 刑19, 6b		品官誘略良人爲驅	江南行臺准
延祐5.4	典 57, 刑19, 32a		局騙錢物	承奉江浙等處行中書省劄付
延祐5.4	典 新吏, 職制5a		起服官員諸例	准中書省咨
延祐5.4	典 新刑, 諸盜3b		軍人盜牛, 依例徒配	袁州路奉
延祐5.4	典 新刑, 贓賄1a		宣使奏差犯贓例前殿敍	江南行臺准
延祐5.4.2	典 新刑, 諸殺2a	至治2.2.3	毆傷人恐聞官打弟誣賴致死	見山上採茶
延祐5.4.5	典 新刑, 諸盜7a	延祐6.12	又(賊人先犯在逃, 再犯止刺斷徒役)	夜, 盜訖賈頭巾銀釵等物
延祐5.4.6	典 新刑, 諸殺2a	至治2.2.3	毆傷人恐聞官打弟誣賴致死	因將僧林惟寧打傷
延祐5.4.9	正 條34, 獄官329		審理罪囚	中書省奏
延祐5.4.12	秘 3, 4b		〈印章〉	秘書郎任將仕…傳奉聖旨
延祐5.4.12	秘 11, 10a		〈典書〉	劉敬＊
延祐5.4.13	典 新刑, 諸殺2a	至治2.2.3	毆傷人恐聞官打弟誣賴致死	據里正申
延祐5.4.15	典 新刑, 諸盜3a	延祐7.8	例前除元刺字難補刺	糾同警跡人王萬四
延祐5.4.16	秘 10, 2a	延祐3.8.13	〈著作郎〉	文矩…＊
延祐5.4.20	典 新刑, 諸盜7a	延祐7.5	未配役再犯, 合刺斷徒役	寧國路申
延祐5.4.22	秘 11, 8a		〈奏差〉	王惟正＊
延祐5.5	典 30, 禮3, 12b		禁治停喪不葬	福建閩海道肅政廉訪司准本道廉訪使趙奉訓牒

延祐5.5	典 新吏，官制6a		急缺倉庫等官，諸衙門不得選取	江西行省准
延祐5.5	典 新吏，職制2a		未任官丁憂病故申告官	江西行省准
延祐5.5	典 新戸，賦役2b		十石糧簽弓手	准中書省咨
延祐5.5	典 新禮，僧道1a		僧道犯罪，經斷遇免，依奸盜例還俗	袁州路准徽州路關該
延祐5.5	典 新刑，巡捕1b		馬縣尉不即拿賊	江西行省准
延祐5.5	典 新刑，刑禁2a		憲司禁約詐稱總領等名色	袁州路奉江西廉訪司牒
延祐5.5.7	典 新刑，刑禁7a	延祐5.9	寺院休做筵會，不差人開讀	奏過事内
延祐5.5.9	典 新刑，諸盜7a	延祐6.12	又（賊人先犯在逃，再犯止刺斷徒役）	夜，盜訖哈只銀壺瓶
延祐5.5.14	檢 109（永914，29a）	至治1.11		冷有敬告
延祐5.5.16	典 新刑，諸盜2b	延祐6.8	親屬相盜分首從	夜，糾合本家元雇…賊人
延祐5.6	典 41，刑3，4b		裴從義冒哀公參	行臺准
延祐5.6	典 新吏，官制3a		住罷封贈	江西省准
延祐5.6	典 新吏，職制3a		官吏丁憂，自聞喪日始	江西行省准
延祐5.6	典 新刑，諸殺3a		丘縣尹將病死人檢驗取受	袁州路准江西廉訪司牒
延祐5.6	正 斷5，職制137		私用計置羊口	刑部議得
延祐5.6	驛 1，下162			中書省奏過事内
延祐5.6.12	正 條30，賞令249		泛濫賞賜	御史臺奏
延祐5.7	典 新吏，職制4a		丁憂犯罪，依例追問	江西行省准
延祐5.7.16	典 新戸，鈔法1a		接倒假僞掐補昏鈔罪名	奏准節該
延祐5.7.22	檢 109（永914，29b）	至治1.11		黄崇捕獲戴章親身
延祐5.7.25	秘 9，19a		〈管勾〉(168)	張茂＊
延祐6.7.26	正 條28，關市187		又（違禁下番）	中書省奏
延祐5.8.16 (169)	秘 10，12b		〈辨驗書畫直長〉	馬公望＊
延祐5.8.25 (170)	秘 10，4b		〈著作佐郎〉	偰玉立＊
延祐5.8.29	典 新刑，諸盜6b		賊人先犯在逃，再犯止刺斷徒役	中書刑部奉
延祐5.9	典 新戸，禄稟2b		官吏罰俸定例	准御史臺咨
延祐5.9	典 新刑，刑禁7a		寺院休做筵會，不差人開讀	江西行省准
延祐5.9.4	畫 10b			院使闊察塔海等奏
延祐5.9.12	秘 10，7a		〈秘書郎〉	哈迷丁＊
延祐5.9.25	典 新兵，軍制3a	延祐7.4	軍中不便事件	奏過事内
延祐5.10	典 新刑，贓賄1b		前犯減斷，後犯難同再犯	江南行臺准
延祐5.10	站 1，上8			中書兵部言

延祐5. 冬	馬 36	延祐6. 3. 7	〈刷馬〉	間, 令拘刷陝西省管轄百姓馬疋
延祐5. 10. 2	秘 10, 2a		〈著作郎〉	忽都達兒＊
延祐5. 10. 6	典 新刑, 諸盗3a	☆	偸船賊斷例	奉江浙行省劄付
延祐5. 10. 9	秘 11, 10b		〈典吏〉	李仲儀＊
延祐5. 10. 11	典 8, 吏2, 14a	延祐5	禁治驟陞品級	伯荅沙等奏
延祐5. 10. 16	秘 10, 10b		〈校書郎〉	久住＊
延祐5. 10. 21	正 條24, 廏牧45		又(宿衞馬疋草料)	中書省奏節該
延祐5. 10. 25	畫 11a			香山寺四天王
延祐5. 11	典 新刑, 巡捕1b		匿巡檢不即拿賊	江西行省准
延祐5. 11	典 新工, 遞鋪1a		遞傳文字置長引隔限	袁州路准江西廉訪司牒
延祐5. 11	驛 1, 下134			通政院奏
延祐5. 11. 4	典 新刑, 訴訟4a	延祐6. 2	互爭不結絶, 地租官収	奏過事内
延祐5. 11. 6	典 新刑, 巡捕2a	延祐6. 7	提控捕盗官不向前捉強賊罪	奏奉聖旨
延祐5. 11. 11	典 3, 聖2, 3a		〈均賦役〉	中書省奏奉聖旨
延祐5. 11. 11	典 新吏, 官制1a	延祐5	重惜名爵	奏過事内
延祐5. 11. 11	典 新吏, 官制2b	延祐7. 8	延祐七年革後稟詐冒求仕等例	欽奉聖旨
延祐5. 11. 11	典 新戸, 賦役2a		諸色戸計雜泛	奏准節該
延祐5. 11. 20	典 4, 朝1, 6a	延祐6. 1	減繁新例	掾史劉世傑承行
延祐5. 11. 20	典 新刑, 詐欺1a	延祐6. R8	僞造省印劄付詐關官錢	賫省劄一道
延祐5. 11. 25	秘 9, 2a	皇慶1. 12. 14	〈秘書卿〉	譚振宗…＊
延祐5. 11. 27	典 58, 工1, 8a	延祐6. 9	禁治花様段疋	本院官哈颭不華…敬奉皇太后懿旨
延祐5. 11. 27	典 新戸, 課程6a	延祐5. 12	延祐五年拯治茶課	奏過事内
延祐5. 11. 30	秘 5, 3b	延祐6. 1. 16	〈秘書庫〉	禿満迭兒僉事・李家奴中議兩箇奏
延祐5. 12	典 新吏, 官制6b		廣濟庫攢各庫子對補	袁州路奉
延祐5. 12	典 新戸, 課程5a		延祐五年拯治茶課	江西行省准
延祐5. 12	典 新刑, 贓賄3b	延祐6. 8	回錢減等斷罪	呈准
延祐5. 12	賦 9b		文有未備/誤殺	刑部議得
延祐5. 12. 2	典 新刑, 刑獄2a	至治1. 4	禁司獄用刑	吉安路申
延祐5. 12. 3	典 新刑, 贓賄3a	延祐6. 8	回錢減等斷罪	奉中書省劄付
延祐5. 12. 9	馬 34	延祐5. 12. 20	〈刷馬〉	奏
延祐5. 12. 14	典 4, 朝1, 6a	延祐6. 1	減繁新例	杭州路吏蔡凱承
延祐5. 12. 16	秘 10, 7a		〈秘書郎〉	八兒思不花＊
延祐5. 12. 19	典 新刑, 巡捕3a	至治1. 6	李旺陳言盗賊	承奉憲臺劄付
延祐5. 12. 20	馬 34		〈刷馬〉	樞密院准中書省照會
延祐5. 12. 25	秘 9, 1b	至大4. 7. 19	〈秘書卿〉	楊光祖…＊

延祐5.12.26	站 6,上154			通政院使察乃…等奏
延祐5.12.30	典 新朝,中書省2a	延祐6.3.28	不許隔越中書省奏啓	奏過事内

延祐6年(己未, 1319)

延祐6	典 16,戸2,11a		規劃祗應	江浙省准
延祐6	典 22,戸8,1a表	☆	〈課程〉	都省定例
延祐6	典 新戸,倉庫1a	至治1.2	點視義倉有無物斛	物斛數目
延祐6	典 新戸,課程2a	延祐6.3	拯治鹽法	發賣引目
延祐6	典 新戸,課程6a	延祐5.12	延祐五年拯治茶課	引據
延祐6	正 斷13,擅興421	後至元6	代軍罪名	與樞密院開讀聖旨
延祐6	正 斷13,擅興421	後至元6	代軍罪名	開讀聖旨
延祐6	驛 1,下135			中書省奏
延祐6	驛 1,下135			御史臺呈
延祐6	秘 8,10b		冊皇太子賀皇帝表	袁尊道
延祐6	秘 8,11a		皇太子受冊賀箋	忽都荅兒
延祐6	秘 10,7a		〈秘書郎〉	王操＊
延祐6	賦 15a		例分八字/即字	部議
延祐6	金 6,36a		〈侍御史〉	圖緜＊
延祐6	金 6,40b		〈治書侍御史〉	曹伯啓＊
延祐6	金 6,41a		〈經歴〉	ト顏帖木兒＊
延祐6	金 6,45a		〈照磨承發司管勾兼獄丞〉	萬嘉閭＊
延祐6	金 6,56a		〈監察御史〉	李居仁＊
延祐6	金 6,56a		〈監察御史〉	馬謙＊
延祐6	金 6,56a		〈監察御史〉	楊煥＊
延祐6	金 6,56b		〈監察御史〉	郭宗孟＊
延祐6	金 6,56b		〈監察御史〉	王昇＊
延祐6	金 6,56b		〈監察御史〉	王怯朝＊
延祐6	金 6,56b		〈監察御史〉	楊恒＊
延祐6	金 6,56b		〈監察御史〉	馬鎔＊
延祐6	金 6,56b		〈監察御史〉	僧家奴＊
延祐6	金 6,56b		〈監察御史〉	暗都剌＊
延祐6	金 6,56b		〈監察御史〉	忽都不丁＊
延祐6	金 6,57a		〈監察御史〉	史燉＊
延祐6	金 6,57b		〈監察御史〉	塔必迷失海牙＊
延祐6.1	典 4,朝1,5b		減繁新例	江浙行省准
延祐6.1	典 新朝,中書省4b		諸衙門申稟明白區處	江西行省准
延祐6.1	典 新吏,職制3a		萬戸府知事丁憂	江南行臺准
延祐6.1	典 新刑,諸盜5a		盜賊革後事發,追贓免罪	江浙行省准
延祐6.1.1	典 新戸,課程6a	延祐5.12	延祐五年拯治茶課	自＊爲始

延祐6. 1. 9	典 新刑, 諸姦1a	至治1. 4	縣尉將樂女奸宿	各官將引弓手周二等
延祐6. 1. 10	站 6, 上154			宣政院使月魯帖木兒…等奏
延祐6. 1. 16	秘 5, 3b		〈秘書庫〉	准中書禮部關
延祐6. 1. 18	秘 9, 6b		〈秘書太監〉	烏馬兒＊
延祐6. 1. 18	秘 10, 2b		〈著作郎〉	李師魯＊
延祐6. 1. 25	典 新戸, 倉庫1a	延祐6. 2	倉庫巡防盗賊火燭	…野里牙國公傳奉聖旨
延祐6. 2	典 新吏, 官制6b	延祐7. 8	平準庫子不還役追俸	支俸
延祐6. 2	典 新吏, 職制2b		作闕官告敍, 委官保勘	准中書省咨
延祐6. 2	典 新吏, 吏制3b		散府上州司吏出身	江西行省准
延祐6. 2	典 新戸, 倉庫1a		倉庫巡防盗賊火燭	江西行省准
延祐6. 2	典 新刑, 諸盗6a		押發流囚期限名數	江南行臺准
延祐6. 2	典 新刑, 訴訟4a		互爭不結絶, 地租官収	江西行省准
延祐6. 2	正 斷3, 職制68		造作違期	工部議得
延祐6. 2	正 斷12, 廄庫396		私茶生發	刑部與戸部議得
延祐6. 2	賦 17a		累贓而不倍者三	臺呈, 廬州
延祐6. 3	典 新吏, 官制6b	延祐7. 8	平準庫子不還役追俸	支俸
延祐6. 3	典 新戸, 鈔法3a		造僞鈔人家産未入官經革	袁州路奉
延祐6. 3	典 新戸, 課程2a		拯治鹽法	袁州路准兩淮鹽運司牒
延祐6. 3	典 新戸, 課程8a	延祐7. 12	蒙山銀場多科工本	自延祐四年至＊, 多取訖糧戸工本
延祐6. 3	典 新戸, 課程8a		私酒同匿税科斷	江西行省准
延祐6. 3	典 新兵, 駅站1b		押運宣使人等不得打站官	江西行省准
延祐6. 3	典 新刑, 諸盗1a		盗賊通例	江西行省准
延祐6. 3	典 新刑, 訴訟1b		戸計司相關詞訟	袁州路奉
延祐6. 3	驛 1, 下173			江浙行省准
延祐6. 3	賦 26a		贓非頻犯後發	部議, 茶陵州
延祐6. 3. 4	站 6, 上154	延祐6. 1. 10		奏
延祐6. 3. 7	馬 36		〈刷馬〉	欽察等奏
延祐6. 3. 18	典 新刑, 諸盗8a	延祐6. 11. 2	掏摸賊依切盗斷	糾合唐定孫同情
延祐6. 3. 28	典 新朝, 中書省1a		不許隔越中書省奏啓	御史臺承奉
延祐6. 3. 29	站 6, 上155	延祐6. 4		參政燕只哥…等奏
延祐6. 4	典 18, 戸4, 12a		丁慶一爭婚	承奉福建道宣慰帥府
延祐6. 4	典 新吏, 官制6b	延祐7. 8	平準庫子不還役追俸	入庫倒鈔

仁宗延祐6年(1319)

延祐6.4	典 新吏, 職制4a		官吏侵用官錢不丁憂	江南行臺准
延祐6.4	典 新吏, 職制6b		務官匿過給由求仕	行臺准
延祐6.4	站 6, 上154			中書兵部承奉
延祐6.4	秘 11, 10a		〈典書〉	段諒*
延祐6.4.2 (171)	秘 11, 5b		〈知印〉	王聖孫*
延祐6.4.9	典 新戸, 賦役2b	延祐7.10	煉銀戸計差役	啓奉皇太后懿旨
延祐6.4.15	典 新兵, 軍制6a		拘刷逃軍及代替軍役	欽奉聖旨
延祐6.4.16	秘 5, 5b	泰定2.12.5	〈秘書庫〉	大司農張彦清特奉聖旨
延祐6.4.20	海 下108		〈艘數裝泊〉	據崑山崇明所千戸郭奉議申
延祐6.4.21	典 新刑, 訴訟2b		畏吾兒若無頭目, 管民官斷	欽奉聖旨
延祐6.4.24	典 新吏, 官制5b	延祐6.7	上中州設醫學教授	奏過事内
延祐6.5	典 22, 戸8, 45a		私造酒麴, 依匿税例科斷	承奉行中書省
延祐6.5	典 52, 刑14, 1b表	☆	〈詐僞〉	奏准新例
延祐6.5	典 新吏, 選格1a		致仕官一子蔭先銓注	江西行省准
延祐6.5	典 新刑, 諸盗2a		親屬尊卑相盗	江西行省准
延祐6.5	秘 5, 5b	泰定2.12.5	〈秘書庫〉	奉大司農司印貼
延祐6.5.2	典 52, 刑14, 4a	延祐6.R8	詐僞印信	奏過事内
延祐6.5.2	典 57, 刑19, 30a	延祐6.8	禁聚衆賽社集場	阿散丞相…等奏過事内
延祐6.5.2	典 57, 刑19, 30b	延祐6.9	禁罷集場	奏過事内
延祐6.5.2	典 新刑, 詐僞1a	延祐6.7	詐僞印信	奏過事内
延祐6.5.2	典 新刑, 刑禁2a	延祐6.R8	禁治集場祈賽等罪	奏過事内
延祐6.5.16 (172)	秘 11, 5b		〈知印〉	李徳芳*
延祐6.5.29	典 新刑, 諸殺3b		檢驗不許閑雜人登場	奉江浙行省劄
延祐6.6	典 20, 戸6, 16b		買賣蠻會斷例	江浙行省准
延祐6.6	典 新刑, 訴訟3a		茶運司與鹽運司事體不同	江南行臺准
延祐6.6	典 新刑, 刑禁5a	至治1.4	兇徒遇革, 依例遷徙	承奉中書省劄付
延祐6.6	典 新刑, 刑禁6a		賭博賞錢	福建宣慰司奉
延祐6.6	正 條33, 獄官322		又(斷決推理)	刑部議得
延祐6.6	驛 1, 下143表			都省奏准
延祐6.6	賦 23b		子孫非周親也	部議
延祐6.6	賦 113a		贓罪六色	大寧路賊人
延祐6.6.2	秘 10, 4b		〈著作佐郎〉	袁遵道*
延祐6.6.3	典 新兵, 駅站2b		使臣冒起鋪馬罪例	本臺官荅剌罕大夫…等奏過
延祐6.6.17	典 9, 吏3, 10a		投下職官公罪	奉江浙行省劄付
延祐6.6.22	賦 96b		五服定罪	御史臺呈
延祐6.6.22	服 服例2a		服例/親屬相盗例	建徳路*承准

延祐6.7	典 53, 刑15, 23b		又(軍民詞訟約會)	江浙行省准樞密院咨
延祐6.7	典 新吏, 官制5b		上中州設醫學教授	准中書省咨
延祐6.7	典 新吏, 吏制2b		通事譯史出身	江西行省准
延祐6.7	典 新吏, 吏制3a		蒙古教授充職官譯史	行臺准
延祐6.7	典 新戶, 課程7b		茶課添力辦納及不得拘奪運茶船	欽奉聖旨
延祐6.7	典 新刑, 巡捕2a		提控捕盜官不向前捉強賊罪	江西行省准
延祐6.7	典 新刑, 詐僞1a		詐僞印信	准中書省咨
延祐6.7	典 新工, 遞鋪1a		遞鋪接界相攙挨問	袁州路准江西廉訪司牒
延祐6.7	正 條32, 假寧307		喪葬赴任程限	兵部議得
延祐6.7	正 斷10, 廐庫332		放支工糧	戶部議得
延祐6.7	秘 9, 1b	大徳5.9.13	〈行秘書監事〉	贍思丁…*
延祐6.7.2	典 57, 刑19, 21b		賭博賞錢	江浙行省准
延祐6.7.7	典 新刑, 訴訟1a		軍民相干詞訟	奉江浙行省劄付
延祐6.7.10	畫 17a	延祐4.10.9		興工
延祐6.7.13	典 新吏, 官制6b	延祐7.8	平準庫子不還役追俸	赴省燒鈔
延祐6.7.21	典 新刑, 刑制1a	延祐7.3	發付流囚輕重地面	欽察參議奏
延祐6.8	典 57, 刑19, 30a		禁聚衆賽社集場	江浙行省准
延祐6.8	典 新禮, 禮制1b		通事捧表, 不即起程	江西行省准
延祐6.8	典 新刑, 諸盜2a		親屬相盜分首從	江浙行省准
延祐6.8	典 新刑, 贓賄3a		回錢減等斷罪	准御史臺咨
延祐6.8	正 斷11, 廐庫389		醃造鹽梅	刑部與戶部議得
延祐6.8.12	畫 17a	延祐4.10.9		畢成
延祐6.8.13	典 22, 戶8, 26a		鹽法通例	承奉上司旨揮
延祐6.8.17	典 新刑, 諸盜2b	延祐7.6	奴盜主物刺字	移准中書省咨
延祐6.8.18	典 新吏, 官制6b	延祐7.8	平準庫子不還役追俸	奉到省劄已燒了當
延祐6.R8	典 52, 刑14, 4a		詐僞印信	江南行臺准
延祐6.R8	典 新刑, 詐欺1a		僞造省印劄付詐關官錢	江西行省准
延祐6.R8	典 新刑, 刑禁2a		禁治集場祈賽等罪	江西行省准
延祐6.R8	賦 9a		文有未備/鬭殺	刑部議得, 大名路
延祐6.R8.5	秘 9, 11a		〈秘書少監〉	脱脱木兒*
延祐6.R8.10	典 新刑, 訴訟3a		徴索茶錢, 有司追理	福建宣慰司奉
延祐6.R8.12	典 新刑, 雜犯1a	至治1.4	枉勘平民身死	准本道僉事牒
延祐6.R8.21	典 新吏, 職制1a	延祐7.1	官員不赴任及到任推故還家	奏過事内
延祐6.R8.25 (173)	秘 11, 3b		〈譯史〉	翟完者*
延祐6.9	典 57, 刑19, 30b		禁罷集場	江浙行省准
延祐6.9	典 58, 工1, 8a		禁治花様段疋	行省准
延祐6.9	典 新戶, 課程3a		林檎鹽梅	御史臺咨
延祐6.9	正 斷7, 戶婚203		賦役不均	刑部議得
延祐6.9.1	秘 5, 6b		〈秘書庫〉	…斡赤丞相奏

仁宗延祐６年(1319)

延祐6.9.4	氈 8b	延祐2.7.8	〈雑用〉	中政院稟准
延祐6.9.11	典 新兵,軍制1b	延祐7.4	軍中不便事件	啓過事内
延祐6.9.17	典 新刑,贓賄2a	延祐7.2	土官取受無禄,同有禄人斷	奏過事内
延祐6.9.17	正 斷6,職制167		土官受贓	中書省奏
延祐6.9.22	典 新刑,訴訟2b	延祐7.2	回回諸色戸結絶不得的,有司歸斷	奏過事内
延祐6.10	典 1,詔1,10b		授皇太子玉冊詔	上天眷命皇帝聖旨
延祐6.10	典 19,戸5,12b		父母未葬不得分財析居	江浙行省准
延祐6.10	典 22,戸8,14b		告茶錢合從有司追理	江西等處行中書省准
延祐6.10	典 22,戸8,40b		越界魚鮝不拘	江浙行省准
延祐6.10	典 22,戸8,41a		犯界食餘鹽貨	江浙行省准
延祐6.10	典 新戸,課程3b		鹽魚許令諸處投税貨賣	准中書省咨
延祐6.10	典 新戸,田宅5a		父母未葬不分異	江西行省准
延祐6.10	典 新刑,諸盗6a		出軍賊在途遇免,押赴所在官司刺字	江西行省准
延祐6.10	典 新刑,諸盗10b		盗軀偸拐錢物,二罪從重論免刺	江西行省准
延祐6.10	正 條30,賞令255		(平反冤獄)	刑部議得
延祐6.10.7	典 1,詔1,10b	延祐6.10	授皇太子玉冊詔	授以玉冊
延祐6.10.10	典 新吏,官制6b	延祐7.8	平準庫子不還役追俸	赴省燒鈔
延祐6.10.10	典 新刑,刑獄2a	至治1.4	禁司獄用刑	入禁之初栲打
延祐6.10.15	南 2610,14a	延祐6.11	糾問行宣政院官吏	…本臺官禿禿合大夫…等奏過
延祐6.11	正 斷5,職制133		取要長行馬草料	刑部議得
延祐6.11	南 2610,14a		糾問行宣政院官吏	准御史臺咨
延祐6.11.2	典 新刑,諸盗8a		掏摸賊依切盗斷	中書刑部承奉
延祐6.11.12	典 新兵,駅站3a	延祐6.12	貼書冒騎正官鋪馬	准瑞州路在城站關
延祐6.11.21	典 新禮,禮制1a	延祐7.2	迎接	奏過事内
延祐6.11.23	典 新兵,駅站3a	延祐6.12	貼書冒騎正官鋪馬	巡行到臨江路察知
延祐6.11.30	典 新朝,中書省4a	延祐7.2	官吏冤抑,明白分揀	奏過事内
延祐6.11.30	典 新吏,職制6a	延祐7.3	提調錢糧官任滿,交割給由	奏准節該
延祐6.12	典 新兵,駅站3a		貼書冒騎正官鋪馬	袁州路奉
延祐6.12	典 新刑,諸盗7a		又(賊人先犯在逃,再犯止刺斷徒役)	准中書省咨
延祐6.12	典 新刑,諸殺1a		李杞一身死	江浙行省准
延祐6.12.4	典 新朝,御史臺1a		整治臺綱	欽奉聖旨
羊兒年12.4	典 新朝,御史臺1b		整治臺綱	

延祐6.12.11	憲 2608, 18b		命脱禿哈·帖木兒不花, 並爲御史大夫制	欽奉聖旨
延祐6.12.16	典 新刑, 刑禁7a	延祐7.2	四箇齋戒日頭喫素	本院官特奉聖旨
延祐6.12.17	秘 9, 6b		〈秘書太監〉	廉朶兒只八＊
延祐6.12.24	典 新朝, 御史臺2a	延祐7.4	體察官員害百姓	本臺官特奉聖旨
延祐6.12.28	秘 5, 9b	延祐7.5	〈秘書庫〉	連送禮部郎中張朝請
延祐6.12.30	典 新刑, 人口1b	延祐7.5	探馬赤軍人逃驅	奏過事内

延祐7年(庚申, 1320)

延祐7	典 3, 聖2, 6a	延祐7.3	〈復租賦〉	合該絲綿
延祐7	典 3, 聖2, 又7a	延祐7.11	〈薄税斂〉	實辦到官
延祐7	典 3, 聖2, 11b	延祐7.3	〈貸逋欠〉	以前徴理
延祐7	典 21, 戸7, 7a		科徴包銀	江西行省准
延祐7	典 24, 戸10, 3b		科添二分税糧	江西行省准
延祐7	典 新詔, 1b	延祐7.3.11	今上皇帝登寶位詔	合該絲線
延祐7	典 新詔, 1b	延祐7.3.11	今上皇帝登寶位詔	已前徴理
延祐7	典 新詔, 4a	延祐7.11.2	至治改元詔	實辦到官
延祐7	典 新朝, 御史臺3a	延祐7.8	延祐七年革後稟到刷巻例	
延祐7	典 新吏, 官制2b	延祐7.8	延祐七年革後稟詐冒求仕等例	
延祐7	典 新戸, 錢糧2a	延祐7.8	延祐七年革後稟到錢糧	
延祐7	典 新戸, 田宅2a	延祐7.8	延祐七年革後稟到冒除災傷等例	
延祐7	典 新戸, 田宅2b	延祐7.8	延祐七年革後稟到冒除災傷等例	已前徴理
延祐7	典 新兵, 軍制5a	延祐7.8	延祐七年革後稟到軍官私役軍人等例	
延祐7	典 新刑, 巡捕2b	延祐7.8	延祐七年革後稟到捕盗官不獲賊例	
延祐7	典 新刑, 贓賄4a	延祐7.8	延祐七年革後稟到通例	
延祐7	典 新刑, 雑犯1a	延祐7.8	延祐七年革後稟到官吏違枉雑犯等事	
延祐7	典 新刑, 人口1a	延祐7.8	延祐七年革後稟到隱藏人口例	
延祐7	典 新刑, 頭疋1b		禁宰馬牛及婚姻筵席品味	江西行省准
延祐7	站 6, 上163			又併董之
延祐7	秘 8, 11a		皇太子箋文	偰玉立
延祐7	許 74, 1b	延祐3.6	風憲十事	至治改元詔書

延祐7	許 75, 12a	☆	封贈	照得, *改元詔書
延祐7	許 76, 19a	☆	辯平章趙世延	至*復入中書, 盗弄威權
延祐7	許 76, 24a	☆	帖木迭兒門下等事	取回各人文案内數目
延祐7	金 6, 32b		〈御史大夫〉	脱歡答剌罕*
延祐7	金 6, 33a		〈御史中丞〉	乞台*
延祐7	金 6, 34b		〈御史中丞〉	曹立*
延祐7	金 6, 40b		〈治書侍御史〉	張埜*
延祐7	金 6, 43a		〈都事〉	郭汝輔*
延祐7	金 6, 56b		〈監察御史〉	小月兒禿魯迷失*
延祐7	金 6, 57a		〈監察御史〉	馬良佐*
延祐7	金 6, 57a		〈監察御史〉	張惟一*
延祐7	金 6, 57a		〈監察御史〉	劉恒*
延祐7	金 6, 57a		〈監察御史〉	阿剌不花*
延祐7	金 6, 57a		〈監察御史〉	楊不花*
延祐7	金 6, 57b		〈監察御史〉	也木干*
延祐7. 1	典 新吏, 職制1a		官員不赴任及到任推故還家	江西行省准
延祐7. 1	典 新戸, 婚姻3a		夫亡服内成親, 斷離與男同居	承奉江浙行省劄付
延祐7. 1	典 新兵, 駅站1a		站官就便烙馬	袁州路准廉訪分司牒
延祐7. 1	典 新刑, 諸盗10a		因爭取財以盜論	江浙行省准
延祐7. 1. 17	典 新吏, 官制6b	延祐7. 8	平准庫子不還役追俸	奉省劄已燒了當
延祐7. 2	典 新朝, 中書省4a		官吏冤抑, 明白分揀	江南行臺准
延祐7. 2	典 新禮, 禮制1a		迎接	江西行省准
延祐7. 2	典 新刑, 刑獄1a		推官不許獨員遍歷斷囚	江浙行省准
延祐7. 2	典 新刑, 刑獄1b		平反冤獄	江南行臺准
延祐7. 2	典 新刑, 諸盗7b		再犯賊徒, 斷罪遷徙	江浙行省准
延祐7. 2	典 新刑, 諸盗9a		革閑弓手祗候奪騙錢物	江西廉訪司奉臺劄
延祐7. 2	典 新刑, 訴訟2b		回回諸色戸結絶不得的, 有司歸斷	江西廉訪司奉行臺劄付
延祐7. 2	典 新刑, 贓賄2a		土官取受無禄, 同有禄人斷	江西行省准
延祐7. 2	典 新刑, 刑禁7a		四箇齋戒日頭喫素	江西行省准
延祐7. 2	正 條30, 賞令282		又(告獲私鹽)	刑部與戸部議得
延祐7. 2	正 斷6, 職制199		過錢剋落	刑部議得
延祐7. 2	正 斷12, 廐庫405		欺隱增餘課程	刑部議得
延祐7. 2	賦 130a		出降依本服者	禮部刑部議得
延祐7. 2. 4	典 新刑, 諸姦1a	至治1. 4	縣尉將樂女奸宿	回准中書省咨
延祐7. 2. 13	典 新刑, 贓賄5a	至治1. 9	又(延祐七年革後稟到通例)	啓

延祐7.2.14	服 服例1a		服例/爲本生父母丁憂例	鎭江路＊承奉江浙等處行中書省劄付
延祐7.3	典 1,詔1,10b		登寶位詔	上天眷命皇帝聖旨
延祐7.3	典 1,詔1,11a		上太皇太后尊號	上天眷命皇帝聖旨
延祐7.3	典 2,聖1,11a		〈興學校〉	欽奉登寶位詔書
延祐7.3	典 2,聖1,14b		〈撫軍士〉	欽奉登寶位詔書
延祐7.3	典 2,聖1,17b		〈恤站赤〉	欽奉登寶位詔書
延祐7.3	典 3,聖2,6a		〈復租賦〉	欽奉登寶位詔書
延祐7.3	典 3,聖2,11b		〈貸逋欠〉	欽奉登寶位詔書
延祐7.3	典 3,聖2,18b		〈崇祭祀〉	欽奉登寶位詔書
延祐7.3	典 3,聖2,23a		〈霈恩宥〉	欽奉詔赦節文
延祐7.3	典 3,聖2,23a		〈霈恩宥〉	欽奉詔書
延祐7.3	典 新詔,2a		上太皇太后尊稱詔	上天眷命皇帝聖旨
延祐7.3	典 新吏,官制2a		拘收詐冒宣敕	江浙省准
延祐7.3	典 新吏,職制3b		生父期服解官	江西行省准
延祐7.3	典 新吏,職制6a		提調錢糧官任滿,交割給由	江西行省准
延祐7.3	典 新戸,課程2b		私鹽賞錢	江浙省近據兩浙運司申
延祐7.3	典 新刑,刑制1a		發付流囚輕重地面	中書省議得
延祐7.3	典 新刑,諸盜4a		拯盜未盡事例	福建宣慰司奉
延祐7.3	典 新刑,諸毆1b		控損兩眼成廢疾	江浙行省准
延祐7.3	典 新刑,雜犯1b	至治2.2.9	牧民官誣執平民打死馬疋,枉勘陪償	村西元種穀苗二十四畝
延祐7.3	正 斷10,廐庫356		漏報匹帛	刑部議得
延祐7.3	站 9,下120		又(恤站赤)	欽奉登寶位詔書
延祐7.3	驛 1,下130			欽奉詔條
延祐7.3.7	典 新戸,婚姻4a	至治1.3	兄收弟妻斷離	回准中書省咨
延祐7.3.11	典 1,詔1,11a	延祐7.3	登寶位詔	即皇帝位
延祐7.3.11	典 1,詔1,11a	延祐7.3	登寶位詔	昧爽以前
延祐7.3.11	典 3,聖2,12a	延祐7.11	〈貸逋欠〉	詔書已前
延祐7.3.11	典 3,聖2,23a	延祐7.3	〈霈恩宥〉	昧爽以前
延祐7.3.11	典 新詔,1a		今上皇帝登寶位詔	上天眷命皇帝聖旨
延祐7.3.11	典 新詔,1a	延祐7.3.11	今上皇帝登寶位詔	即皇帝位
延祐7.3.11	典 新詔,1b	延祐7.3.11	今上皇帝登寶位詔	昧爽已前
延祐7.3.11	典 新詔,3a	延祐7.11.2	至治改元詔	詔書已前
延祐7.3.11	典 新朝,御史臺3a	延祐7.8	延祐七年革後稟到刷卷例	革後稟例
延祐7.3.11	典 新朝,御史臺3b	延祐7.8	延祐七年革後稟到刷卷例	以前
延祐7.3.11	典 新吏,官制2b	延祐7.8	延祐七年革後稟詐冒求仕等例	革後稟例

英宗延祐７年(1320)

延祐7.3.11	典 新戸,錢糧2a	延祐7.8	延祐七年革後稟到錢糧	革後稟例
延祐7.3.11	典 新戸,錢糧2b	延祐7.8	延祐七年革後稟到錢糧	已前冒破
延祐7.3.11	典 新戸,錢糧2b	至治1.9	又(延祐七年革後稟到錢糧)	欽遇詔赦節該
延祐7.3.11	典 新戸,課程9b	至治1.2	買賣契券,赴本管務司投税	欽遇詔赦以前事理
延祐7.3.11	典 新戸,田宅2a	延祐7.8	延祐七年革後稟到冒除災傷等例	革後稟例
延祐7.3.11	典 新戸,田宅2b	延祐7.8	延祐七年革後稟到冒除災傷等例	欽奉詔書
延祐7.3.11	典 新兵,軍制5a	延祐7.8	延祐七年革後稟到軍官私役軍人等例	革後稟例
延祐7.3.11	典 新兵,軍制5b	延祐7.8	延祐七年革後稟到軍官私役軍人等例	以前
延祐7.3.11	典 新刑,諸盗5b	至治1.4	盗賊遇革贓給主稟例	革後合稟通例
延祐7.3.11	典 新刑,巡捕2b	延祐7.8	延祐七年革後稟到捕盗官不獲賊例	革後稟例
延祐7.3.11	典 新刑,贓賄4a	延祐7.8	延祐七年革後稟到通例	欽奉詔赦
延祐7.3.11	典 新刑,贓賄4a	延祐7.8	延祐七年革後稟到通例	以前
延祐7.3.11	典 新刑,贓賄5b	延祐7.8	延祐七年革後稟到通例	以前
延祐7.3.11	典 新刑,贓賄7b	至治1.9	又(延祐七年革後稟到通例)	已前
延祐7.3.11	典 新刑,贓賄8a	至治1.9	又(延祐七年革後稟到通例)	已前
延祐7.3.11	典 新刑,贓賄8b	至治1.9	又(延祐七年革後稟到通例)	已前
延祐7.3.11	典 新刑,贓賄8b	至治1.9	又(延祐七年革後稟到通例)	詔書以前
延祐7.3.11	典 新刑,贓賄9a	至治1.9	又(延祐七年革後稟到通例)	已前
延祐7.3.11	典 新刑,贓賄9a	至治1.9	又(延祐七年革後稟到通例)	詔赦以前
延祐7.3.11	典 新刑,雜犯1a	延祐7.8	延祐七年革後稟到官吏違枉雜犯等事	革後稟例
延祐7.3.11	典 新刑,人口1a	延祐7.8	延祐七年革後稟到隱藏人口例	革後稟例
延祐7.3.11	典 新刑,人口1a	至治1.4	又(延祐七年革後稟到隱藏人口例)	革後合稟通例
延祐7.3.11	典 新刑,刑禁3a	延祐7.11	分揀流民	欽奉詔赦

延祐7.3.11	典 新刑,刑禁3a	延祐7.11	分揀流民	已前事理
延祐7.3.11	典 新刑,刑禁5a	至治1.4	兇徒遇革,依例遷徙	革後合稟通例
延祐7.3.21	典 新兵,駅站2a	延祐7.10	鋪馬不載死人	奏
猴兒年3.22	典 新朝,中書省3b	至治1.5	又(不許隔越中書省奏啓)	欽此
延祐7.3.23	典 新朝,御史臺1b	至治1	又(整治臺綱)	奏過事内
延祐7.3.25	典 新吏,選格1a	延祐7.7	陰陽醫匠人休承廕	速速參議特奉聖旨
延祐7.3.30	典 新刑,刑獄2b	至治1.4	禁司獄用刑	欽遇詔赦
延祐7.4	典 新朝,御史臺2a		體察官員害百姓	江西行省准
延祐7.4	典 新兵,軍制1a		軍中不便事件	江南行臺准
延祐7.4	典 新刑,諸毆1a		富豪打傷佃戸	刑部議得
延祐7.4	正 條34,獄官335		又(臺憲審囚)	刑部議得
延祐7.4	正 斷5,職制124		又(枉道馳驛)	兵部議得
延祐7.4	正 斷10,廐庫359		押運官物損壞	刑部議得
延祐7.4	馬 36		〈刷馬〉	樞密院准中書省照會
延祐7.4	站 1,上8			詔
延祐7.4.4	典 新刑,贓賄6a	至治1.9	又(延祐七年革後稟到通例)	本臺官奏
延祐7.4.4	站 6,上155			參議速速以丞相帖木迭兒之言
延祐7.4.9 (174)	秘 11,2a		〈令史〉	黄仲庸＊
延祐7.4.9	秘 11,8a		〈奏差〉	高守禮＊
延祐7.4.9	秘 11,10a		〈典書〉	李仲義＊
延祐7.4.9	秘 11,11a		〈典吏〉	周士允＊
延祐7.4.11	典 新朝,御史臺3a	延祐7.5	照刷宣徽院文巻	特奉聖旨
延祐7.4.12	秘 9,7a		〈秘書太監〉	式刺＊
延祐7.4.12	秘 9,11a		〈秘書少監〉	張安石＊
延祐7.4.12	秘 9,14b		〈秘書監丞〉	寶哥＊
延祐7.4.14	典 新朝,中書省4a	至治1.2	又(官吏冤抑,明白分揀)	奏過事内
延祐7.4.14	典 新刑,訴訟1b	延祐7.11	僧俗相干詞訟	奏過事内
延祐7.4.14	憲 2608,19b		御史臺復陞從一品	本臺官奏
延祐7.4.14	馬 36	延祐7.4	〈刷馬〉	太師右丞相鐵木迭兒等奏
延祐7.4.16	畫 12a			諸色府總管朶兒只等奏
延祐7.4.16	檢 111(永914,30a)	至治1.12		徒溝村李師婆
延祐7.4.21	典 24,戸10,3b	延祐7	科添二分税糧	帖木兒太師右丞相…等奏
延祐7.4.21	典 新戸,賦役1a	延祐7.6	江南無田地人戸包銀	奏
延祐7.4.21	典 新戸,賦役1b	☆	官糧一斗添二升	奏
延祐7.4.21	典 新戸,賦役1b	☆	回回當差納包銀	奏
延祐7.4.21	正 條27,賦役142		回回納税	中書省奏
延祐7.4.21	秘 9,7a		〈秘書太監〉	咬住＊
延祐7.4.29	站 6,上155			參議速速奏

延祐7.5	典 3,聖2,19a		<明政刑>	欽奉聖旨
延祐7.5	典 新詔,5a		阿散等詭謀遭誅詔書	上天眷命皇帝聖旨
延祐7.5	典 新朝,御史臺3a		照刷宣徽院文巻	江南行御史臺准
延祐7.5	典 新刑,諸盜7a		未配役再犯,合刺斷徒役	江浙省照得
延祐7.5	典 新刑,人口1b		探馬赤軍人逃驅	江南行臺准
延祐7.5	秘 5,9a		<秘書庫>	准中書禮部關
延祐7.5.1	典 新兵,駅站2a	延祐7.8	僧俗人毎亂騎鋪馬拘収	奏
延祐7.5.11	站 6,上155			帖木迭兒奏
延祐7.5.12	典 新刑,贓賄5b	至治1.9	又(延祐七年革後稟到通例)	承奉中書省劄付
延祐7.5.18	典 新戸,賦役2b	延祐7.10	煉銀戸計差役	欽奉聖旨
延祐7.5.20	典 新刑,贓賄7b	至治1.9	又(延祐七年革後稟到通例)	御史臺呈
延祐7.5.20	典 新刑,贓賄8a	至治1.9	又(延祐七年革後稟到通例)	呈准中書省劄付
延祐7.5.20	典 新刑,贓賄8a	至治1.9	又(延祐七年革後稟到通例)	呈准中書省劄付
延祐7.5.20	典 新刑,贓賄8b	至治1.9	又(延祐七年革後稟到通例)	呈准中書省劄付
延祐7.5.20	典 新刑,人口1b	至治1.4	又(延祐七年革後稟到隱藏人口例)	呈准中書省劄付
延祐7.5.26	典 新朝,公規1a		早聚晩散	中書省奏過事内
延祐7.5.26	典 新朝,公規1b		呈省文書不小書削散官	中書省奏過事内
延祐7.6	典 新吏,職制3a		雜造諸局匠官一體丁憂	江西行省准
延祐7.6	典 新戸,賦役1a		江南無田地人戸包銀	江浙行省准
延祐7.6	典 新刑,諸盜2b		奴盜主物刺字	江浙行省近據廣徳路申
延祐7.6	典 新刑,諸盜8b		又(持杖白晝搶奪同強盜)	江浙行省准
延祐7.6	典 新刑,諸盜9b		調白經革免刺	福建宣慰司奉
延祐7.6	典 新刑,諸殺3a		初復檢驗官吏違錯	江浙行省准
延祐7.6	典 新刑,刑禁1a		禁科取俸鈔	江西行省准
延祐7.6	正 條30,賞令274		又(獲賊)	刑部議得
延祐7.6	正 斷4,職制111		又(詐稱親喪)	刑部議得
延祐7.6	正 斷9,廐庫284		又(私宰馬牛)	刑部議得
延祐7.6.1	馬 1			太僕寺官奏
延祐7.6.14	典 新朝,公規1a		使臣公事程限	速速參政特奉聖旨
延祐7.6.22	檢 111(永914,30b)	至治1.12		本州奉本路指揮
延祐7.6.27	典 新朝,御史臺3a	延祐7.11	照刷徽政院司屬文巻	奏奉聖旨
延祐7.7	典 新吏,選格1a		陰陽醫匠人休承廕	江西行省准

延祐7.7	典 新刑, 訴訟2a		財府佃戸詞訟	江浙行省准
延祐7.7	正 斷6, 職制188		請求受贓	刑部議得
延祐7.7	賦 39a		毀官物不償也	河南省宣使
延祐7.7.6	馬 37		〈刷馬〉	中書右丞相鐵木迭兒…等奏
延祐7.7.9	典 新兵, 駅站1a	延祐7.10	路達魯花赤總管提調站赤	本院官奏
延祐7.7.14	秘 9, 14b		〈秘書監丞〉	巎巎＊
延祐7.7.15	典 新戸, 田宅2a	延祐7.10	探馬赤軍典賣草地	奏
延祐7.7.15	正 條26, 田令102		探馬赤地土	中書省奏
延祐7.7.28	秘 9, 11a		〈秘書少監〉	梁完者禿＊
延祐7.8	典 新朝, 御史臺3a		延祐七年革後稟到刷巻例	江西廉訪司奉臺劄
延祐7.8	典 新吏, 官制2b		延祐七年革後稟詐冒求仕等例	江西廉訪司奉臺劄
延祐7.8	典 新吏, 官制6b		平準庫子不還役追俸	袁州路奉
延祐7.8	典 新吏, 吏制1a		選補書吏	准御史臺咨
延祐7.8	典 新戸, 錢糧2a		延祐七年革後稟到錢糧	江西廉訪司奉臺劄
延祐7.8	典 新戸, 田宅2a		延祐七年革後稟到冒除災傷等例	江西廉訪司奉臺劄
延祐7.8	典 新兵, 軍制5a		延祐七年革後稟到軍官私役軍人等例	江西廉訪司奉行臺劄付
延祐7.8	典 新兵, 駅站2a		僧俗人毎亂騎鋪馬拘収	江浙行省准
延祐7.8	典 新刑, 諸盜3a		例前除元刺字難補刺	袁州路奉
延祐7.8	典 新刑, 巡捕2b		延祐七年革後稟到捕盜官不獲賊例	江南行臺奉
延祐7.8	典 新刑, 贓賄4a		延祐七年革後稟到通例	江西廉訪司奉行臺劄付
延祐7.8	典 新刑, 雜犯1a		延祐七年革後稟到官吏違枉雜犯等事	江西廉訪司奉臺劄
延祐7.8	典 新刑, 人口1a		延祐七年革後稟到隱藏人口例	江西廉訪司奉臺劄
延祐7.8	正 斷4, 職制100		交通罷閑官吏	刑部議得
延祐7.8	正 斷7, 戸婚211		妄獻戸計	刑部議得
延祐7.8	站 6, 上156	至治1.11.29		以來
延祐7.8	賦 52a		流刑加役	部議, 平江路
延祐7.8.2	典 新吏, 吏制1a	延祐7.8	選補書吏	本臺官奏過事内
延祐7.9	典 新刑, 頭疋1a		禁宰馬牛首從罪例	江西行省准
延祐7.9.2	典 新刑, 雜犯2a	至治2.2.9	牧民官誣執平民打死馬疋, 枉勘陪償	有祗候小呉…公廳跪下
延祐7.9.2 (175)	秘 11, 4a		〈譯史〉	劉繼祖＊

英宗延祐７年(1320)

延祐7.9.14	站 6,上155			通政院判官伯帖木兒奉旨
延祐7.9.16	典 新都,1a	至治1.1.22	貼書犯贓,却充俸吏	蒙江南行臺監察御史案劄該
延祐7.10	典 新戸,賦役2a		煉銀戸計差役	江西行省准
延祐7.10	典 新戸,田宅2a		探馬赤軍典賣草地	江西行省准
延祐7.10	典 新兵,駅站1a		路達魯花赤總管提調站赤	江西行省准通政院咨
延祐7.10	典 新兵,駅站2a		鋪馬不載死人	江南行臺准
延祐7.10	典 新刑,刑禁4b		遷徙遇革不放	江浙行省准
延祐7.10	正 條33,獄官328		廢疾贖罰遇革	刑部議得
延祐7.10	正 條34,獄官357		又(提調刑獄)	刑部議得
延祐7.10	秘 9,2b		〈秘書卿〉	劉元＊
延祐7.10.1	秘 9,18a		〈典簿〉	賈儀＊
延祐7.10.16	典 新刑,贓賄9a	至治1.9	又(延祐七年革後稟到通例)	承奉中書省劄付
延祐7.10.17	站 6,上155			奏請接濟
延祐7.10.22	典 新刑,諸盜4a		偸雇主牛罪例	江浙行省准
延祐7.11	典 1,詔1,11b		至治改元詔	上天眷命皇帝聖旨
延祐7.11	典 2,聖1,6b		〈飭官吏〉	欽奉至治改元詔書
延祐7.11	典 2,聖1,8b		〈擧賢才〉	欽奉至治改元詔書
延祐7.11	典 2,聖1,10a		〈求直言〉	欽奉至治改元詔書
延祐7.11	典 2,聖1,14b		〈撫軍士〉	欽奉至治改元詔書
延祐7.11	典 2,聖1,15b		〈安黎庶〉	欽奉至治改元詔書
延祐7.11	典 2,聖1,17b		〈恤站赤〉	欽奉至治改元詔書
延祐7.11	典 3,聖2,3b		〈均賦役〉	欽奉至治改元詔書
延祐7.11	典 3,聖2,6a		〈復租賦〉	欽奉至治改元詔書
延祐7.11	典 3,聖2,6a		〈復租賦〉	又一款
延祐7.11	典 3,聖2,又7a		〈薄税斂〉	欽奉至治改元詔書
延祐7.11	典 3,聖2,8b		〈息徭役〉	欽奉至治改元詔書
延祐7.11	典 3,聖2,12a		〈貸逋欠〉	欽奉至治改元詔書
延祐7.11	典 2,聖1,17a		〈恤流民〉	欽奉至治改元詔書
延祐7.11	典 11,吏5,25a		又(失節婦不封贈)	欽奉至治改元詔
延祐7.11	典 36,兵3,又20a		遠方病故官屬回還脚力	欽奉至治改元詔書

延祐7.11	典 57,刑19,10a		禁典買蒙古子女	至治改元詔書
延祐7.11	典 新朝,御史臺3a		照刷徽政院司屬文巻	江南行臺准
延祐7.11	典 新刑,訴訟1a		僧俗相干詞訟	江西行省准
延祐7.11	典 新刑,刑禁3a		分揀流民	江南行臺准
延祐7.11	站 1,上8			從通政院官請
延祐7.11	站 6,上155			通政院官孛欒解等奏奉聖旨
延祐7.11	站 9,下119		遠方病故官屬回還脚力	欽奉至治改元詔書
延祐7.11	站 9,下120		又(恤站赤)	欽奉至治改元詔書
延祐7.11.2	典 1,詔1,11b	延祐7.11	至治改元詔	被服袞冕
延祐7.11.2	典 新詔,3a		至治改元詔	上天眷命皇帝聖旨
延祐7.11.2	典 新詔,3a	延祐7.11.2	至治改元詔	被服袞冕
延祐7.11.27	典 新戸,課程2a	至治1.2	至治元年鹽引十分中收一分銀	拜住丞相等奏過事内
延祐7.11.27	典 新工,造作1a	至治1.2	帝師殿如文廟大	拜住丞相特奉聖旨
延祐7.11.27	秘 2,9b		〈禄秩〉	…拜住丞相…等奏過事内
延祐7.11.28	典 新都,1a	至治1.1.22	貼書犯贓,却充俸吏	司吏張禮承行狀申
延祐7.12	典 新戸,課程8a		蒙山銀場多科工本	江西廉訪司奉臺劄
延祐7.12	正 條27,賦役167		又(均當雜泛差役)	詔書内一款
延祐7.12	正 斷9,廐庫313		監臨抵換官物	刑部議得
延祐7.12	正 斷10,廐庫327		虚交糧籌	刑部議得
延祐7.12	驛 1,下149			欽奉詔條
延祐7.12.1	典 新戸,錢糧2b	至治1.9	又(延祐七年革後稟到錢糧)	欽奉詔書
延祐7.12.1	典 新刑,贓賄8b	至治1.9	又(延祐七年革後稟到通例)	欽奉詔書
延祐7.12.6	典 新刑,雜犯1b	至治1.5	路縣官擅斷和尚要罪過	奏過事内
延祐7.12.6	畫 17b			進呈玉徳殿佛樣
延祐7.12.7	秘 11,10a		〈典書〉	李楫＊
延祐7.12.11	典 新詔,2b		加封太皇太后尊號詔	上天眷命皇帝聖旨
延祐7.12.11	典 新詔,2b	延祐7.12.11	加封太皇太后尊號詔	謹奉玉冊玉寶
延祐7.12.17	畫 1b		〈御容〉	敕平章伯帖木兒
延祐7.12.29	典 新朝,公規1b	至治1.12.25	行宣政院行移	奉省判

至治元年(辛酉, 1321)

至治1	典 3, 聖2, 6a	延祐7. 11	〈復租賦〉	丁地税糧
至治1	典 3, 聖2, 6a	延祐7. 11	〈復租賦〉	自＊爲始
至治1	典 3, 聖2, 8b	延祐7. 11	〈息徭役〉	自＊爲始
至治1	典 新詔, 3a	延祐7. 11. 2	至治改元詔	丁地税糧
至治1	典 新詔, 3a	延祐7. 11. 2	至治改元詔	自＊爲始
至治1	典 新詔, 3b	延祐7. 11. 2	至治改元詔	自＊爲始
至治1	典 新朝, 御史臺1b		又(整治臺綱)	江南行臺准
至治1	典 新戸, 課程2a	至治1. 2	至治元年鹽引十分中收一分銀	
延祐8	典 新戸, 課程2b	至治1. 2	至治元年鹽引十分中收一分銀	鹽引
至治1	典 新戸, 賦役2a		諸戸均當差役	見至治改元詔内
至治1	典 新刑, 諸盜3a	延祐1. 6	偸鐵猫賊罪例	抄到
至治1	典 新刑, 諸殺1b	至大2. 4	誤踏藥箭射死	抄到
至治1	正 條26, 田令105	後至元3. 1. 14	逃軍戸絶地租	開讀詔書内一款
至治1	倉 10		〈塔塔裏倉〉	河東宣慰司委官朔州知州荅里牙赤言
至治1	永 15950, 16a		〈漕運〉成憲綱要	刑部呈准
至治1	金 6, 32b		〈御史大夫〉	脱脱＊
至治1	金 6, 34b		〈御史中丞〉	石珪＊
至治1	金 6, 41a		〈經歴〉	薩徳彌實＊
至治1	金 6, 43a		〈都事〉	王璽＊
至治1	金 6, 43a		〈都事〉	史惟良＊
至治1	金 6, 56b		〈監察御史〉	那海＊
至治1	金 6, 56b		〈監察御史〉	帖牛＊
至治1	金 6, 56b		〈監察御史〉	左吉＊
至治1	金 6, 57a		〈監察御史〉	哈乞＊
至治1	金 6, 57a		〈監察御史〉	伯顔忽都＊
至治1	金 6, 57a		〈監察御史〉	畢禮＊
至治1	金 6, 57b		〈監察御史〉	王懋徳＊
至治1. 1	典 新吏, 官制8a		辦課官增課陞等	江西行省荅
至治1. 1	正 條27, 賦役151		屯田災傷	兵部議得
至治1. 1	正 斷11, 廐庫367		增虧鹽課陞降	戸部與吏部議得
至治1. 1. 22	典 新都, 1a		貼書犯贓, 却充俸吏	據建康路…司吏張禮狀申
至治1. 1. 24	典 新戸, 課程2b	至治1. 2	至治元年鹽引十分中收一分銀	受狀發賣
至治1. 2	典 新朝, 中書省4a		又(官吏冤抑, 明白分揀)	江南行臺准
至治1. 2	典 新朝, 御史臺2b		僧尼誣告官吏, 廉訪司追問	江南行臺准
至治1. 2	典 新朝, 公規1a		大小公事限内完不完	江西行省准

至治1.2	典 新吏,官制3a		縣尉巡檢於正從九品内選注	江南行臺准
至治1.2	典 新吏,吏制1a		諸衙門吏員出職	中書吏部承奉
至治1.2	典 新戸,倉庫1a		點視義倉有無物斛	江西廉訪司奉
至治1.2	典 新戸,錢糧1a		萬億庫収堪中支持鈔	江西行省准
至治1.2	典 新戸,課程2a		至治元年鹽引十分中収一分銀	袁州路准兩淮鹽運司牒
至治1.2	典 新戸,課程9a		買賣契券,赴本管務司投税	江浙行省准
至治1.2	典 新刑,刑禁1a		革閑官吏僧道交通贓賄	江南行臺准
至治1.2	典 新刑,刑禁7b		禁銅錢買賣銷毀	江西行省准
至治1.2	典 新刑,刑禁7b		禁廟祝稱總管太保	江西行省准
至治1.2	典 新工,造作1a		帝師殿如文廟大	江西行省准
至治1.2	正 斷12,廐庫402		無契本同匿税	中書省議得
至治1.2	許 75,14b	延祐3.11	糾副使哈只等	到任
至治1.2.2	秘 9,2b		〈秘書卿〉	廉惇*
至治1.2.3	秘 9,11a		〈秘書少監〉	阿兒斯蘭不花*
至治1.2.23	典 新朝,中書省3b	至治1.4	不許越訴告状	奏過事内
至治1.3	典 新戸,婚姻4a		兄収弟妻斷離	福建宣慰司奉
至治1.3	典 新戸,錢債1a		又(軍官多取軍人息錢)	御史臺承奉
至治1.3	典 新禮,儒教1a		訓導敦請年高學博之士	袁州路准江西廉訪司牒
至治1.3	典 新刑,諸盜11a		發塚賊免刺,發肇州屯種	江浙行省准
至治1.3.1	秘 9,19a		〈管勾〉(176)	周禧*
至治1.3.3	典 新刑,頭疋1a	至治2.1	禁斷屠宰	爲普顔篤皇帝聖節
至治1.3.25 (177)	秘 11,2a		〈令史〉	王協一*
至治1.3.28	典 新刑,諸毆1a		富強殘害良善	福建廉訪司奉
至治1.4	典 新朝,中書省3b		不許越訴告状	江南行臺准
至治1.4	典 新吏,官制8b		鹽場官陞等	中書吏部約會戸部邢郎中一同議得
至治1.4	典 新刑,刑獄2a		禁司獄用刑	福建廉訪司奉
至治1.4	典 新刑,諸姦1a		縣尉將樂女奸宿	福建宣慰司奉
至治1.4	典 新刑,諸盜5b		盜賊遇革贓給主稟例	福建宣慰司奉
至治1.4	典 新刑,雜犯1a		枉勘平人身死	江浙行省准
至治1.4	典 新刑,人口1a		又(延祐七年革後稟到隱藏人口例)	福建宣慰司奉
至治1.4	典 新刑,刑禁5a		兇徒遇革,依例遷徙	福建宣慰司奉
至治1.5	典 新朝,中書省3a		又(不許隔越中書省奏啓)	江浙行省准
至治1.5	典 新吏,職制1b		官員遷葬假限	江浙行省准
至治1.5	典 新吏,吏制2a		選試書吏	江南行臺准

英宗至治元年 (1321)

至治1. 5	典 新吏, 吏制3a		蒙古書寫轉補譯史	江南行臺准
至治1. 5	典 新吏, 吏制4a		鹽場司吏	江浙行省准
至治1. 5	典 新刑, 雜犯1b		路縣官擅斷和尚要罪過	行宣政院准
至治1. 5	正 斷6, 職制184		又 (齊斂財物)	刑部議得
至治1. 5. 17	典 新刑, 頭疋1a	至治2. 1	禁斷屠宰	速速參政奏
至治1. 6	典 新戸, 鈔法3b		僞鈔非正犯遇赦革撥	江浙行省准
至治1. 6	典 新戸, 婚姻3b		祖母喪亡, 拜靈成親離異	江浙行省准
至治1. 6	典 新刑, 巡捕3a		李旺陳言盜賊	江浙行省准
至治1. 6	正 斷13, 擅興417		激變猺人	刑部議得
至治1. 6. 20	秘 10, 2b		〈著作郎〉	靳泰＊
至治1. 6. 23	秘 5, 12a	至治1. 7. 2	〈秘書庫〉	…拜住丞相·塔剌海員外郎兩箇特奉聖旨
至治1. 7. 2	秘 5, 12a		〈秘書庫〉	本監卿大司徒苫思丁榮禄傳奉
至治1. 7. 4	典 新戸, 鈔法3a		僞鈔板未成, 遇革釋放	福建廉訪司書吏王陳檢會到
至治1. 7. 9	秘 10, 2b		〈著作郎〉	元晦＊
至治1. 7. 12	秘 10, 10b		〈校書郎〉	張宏毅＊
至治1. 8	永 15950, 14b		〈漕運〉 成憲綱要	欽奉條畫節該
至治1. 8. 2	賦 51a		配所犯徒	江浙省咨, 慶元路
至治1. 8. 2	賦 105a		法重猶矜於死	江浙省咨, 慶元路
至治1. 8. 16	秘 10, 10b		〈校書郎〉	谷巖＊
至治1. 9	典 新戸, 錢糧2b		又 (延祐七年革後稟到錢糧)	福建廉訪司奉
至治1. 9	典 新刑, 贓賄5b		又 (延祐七年革後稟到通例)	福建廉訪司奉
至治1. 9	賦 61b		已囚已竊	刑部議得, 雲内州
至治1. 9. 24	秘 10, 7a		〈秘書郎〉	何鏞＊
至治1. 10	正 斷5, 職制122		強質驛馬	刑部議得
至治1. 10. 13	正 斷2, 職制25		又 (漏泄官事)	中書省奏
至治1. 11	正 斷2, 職制34		私家頓放公文	刑部議得
至治1. 11	賦 9a		文有未備/又 (鬬殺)	刑部議得, 浙江省
至治1. 11	許 75, 14b	延祐3. 11	糾副使哈只等	到任
至治1. 11	檢 109 (永914, 29a)			御史臺呈
至治1. 11. 29	站 6, 上156			納憐道
至治1. 12	賦 115a		囚亡有異於徒亡	江西省咨
至治1. 12	檢 111 (永914, 30a)			御史臺呈
至治1. 12. 18	畫 18a			敕諸色府朶兒只
至治1. 12. 25	典 新朝, 公規1b		行宣政院行移	福建宣慰司奉

至治2年(壬戌, 1322)

至治2	典 新吏, 官制3b	至元24. 6	長官首領官提調錢糧造作	袁州路抄到
至治2	典 新吏, 官制5b	延祐6. 7	上中州設醫學教授	抄到
至治2	典 新吏, 職制1a	延祐1. 3	聽除官員開籍貫住坐聽候	抄到
至治2	典 新吏, 職制2a	延祐1. 10. 25	官員事故, 申官作闕	抄到
至治2	典 新吏, 職制2b	延祐6. 2	作闕官告敍, 委官保勘	抄到
至治2	典 新吏, 職制5a	延祐5. 4	起服官員諸例	抄到
至治2	典 新吏, 吏制2b	至大4. 7	路譯史遷調	江西省抄到
至治2	典 新戸, 禄廩1a	延祐2. 3	官員職田, 依鄕原例分収	抄到
至治2	典 新戸, 禄稟2b	延祐5. 9	官吏罰俸定例	抄到
至治2	典 新戸, 課程3b	延祐6. 10	鹽魚許令諸處投税貨賣	抄到
至治2	典 新戸, 賦役2a	延祐5. 11. 11	諸色戸計雑泛	抄白
至治2	典 新戸, 賦役2b	延祐5. 5	十石糧簽弓手	抄到
至治2	典 新戸, 錢債1a	大徳10. 8	軍官多取軍人息錢	抄到
至治2	典 新刑, 諸盜8b	延祐2. 8. 4	持杖白晝搶奪同強盜	抄到
至治2	典 新刑, 訴訟1a	延祐6. 7. 7	軍民相干詞訟	抄到
至治2	典 新刑, 贓賄3a	延祐6. 8	回錢減等斷罪	抄到
至治2	典 新刑, 刑禁6a	延祐5. 2. 3	賭博赦後爲坐	抄到
至治2	典 新工, 造作1a	延祐1. R3	雑造生活合併起解	抄到
至治2	典 新工, 遞鋪1a	延祐5. 11	遞傳文字置長引隔限	抄到
至治2	站 6, 上156			通政院言
至治2	驛 1, 下135			御史臺承奉
至治2	驛 1, 下158			兵部呈
至治2	驛 1, 下160			兵部呈准
至治2	驛 1, 下161表			兵部呈准
至治2	賦 122a		罪有累加不類加	江浙省咨, 平江路
至治2	許 74, 1a	☆	言監察御史李謙亨等量移	至於＊以前入役者
至治2	山 25b			江西廉訪僉事哈剌…巡按至瑞州路
至治2	金 6, 40b		〈治書侍御史〉	郭思貞＊
至治2	金 6, 46b		〈架閣庫管勾〉	顧禿堅不花＊
至治2	金 6, 46b		〈架閣庫管勾〉	李恪＊
至治2	金 6, 56b		〈監察御史〉	劉宗説＊
至治2	金 6, 57a		〈監察御史〉	杜質＊
至治2	金 6, 57a		〈監察御史〉	卜顏＊
至治2	金 6, 57a		〈監察御史〉	羅廷玉＊

英宗至治２年(1322)

至治2	金 6, 57a		〈監察御史〉	闊闊出＊
至治2	金 6, 57a		〈監察御史〉	廉禿堅海牙＊
至治2	金 6, 57a		〈監察御史〉	黄國用＊
至治2	金 6, 57a		〈監察御史〉	孫揖＊
至治2	金 6, 57a		〈監察御史〉	八扎＊
至治2	金 6, 57b		〈監察御史〉	許有壬＊
至治2	金 6, 57b		〈監察御史〉	李秉中＊
至治2	金 6, 57b		〈監察御史〉	阿魯灰＊
至治2	金 6, 57b		〈監察御史〉	阿的彌失蒙古＊
至治2	金 6, 57b		〈監察御史〉	張景哲＊
至治2	金 6, 57b		〈監察御史〉	禿堅不花＊
至治2	金 6, 57b		〈監察御史〉	王居敬＊
至治2	金 6, 57b		〈監察御史〉	沙班＊
至治2. 1	典 新刑, 諸毆3a		戮剜雙睛斷例	福建宣慰司奉
至治2. 1	典 新刑, 頭疋1a		禁斷屠宰	江浙省准
至治2. 1	憲 2608, 20a		擧保官員	本臺官奏
至治2. 1 (178)	秘 11, 2a		〈令史〉	李仲義＊
至治2. 1	賦 30b		盜親屬猶減等	刑部議得, 檢舊例
至治2. 1. 13	典 新都, 9a	至治1. 1. 22	貼書犯贓, 却充俸吏	承發典吏
至治2. 1. 14	憲 2608, 19b		選用風憲官員	本臺官奏
至治2. 1. 14	憲 2608, 20a		選用官員	本臺官奏
至治2. 1. 19	秘 11, 10a		〈典書〉	鄭允徳＊
至治2. 2	正 斷3, 職制70		又(織造不如法)	工部議得
至治2. 2	正 斷7, 戸婚205		隱蔽包銀	刑部議得
至治2. 2	正 斷8, 戸婚252		娶有夫婦人	刑部議得
至治2. 2	正 斷10, 廏庫353		尅落金箔	刑部議得
至治2. 2. 3	典 新刑, 諸殺2a		毆傷人恐聞官打弟誣賴致死	福建宣慰司奉
至治2. 2. 9	典 新刑, 雜犯1b		牧民官誣執平民打死馬疋, 枉勘陪償	福建宣慰司奉
至治2. 3	正 斷8, 戸婚257		夫亡召婿	刑部與禮部議得
至治2. 3. 7	秘 10, 4b		〈著作佐郎〉	劉傑＊
至治2. 3. 10	秘 10, 2b		〈著作郎〉	哈八石＊
至治2. 3. 18	秘 9, 14b		〈秘書監丞〉	馬駒＊
至治2. 3. 22 (179)	秘 11, 6b		〈怯里馬赤〉	耿撒里台＊
至治2. 3. 24	馬 2			八思吉思奏
至治2. 4. 2	秘 10, 4b		〈著作佐郎〉	王師文＊
至治2. 5	典 新朝, 中書省1a	延祐6. 3. 28	不許隔越中書省奏啓	抄白
至治2. 5	典 新吏, 吏制1a	延祐7. 8	選補書吏	抄到
至治2. 5	典 新戸, 婚姻2a	至大2. 4	年幼過房, 難比同姓爲婚	漳州路抄録
至治2. 5	典 新禮, 禮制2a	延祐4. 12	站官公服	抄到
至治2. 5	典 新刑, 巡捕1a	延祐5. 3	獲賊陞賞	抄到
至治2. 5	典 新刑, 詐僞1a	延祐6. 7	詐僞印信	抄到
至治2. 5	典 新刑, 諸殺3b	延祐6. 5. 29	檢驗不許閑雜人登場	抄到
至治2. 5	典 新刑, 刑禁8a	延祐1. 3	禁借辦習儀物色	抄到

至治2. 5	正 斷9, 廐庫305		結攬小倒	刑部與戸部議得
至治2. 5	正 斷10, 廐庫339		詭名糴糧	刑部議得
至治2. 5	南 2611, 2a	至正11. 6. 17	整治鈔法	刑部與戸部議得
至治2. 5. 2 (180)	秘 11, 3b		〈譯史〉	張通＊
至治2. 5. 22 (181)	秘 11, 5b		〈知印〉	徐誠＊
至治2. R5	正 條30, 賞令283		告冒受官職	御史臺呈
至治2. R5	正 斷3, 職制87		又(違例取息)	刑部議得
至治2. R5	正 斷8, 戸婚247		兄妻配弟	刑部議得
至治2. R5	許 75, 15a	☆	丁憂委差	承奉江西行省劄付
至治2. R5. 2	秘 9, 2b		〈秘書卿〉	孟遵＊
至治2. R5. 11	許 75, 14b	延祐3. 11	糾副使哈只等	亦行稱病出廣
至治2. R5. 17	檢 109(永914, 29b)			刑部奉中書省劄付
至治2. R5. 18	秘 9, 14b		〈秘書監丞〉	李師魯＊
至治2. 6	正 斷6, 職制155		前任取受改除事發	刑部議得
至治2. 7	正 斷5, 職制132		增起站車分例	刑部議得
至治2. 7	正 斷9, 廐庫309		帶鈔入庫	刑部議得
至治2. 7	正 斷10, 廐庫343		倉官盜糶分例糧	刑部議擬
至治2. 7	正 斷11, 廐庫377		私鹽遇革	刑部議得
至治2. 7. 20	許 75, 14b	延祐3. 11	糾副使哈只等	遽爾托病出廣
至治2. 8	正 條34, 獄官349		紅泥粉壁申稟	刑部議得
至治2. 8	正 斷6, 職制157		又(未任取受)	刑部議得
至治2. 9	正 斷3, 職制75		中賣站船	刑部議得
至治2. 9	正 斷5, 職制146		設立郵長	兵部議得
至治2. 9	正 斷9, 廐庫291		私宰驢騾	刑部議得
至治2. 9	正 斷10, 廐庫319		海運帶裝私麥	刑部議得
至治2. 9	賦 14b		例分八字/各字	浙江省咨稟
至治2. 9. 11	正 斷7, 戸婚218		屯田賞罰	樞密院奏
至治2. 9. 16	正 斷8, 戸婚263		典雇妻妾	中書省奏
至治2. 10	正 斷3, 職制57		失誤迎接	刑部議得
至治2. 10. 28	秘 3, 8a	至治2. 10. 29	〈廨宇〉	本部尚書阿不花正議傳都堂鈞旨
至治2. 10. 29	秘 3, 8a		〈廨宇〉	准中書禮部關
至治2. 11	正 條27, 賦役173		又(差役不許妨農)	詔書內一款
至治2. 11	正 斷8, 戸婚244		同姓爲婚	刑部議得
至治2. 11	秘 9, 18a	延祐7. 10. 1	〈典簿〉	賈儀…＊
至治2. 12	正 斷11, 廐庫380		船戸偸跑客鹽	刑部與戸部議得
至治2. 12	氈 8b	至治3. 9. 11	〈雜用〉	自＊爲始
至治2. 12. 15	秘 9, 11b		〈秘書少監〉	王在德＊
至治2. 12. 25	秘 9, 7a		〈秘書太監〉	桑兀孫＊

至治3年(癸亥, 1323)

至治3	站 6, 上157	泰定1. 3. 3		英宗皇帝行幸五臺之時

英宗至治３年 (1323)

至治3	秘 8, 11b		正旦賀表	
至治3	秘 8, 12a		寶位賀表	張弘毅
至治3	永 15950, 16a		〈漕運〉成憲綱要	刑部呈准
至治3	金 6, 32b		〈御史大夫〉	伯顏＊
至治3	金 6, 36a		〈侍御史〉	忽都魯養阿＊
至治3	金 6, 39a		〈治書侍御史〉	八辰＊
至治3	金 6, 40b		〈治書侍御史〉	劉事義＊
至治3	金 6, 41a		〈經歷〉	欽察兒吉＊
至治3	金 6, 43a		〈都事〉	宋節＊
至治3	金 6, 43a		〈都事〉	王居敬＊
至治3	金 6, 57b		〈監察御史〉	酈愚＊
至治3	金 6, 57b		〈監察御史〉	王景勉＊
至治3	金 6, 57b		〈監察御史〉	哈剌歹＊
至治3	金 6, 57b		〈監察御史〉	脱鄰＊
至治3	金 6, 57b		〈監察御史〉	普顏篤魯彌實＊
至治3	金 6, 57b		〈監察御史〉	那懷＊
至治3	金 6, 57b		〈監察御史〉	忽都答兒＊
至治3	金 6, 58a		〈監察御史〉	滕松年＊
至治3	金 6, 58a		〈監察御史〉	李嗣宗＊
至治3	金 6, 58a		〈監察御史〉	哇哇＊
至治3	金 6, 58a		〈監察御史〉	牛裕＊
至治3	金 6, 58a		〈監察御史〉	裴約文＊
至治3	金 6, 58a		〈監察御史〉	王德英＊
至治3春	無 上, 9b	☆	婦人懷孕死屍	復驗崇德州石門鄉
至治3. 1	正 斷2, 職制18		遺失印信	刑部議得
至治3. 1	正 斷10, 廐庫350		尅落草料	中書省奏
至治3. 1	正 斷13, 擅興415		交通賊人	刑部議得
至治3. 1	南 2610, 14b		振舉臺綱制	欽奉聖旨
至治3. 1	賦 48b		議親議故/進賢	欽奉詔書内一款
至治3. 2. 1	秘 9, 11b		〈秘書少監〉	阿魯＊
至治3. 3	正 斷6, 職制185		又 (齊斂財物)	御史臺呈
至治3. 3	正 斷9, 廐庫289		藥針刺牛	刑部議得
至治3. 3	馬 2			有旨
至治3. 3	賦 33b		損人以凡論	刑部議斷贛州路
至治3. 3	賦 126b		小功大功	江西省咨, 撫州路
至治3. 3. 25	賦 90a		留住本爲於工樂	…速速左丞特奉聖旨
至治3. 5. 7	氈 3a	泰定2. R1. 3	〈御用〉	交納庫赤劉提舉
至治3. 5. 12	南 2610, 15b		開言路制	欽奉聖旨
至治3. 5. 16	秘 9, 14b		〈秘書監丞〉	荅里麻失里＊
至治3. 5. 28	秘 10, 7a		〈秘書郎〉	阿都孫＊
至治3. 6. 3	秘 9, 7a		〈秘書太監〉	梁完者禿＊
至治3. 7	正 斷7, 戸婚202		置局科差	刑部與戸部議得
至治3. 7. 2	秘 5, 5a		〈秘書庫〉	准太常禮儀院關
至治3. 7. 18 (182)	秘 10, 12a		〈辨驗書畫直長〉	杜伯茂＊
至治3. 8. 7 (183)	秘 11, 2a		〈令史〉	李楫＊
至治3. 9. 11	氈 8b		〈雜用〉	廩給司司庫冉徳

至治3. 9. 11	氈 9a	至治3. 9. 11	〈雜用〉	下織染人匠提擧司移文
至治3. 9. 14	水 1, 9上	泰定1. 10	奏准開挑呉松江	欽奉詔書内一款
至治3. 9. 21	許 76, 22a	☆	糾中丞等	盛其鼎烹
至治3. 10. 27	秘 9, 19b		〈管勾〉(184)	金鉉＊
至治3. 11. 2	秘 9, 2b		〈秘書卿〉	商琦＊
至治3. 11. 29	服 進服書文1a		進服書文	嘉興路＊據録事司申
至治3. 12	正 條29, 捕亡246		弓兵不許差占	刑部議得
至治3. 12. 4	正 條26, 田令111		又(妄獻地土)	詔書内一款
至治3. 12. 4	正 條28, 關市205		又(禁中寶貨)	詔書内一款
至治3. 12. 5	氈 3a	泰定2. R1. 3	〈御用〉	留守伯勝･阿魯澤沙傳旨
至治3. 12. 11	畫 2a		〈御容〉	太傅朶䚟左丞･善生院使明理董瓦
至治3. 12. 12	秘 10, 10b		〈校書郎〉	王德脩＊
至治3. 12. 30 (185)	驛 1, 下151			泰定改元詔條
至治3. 12. 30	畫 12a			敕功□使闊兒魯

泰定元年(甲子, 1324)

泰定1	正 條26, 田令116		告爭草地	兵部議得
泰定1	正 斷10, 廐庫355	天曆2. 4	解典造甲鐵	造甲物料
泰定1	馬 2			渾丹等又奏
泰定1	金 6, 32b		〈御史大夫〉	相嘉碩利＊
泰定1	金 6, 33a		〈御史中丞〉	阿思蘭海牙＊
泰定1	金 6, 34b		〈御史中丞〉	王毅＊
泰定1	金 6, 43a		〈都事〉	劉宗説＊
泰定1	金 6, 45a		〈照磨承發司管勾兼獄丞〉	尋復初＊
泰定1	金 6, 58a		〈監察御史〉	郭㶿＊
泰定1	金 6, 58a		〈監察御史〉	張世傑＊
泰定1	金 6, 58a		〈監察御史〉	梁樞＊
泰定1	金 6, 58a		〈監察御史〉	李時中＊
泰定1	金 6, 58a		〈監察御史〉	鄭郜＊
泰定1	金 6, 58a		〈監察御史〉	張別吉帖木兒＊
泰定1	金 6, 58a		〈監察御史〉	和尚＊
泰定1	金 6, 58a		〈監察御史〉	耶律權＊
泰定1	金 6, 58a		〈監察御史〉	劉藝＊
泰定1. 1	正 斷12, 廐庫406		虧折契本	戸部議得
泰定1. 1. 14	水 1, 10下	泰定1. 11	開挑呉松江	旭邁傑右丞相…等奏過
泰定1. 2	正 條27, 賦役168		又(均當雜泛差役)	工部議得
泰定1. 2	正 斷13, 擅興419		交換不即還營	刑部議得
泰定1. 2	賦 82a		繼養恩輕於本生	江浙省咨
泰定1. 2. 2	秘 10, 7a		〈秘書郎〉	王守誠＊
泰定1. 3	正 斷11, 廐庫390		醃魚不禁轉販	刑部與戸部議得

泰定帝泰定元年(1324)

泰定1.3	服 進服書文1a	至治3.11.29	進服書文	司吏汪仲華
泰定1.3.1	站 6,上156			中書右丞相旭邁傑…等奏
泰定1.3.3	站 6,上157			通政院使察乃…等奏
泰定1.3.28	秘 10,2b		〈著作郎〉	李泂＊
泰定1.4.5	憲 2608,20a		命禿忽魯紐澤爲御史大夫制	欽奉聖旨
泰定1.4.24	氈 2a		〈御用〉	隨路民匠都總管府奉工部符
泰定1.5.1	秘 10,2b		〈著作郎〉	達普華＊
泰定1.5.26 (186)	秘 11,5b		〈知印〉	趙鎔＊
泰定1.6	正 斷13,擅興416		又(交通賊人)	刑部議得
泰定1.6.2	秘 10,7b		〈秘書郎〉	那木罕＊
泰定1.6.2	秘 10,10b		〈校書郎〉	宋褧＊
泰定1.6.3	氈 9a	至治3.9.11	〈雜用〉	於＊…赴察迭兒局収支庫
泰定1.6.10	站 6,上157			詔書内一款
泰定1.6.21	站 6,上157			通政院使察乃等奏
泰定1.7	正 斷10,廏庫344		侵使糧價	刑部議得
泰定1.7.22	服 進服書文3b	至治3.11.29	進服書文	掾史于公説行
泰定1.8	正 斷2,職制47		遷調司吏	吏部議得
泰定1.8	正 斷7,戸婚229		闕官公田	戸部議得
泰定1.9.9	氈 9a	至治3.9.11	〈雜用〉	於…＊赴察迭兒局収支庫
泰定1.10	正 斷5,職制125		冒名乘驛	刑部議得
泰定1.10	水 1,8下		奏准開挑呉松江	中書省劄付
泰定1.10.2	秘 10,2b		〈著作郎〉	阿里＊
泰定1.10.13	馬 2			太僕卿渾丹・寺丞塔海奏
泰定1.10.14	秘 10,4b		〈著作佐郎〉	完迮不花＊
泰定1.10.19	水 1,9下	泰定1.10	奏准開挑呉松江	…旭邁傑右丞相…等奏過
泰定1.10.19	水 1,12上	☆	開江立閘	奏過事内
泰定1.10.25	水 1,10上	泰定1.11	開挑呉松江	…旭邁傑右丞相…等奏過
泰定1.11	水 1,10上		開挑呉松江	江浙行省劄付
泰定1.11.25 (187)	秘 11,4b		〈回回令史〉	阿里＊
泰定1.11.26	秘 10,4b		〈著作佐郎〉	雅古＊
泰定1.11.28	秘 9,14b		〈秘書監丞〉	伯忽＊
泰定1.11.28	秘 9,18a		〈典簿〉	韓鏞＊
泰定1.12	正 斷6,職制178		受要離役錢	刑部議得
泰定1.12	水 1,12下	☆	開江立閘	爲頭
泰定1.12	水 1,12下	☆	開江立閘	據司吏曹文昞狀呈
泰定1.12.1	氈 2a		〈御用〉	留守伯帖木兒奉旨

泰定1. 12. 4	秘 9, 19b		〈管勾〉(188)	陳錫＊
泰定1. 12. 4	水 1, 12下	☆	開江立閘	破土興工

泰定2年(乙丑, 1325)

泰定2	正 斷10, 廐庫355	天曆2. 4	解典造甲鐵	造甲物料
泰定2	秘 8, 12a		正旦賀表	達普化
泰定2	秘 8, 12b		賀皇太子千秋箋	王守誠
泰定2	秘 8, 13a		天壽節賀表	王守誠
泰定2	水 9, 117下		捜洗渾泥法	大德八年＊, 二次開江置閘
泰定2	金 6, 32b		〈御史大夫〉	多禮智＊
泰定2	金 6, 34b		〈御史中丞〉	王毅＊
泰定2	金 6, 36a		〈侍御史〉	完者不花＊
泰定2	金 6, 37b		〈侍御史〉	張彬＊
泰定2	金 6, 39a		〈治書侍御史〉	款闍＊
泰定2	金 6, 40b		〈治書侍御史〉	史惟良＊
泰定2	金 6, 41a		〈經歷〉	紐憐＊
泰定2	金 6, 43a		〈都事〉	劉藝＊
泰定2	金 6, 43a		〈都事〉	梁樞＊
泰定2	金 6, 46b		〈架閣庫管勾〉	只兒瓦台＊
泰定2	金 6, 58a		〈監察御史〉	曾文博＊
泰定2	金 6, 58a		〈監察御史〉	韓興業＊
泰定2	金 6, 58a		〈監察御史〉	田贇＊
泰定2	金 6, 58b		〈監察御史〉	捏只＊
泰定2	金 6, 58b		〈監察御史〉	順昌＊
泰定2	金 6, 58b		〈監察御史〉	黒邸兒＊
泰定2	金 6, 58b		〈監察御史〉	咬住＊
泰定2	金 6, 58b		〈監察御史〉	劉傑＊
泰定2	金 6, 58b		〈監察御史〉	孛羅＊
泰定2	金 6, 58b		〈監察御史〉	伯顏不花＊
泰定2. 1. 1	賦 125a		謀殺從故者	欽遇故殺致命, 又在原免
泰定2. R1	正 條27, 賦役155		禁投下横科	詔書内一款
泰定2. R1. 3	氈 2b		〈御用〉	隨路諸色民匠都總管府奉工部符文
泰定2. R1. 6	正 條23, 倉庫20	後至元6. 12	行用庫子遺火	在庫熨補昏鈔
泰定2. R1. 21	官 66		〈都水庸田使司〉	旭邁傑右丞相等奏
泰定2. R1. 21	水 1, 11下	泰定2. 8	立都水庸田使司	…奏過事内
泰定2. 2	正 條26, 田令113		妄獻田土遇革	戸部議得
泰定2. 2	正 斷13, 擅興413		又(軍民官失捕耗賊)	刑部議得
泰定2. 2. 24	正 條30, 賞令290		闌遺頭疋	宣徽院奏
泰定2. 2. 25	秘 9, 2b		〈秘書卿〉	趙天祥＊
泰定2. 2. 29 (189)	秘 11, 2a		〈令史〉	劉敬＊

泰定2.3	賦 19a		與財而有罪者四	臺案
泰定2.3.3	秘 9,11b		〈秘書少監〉	李師魯＊
泰定2.4	正 斷11,廄庫382		尅除工本遇革	刑部議得
泰定2.4	秘 9,7a		〈秘書太監〉	沙的＊
泰定2.5	正 條28,關市213		又（和雇和買）	戸部議得
泰定2.5.14	正 斷5,職制147		禁擾鋪兵	宣徽院奏准節該
泰定2.6	站 6,上158			兵部侍郎劉秉德言
泰定2.6	正 條26,田令121		公廨不爲鄰	禮部議得
泰定2.6	正 斷6,職制182		乞索糧籌	刑部議得
泰定2.6	正 斷9,廄庫295		私賣闌遺頭疋	刑部議得
泰定2.6	正 斷11,廄庫370		私鹽轉指平民	刑部與戸部議得
泰定2.6.22	秘 11,8a		〈奏差〉	周士允＊
泰定2.6.29	水 1,11上	泰定2.8	立都水庸田使司	奏過事内
泰定2.7	正 條23,倉庫36		大都路支持錢	戸部議得
泰定2.7	賦 53a		親姑被出	江浙省嘉興路
泰定2.7.9	秘 9,11b		〈秘書少監〉	虞集＊
泰定2.7.12	水 1,11下	泰定2.8	立都水庸田使司	起程間,奉都堂鈞旨
泰定2.7.19	秘 10,10b		〈校書郎〉	哈八失＊
泰定2.7.23	馬 3			太僕卿燕鐵木兒奏
泰定2.8	水 1,11上		立都水庸田使司	立都水庸田使司
泰定2.8.1	秘 9,7a		〈秘書太監〉	巙巙＊
泰定2.8.6	秘 9,2b		〈秘書卿〉	呉秉道＊
泰定2.8.20	水 1,11上	泰定2.8	立都水庸田使司	准中書省咨
泰定2.9.19	秘 10,10b		〈校書郎〉	國元籛＊
泰定2.10	正 條25,田令78		種區田法	江浙省咨
泰定2.10.26	秘 11,10a		〈典書〉	李守恕＊
泰定2.11	賦 2a		律意	浙江省咨
泰定2.11.13	南 2610,15b		整治臺綱	欽奉聖旨
泰定2.12	賦 116b		文無失減者	部議
泰定2.12.2	秘 9,14b		〈秘書監丞〉	李元凱＊
泰定2.12.5	秘 5,5b		〈秘書庫〉	照得
泰定2.12.13	正 斷2,職制21		隱藏玄象圖讖	中書省奏節該
泰定2.12.15 (190)	秘 10,12b		〈辨驗書畫直長〉	任賢才＊
泰定2.12.23	秘 5,4b	泰定2.12.25	〈秘書庫〉	…太子諭德世里門・詹事贊善馬學士奏
泰定2.12.25	秘 5,4b		〈秘書庫〉	有太子贊善馬伯庸學士…傳奉聖旨

泰定3年(丙寅, 1326)

泰定3	正 條23,倉庫15	至正1.2.24	又（燒鈔官不許差除）	自＊到今,追補下昏鈔

泰定3	秘 8,13b		賀皇后箋	那麼罕
泰定3	秘 8,14a		賀皇太子箋	雅古
泰定3	水 1,13上		都水庸田使司添氣力	都水庸田使司添氣力
泰定3	金 6,34b		〈御史中丞〉	趙世延＊
泰定3	金 6,36a		〈侍御史〉	寶童＊
泰定3	金 6,37b		〈侍御史〉	董守仁＊
泰定3	金 6,39a		〈治書侍御史〉	卜只兒＊
泰定3	金 6,43a		〈都事〉	張世傑＊
泰定3	金 6,58b		〈監察御史〉	玉速帖木兒＊
泰定3	金 6,58b		〈監察御史〉	任忙忽臺＊
泰定3	金 6,58b		〈監察御史〉	也先不花＊
泰定3	金 6,58b		〈監察御史〉	脱因不花＊
泰定3	金 6,58b		〈監察御史〉	亦克列台＊
泰定3	金 6,58b		〈監察御史〉	陳誠＊
泰定3	金 6,58b		〈監察御史〉	廉壽山海牙＊
泰定3	金 6,58b		〈監察御史〉	龍寶＊
泰定3	金 6,58b		〈監察御史〉	靳思誠＊
泰定3	金 6,58b		〈監察御史〉	秦起宗＊
泰定3	金 6,58b		〈監察御史〉	羅廷玉＊
泰定3	金 6,59a		〈監察御史〉	韓渙＊
泰定3	金 6,59a		〈監察御史〉	張郁＊
泰定3	金 6,59a		〈監察御史〉	朱彦亨＊
泰定3.1	正 條23,倉庫22		又(起運官物)	都省議得
泰定3.1.24	氈 3b		〈御用〉	省判工部中尚監少卿伯達兒
泰定3.2.12	秘 9,3a		〈秘書卿〉	杜元忠＊
泰定3.2.23	站 6,上158			中書右丞相塔失帖木兒等奏
泰定3.2.23	站 6,上158			又奏
泰定3.3	正 斷10,廐庫329		接買支糧荒帖	刑部議得
泰定3.3.20	畫 13a			宣政院使滿禿傳敕
泰定3.3.20	秘 9,7a		〈秘書太監〉	躍里鐵木兒＊
泰定3.5	正 斷11,廐庫374		縦放私鹽遇革	刑部議得
泰定3.5.17	正 斷1,衛禁3		又(肅嚴宮禁)	留守司奏
泰定3.5.25	秘 10,2b		〈著作郎〉	王徳脩＊
泰定3.5.27	秘 9,3a		〈秘書卿〉	李銓＊
泰定3.6.2	氈 4b		〈御用〉	留守金界奴奉旨
泰定3.6.2	秘 10,7b		〈秘書郎〉	黄瓚＊
泰定3.7	正 斷6,職制181		軍官挾勢乞索	刑部議得
泰定3.7.21	正 斷1,衛禁7		巡綽食踐田禾	中書省奏
泰定3.7.26	馬 3			太僕寺官闊怯鐵木兒等奏
泰定3.8	正 斷4,職制112		妄冒奔喪	刑部呈
泰定3.8	正 斷10,廐庫349		拗支草料	都省議得
泰定3.8.14	氈 4a		〈御用〉	赴中尚監資成庫送納

泰定3.9	正 條34,獄官336		推官審囚	刑部議得
泰定3.9	正 斷11,廐庫379		船戸盜賣客鹽	刑部議得
泰定3.10	正 條23,倉庫5		關撥鈔本就除工墨	戸部議得
泰定3.10.2	秘 9,18b		〈典簿〉	馮禋＊
泰定3.10.15	氈 3b	泰定3.1.24	〈御用〉	宦者塔□司卿…又奉旨
泰定3.11.15	氈 4b	泰定3.6.2	〈御用〉	造畢,赴西宮儀鸞局
泰定3.12	正 條26,田令123		典賣隨地推稅	戸部議得
泰定3.12	正 斷9,廐庫297		喂養駝馬程限	戸部呈
泰定3.12.1	秘 10,7b		〈秘書郎〉	忽先＊

泰定4年(丁卯,1327)

泰定4	站 6,上158			兩浙江東道奉使宣撫言
泰定4	站 6,上161	天暦2.4.27		折支價錢
泰定4	站 6,上161	天暦2.4.27		冬季三箇月料粟
泰定4	秘 8,14a		天壽節賀表	國元簾
泰定4	金 6,36a		〈侍御史〉	脱因納＊
泰定4	金 6,41a		〈經歴〉	那懷＊
泰定4	金 6,43a		〈都事〉	張郁＊
泰定4	金 6,45a		〈照磨承發司管勾兼獄丞〉	梁居善＊
泰定4	金 6,46b		〈架閣庫管勾〉	張執中＊
泰定4	金 6,59a		〈監察御史〉	吾實吉泰＊
泰定4	金 6,59a		〈監察御史〉	普達＊
泰定4	金 6,59a		〈監察御史〉	九住馬＊
泰定4	金 6,59a		〈監察御史〉	張珪＊
泰定4	金 6,59a		〈監察御史〉	俎冕＊
泰定4	金 6,59a		〈監察御史〉	張鐸＊
泰定4	金 6,59a		〈監察御史〉	買住丁＊
泰定4	金 6,59a		〈監察御史〉	徳住＊
泰定4	金 6,59a		〈監察御史〉	趙煥＊
泰定4	金 6,59a		〈監察御史〉	王主敬＊
泰定4	金 6,59a		〈監察御史〉	潑皮＊
泰定4	金 6,59a		〈監察御史〉	慶喜＊
泰定4.1	正 斷3,職制52		失誤祀事	刑部呈
泰定4.1.21	氈 4b		〈御用〉	中尚監官八里顏奉旨
泰定4.2.26	秘 10,2b		〈著作郎〉	三炶＊
泰定4.3.2	秘 9,15a		〈秘書監丞〉	拜住＊
泰定4.3.13 (191)	秘 10,4b		〈著作佐郎〉	趙之方＊
泰定4.3.26	正 條23,倉庫12		又(燒毀昏鈔)	中書省奏
泰定4.4	正 條23,倉庫24		侵使脚價遇革	刑部[議]得
泰定4.4	正 條24,廐牧50		監臨乞索冒支遇革	刑部議得
泰定4.4	正 斷11,廐庫391		滷水醃魚	刑部與戸部議得

泰定4. 4	賦 64b		公取豈殊於竊取	刑部呈
泰定4. 4. 1	秘 9, 3a		〈秘書卿〉	穆薛飛＊
泰定4. 5	正 斷5, 職制136		規劃祗應夾帶己錢	兵部議得
泰定4. 5	正 斷10, 廐庫324		監臨官買軍糧	刑部議得
泰定4. 5	正 斷10, 廐庫338		虚出通關	刑部議得
泰定4. 5	南 2611, 7a	至正12. 2. 26	僉補站戸	兵部議得
泰定4. 5	正 斷10, 廐庫322		綱船擾民	刑部與戸部議擬到運糧船戸
泰定4. 5. 15	站 6, 上158			通政院使脱亦納…等奏
泰定4. 5. 16	秘 3, 19b		〈雜録〉	准秘書少監虞集蒙都省給驛馬
泰定4. 6	正 條23, 倉庫19		行用庫被火	刑部議得
泰定4. 6	正 斷3, 職制77		帶繡段匹	刑部議得
泰定4. 6	正 斷3, 職制81		聘賣末茶	刑部議得
泰定4. 6	正 斷8, 戸婚269		娶逃驅婦爲妾	刑部議得
泰定4. 6	正 斷8, 戸婚279		又(禁娶樂人)	刑部議得
泰定4. 6. 1	秘 9, 19b		〈管勾〉(192)	呉貫＊
泰定4. 7. 18	馬 3			太僕寺奏
泰定4. 7. 28	秘 10, 4b		〈著作佐郎〉	呉善＊
泰定4. 8	正 條32, 假寧302		倉庫不作假	御史臺呈
泰定4. 8	正 斷2, 職制50		又(關防吏弊)	刑部議得
泰定4. 8	賦 73a		主守故縱	部議, 福州路
泰定4. 8	正 斷8, 戸婚249		娶男婦妹爲妾	禮部議得
泰定4. 8. 12	秘 11, 11a		〈典吏〉	劉文義＊
泰定4. 9. 24	氈 5a	泰定4. 1. 21	〈御用〉	造畢, 赴中尚監資成庫
泰定4. R9	正 條27, 賦役156		又(禁投下横科)	刑部議得
泰定4. R9	正 條28, 關市190		番船抽税	刑部議得
泰定4. R9	正 條28, 關市191		私發番船遇革	刑部議得
泰定4. R9	正 條28, 關市192		又(私發番船遇革)	刑部議得
泰定4. R9	正 斷2, 職制45		拆扣解由	刑部議得
泰定4. 11	秘 9, 7a		〈秘書太監〉	忽思剌＊
泰定4. 11. 22 (193)	秘 11, 4a		〈譯史〉	唐完者＊
泰定4. 12. 16	氈 5a		〈御用〉	宦者伯顔察兒…等奉旨

致和元年, 天曆元年(戊辰, 1328)

泰定5	秘 8, 14b		正旦賀表	
致和1	站 6, 上161	天曆2. 4. 27		又行呈索, 依例支付
天曆1	正 斷10, 廐庫331	天曆2. 4. 5	火者口糧	自＊爲始
天曆1	金 6, 32b		〈御史大夫〉	阿思蘭海牙＊
天曆1	金 6, 33b		〈御史中丞〉	亦剌里＊
天曆1	金 6, 33b		〈御史中丞〉	散散＊
天曆1	金 6, 34b		〈御史中丞〉	汪壽昌＊

文宗天曆元年(1328)

天曆1	金 6, 39a		〈治書侍御史〉	彌邇合瓚＊
天曆1	金 6, 41b		〈經歷〉	禿魯＊
天曆1	金 6, 41b		〈經歷〉	哇哇＊
天曆1	金 6, 41b		〈經歷〉	阿魯忽禿＊
天曆1	金 6, 43a		〈都事〉	張鐸＊
天曆1	金 6, 43a		〈都事〉	馬良佐＊
天曆1	金 6, 46b		〈架閣庫管勾〉	吉當普＊
天曆1	金 6, 46b		〈架閣庫管勾〉	燕只不花＊
天曆1	金 6, 59a		〈監察御史〉	張益＊
天曆1	金 6, 59a		〈監察御史〉	脱脱＊
天曆1	金 6, 59a		〈監察御史〉	忽都不丁＊
天曆1	金 6, 59b		〈監察御史〉	咬住＊
天曆1	金 6, 59b		〈監察御史〉	呂流＊
天曆1	金 6, 59b		〈監察御史〉	燕帖木兒＊
天曆1	金 6, 59b		〈監察御史〉	王琚仁＊
天曆1	金 6, 59b		〈監察御史〉	季若思＊
天曆1	金 6, 59b		〈監察御史〉	秦從德＊
天曆1. 1	正 斷2, 職制42		投下達魯花赤重冒	刑部與吏部議得
天曆1. 2	正 條34, 獄官339		權攝推官	中書省議得
泰定5. 2. 12	氈 6a	泰定5. 2. 15	〈御用〉	中書工部令
泰定5. 2. 13	氈 6a	泰定5. 2. 15	〈御用〉	委官同承徽寺官丈量
泰定5. 2. 15	氈 5b		〈御用〉	隨路諸色府匠都總管府令史嚴障言
泰定5. 2. 16	氈 6a		〈御用〉	敕造上都棕毛殿
致和1. 2. 28	秘 10, 11a		〈校書郎〉	柴肅＊
天曆1. 3	正 條23, 倉庫35		退下打角物件	中書省所委通交官呈
天曆1. 3	正 斷5, 職制142		差委有俸人員	刑部議得
致和1. 3. 2	秘 11, 8a		〈奏差〉	尹德瑄＊
天曆1. 4	正 條27, 賦役135		冒科差發遇革	刑部議得
天曆1. 4	正 條33, 獄官325		二罪俱發遇革	刑部議得
天曆1. 4	正 斷2, 職制43		遠年冒廕	吏部議得
天曆1. 4	正 斷2, 職制44		廢疾不許從仕	刑部議得
天曆1. 4	正 斷12, 廐庫407		務官抑取錢物遇革	刑部議得
致和1. 4	秘 9, 14b	泰定2. 12. 2	〈秘書監丞〉	李元凱…＊
致和1. 4. 2	秘 9, 11b		〈秘書少監〉	呉律＊
致和1. 4. 28 (194)	秘 9, 15a		〈秘書監丞〉	暗都剌＊
天曆1. 5	正 斷6, 職制177		受要拜見錢	刑部議得
致和1. 5. 19 (195)	秘 10, 12b		〈辨驗書畫直長〉	李永＊
天曆1. 6	正 條24, 廐牧63		又(闌遺)	刑部議得
天曆1. 6	正 斷6, 職制195		非眞犯不追封贈	刑部議得
致和1. 6. 9	秘 9, 11b	泰定2. 3. 3	〈秘書少監〉	李師魯…＊
致和1. 6. 9	秘 9, 15a		〈秘書監丞〉	廉惠山凱牙＊
致和1. 6. 11	秘 9, 3a		〈秘書卿〉	梁完者禿＊
致和1. 6. 13	秘 9, 11b		〈秘書少監〉	阿塔温剌＊
天曆1. 9	正 條26, 田令99		河南自實田糧	詔書内一款

天曆1.9	正 條28, 關市206		又 (禁中寶貨)	詔書内一款
天曆1.9	站 6, 上159			通政院言
致和1.9.1	馬 38		〈刷馬〉	平章速速等啓
致和1.9.1	秘 11, 10a		〈典書〉	劉文義＊
致和1.9.7	馬 38		〈刷馬〉	丞相別不花等啓
天曆1.9.8	氈 9b		〈雜用〉	平章速速奉旨
天曆1.9.8	秘 11, 11a		〈典吏〉	張亨＊
致和1.9.9	馬 38		〈刷馬〉	丞相燕鐵木兒…等啓
致和1.9.9	馬 39		〈刷馬〉	丞相別不花等又啓
天曆1.9.13	正 條26, 田令100	至順1.11	又 (河南自實田糧)	欽奉詔書
天曆1.9.13	官 67		〈都水庸田使司〉	都水庸田使司特無實效
泰定5.9.13	氈 6a	泰定5.2.16	〈御用〉	輸之留守司
天曆1.9.14	馬 39		〈刷馬〉	平章速速等奏
天曆1.9.16	馬 39		〈刷馬〉	左丞相別不花等奏
天曆1.9.21	正 條24, 廄牧46		又 (宿衞馬疋草料)	中書省特奉聖旨
天曆1.9.22	馬 40		〈刷馬〉	平章速速等奏
天曆1.9.25	正 斷6, 職制162		又 (風憲犯贓)	御史臺奏
天曆1.9.25	憲 2608, 21b		作新風憲	本臺官奏
天曆1.9.25	南 2610, 16a		作新風憲	御史臺官奏
天曆1.9.26	正 條31, 醫藥297		官員藥餌	太醫院奏
天曆1.10	正 條23, 倉庫23		又 (起運官物)	中書省議得
天曆1.10	站 6, 上159			兵部奉中書省劄付
天曆1.10	氈 9b	天曆1.9.8	〈雜用〉	送造成納
天曆1.10.18	秘 9, 3a		〈秘書卿〉	李侃＊
天曆1.10.24	站 6, 上159			太保左丞相別不花·郎中牙不忽
天曆1.11.2 (196)	秘 11, 2a		〈令史〉	鄭允德＊
天曆1.11.2	秘 11, 10a		〈典書〉	朱直＊
天曆1.11.10	站 6, 上160			右丞相燕帖木兒…等奏
天曆1.11.14	憲 2608, 23a		命立御史臺題名碑	本臺官欽奉聖旨
天曆1.11.18	秘 9, 3a		〈秘書卿〉	老張＊
天曆1.12	秘 9, 7a	泰定3.3.20	〈秘書太監〉	躍里鐵木兒…＊
天曆1.12.4	憲 2608, 23a		三臺典吏充書吏	本臺官奏過事内
天曆1.12.17	憲 2608, 21a		命伯顏·亦列赤並爲御史大夫制	欽奉聖旨

天曆2年(己巳, 1329)

天曆2	正 條26, 田令100	至順1.11	又 (河南自實田糧)	合納糧米
天曆2	站 6, 上163	天曆3.1.17		兵興

文宗天曆２年(1329)

天曆2	站 6, 上164			又護都忽皇帝還自朔北
天曆己巳	山 10a			呉巽…＊擧, 至都對余言
天曆2	金 6, 33b		〈御史中丞〉	易釋董阿＊
天曆2	金 6, 34b		〈御史中丞〉	高奎＊
天曆2	金 6, 39a		〈治書侍御史〉	星吉＊
天曆2	金 6, 40b		〈治書侍御史〉	王升善＊
天曆2	金 6, 43a		〈都事〉	秦從龍＊
天曆2	金 6, 45a		〈照磨承發司管勾兼獄丞〉	埜立＊
天曆2	金 6, 59b		〈監察御史〉	燕只不花＊
天曆2	金 6, 59b		〈監察御史〉	梁居善＊
天曆2	金 6, 59b		〈監察御史〉	崔帖木兒普花＊
天曆2	金 6, 59b		〈監察御史〉	呉燾＊
天曆2	金 6, 59b		〈監察御史〉	脱脱＊
天曆2	金 6, 59b		〈監察御史〉	穆八剌沙＊
天曆2	金 6, 59b		〈監察御史〉	張徵＊
天曆2	金 6, 59b		〈監察御史〉	袁永澄＊
天曆2	金 6, 59b		〈監察御史〉	盖苗＊
天曆2	金 6, 59b		〈監察御史〉	眞如都＊
天曆2	金 6, 59b		〈監察御史〉	趙知彰＊
天曆2	金 6, 60a		〈監察御史〉	捏古伯＊
天曆2	金 6, 60a		〈監察御史〉	張天瑞＊
天曆2	金 6, 60a		〈監察御史〉	尚克和＊
天曆2	金 6, 60a		〈監察御史〉	暢篤＊
天曆2	金 6, 60a		〈監察御史〉	亦思馬因＊
天曆2	金 6, 60a		〈監察御史〉	岳至＊
天曆2	金 6, 60a		〈監察御史〉	偰哲篤＊
天曆2.1	正 條24, 廄牧47		又(宿衞馬疋草料)	吏部議得
天曆2.春	馬 4			上御興聖殿觀馬
天曆2.1.4	正 斷3, 職制54		不具公服	御史臺奏
天曆2.1.6	秘 9, 11b		〈秘書少監〉	耨奢＊
天曆2.1.9	秘 9, 16a		〈秘書監丞〉(197)	法忽魯丁＊
天曆2.1.9	秘 9, 16a		〈秘書監丞〉(198)	能柏林＊
天曆2.1.20	正 條30, 賞令250		又(泛濫賞賜)	中書省奏
天曆2.1.21	站 6, 上164	至順1.2.2		辰時, 至保定路
天曆2.1.23	站 6, 上164	至順1.2.2		至＊到富寧庫寄収
天曆2.1.27	站 6, 上164	至順1.2.2		具呈中書省
天曆2.2	官 68		〈繕工司〉	立繕工司
天曆2.2	氈 11b		〈雑用〉	玉列赤頭目亦剌合呈奉寺劄
天曆2.2	輟 13	至正3.9	中書鬼案	令其趕牛牧放
天曆2.2.8	馬 3			撒敦特奉聖旨
天曆2.2.13	畫 2b		〈御容〉	敕
天曆2.3	馬 3			太僕寺卿不蘭奚特奉聖旨

天曆2. 3	山 24a			作奎章之閣
天曆2. 3. 6	氈 10a		〈雜用〉	奉旨, 爲明皇帝送二象轎
天曆2. 3. 9	站 6, 上160			中書省奏
天曆2. 3. 21	秘 6, 4b	天曆2. 11. 26	〈秘書庫〉	本監官譚學士・秘書卿穆薛飛特奉聖旨
天曆2. 4	站 6, 上161			兵部奉中書省劄付
天曆2. 4	正 斷10, 廐庫355		解典造甲鐵	刑部議得
天曆2. 4. 5	正 斷10, 廐庫331		火者口糧	中書省特奉聖旨
天曆2. 4. 6	氈 10b	天曆2. 3. 6	〈雜用〉	赴御位下玉列赤局
天曆2. 4. 7	秘 9, 18b		〈典簿〉	游文和＊
天曆2. 4. 10	畫 19b			平章明理董阿等進僧寶
天曆2. 4. 14	站 6, 上160			左丞相帖木兒不花…等奏
天曆2. 4. 15	站 6, 上160			中書省判送刑部
天曆2. 4. 27	站 6, 上161			中書省准甘肅省
天曆2. 6. 13 (199)	秘 11, 6b		〈怯里馬赤〉	速來蠻＊
天曆2. 6. 21	站 6, 上161	天曆2. 4. 27		甘肅省言
天曆2. 6. 26	站 6, 上162			中書右丞闊兒吉思等奏
天曆2. 6. 28	秘 10, 3a		〈著作郎〉	伯顏察兒＊
天曆2. 7	正 斷3, 職制83		減價買馬	刑部議得
天曆2. 7	正 斷9, 廐庫316		抵換官錢	刑部議得
天曆2. 7. 18	秘 10, 7b		〈秘書郎〉	王德修＊
天曆2. 7. 27	秘 10, 5a		〈著作佐郎〉	石夢亨＊
天曆2. 7. 28	秘 10, 2b		〈著作郎〉	程大本＊
天曆2. 8. 11	正 斷8, 戶婚255		嚇娶女使	御史臺奏
天曆2. 8. 13	站 6, 上162			右丞相燕帖木兒…等特奉聖旨
天曆2. 8. 15	站 6, 上164	至順1. 2. 2		係在＊已前
天曆2. 8. 15	賦 49a		議親議故/使能	欽頒詔書節該
天曆2. 8. 15	服 上萬言書1a	至順1. 4. 1	上萬言書	欽奉詔書
天曆2. 8. 19	站 6, 上166	至順1. 3. 9		欽奉詔書內一款
天曆2. 8. 22	馬 4			太僕寺撒敦…奏
天曆2. 9	南 2611, 14b	至正13. 8. 11	建言駝䭾頭匹	刑部議得
天曆2. 9. 5	氈 10b	天曆2. 3. 6	〈雜用〉	剌廣□局達魯花赤忽辛
天曆2. 9. 24	南 2611, 6b	至正12. 1. 21	公差人員	中書省奏
天曆2. 10	正 斷13, 擅興418		分鎭違期	刑部議得
天曆2. 10	賦 120b		特赦免死殺人/爲父報仇	刑部呈
天曆2. 11. 8	畫 3a	天曆2. 2. 13	〈御容〉	敕平章明理董瓦
天曆2. 11. 13	畫 18b			院使拜住奏
天曆2. 11. 15	畫 18b	天曆2. 11. 13		拜住傳懿旨

天曆2.11.19	畫 15a			敕留守臣潤潤台
天曆2.11.24	馬 4			太僕寺撒敦·不蘭奚等奏
天曆2.11.26	秘 10,7b		〈秘書郎〉	卜顏達失＊
天曆2.11.26	秘 6,4b		〈秘書庫〉	照得
天曆2.11.27	站 6,上162			通政院使定住…等奏
天曆2.11.27	站 6,上162			宣政院使禿堅帖木兒…等奏
天曆2.11.27	站 6,上163			又奏
天曆2.12	正 條27,賦役143		稅糧折納麻布	戸部議得
天曆2.12	秘 9,7a		〈秘書太監〉	李師魯＊
天曆2.12.1	秘 9,11b		〈秘書少監〉	湯珏＊
天曆2.12.2	秘 9,19b		〈管勾〉(200)	黄謙＊
天曆2.12.4	秘 9,3a		〈秘書卿〉	古納剌＊
天曆2.12.9	畫 19a	天曆2.11.13		院使拜住傳皇后懿旨
天曆2.12.20	賦 15a		例分八字/其字	欽遇僞造寶鈔不赦稟例
天曆2.12.23	秘 10,5a		〈著作佐郎〉	國元簾＊

天曆3年，至順元年(庚午，1330)

天曆3	秘 8,15a		天壽賀皇太后表	程大本
至順1	金 6,32b		〈御史大夫〉	阿思蘭海牙＊
至順1	金 6,33b		〈御史中丞〉	忽都海牙＊
至順1	金 6,34b		〈御史中丞〉	董守庸＊
至順1	金 6,36a		〈侍御史〉	卜只兒＊
至順1	金 6,37b		〈侍御史〉	王克敬＊
至順1	金 6,39a		〈治書侍御史〉	馬來＊
至順1	金 6,41b		〈經歷〉	吾實吉泰＊
至順1	金 6,43a		〈都事〉	張從直＊
至順1	金 6,43a		〈都事〉	王德新＊
至順1	金 6,45b		〈照磨承發司管勾兼獄丞〉	相嘉達思＊
至順1	金 6,46b		〈架閣庫管勾〉	宋紹明＊
至順1	金 6,46b		〈架閣庫管勾〉	當住＊
天曆3	金 6,59b		〈監察御史〉	王德新＊
至順1	金 6,60a		〈監察御史〉	王宗讓＊
至順1	金 6,60a		〈監察御史〉	郭孝基＊
至順1	金 6,60a		〈監察御史〉	八八＊
至順1	金 6,60a		〈監察御史〉	答里麻＊
至順1	金 6,60a		〈監察御史〉	定童＊
至順1	金 6,60a		〈監察御史〉	梁克中＊
至順1	金 6,60a		〈監察御史〉	張榮祖＊
至順1	金 6,60a		〈監察御史〉	韓廷芳＊
至順1	金 6,60a		〈監察御史〉	三寶＊

至順1	金 6, 60a		〈監察御史〉	韓允直＊
至順1. 1	正 條23, 倉庫7		關防行用庫	戸部與刑部議得
天曆3. 1	正 斷7, 戸婚209	至順3. 1	虛供戸絶	磨問逃軍李義
至順1. 1	正 斷9, 廐庫301		檢閘昏鈔	戸部與刑部議得
天曆3. 1	站 6, 上161	天曆2. 4. 27		至＊兵部別卷内
天曆3. 1. 2	秘 9, 15a		〈秘書監丞〉	月魯＊
天曆3. 1. 3	秘 9, 18b		〈典簿〉	王光國＊
天曆3. 1. 15	正 斷7, 戸婚225	至順3. 4. 11	虛報農桑	到任
天曆3. 1. 17	站 6, 上163			通政院使寒食言
至順1. 2	正 斷5, 職制116		泛濫給驛	刑部呈
至順1. 2	站 6, 上164			兵部奉中書省劄付
至順1. 2. 2	站 6, 上164			兵部奉中書省劄付
至順1. 3	正 斷3, 職制93		縱軍搶取民財	刑部議得
至順1. 3	正 斷7, 戸婚213		壓良爲驅	刑部議得
至順1. 3	站 6, 上167			中書省准江浙省
至順1. 3. 9	站 6, 上166			中書兵部准通政院關
至順1. 3. 13	憲 2608, 23a		命帖木兒不花·明珞博華並爲御史大夫制	欽奉聖旨
至順1. 3. 14	站 6, 上167			太師太平王答剌罕…傳聖旨
至順1. 3. 29	秘 11, 8a		〈奏差〉	張亨＊
至順1. 4. 1	服 上萬言書1a		上萬言書	嘉興布衣龔端禮
至順1. 4. 4	服 上萬言書2a	至順1. 4. 1	上萬言書	呈
天曆3. 4. 6 (201)	秘 11, 5b		〈知印〉	謝守仁＊
至順1. 4. 24	賦 106a		罪相爲隱	禮部呈
至順1. 5	正 條26, 田令115		又 (爭訟田宅革限)	詔書内一款
至順1. 5	正 條26, 田令115	至順1. 5	又 (爭訟田宅革限)	在＊以前者
至順1. 5	正 條28, 關市188		又 (違禁下番)	詔書内一款
至順1. 5	正 斷6, 職制192		悔過還主	刑部議得
至順1. 5	正 斷7, 戸婚227		多收公田	詔書内一款
至順1. 5	秘 9, 7b		〈秘書太監〉	阿合馬＊
天曆3. 5	賦 117b		誤殺私馬牛者	兵部議得
至順1. 5. 1	秘 10, 11a		〈校書郎〉	張夔＊
至順1. 5. 17	正 斷6, 職制163		又 (風憲犯贓)	御史臺奏
至順1. 6	正 條23, 倉庫8		倒鈔作弊	刑部議擬到
至順1. 6	正 斷2, 職制16		又 (應直不直)	刑部議得
至順1. 6. 3	秘 11, 11a		〈典吏〉	楊允敬＊
至順1. 6. 13	憲 2608, 23b		照刷宣徽院文卷	本臺官奏
至順1. 6. 26	站 7, 下1			知樞密院事太保伯顏…等奏
至順1. 7	正 斷7, 戸婚220		失誤屯種	大司農司呈
至順1. 7	服 上萬言書2a	至順1. 4. 1	上萬言書	轉解省府收管
至順1. 7. 29	站 7, 下5			兵部奉中書省判送

至順1. R7	正 斷3, 職制88		勒要借錢文契	刑部議得
至順1. R7	正 斷5, 職制135		稽留鋪馬劄子	刑部議得
至順1. R7	正 斷6, 職制186		勒要貼戸錢物	刑部議得
至順1. R7	正 斷10, 廐庫334		敖板損壞追陪	刑部議得
至順1. R7. 10	正 斷1, 衛禁5		分揀怯薛歹	中書省奏節該
至順1. 8	正 斷4, 職制113		軍官奔喪	樞密院呈
至順1. 8	正 斷5, 職制139		軍官承差不赴	刑部議得
至順1. 8	站 7, 下1			兵部奉中書省劄付
至順1. 8	服 上萬言書2b	至順1. 4. 1	上萬言書	咨發中書省照詳去訖
至順1. 8. 28	畫 3b		〈御容〉	平章明理董瓦
至順1. 8. 28	秘 10, 11a		〈校書郎〉	王克脩＊
至順1. 9. 4	畫 3b	至順1. 8. 28	〈御用〉	以＊爲始
至順1. 9. 23	正 斷8, 戸婚241		禁収庶母并嫂	中書省奏
至順1. 10	正 條23, 倉庫4		又 (倒換昏鈔)	戸部議得
至順1. 10	正 條26, 田令101		新附軍地土	戸部議得
至順1. 11	正 條26, 田令100		又 (河南自實田糧)	中書省奏
至順1. 11	站 7, 下1			兵部奉中書省劄付
至順1. 11. 3 (202)	秘 11, 4a		〈譯史〉	劉德讓＊
至順1. 11. 16 (203)	秘 11, 2a		〈令史〉	劉文義＊
至順1. 12	正 斷2, 職制38		發視機密文字	刑部議得
至順1. 12	正 斷6, 職制169		湖務站官犯贓	刑部議得

至順2年(辛未, 1331)

至順2	正 條23, 倉庫15	至正1. 2. 24	又 (燒鈔官不許差除)	至元三年二次奏奉聖旨
至順2	憲 2609, 7a	至正1. 2. 24	監燒昏鈔官不許差除	至元三年二次奏奉聖旨
至順2	秘 8, 15a		正旦賀皇后箋	王克脩
至順2	金 6, 41b		〈經歴〉	岳柱＊
至順2	金 6, 43a		〈都事〉	暢篤＊
至順2	金 6, 45b		〈照磨承發司管勾兼獄丞〉	李祉＊
至順2	金 6, 46b		〈架閣庫管勾〉	劉恕＊
至順2	金 6, 60a		〈監察御史〉	張弘毅＊
至順2	金 6, 60b		〈監察御史〉	劉嗣祖＊
至順2	金 6, 60b		〈監察御史〉	王庭佐＊
至順2	金 6, 60b		〈監察御史〉	泰不花＊
至順2	金 6, 60b		〈監察御史〉	禿忽魯＊
至順2	金 6, 60b		〈監察御史〉	別里不花＊
至順2	金 6, 60b		〈監察御史〉	李鵬擧＊
至順2	金 6, 60b		〈監察御史〉	扎撒兀孫＊
至順2	金 6, 60b		〈監察御史〉	趙天綱＊
至順2	金 6, 60b		〈監察御史〉	武鐸＊

至順2.2	正 斷7,戸婚212		誣姪爲義子	刑部議得
至順2.2	賦 72b		主守故縱	刑部呈
至順2.2.1	正 斷2,職制26	至順3.6	稽緩開讀	欽奉詔赦
至順2.3	輟 13	至正3.9	中書鬼案	到興元府
至順3.3.12	秘 9,16a		〈秘書監丞〉(204)	哈兒沙＊
至順2.3.15	秘 9,16a		〈秘書監丞〉(205)	教化的＊
至順2.3.26	秘 9,19b		〈管勾〉(206)	嚴毅＊
至順2.3.28	秘 10,7b		〈秘書郎〉	顔之恪＊
至順2.4.3	山 25a			御書於奎章閣
至順2.5.12 (207)	秘 10,12b		〈辨驗書畫直長〉	方義＊
至順2.5.26	秘 9,12a		〈秘書少監〉	阿剌達速哥＊
至順2.5.26	秘 9,16a		〈秘書監丞〉(208)	完者＊
至順2.6.19	正 斷6,職制198		又（説事過錢）	御史臺奏
至順2.7	正 條34,獄官366		又（罪囚衣糧等）	刑部議得
至順2.7	正 斷5,職制126		擅起鋪馬	刑部議得
至順2.7	秘 9,7b		〈秘書太監〉	王珪＊
至順2.7.18	秘 9,3a		〈秘書卿〉	阿魯輝＊
至順2.8.17	正 斷7,戸婚225	至順3.4.11	虚報農桑	以前,欽遇革撥
至順2.8.18	正 條24,廐牧38		印烙軍人馬疋	宗正府奏節該
至順2.8.18	秘 10,3a		〈著作郎〉	王思誠＊
至順2.9.21	官 69		〈廣誼司〉	罷供需府及提擧覆實司
至順2.9.29	正 斷7,戸婚225	至順3.4.11	虚報農桑	虚報農桑壹萬壹千貳伯株
至順2.10.2	秘 9,11b		〈秘書少監〉	教化的＊
至順2.11	正 條30,賞令248		優禮致仕	戸部呈
至順2.11.13	秘 10,7b		〈秘書郎〉	張士貞＊
至順2.12	正 斷13,擅興411		軍官遇賊不捕	刑部議得

至順3年(壬申, 1332)

至順3	金 6,32b		〈御史大夫〉	脱歡＊
至順3	金 6,36b		〈侍御史〉	拜降＊
至順3	金 6,36b		〈侍御史〉	雅八忽＊
至順3	金 6,37b		〈侍御史〉	郭思貞＊
至順3	金 6,37b		〈侍御史〉	耿煥＊
至順3	金 6,43b		〈都事〉	張端容＊
至順3	金 6,45b		〈照磨承發司管勾兼獄丞〉	趙深＊
至順3	金 6,46b		〈架閣庫管勾〉	楊思粟＊
至順3	金 6,46b		〈架閣庫管勾〉	沙不丁＊
至順3	金 6,60b		〈監察御史〉	蒙哥不花＊
至順3	金 6,60b		〈監察御史〉	蕭伯嚴＊
至順3	金 6,60b		〈監察御史〉	蘇天爵＊
至順3	金 6,60b		〈監察御史〉	桑哥失里＊
至順3	金 6,60b		〈監察御史〉	耿汝霖＊
至順3	金 6,60b		〈監察御史〉	胡士元＊

文宗至順３年(1332)

至順3	金 6, 60b		〈監察御史〉	梁國標＊
至順3	金 6, 60b		〈監察御史〉	任格＊
至順3	金 6, 60b		〈監察御史〉	不花＊
至順3	金 6, 61a		〈監察御史〉	元童＊
至順3	金 6, 61a		〈監察御史〉	朶兒只班＊
至順3	金 6, 61a		〈監察御史〉	忽都魯別＊
至順3	金 6, 61a		〈監察御史〉	王理＊
至順3	金 6, 61a		〈監察御史〉	李世蕃＊
至順3	金 6, 61a		〈監察御史〉	黑里兒
至順3	金 6, 61a		〈監察御史〉	伯家閭＊
至順3	金 6, 61a		〈監察御史〉	蠻子海牙＊
至順3. 1	正 斷3, 職制53		差攝齋郎	刑部與禮部議得
至順3. 1	正 斷7, 戸婚209		虛供戸絶	刑部議得
至順3. 1	正 斷13, 擅興414		詐避征役	刑部議得
至順3. 1	賦 45b		誣輕爲重者	刑部議得
至順3. 2	正 斷4, 職制96		被盜勒民陪償	刑部議得
至順3. 2	正 斷5, 職制145		又(整點急遞鋪)	兵部議得
至順3. 2. 13 (209)	秘 11, 5a		〈回回令史〉	馬合馬沙＊
至順3. 3	正 斷4, 職制104		罰俸令人代納	刑部議得
至順3. 3 (210)	秘 9, 3a	至順3. 5. 21	〈秘書卿〉	王士弘…＊
至順3. 4	正 條24, 廐牧55		又(抽分羊馬)	兵部議得
至順3. 4	正 條29, 捕亡236		又(軍民官捕盜)	刑部議得
至順3. 4	正 條33, 獄官318		決不待時	刑部議得
至順3. 4	正 斷2, 職制39		又(發視機密文字)	御史臺呈
至順3. 4. 11	正 斷7, 戸婚225		虛報農桑	大司農司奏
至順3. 4. 18	秘 9, 11b		〈秘書少監〉	卜蘭奚＊
至順3. 4. 19	秘 9, 3a		〈秘書卿〉	塔出＊
至順3. 5. 21	秘 9, 3a		〈秘書卿〉	王士弘＊
至順3. 5. 27	憲 2608, 24a		命亦釋董阿爲御史中丞	本臺官奏
至順3. 6	正 條30, 賞令275		又(獲賊)	刑部呈
至順3. 6	正 斷2, 職制26		稽緩開讀	刑部議得
至順3. 6. 1	賦 48b		議親議故/親親	欽奉詔書節該
至順3. 6. 2	秘 10, 5a		〈著作佐郎〉	阿里＊
至順3. 6. 9 (211)	秘 11, 2b		〈令史〉	李守恕＊
至順3. 6. 12	秘 9, 18b		〈典簿〉	班惟志＊
至順3. 6. 29 (212)	秘 11, 5b		〈知印〉	仝承慶＊
至順3. 7	正 斷7, 戸婚226		侵耕煎鹽草地	刑部與戸部議得
至順3. 7. 21	秘 10, 3a		〈著作郎〉	杜敏＊
至順3. 8	正 條23, 倉庫25		取要起發錢遇革	刑部議得
至順3. 8	正 條23, 倉庫26		起運短少遇革	刑部議得
至順3. 8	正 條23, 倉庫31		冒關衣裝賞錢遇革	刑部議得
至順3. 8	正 條24, 廐牧65		隱蔵闌遺官物遇革	刑部議得
至順3. 8	正 條26, 田令93		占種官田遇革	刑部議得
至順3. 8	正 條27, 賦役149		冒除災傷差税遇革	刑部議得
至順3. 8	正 條28, 關市193		又(私發番船遇革)	刑部議得
至順3. 8	正 條28, 關市194		漏舶船隻遇革	刑部議得
至順3. 8	正 條28, 關市195		舶商廻帆物貨遇革	刑部議得

至順3. 8	正 條28, 關市196		番船私相博易遇革	刑部議得
至順3. 8	正 條28, 關市197		拗番博易遇革	刑部議得
至順3. 8	正 條28, 關市198		脱放漏舶物貨遇革	刑部議得
至順3. 8	正 條28, 關市199		衝礁閣淺搶物遇革	刑部議得
至順3. 8	正 條28, 關市200		舶商身故事産	刑部議得
至順3. 8	正 條28, 關市201		舶商雜犯遇革	刑部議得
至順3. 8	正 條28, 關市217		減價買物遇革	刑部議得
至順3. 8	正 條28, 關市225		船戸脚錢遇革	刑部議得
至順3. 8	正 條29, 捕亡247		捕盜未獲遇革	刑部議得
至順3. 8	正 條30, 賞令289		不應給賞遇革	刑部議得
至順3. 8	正 斷3, 職制94		軍官軍人刼奪遇革	刑部議得
至順3. 8	正 斷4, 職制114		虚稱遷葬	刑部議得
至順3. 8	正 斷6, 職制152		取受身死貧乏遇革	刑部議得
至順3. 8	正 斷9, 廐庫288		宰牛再首不准	刑部議得
至順3. 8	正 斷11, 廐庫378		又(私鹽遇革)	刑部議得
至順3. 8	正 斷13, 擅興426		代[替]軍役錢糧遇革	刑部議得
至順3. 8. 3	秘 11, 10b		〈典書〉	楊允敬＊
至順3. 9	正 斷11, 廐庫369		巡鹽諞賴平人	戸部議得
至順3. 9	賦 76a		罪不首亦同自首	刑部議得
至順3. 10	正 斷11, 廐庫368		婦人犯私鹽	刑部與戸部議得
至順3. 10	賦 87b		情僞不常也	刑部檢舊例
至順3. 10. 13	正 斷1, 衛禁4		又(肅嚴宮禁)	中書省奏
至順3. 10. 26	秘 10, 11a		〈校書郎〉	劉庸＊
至順3. 11	正 斷3, 職制58		失誤拜賀	刑部議得
至順3. 11. 18	秘 10, 7b		〈秘書郎〉	剌剌＊
至順3. 12	正 條27, 賦役157		又(禁投下横科)	刑部議得
至順3. 12	正 條33, 獄官316		又(刑名備細開申)	刑部議得
至順3. 12	正 條34, 獄官367		又(罪囚衣糧等)	刑部議得

元統元年(癸酉, 1333)

元統1	山 44b			上新製洪小璽
元統1	金 6, 32b		〈御史大夫〉	易釋董阿＊
至順4	金 6, 39a		〈治書侍御史〉	沙的＊
元統1	金 6, 41b		〈經歷〉	脱脱＊
元統1	金 6, 43b		〈都事〉	劉光祖＊
元統1	金 6, 45b		〈照磨承發司管勾兼獄丞〉	伯帖木兒＊
元統1	金 6, 61a		〈監察御史〉	楊熙＊
元統1	金 6, 61a		〈監察御史〉	呂彜＊
元統1	金 6, 61a		〈監察御史〉	普達實立＊
元統1	金 6, 61a		〈監察御史〉	也帖谷不花＊
元統1	金 6, 61a		〈監察御史〉	咼剌沙＊
元統1	金 6, 61a		〈監察御史〉	拜住＊
元統1. 2. 7	秘 10, 5a		〈著作佐郎〉	許紹祖＊
至順4. 2. 22	秘 11, 10b		〈典書〉	王遺直＊

元統1. 3	正 條23, 倉庫6		[添] 撥鈔本	戸部議得
至順4. 4. 16	正 斷13, 擅興410		擅自領軍廻還	刑部議得
至順4. 5. 3 (213)	秘 11, 4a		〈譯史〉	王愷＊
元統1. 5. 5	正 斷2, 職制17		沮壞風憲	樞密院奏
元統1. 6	正 斷2, 職制13		託故不赴任	詔書内一款
元統1. 6	正 斷2, 職制22		又 (隱藏玄象圖讖)	刑部議得
元統1. 6. 8	正 條26, 田令112		又 (妄獻地土)	詔書内一款
元統1. 6. 24	憲 2608, 24a		命脱別台·唐其勢並爲御史大夫制	欽奉聖旨
至順4. 6. 29	秘 10, 11a		〈校書郎〉	美里吉台＊
元統1. 7. 24	正 條31, 醫藥294		又 (試驗太醫)	太醫院奏
至順4. 8. 21	秘 9, 19b		〈管勾〉 (214)	瞻思丁＊
至順4. 9	正 斷2, 職制40		關防公文沉匿	刑部議得
元統1. 9	正 斷8, 戸婚270		冒娶良人配驅	戸部與刑部議得
元統1. 10	正 斷7, 戸婚222		不修圩田	刑部議得
元統1. 10. 16	秘 9, 16a		〈秘書監丞〉 (215)	乞荅撒里＊
元統1. 11	秘 9, 3a	至順2. 7. 18	〈秘書卿〉	阿魯輝…＊
元統1. 11. 21	秘 9, 3b		〈秘書卿〉	鐵穆耳達識＊
元統1. 11. 25	秘 9, 3b		〈秘書卿〉	哈只某＊
元統1. 12	秘 9, 7b		〈秘書太監〉	密邇謨穌麼＊
元統1. 12. 26	秘 9, 3b		〈秘書卿〉	李師魯＊
元統1. 12. 26	秘 10, 3a		〈著作郎〉	麥文貴＊
元統1. 12. 26	秘 10, 11a		〈校書郎〉	篤居敬＊

元統2年(甲戌, 1334)

元統2	金 6, 33b		〈御史中丞〉	八辰＊
元統2	金 6, 36b		〈侍御史〉	納憐＊
元統2	金 6, 39b		〈治書侍御史〉	禿堅里不花＊
元統2	金 6, 40b		〈治書侍御史〉	劉宗説＊
元統2	金 6, 43b		〈都事〉	李世蕃＊
元統2	金 6, 43b		〈都事〉	張弘毅＊
元統2	金 6, 47a		〈架閣庫管勾〉	訥訥識禮＊
元統2	金 6, 47a		〈架閣庫管勾〉	石抹哈剌不花＊
元統2	金 6, 61a		〈監察御史〉	王珪＊
元統2	金 6, 61a		〈監察御史〉	也的迷失＊
元統2	金 6, 61a		〈監察御史〉	達世貼睦邇＊
元統2	金 6, 61a		〈監察御史〉	俺都剌蠻＊
元統2	金 6, 61b		〈監察御史〉	徐夢孫＊
元統2	金 6, 61b		〈監察御史〉	察罕不花＊
元統2	金 6, 61b		〈監察御史〉	聶大亨＊
元統2	金 6, 61b		〈監察御史〉	姚紱＊
元統2	金 6, 61b		〈監察御史〉	李節＊
元統2	金 6, 61b		〈監察御史〉	相嘉達思＊
元統2	金 6, 61b		〈監察御史〉	哈剌察兒＊
元統2	金 6, 61b		〈監察御史〉	歪頭＊
元統2	金 6, 61b		〈監察御史〉	王思齊＊

元統2	金 6, 61b		〈監察御史〉	韓還善＊
元統2	金 6, 61b		〈監察御史〉	赫赫＊
元統2. 1	正 斷4, 職制109		聞喪不奔訃	刑部與禮部議得
元統2. 2	正 斷3, 職制56		又(失儀)	禮部呈
元統2. 2. 2	秘 9, 12a		〈秘書少監〉	李肯構＊
元統2. 2. 7	正 條23, 倉庫29		支請怯薛襖子	中書省奏
元統2. 2. 21 [216]	秘 10, 12b		〈辨驗書畫直長〉	嚴毅＊
元統2. 3	正 斷6, 職制193		出首不盡	刑部議得
元統2. 3	秘 9, 7b		〈秘書太監〉	靳魯＊
元統2. 3. 9	正 斷6, 職制168		出使人員取受	御史臺奏
元統甲戌. 3. 29	山 2b			瑀在内署, 退食餘暇, 廣惠司卿
元統2. 4	秘 9, 3b	元統1. 11. 21	〈秘書卿〉	鐵穆耳達識…＊
元統2. 4	秘 9, 3b		〈秘書卿〉	布八＊代其父
元統2. 4. 15	南 2610, 17b		振擧憲章制	欽奉聖旨
元統2. 4. 28	正 條26, 田令97		又(撥賜田土)	中書省奏
元統2. 4. 28	正 條30, 賞令251		又(泛濫賞賜)	中書省奏
元統2. 5	正 條29, 捕亡239		軍官捕賊	刑部議得
元統2. 5	正 條29, 捕亡242		又(捕盜功過)	刑部議得
元統2. 5. 22	正 斷1, 衛禁6		侵耕納鉢草地	經正監奏
元統2. 5. 25	正 斷5, 職制117		又(泛濫給驛)	刑部議得
元統2. 6	正 條32, 假寧305		又(奔喪遷葬假限)	刑部議得
元統2. 6	賦 3b		立萬世之準繩	刑部呈
元統2. 6. 5	正 條24, 廐牧48		又(宿衞馬疋草料)	中書省奏節該
元統2. 7. 2	秘 10, 5a		〈著作佐郎〉	宋謙＊
元統2. 7. 24	正 斷1, 衛禁6	元統2. 5. 22	侵耕納鉢草地	中書省奏
元統2. 8	秘 9, 16a		〈秘書監丞〉[217]	察八兒忽都＊
元統2. 8. 16	秘 3, 4b		〈印章〉	准中書禮部關
元統2. 8. 25	秘 10, 7b		〈秘書郎〉	孔思立＊
元統2. 10. 22	秘 9, 12a		〈秘書少監〉	火你赤＊
元統2. 10. 29	正 條24, 廐牧56		又(抽分羊馬)	詔書内一款
元統2. 10. 29	正 條26, 田令124		又(典賣隨地推税)	詔書内一款
元統2. 11	正 條30, 賞令261		招蠻有功	刑部議得
元統2. 12	正 斷4, 職制106		喪所丁憂	刑部議得
元統2. 12	正 斷9, 廐庫303		提調官不封鈔庫	刑部議得
元統2. 12. 8	秘 9, 18b		〈典簿〉	韓璵＊
元統2. 12. 16	秘 10, 8a		〈秘書郎〉	完者帖木兒＊

後至元元年(乙亥, 1335)

後至元1	正 斷9, 廐庫310	後至元2. 12. 4	擅開生料庫	宣徽院奏奉聖旨
後至元1	賦 69a		制不必備也	准江西省咨
後至元1	金 6, 32b		〈御史大夫〉	塔失帖木兒＊
元統3	金 6, 33b		〈御史中丞〉	納麟＊
後至元1	金 6, 33b		〈御史中丞〉	卜只兒＊
元統3	金 6, 34b		〈御史中丞〉	馬祖常＊
後至元1	金 6, 36b		〈侍御史〉	密蘭＊

順帝後至元元年 (1335)

元統3	金 6, 37b		〈侍御史〉	劉宗説＊
元統3	金 6, 39b		〈治書侍御史〉	察罕普華＊
後至元1	金 6, 40b		〈治書侍御史〉	任擇善＊
元統3	金 6, 41b		〈經歷〉	燕只不花＊
元統3	金 6, 43b		〈都事〉	李居威＊
元統3	金 6, 43b		〈都事〉	楊熙＊
元統3	金 6, 47a		〈架閣庫管勾〉	帖木兒不花＊
元統3	金 6, 47a		〈架閣庫管勾〉	紐麟＊
元統3	金 6, 61b		〈監察御史〉	姜椿＊
元統3	金 6, 61b		〈監察御史〉	杜蒙古帖木兒＊
元統3	金 6, 61b		〈監察御史〉	朶歹＊
元統3	金 6, 61b		〈監察御史〉	九聖奴＊
元統3	金 6, 61b		〈監察御史〉	哈剌＊
元統3	金 6, 61b		〈監察御史〉	也里＊
元統3	金 6, 61b		〈監察御史〉	納速剌丁＊
元統3	金 6, 62a		〈監察御史〉	白德＊
元統3	金 6, 62a		〈監察御史〉	伯顏＊
元統3	金 6, 62a		〈監察御史〉	韓復＊
元統3	金 6, 62a		〈監察御史〉	張翔＊
元統3	金 6, 62a		〈監察御史〉	膽八＊
元統3	金 6, 62a		〈監察御史〉	丑德＊
元統3	金 6, 62a		〈監察御史〉	劉持中＊
後至元1	金 6, 62a		〈監察御史〉	阿都赤＊
後至元1	金 6, 62a		〈監察御史〉	忽辛＊
後至元1	金 6, 62a		〈監察御史〉	尹彬＊
元統3. 1. 11	秘 9, 3b		〈秘書卿〉	愛牙圖＊
元統3. 1. 28	秘 10, 5a		〈著作佐郎〉	王克修＊
後至元1. 1. 29	秘 10, 5a	元統3. 1. 28	〈著作佐郎〉	王克修…＊
元統3. 3	憲 2608, 25a	後至元1. 11. 26	不許犯分糾言	監察御史文書裏説
後至元1. 4	正 條33, 獄官313		又 (重囚結案)	刑部議得
元統3. 5. 29	秘 10, 11a		〈校書郎〉	穆古必立＊
元統3. 6	正 條24, 廐牧57		又 (抽分羊馬)	兵部議得
後至元1. 7	正 條28, 關市189		又 (違禁下番)	戸部與刑部議得
元統3. 7. 18	憲 2609, 10a	至正4. 3. 19	分巡日期	奏
元統3. 7. 18	南 2610, 18a	後至元1. 9	廣海分司出還日期	本臺官馬札兒台…等奏
後至元1. 9	南 2610, 18a		廣海分司出還日期	准御史臺咨
後至元1. 9. 3	正 斷3, 職制92		巡鹽官軍違期不換	中書省奏
元統3. 9. 8	正 斷13, 擅興420	後至元4. 4. 14	逃軍賞罰	詔書内開了來
元統3. 10	正 斷3, 職制72		監收段匹不如法	戸部議得
元統3. 10	秘 9, 3b		〈秘書卿〉	寶哥＊
元統3. 10	秘 9, 3b		〈秘書卿〉	不老＊
後至元1. 10. 9	正 條27, 賦役174		海運船戸當差	中書省奏
元統3. 11	正 斷10, 廐庫352		冒料工物	刑部議得
元統3. 11	正 斷10, 廐庫361		段匹有違元料	工部呈
後至元1. 11	秘 10, 7b	元統2. 8. 25	〈秘書郎〉	孔思立…＊
後至元1. 11. 22	正 斷7, 戸婚232	至正4. 1	僧道不許置買民田	詔書已前

後至元1. 11. 26	憲 2608, 24b		命普化爲御史中丞	本臺官奏
後至元1. 11. 26	憲 2608, 24b		不許犯分糾言	本臺官奏
後至元1. 12	正 條24, 廐牧64		又(闌遺)	刑部議得
後至元1. 12. 8 [218]	正 條23, 倉庫32		住罷眼飽錢	中書省奏
後至元1. 12. 8	*正 斷10, 廐庫347*		*倉庫軍人交換*	*樞密院奏*
後至元1. R12	秘 10, 3a	元統1. 12. 26	〈著作郎〉	麥文貴…＊

後至元2年(丙子, 1336)

後至元2	憲 2609, 1a	至正12. 2	憲臺通紀續集序	作憲臺通紀
後至元2	憲 2609, 1b	至正12. 2	憲臺通紀續集序	臺臣迺始奏請編進成書
後至元丙子	山 30b			羅世栄…＊爲行金玉府副總管
後至元2	金 6, 33b		〈御史中丞〉	謹篤班＊
後至元2	金 6, 33b		〈御史中丞〉	亦憐眞班＊
後至元2	金 6, 33b		〈御史中丞〉	篤思彌實＊
後至元2	金 6, 34b		〈御史中丞〉	劉文＊
後至元2	金 6, 37b		〈侍御史〉	王士熙＊
後至元2	金 6, 39b		〈治書侍御史〉	禿魯＊
後至元2	金 6, 39b		〈治書侍御史〉	阿思蘭都彌世＊
後至元2	金 6, 40b		〈治書侍御史〉	韓鏞＊
後至元2	金 6, 43b		〈都事〉	張翔＊
後至元2	金 6, 43b		〈都事〉	劉光祖＊
後至元2	金 6, 45b		〈照磨承發司管勾兼獄丞〉	傅夢臣＊
後至元2	金 6, 47a		〈架閣庫管勾〉	童童＊
後至元2	金 6, 47a		〈架閣庫管勾〉	張思成＊
後至元2	金 6, 62a		〈監察御史〉	沙不丁＊
後至元2	金 6, 62a		〈監察御史〉	忽里哈赤＊
後至元2	金 6, 62a		〈監察御史〉	王楚鼇＊
後至元2	金 6, 62a		〈監察御史〉	史經＊
後至元2	金 6, 62a		〈監察御史〉	孔思立＊
後至元2	金 6, 62a		〈監察御史〉	禿魯＊
後至元2	金 6, 62a		〈監察御史〉	孛羅帖木兒＊
後至元2	金 6, 62a		〈監察御史〉	劉恕＊
後至元2	金 6, 62b		〈監察御史〉	周燮＊
後至元2	金 6, 62b		〈監察御史〉	差禿＊
後至元2	金 6, 62b		〈監察御史〉	齊璧＊
後至元2	金 6, 62b		〈監察御史〉	耿汝霖＊
後至元2	金 6, 62b		〈監察御史〉	也先帖木兒＊
後至元2	金 6, 62b		〈監察御史〉	安顯＊
後至元2	金 6, 62b		〈監察御史〉	篤列圖＊
後至元2. 1	正 斷2, 職制12		又(擅自離職)	刑部議得
後至元2. 1	正 斷2, 職制19		拘占印信	刑部議得
後至元2. 1. 27	秘 9, 20a		〈管勾〉[219]	高完者圖＊
後至元2. 2. 6	秘 9, 19b		〈管勾〉[220]	鄧立忠＊

後至元2. 3	*正 斷6, 職制187*		*揹除俸給*	*刑部議得*
後至元2. 3	正 斷10, 廏庫320		揷和盜賣海運糧	刑部與戸部議得
後至元2. 3	秘 9, 16a		〈秘書監丞〉(221)	曲呂不花＊
後至元2. 4	南 2610, 18b		首振臺綱	欽奉聖旨
後至元2. 4	正 斷8, 戸婚271		又（冒娶良人配驅）	刑部議得
後至元2. 4. 12	秘 3, 15a		〈公用銀器〉	秘監密邇謨龢慶
後至元2. 5	*正 條26, 田令125*		*典質限滿不放贖*	*刑部議得*
後至元2. 5	正 條32, 假寧306		又（奔喪遷葬假限）	刑部議得
後至元2. 5	秘 9, 7b		〈秘書太監〉	塔海＊
後至元2. 6	正 斷8, 戸婚248		弟婦配兄	刑部議得
後至元2. 6. 19	正 條30, 賞令252		又（泛濫賞賜）	中書省奏
後至元2. 6. 22	*正 斷10, 廏庫357*		*起運上都段匹*	*中書省奏*
後至元2. 7	正 斷9, 廏庫312		主守分要輕賫	刑部議得
後至元2. 7. 16(222)	秘 11, 2b		〈令史〉	朱直＊
後至元2. 8	*正 條23, 倉庫16*		*庫官庫子託病在逃*	*戸部呈*
後至元2. 8	正 斷3, 職制71		又（織造不如法）	刑部議得
後至元2. 8	*正 斷6, 職制189*		*子受贓不坐父罪*	*刑部議得*
後至元2. 9	*正 斷4, 職制115*		*推稱遷葬遇革*	*刑部議得*
後至元2. 9	*正 斷6, 職制194*		*回付不盡*	*刑部議得*
後至元2. 9. 9 (223)	秘 11, 6b		〈怯里馬赤〉	達理於實＊
後至元2. 10	*正 斷2, 職制46*		*匿過求仕*	*刑部議得*
後至元2. 10	正 斷2, 職制51		又（關防吏弊）	中書省奏
後至元2. 10	*正 斷11, 廏庫392*		*促獲醃魚給賞*	*刑部議得*
後至元2. 11 (224)	正 條23, 倉庫27		太府監計置	戸部備司計官言
後至元2. 12. 4	正 斷9, 廏庫310		擅開生料庫	中書省奏

後至元3年（丁丑, 1337）

後至元3	正 條23, 倉庫15	至正1. 2. 24	又（燒鈔官不許差除）	至順二年＊二次奏奉聖旨
後至元3	憲 2609, 7a	至正1. 2. 24	監燒昏鈔官不許差除	至順二年＊二次奏奉聖旨
後至元3	山 3b			空中有蘆一枝在前, 繼有鈔
後至元丁丑	山 10b			殺唐其勢大夫于宮中
後至元3	金 6, 32b		〈御史大夫〉	八剌哈赤＊
後至元3	金 6, 36b		〈侍御史〉	卜顔＊
後至元3	金 6, 37b		〈侍御史〉	張起巖＊
後至元3	金 6, 41b		〈經歷〉	廉惠山凱雅＊
後至元3	金 6, 43b		〈都事〉	周夔＊
後至元3	金 6, 43b		〈都事〉	尹彬＊
後至元3	金 6, 45b		〈照磨承發司管勾兼獄丞〉	劉貞＊
後至元3	金 6, 62b		〈監察御史〉	李祉＊
後至元3	金 6, 62b		〈監察御史〉	世式＊
後至元3	金 6, 62b		〈監察御史〉	馬哈麻＊

後至元3	金 6, 62b		〈監察御史〉	兀馬兒＊
後至元3	金 6, 62b		〈監察御史〉	甄囊加歹＊
後至元3	金 6, 62b		〈監察御史〉	王偲＊
後至元3	金 6, 62b		〈監察御史〉	伯顔＊
後至元3	金 6, 62b		〈監察御史〉	常泰＊
後至元3	金 6, 62b		〈監察御史〉	那海＊
後至元3. 1	正 斷8, 戸婚272		娶囚婦爲妾	刑部議得
後至元3. 1. 14	正 條26, 田令105		逃軍戸絶地租	樞密院奏
後至元3. 2	秘 9, 7b		〈秘書太監〉	劉融＊
後至元3. 2. 4	秘 9, 3b		〈秘書卿〉	呂元臣＊
後至元3. 2. 13	秘 9, 12a		〈秘書少監〉	温瑛＊
後至元3. 3. 2 (225)	秘 10, 12b		〈辨驗書畫直長〉	也先帖木兒＊
後至元3. 3. 25	秘 10, 8a		〈秘書郎〉	張引＊
後至元3. 3. 29 (226)	秘 9, 18b		〈典簿〉	許思誠＊
後至元3. 4	正 條29, 捕亡227		又(防盜)	刑部議到監察御史言防禦盜賊事理
後至元3. 4	正 條30, 賞令262		又(招蠻有功)	刑部議得
後至元3. 4 (227)	正 斷9, 廄庫287		受雇干犯宰牛	刑部議得
後至元3. 4. 12 (228)	秘 11, 4a		〈譯史〉	咬住＊
後至元3. 5	*正 條23, 倉庫13*		*庫官相妨不須等候*	*中書省議得*
後至元3. 5 (229)	正 斷8, 戸婚254		又(娶定婚婦)	刑部議得
後至元3. 6. 1	正 斷5, 職制118		又(泛濫給驛)	中書省奏奉聖旨
後至元3. 6. 7	秘 9, 7b		〈秘書太監〉	五十＊
後至元3. 6. 19	正 斷3, 職制64		賑濟遲慢	中書省奏
後至元3. 7	秘 9, 16a		〈秘書監丞〉(230)	莊嘉＊
後至元3. 8	正 斷3, 職制74		中賣站馬	刑部議得
後至元3. 8	正 斷3, 職制95		致死軍人	刑部議得
後至元3. 8	正 斷5, 職制143		公差不許截替	吏部議得
後至元3. 8. 29	秘 11, 8a		〈奏差〉	囊加台＊
後至元3. 8. 29	秘 11, 11a		〈典吏〉	鄧林＊
後至元3. 9. 12	正 斷8, 戸婚281		又(職官娶倡)	中書省奏
後至元3. 10	*正 條33, 獄官317*		*處決重刑*	*刑部議得*
後至元3. 10	*正 斷11, 廄庫386*		*滷水合醬*	*刑部與戸部議得*
後至元3. 10. 19	秘 10, 11a		〈校書郎〉	逯居敬＊
後至元3. 10. 20	正 條25, 田令77		又(勸農勤惰)	中書省奏
後至元3. 11	秘 2, 11a		〈禄秩〉	准中書戸部關
後至元3. 11. 4	秘 2, 11a	後至元3. 11	〈禄秩〉	奏過事内
後至元3. 11. 9	*正 斷10, 廄庫330*		*用斛支糧*	*中書省奏*
後至元3. 12. 11	南 2610, 20a	後至元6. 3	保擧官員, 蒙古･色目･漢人相參覆察	憲臺奏過事内
後至元3. 12. 29	*正 斷10, 廄庫325*		*盜賣官糧*	*中書省奏*

後至元4年(戊寅, 1338)

後至元4	正 條27, 賦役139	後至元6. 12	投下税糧	軍需家口錢糧

順帝後至元４年 (1338)

後至元4	正 斷9, 廐庫317	後至元4. 5	關防漕運	河海等糧都漕運司·臨清萬戸府
後至元4	山 1b			伯顔太師之子, …爲洪城兒萬戸
後至元4	山 3b			天曆太后命將作院官
後至元4	山 3b			大都金玉局忽満地, 皆現錢文
後至元4	山 17a			因伯顔太師稱壽, 百官填擁
後至元4	金 6, 34b		〈御史中丞〉	史惟良＊
後至元4	金 6, 37b		〈侍御史〉	姚庸＊
後至元4	金 6, 39b		〈治書侍御史〉	古納剌＊
後至元4	金 6, 41b		〈經歷〉	帖木兒不花＊
後至元4	金 6, 43b		〈都事〉	李伯述＊
後至元4	金 6, 43b		〈都事〉	王偲＊
後至元4	金 6, 45b		〈照磨承發司管勾兼獄丞〉	于炳文＊
後至元4	金 6, 47a		〈架閣庫管勾〉	曹復亨＊
後至元4	金 6, 62b		〈監察御史〉	世圖爾＊
後至元4	金 6, 62b		〈監察御史〉	燮理溥化＊
後至元4	金 6, 63a		〈監察御史〉	不顔塔失＊
後至元4	金 6, 63a		〈監察御史〉	弘家奴＊
後至元4	金 6, 63a		〈監察御史〉	趙承禧＊
後至元4	金 6, 63a		〈監察御史〉	管懷徳＊
後至元4	金 6, 63a		〈監察御史〉	張珪＊
後至元4	金 6, 63a		〈監察御史〉	帖木兒不花＊
後至元4	金 6, 63a		〈監察御史〉	韓琇＊
後至元4	金 6, 63a		〈監察御史〉	伯帖木兒＊
後至元4	金 6, 63a		〈監察御史〉	達理麻＊
後至元4	金 6, 63a		〈監察御史〉	宋思義＊
後至元4. 1	正 斷9, 廐庫306		又 (結攬小倒)	刑部議得
後至元4. 1	*正 斷10, 廐庫326*		*又 (盗賣官糧)*	*刑部議得*
後至元4. 1. 1	憲 2609, 2a		風憲親問	欽奉詔書
後至元4. 3 (231)	正 斷3, 職制59		僭用朝服	御史臺呈
後至元4. 3. 13 (232)	秘 11, 2b		〈令史〉	王遺直＊
後至元4. 4 (233)	正 條24, 廐牧41		又 (馬駝草料)	戸部議得
後至元4. 4. 8	憲 2609, 2a		命脱脱爲御史大夫	本臺官奏
後至元4. 4. 9	秘 11, 11b		〈典吏〉	薛顯＊
後至元4. 4. 14	正 斷7, 戸婚219		又 (屯田賞罰)	樞密院奏
後至元4. 4. 14	正 斷13, 擅興420		逃軍賞罰	樞密院奏奉聖旨
後至元4. 4. 29	秘 10, 5a		〈著作佐郎〉	趙汝愚＊
後至元4. 4. 29	秘 10, 8a		〈秘書郎〉	伯帖木兒＊
後至元4. 5	*正 斷6, 職制176*		*冒易封裝軍數*	*刑部議得*
後至元4. 5 (234)	正 斷9, 廐庫317		關防漕運	戸部議得
後至元4. 5	秘 10, 3a	至順3. 7. 21	〈著作郎〉	杜敏…＊
後至元4. 6. 12	秘 10, 11a		〈校書郎〉	彦智傑＊
後至元4. 8	*正 斷9, 廐庫311*		*納鉢物色*	*御史臺呈*

後至元4. 8. 2	秘 9, 19b		〈管勾〉(235)	馬合麻＊
後至元4. 8. 13	憲 2609, 2a	後至元4. 12. 2	褒贈臺臣	蕘謝
後至元4. R8. 10	秘 9, 20a		〈管勾〉(236)	姚堉＊
後至元4. 9	秘 9, 16a		〈秘書監丞〉(237)	桑哥＊
後至元4. 9. 1	秘 10, 2a		〈著作郎〉	蔣汝礪＊
後至元4. 10. 13	秘 11, 8a		〈奏差〉	程時中＊
後至元4. 11	*正 條33, 獄官320*		*刑名作疑咨稟*	*都省議得*
後至元4. 12. 2	憲 2609, 2a		褒贈臺臣	本臺官奏
後至元4. 12. 16(238)	秘 11, 4a		〈譯史〉	伯戶＊
後至元4. 12. 16	秘 11, 11a		〈典吏〉	王冕＊
後至元4. 12. 16	秘 11, 11b		〈典吏〉	鄧林＊

後至元5年(己卯, 1339)

後至元5	山 12a			陳柏…＊爲餘姚州同知
後至元5	金 6, 36b		〈侍御史〉	伯顏＊
後至元5	金 6, 39b		〈治書侍御史〉	岳石木＊
後至元5	金 6, 43b		〈都事〉	姚紱＊
後至元5	金 6, 63a		〈監察御史〉	栢壽＊
後至元5	金 6, 63a		〈監察御史〉	帖木兒不花＊
後至元5	金 6, 63a		〈監察御史〉	上都＊
後至元5	金 6, 63a		〈監察御史〉	丑閭＊
後至元5	金 6, 63a		〈監察御史〉	紐麟＊
後至元5	金 6, 63a		〈監察御史〉	童童＊
後至元5	金 6, 63a		〈監察御史〉	張儆＊
後至元5	金 6, 63a		〈監察御史〉	許紹祖＊
後至元5	金 6, 63b		〈監察御史〉	傅夢臣＊
後至元5	金 6, 63b		〈監察御史〉	觀音奴＊
後至元5	金 6, 63b		〈監察御史〉	耶律埜仙＊
後至元5	金 6, 63b		〈監察御史〉	韓恭＊
後至元5. 1. 7	憲 2609, 2b		類申事故官員	本臺官奏
後至元5. 2	正 條27, 賦役158		又（禁投下橫科）	刑部議得
後至元5. 3. 19	秘 9, 12a		〈秘書少監〉	阿魯＊
後至元5. 4	憲 2609, 3a		照刷銀冶提擧司文卷	御史臺據監察御史呈
後至元己卯. 4	山 42a			黃霧四塞, 頃刻黑暗, 對面不見
後至元5. 4. 9	憲 2609, 3a		贓誣風憲	本臺官奏
後至元5. 5. 29(239)	秘 11, 5a		〈回回令史〉	迭里月失＊
後至元5. 7. 25	正 條31, 醫藥295		又（試驗太醫）	中書省奏
後至元5. 8 (240)	正 斷8, 戶婚256		又（嚇娶女使）	刑部議得
後至元5. 9. 13(241)	秘 11, 6a		〈知印〉	亦思馬因＊
後至元5. 11. 2	秘 9, 18b		〈典簿〉	斡勒海壽＊
後至元5. 12. 2	秘 10, 13a		〈辨驗書畫直長〉	李黑厮＊

後至元6年(庚辰, 1340)

後至元6	正 斷13, 擅興421		代軍罪名	樞密院奏
後至元6	秘 8, 15b		天壽節賀表	姚堉
後至元6	山 20a			中書右丞缺
後至元6	山 34a			沙剌班…＊爲中書平章
後至元6	金 6, 36b		〈侍御史〉	察罕普華＊
後至元6	金 6, 37b		〈侍御史〉	呉秉道＊
後至元6	金 6, 39b		〈治書侍御史〉	桑哥失里＊
後至元6	金 6, 41b		〈經歷〉	斡玉倫徒＊
後至元6	金 6, 45b		〈照磨承發司管勾兼獄丞〉	宋秉亮＊
後至元6	金 6, 47a		〈架閣庫管勾〉	楊惟一＊
後至元6	金 6, 63b		〈監察御史〉	埜爾吉尼＊
後至元6	金 6, 63b		〈監察御史〉	尹忠＊
後至元6	金 6, 63b		〈監察御史〉	董守讓＊
後至元6	金 6, 63b		〈監察御史〉	衍飭＊
後至元6	金 6, 63b		〈監察御史〉	長壽＊
後至元6	金 6, 63b		〈監察御史〉	答禮麻亦憐珍＊
後至元6	金 6, 63b		〈監察御史〉	彭敬叔＊
後至元6	金 6, 63b		〈監察御史〉	李齊＊
後至元6	金 6, 63b		〈監察御史〉	王居敬＊
後至元6	金 6, 63b		〈監察御史〉	也先脱因＊
後至元6	金 6, 63b		〈監察御史〉	蔡明安答兒＊
後至元6	金 6, 63b		〈監察御史〉	也兒吉尼＊
後至元6	金 6, 63b		〈監察御史〉	帖木兒不花＊
後至元6	金 6, 63b		〈監察御史〉	必申達爾＊
後至元6	金 6, 64a		〈監察御史〉	劉貞＊
後至元6. 1	正 斷2, 職制14		又 (託故不赴任)	樞密院奏
後至元6. 1	正 斷10, 廄庫362		照算錢帛	中書省, 監局官呈
後至元6. 1. 20	憲 2609, 3b		守郡分司	本臺官奏
後至元6. 1. 20	憲 2609, 4a	後至元6. 1. 20	守郡分司	教火者禿滿迭兒太皇太后前啓呵
後至元6. 1. 20	南 2610, 20b	後至元6. 3	保擧官員, 蒙古·色目·漢人相參覆察	別怯里不花…等奏
後至元6. 1. 27	南 2610, 21a	後至元6. 3	保擧官員, 蒙古·色目·漢人相參覆察	教火者禿滿迭太皇太后前啓呵
後至元6. 2	*正 斷9, 廄庫290*		*懷恨割牛舌*	*刑部議得*
後至元6. 2. 1	秘 10, 8a		〈秘書郎〉	譚卜顔圖＊
後至元6. 2. 6 (242)	秘 11, 6a		〈知印〉	捌剌＊
後至元6. 2. 15	山 2b			黜逐伯顔太師之詔
後至元6. 2. 15	山 16a			…親奉綸旨黜逐伯顔太師

後至元6. 2. 16	憲 2609, 4a		命也先帖木兒爲御史大夫制	本臺官特奉聖旨
後至元6. 2. 24	秘 9, 12a		〈秘書少監〉	忽都荅兒＊
後至元6. 2. 27	憲 2609, 4a		宴會	本臺官奏
後至元6. 2. 27	憲 2609, 4a	後至元6. 2. 27	宴會	教火者禿滿迭兒太皇太后前啓呵
後至元6. 3	*正 斷7, 戸婚204*		*私取差發*	*戸部呈*
後至元6. 3	南 2610, 20a		保擧官員, 蒙古･色目･漢人相參覆察	准御史臺咨
後至元6. 3	秘 9, 16a	後至元3. 7	〈秘書監丞〉(243)	莊嘉…＊
後至元6. 3. 29	秘 10, 5a		〈著作佐郎〉	何道元＊
後至元6. 4	秘 9, 4a		〈秘書卿〉	完者圖＊
後至元6. 4	秘 9, 7b		〈秘書太監〉	宰訥丁＊
後至元6. 4	秘 9, 12a	後至元3. 2. 13	〈秘書少監〉	温瑛…＊
後至元6. 4	秘 9, 12a	後至元5. 3. 19	〈秘書少監〉	阿魯…＊
後至元6. 4	秘 9, 16b		〈秘書監丞〉(244)	鐵木烈思＊
後至元6. 4. 1	秘 抄本10, 9b		〈校書郎〉	伯帖木兒＊(245)
後至元6. 4. 25	憲 2609, 4a		復遵舊制	本臺官奏
後至元6. 4. 26	憲 2609, 4b		復遵舊制	衆臺官太皇太后前啓呵
後至元6. 4. 28	秘 9, 4a		〈秘書卿〉	木八剌吉＊
後至元6. 4. 30	秘 9, 20a		〈管勾〉(246)	祁君璧＊
後至元6. 5. 2	秘 9, 12a		〈秘書少監〉	王居義＊
後至元6. 6	*正 斷4, 職制103*		*縦吏擾民*	*刑部議得*
後至元6. 7. 1	山 14a			靈臺郎張某來請甚急
後至元6. 7. 7	正 條26, 田令92		又(佃種官田)	詔書内一款
後至元6. 7. 7	正 條26, 田令106		豪奪官民田土	詔書内一款節該
後至元6. 7. 7	憲 2609, 4b		公田折價	欽奉詔書
後至元6. 7. 7	正 斷12, 廐庫397		妄獻課程	詔書内一款
後至元6. 8. 1	憲 2609, 4b		作新風憲制	欽奉聖旨
後至元6. 9	*正 斷2, 職制48*		*發補不赴役*	*吏部議得*
後至元6. 9. 7	憲 2609, 6a		勉勵臺察	哈麻殿中傳奉聖旨
後至元6. 9. 19	憲 2609, 6a		重惜名爵	本臺官特奉聖旨
後至元6. 9. 25	秘 10, 8a		〈秘書郎〉	程益＊
後至元6. 10 (247)	正 條30, 賞令260		又(告獲謀反)	刑部議得
後至元6. 11 (248)	正 條24, 廐牧39		喂養馬駝	中書省奏
後至元6. 11	正 條24, 廐牧58		又(抽分羊馬)	兵部議得
後至元6. 11	山 19b			皇帝親祀太廟
後至元6. 11. 1	憲 2609, 6a		命伯撒里爲御史大夫制	本臺官特奉聖旨
後至元6. 11. 5	正 斷8, 戸婚246		禁叔伯成婚	中書省奏
後至元6. 12	正 條23, 倉庫20		行用庫子遺火	刑部議得
後至元6. 12	正 條27, 賦役139		投下税糧	御史臺呈
後至元6. 12. 27 (249)	秘 10, 13a		〈辨驗書畫直長〉	鄧昌壽＊

至正元年(辛巳, 1341)

至正1	官 67		〈都水庸田使司〉	復立於乘魚橋北
至正1	秘 8, 16a		正旦賀表	程益
至正1	秘 8, 16b		賀皇后箋	程益
至正1	秘 8, 16b		天壽節賀表	程益
至正1	秘 9, 20a	後至元6. 4. 30	〈管勾〉(250)	祁君璧…＊
至正1	金 6, 33b		〈御史中丞〉	帖木哥＊
至正1	金 6, 34b		〈御史中丞〉	王昇＊
至正1	金 6, 35a		〈御史中丞〉	張起巖＊
至正1	金 6, 36b		〈侍御史〉	鎖南班＊
至正1	金 6, 37b		〈侍御史〉	馬繩武＊
至正1	金 6, 39b		〈治書侍御史〉	普顏失里＊
至正1	金 6, 39b		〈治書侍御史〉	鎖南班＊
至正1	金 6, 41b		〈經歷〉	禿魯＊
至正1	金 6, 41b		〈經歷〉	納納識禮＊
至正1	金 6, 43b		〈都事〉	彭敬叔＊
至正1	金 6, 43b		〈都事〉	郝源＊
至正1	金 6, 43b		〈都事〉	董守讓＊
至正1	金 6, 43b		〈都事〉	李英＊
至正1	金 6, 45b		〈照磨承發司管勾兼獄丞〉	趙儼＊
至正1	金 6, 47a		〈架閣庫管勾〉	王時可＊
至正1	金 6, 64a		〈監察御史〉	曹復亨＊
至正1	金 6, 64a		〈監察御史〉	兀顏思忠＊
至正1	金 6, 64a		〈監察御史〉	朶兒只班＊
至正1	金 6, 64a		〈監察御史〉	潘惟梓＊
至正1	金 6, 64a		〈監察御史〉	別燮理＊
至正1	金 6, 64a		〈監察御史〉	王彬＊
至正1	金 6, 64a		〈監察御史〉	九住哥＊
至正1	金 6, 64a		〈監察御史〉	亦思哈＊
至正1	金 6, 64a		〈監察御史〉	畢璉＊
至正1	金 6, 64a		〈監察御史〉	呂瑞＊
至正1	金 6, 64a		〈監察御史〉	觀音奴＊
至正1	金 6, 64a		〈監察御史〉	王德謙＊
至正1	金 6, 64a		〈監察御史〉	八十＊
至正1	金 6, 64a		〈監察御史〉	許有孚＊
至正1. 1	正 條27, 賦役175		江南雇役	詔書內一款
至正1. 1. 1	正 條26, 田令98		又(撥賜田土)	詔書內一款
至正1. 1. 1	正 條28, 關市214		又(和雇和買)	詔書內一款
至正1. 1. 1	正 條28, 關市216		禁減價買物	詔書內一款
至正1. 1. 1	憲 2609, 6a		添行臺官祿米	欽奉詔書
至正1. 1. 2	憲 2609, 6b		命亦憐眞班爲御史大夫制	本臺官特奉聖旨
至正1. 1. 7	憲 2609, 6b		不許連銜署事	本臺官奏

至正1.1.7	南 2610,21a	至正1.2	監察御史不許連銜並署	伯撒里…等奏
至正1.1.7	秘 9,19b		〈管勾〉(251)	張繼祖＊
至正1.2	正 斷4,職制97		虛稱被劫封裝	刑部議得
至正1.2	正 斷5,職制141		獨員不差	刑部議得
至正1.2	南 2610,21a		監察御史不許連銜並署	准御史臺咨
至正1.2.6	秘 9,16b		〈秘書監丞〉(252)	王道＊
至正1.2.18	秘 9,20a		〈管勾〉(253)	姚埴＊
至正1.2.24	正 條23,倉庫15		又(燒鈔官不許差除)	中書省·御史臺奏
至正1.2.24	憲 2609,7a		監燒昏鈔官不許差除	中書省官·本臺官奏
至正1.2.24	憲 2609,7a		下名御史審囚燒鈔	本臺官奏
至正1.2.30	秘 抄本10,9b		〈校書郎〉	張稹＊(254)
至正1.3	正 條30,賞令253		又(泛濫賞賜)	詔書內一款
至正1.3.7	正 斷10,廏庫321		綱翼運糧短少	中書省奏
至正1.3.13	憲 2609,7b		御史職專體察	本臺官傳奉聖旨
至正1.4	正 斷7,戶婚233		檢踏災傷	刑部與戶部議得
至正1.4	秘 9,3b	後至元3.2.4	〈秘書卿〉	呂元臣…＊
至正1.4	秘 9,4a		〈秘書卿〉	也里不花＊
至正1.4	秘 9,4a		〈秘書卿〉	阿魯＊
至正1.4	金 6,32b		〈御史大夫〉	脫歡＊
至正1.4.19	山 35a			杭州火災
至正1.4.24	秘 3,14a	至正1.R5.6	〈食本〉	…衆省官商量了
至正1.4.30	秘 9,7b		〈秘書太監〉	伯篤魯丁＊
至正1.5	正 斷11,廏庫383		糧船廻載鹽泥	中書省准江浙省
至正1.R5.6	秘 3,14a		〈食本〉	准中書戶部關
至正1.R5.27	秘 10,5a		〈著作佐郎〉	商企翁＊
至正1.6	秘 9,4a		〈秘書卿〉	徹徹不花＊
至正1.7.11	憲 2609,7b		不許越道辯明	本臺官奏
至正1.8.12	輟 13	☆	剛介	云都赤·汪家奴…等奏
至正1.9.22	秘 5,2b		〈秘書庫〉	朶兒只班學士特奉聖旨有
至正1.9.24	秘 抄本5,2b	至正1.9.22	〈秘書庫〉	申時,對本監官吏
至正1.10.18(255)	秘 10,8a		〈秘書郎〉	劉鶚＊
至正1.12.18	憲 2609,8a		御史不許再任	本臺官奏
至正1.12.22	憲 2609,8a		命也先帖木兒爲御史大夫制	本臺官特奉聖旨

至正2年(壬午,1342)

至正2	正 斷11,廏庫366		又(私鹽罪賞)	中書省奏准鹽法事理
至正2	南 2610,29b	至正11.4.5	建言職官	奏准內外諸衙門
至正2	南 2610,29b	至正11.4.5	建言職官	欽依＊事例

順帝至正２年(1342)

至正2 [256]	秘 8, 17a		正旦賀表	劉鶚
至正2	秘 8, 17a		賀皇后箋	劉鶚
至正2	秘 8, 17b		天壽節賀表	商企翁
至正2	金 6, 35a		〈御史中丞〉	王士熙＊
至正2	金 6, 35a		〈御史中丞〉	趙成慶＊
至正2	金 6, 38a		〈侍御史〉	趙成慶＊
至正2	金 6, 39b		〈治書侍御史〉	順昌＊
至正2	金 6, 40b		〈治書侍御史〉	張惟敏＊
至正2	金 6, 41b		〈經歷〉	阿察雅實禮＊
至正2	金 6, 43b		〈都事〉	樊執敬＊
至正2	金 6, 64a		〈監察御史〉	索元岱＊
至正2	金 6, 64a		〈監察御史〉	撒兒托温＊
至正2	金 6, 64a		〈監察御史〉	張希明＊
至正2	金 6, 64b		〈監察御史〉	張思誠＊
至正2	金 6, 64b		〈監察御史〉	阿思蘭不花＊
至正2	金 6, 64b		〈監察御史〉	火兒忽達＊
至正2	金 6, 64b		〈監察御史〉	徹徹帖木兒＊
至正2	金 6, 64b		〈監察御史〉	卓思誠＊
至正2	金 6, 64b		〈監察御史〉	埜實捏＊
至正2	金 6, 64b		〈監察御史〉	木八剌沙＊
至正2	金 6, 64b		〈監察御史〉	王武＊
至正2	金 6, 64b		〈監察御史〉	楊秩＊
至正2	金 6, 64b		〈監察御史〉	張珪＊
至正2	金 6, 64b		〈監察御史〉	谷琬＊
至正2	金 6, 64b		〈監察御史〉	王朶羅歹＊
至正2	金 6, 64b		〈監察御史〉	撒八兒禿＊
至正2. 3. 11	正 斷2, 職制41		季報官員遲慢	中書省奏
至正2. 4	憲 2609, 8a		審囚官不許別除	中書省劄付
至正2. 4	憲 2609, 8b	至正2. 4	審囚官不許別除	爲始
至正2. 4	秘 9, 4a	至正1. 6	〈秘書卿〉	徹徹不花…＊
至正2. 4	秘 9, 12a		〈秘書少監〉	王居義…＊
至正2. 4. 9	正 條23, 倉庫17		添設六行用庫官司庫	中書省奏
至正2. 4. 9	正 條34, 獄官330		又(審理罪囚)	中書省奏節該
至正2. 4. 9	憲 2609, 8a	至正2. 4	審囚官不許別除	中書省官奏
至正2. 4. 18	秘 9, 12a		〈秘書少監〉	王謙＊
至正2. 4. 29	秘 9, 20a		〈管勾〉 [257]	王士點＊
至正2. 5	秘 3, 15b		〈食本〉	覆奉監官議得
至正2. 5	秘 6, 6a		〈秘書庫〉	准監丞王奉議道關
至正2. 5	秘 9, 16b	至正1. 2. 6	〈秘書監丞〉 [258]	王道…＊
至正2. 6	南 2610, 21b		掾譯史人等職官相參	准御史臺咨
至正2. 6	秘 9, 16b		〈秘書監丞〉 [259]	呉誠＊
至正2. 6	秘 9, 18b		〈典簿〉	李藻＊
至正2. 8	輟 13	至正3. 9	中書鬼案	到於周大家課命
至正2. 8	金 6, 36b		〈侍御史〉	沙班＊
至正2. 9. 17	輟 13	至正3. 9	中書鬼案	夜, 因出後院

至正2.9.17	輟 13	至正3.9	中書鬼案	至＊夜, 周大住宅後院
至正2.11.8	正 條28, 關市202		抽分市舶	中書省奏
至正2.12.3	輟 13	至正3.9	中書鬼案	有鬼空中言
至正2.12.22	輟 13	至正3.9	中書鬼案	又有鬼空中云

至正3年(癸未, 1343)

至正3	南 2609, 10b	至正4.3.19	分巡日期	依＊開來的聖旨行呵
至正3	南 2610, 24a	至正9.7	分司擅還	依着＊例, 風憲再不録用
至正3	金 6, 33b		〈御史中丞〉	卜顔＊
至正3	金 6, 35a		〈御史中丞〉	董守簡＊
至正3	金 6, 38a		〈侍御史〉	馮思温＊
至正3	金 6, 41b		〈經歴〉	倒刺沙＊
至正3	金 6, 44a		〈都事〉	索元岱＊
至正3	金 6, 47a		〈架閣庫管勾〉	郭汝能＊
至正3	金 6, 47a		〈架閣庫管勾〉	盖繼祖＊
至正3	金 6, 64b		〈監察御史〉	脱歡＊
至正3	金 6, 64b		〈監察御史〉	八資刺＊
至正3	金 6, 64b		〈監察御史〉	僧奴＊
至正3	金 6, 64b		〈監察御史〉	荅失蠻＊
至正3	金 6, 64b		〈監察御史〉	木八刺＊
至正3	金 6, 65a		〈監察御史〉	李眞一＊
至正3	金 6, 65a		〈監察御史〉	石思讓＊
至正3	金 6, 65a		〈監察御史〉	刺思八朶兒只＊
至正3.1.28	正 斷9, 廐庫318		漕運罪賞	中書省奏准各倉合行事理
至正3.3.12	憲 2609, 8b		作新風憲制	欽奉聖旨
至正3.4.6	憲 2609, 9b		辯明不覆察	本臺官奏
至正3.5	正 斷2, 職制30		照刷文巻	刑部議得
至正3.7.2	憲 2609, 10a	至正4.3.19	分巡日期	欽奉聖旨
至正3.7.15	憲 2609, 9b		分揀奏事	本臺官特奉聖旨
至正3.7.29	秘 11, 8a		〈奏差〉	忽都不花＊
至正3.9	輟 13	☆	中書鬼案	到義利坊平易店
至正3.9	輟 13	至正3.9	中書鬼案	來到察罕腦兒平易店

至正4年(甲申, 1344)

至正4	南 2610, 26a	至正10.2	體覆守令聲跡	並依＊至正八年聖旨事意
至正4	南 2610, 28a	至正11.3.26	守令	並依＊定制
至正4.1	正 斷7, 戸婚232		僧道不許置買民田	戸部與刑部議得
至正4.1.26 (260)	秘 11, 6b		〈怯里馬赤〉	怯烈＊

至正4. 2. 22	正 條23, 倉庫28		又(太府監計置)	中書省奏准節該
至正4. 3. 19	憲 2609, 10a		分巡日期	本臺官奏
至正4. 3. 30 (261)	秘 11, 6a		〈知印〉	兀伯都剌＊
至正4. 7. 24	山 10a			松江府上海李君佐偕張四
至正4. 8. 30	憲 2609, 10a		命也先帖木兒･帖睦爾達實, 並爲御史大夫制	也先帖木兒大夫根底特奉聖旨
至正4. 11. 4	憲 2609, 10b		加授散官	中書省劄付
至正4. 9. 18	憲 2609, 10b	至正4. 11. 4	加授散官	阿魯圖右丞相根底特奉聖旨
至正4. 9. 27	憲 2609, 10b	至正4. 11. 4	加授散官	中書省官奏
至正4. 12	正 斷3, 職制61		服色等第	中書省奏奉聖旨
至正4. 12	秘 9, 18b		〈典簿〉	脱脱木兒＊
至正4. 12. 21	憲 2609, 11a	至正5. 4	不拘月日	本臺官奏

至正5年(乙酉, 1345)

至正5	正 條23, 倉庫15	至正1. 2. 24	又(燒鈔官不許差除)	六年七季昏鈔
至正5	正 條23, 倉庫17	至正2. 4. 9	添設六行用庫官司庫	夏季昏鈔
至正5. 2. 24	憲 2609, 10b	至正5. 3	不拘資格	中書省官奏
至正5. 3	憲 2609, 10b		不拘資格	中書省劄付
至正5. 4	憲 2609, 11a		不拘月日	中書省劄付
至正5. 4. 1	憲 2609, 11b	至正5. 4	不拘月日	中書省官奏
至正5. 5	山 22a			伯顔太師…＊所署之銜也
至正5. 7. 25	憲 2609, 11b		作新風憲制	欽奉聖旨
至正5. 8. 18 (262)	秘 11, 2b		〈令史〉	鄧林＊
至正5. 8. 18 (263)	秘 11, 4a		〈譯史〉	朶難＊
至正5. 8. 18	秘 11, 11b		〈典吏〉	塗應庚＊
至正5. 10. 2	憲 2609, 12b		命太平爲御史大夫制	阿魯圖怯薛第二日
至正5. 10. 15	秘 11, 11b		〈典吏〉	李鑑＊

至正6年(丙戌, 1346)

至正6	正 條23, 倉庫15	至正1. 2. 24	又(燒鈔官不許差除)	至正五年＊七季昏鈔
至正6. 1. 29	憲 2609, 12b		不許奏委追問	本臺官奏
至正6. 2. 6	秘 11, 8a		〈奏差〉	烈瞻＊
至正6. 2. 6	秘 11, 11a		〈典吏〉	劉鏞＊
至正6. 4 (264)	南 2611, 6b	至正12. 1. 21	公差人員	検會到至正條格
至正6. 4 (265)	南 2611, 6b	至正12. 1. 21	公差人員	(至正條格)一款
至正6. 4 (266)	南 2611, 7a	至正12. 2. 26	僉補站戸	検會到至正條格

至正6. 4 (267)	南 2611, 7a	至正12. 2. 26	僉補站戸	(至正條格)又
至正6. 4 (268)	南 2611, 14b	至正13. 8. 11	建言駝臟頭匹	會驗至正條格
至正6. 7. 8	憲 2609, 13a		命亦憐眞班爲御史大夫制	本臺官特奉聖旨
至正6. 8. 11	憲 2609, 13a		作新風憲制	欽奉聖旨
至正6. 10. 11	憲 2609, 13a		隔越行私	本臺官奏
至正6. R10. 1 (269)	秘 11, 5a		〈回回令史〉	哈里失＊
至正6. 12	憲 2609, 13b		照刷内史府文巻	中書省劄付
至正6. 12. 9	憲 2609, 13b	至正6. 12	照刷内史府文巻	中書省官奏
至正6. 12. 23 (270)	秘 11, 6a		〈知印〉	阿里＊

至正7年(丁亥, 1347)

至正7	南 2611, 3a	至正11. 6. 17	建言燒鈔	夏季昏鈔
至正7	南 2611, 3b	至正11. 6. 17	建言燒鈔	春夏二季昏鈔
至正7	山 17a			社稷署太祝張從善都城巨室也
至正7	山 20a			余至鶴砂, 訪舊館
至正7. 1. 5	憲 2609, 13b		御前開拆	本臺官奏
至正7. 1. 7	憲 2609, 14a		改除審囚燒鈔御史	本臺官奏
至正7. 1. 23	憲 2609, 15b		越道彈劾	特奉聖旨
至正7. 3. 14	憲 2609, 14b		命納麟爲御史大夫制	本臺官特奉聖旨
至正7. 3. 24	憲 2609, 14b		掾史毋言官長	本臺官奏
至正7. 3. 24	憲 2609, 14b		書吏聲蹟	本臺官奏
至正7. 4. 19	憲 2609, 14b		分揀奏事	本臺官特奉聖旨
至正7. 5. 3	憲 2609, 15a		命朶兒只爲御史大夫制	本臺官特奉聖旨
至正7. 5. 17	憲 2609, 15a		糾言辯明	本臺官奏
至正7. 6. 21	憲 2609, 15b		毋言赦前事	本臺官特奉聖旨
至正7. 7. 17	憲 2609, 15b		作新風憲制	欽奉聖旨
至正7. 8. 12	山 26a			上海浦中午潮至, 未幾復至
至正7. 8. 15	南 2610, 22b	至正8. 5	分巡違期	前往益都等處分司
至正7. 9	山 27a			新月…＊小
至正7. 9. 24	山 27a			至…五日驟雨, 雷電大作
至正7. 10. 1	山 27a			至＊五日驟雨, 雷電大作
至正7. 10. 2	山 27a			新月…忽＊已見
至正7. 10. 2	山 27a			大風極冷而止
至正7. 12. 1	山 27a			虹見於西北, 竟天至東南
至正7. 12. 24	憲 2609, 18a		糾言	本臺官特奉聖旨
至正7. 12. 24	南 2610, 22b	至正8. 3	禁糾言舊官長	御史臺特奉聖旨

至正8年(戊子, 1348)

至正8	南 2610, 26a	至正10. 2	體覆守令聲跡	並依至正四年＊聖旨事意
至正8	南 2610, 29b	至正11. 4. 5	建言職官	奏准, 上都留守司
至正8	南 2610, 29b	至正11. 4. 5	建言職官	奏准事例
至正8	山 18a			杭州鹽商施生者＊其家猪
至正戊子	山 37a			擧王宗哲鄉試省試殿試皆中第一, 稱之三元
至正戊子. 1. 18	山 27b			錢塘江潮
至正8. 2. 22	南 2610, 22b	至正8. 4	風憲不用樂人	御史臺奏
至正8. 3	南 2610, 22a		禁糾言舊官長	准御史臺咨
至正8. 3	南 2610, 22b	至正8. 5	分巡違期	中, 還司
至正8. 4	南 2610, 22b		風憲不用樂人	准御史臺咨
至正8. 4. 9	南 2610, 27b	至正11. 3. 26	守令	奏准選擧守令
至正8. 4. 12	南 2610, 22b	至正8. 5	分巡違期	御史臺奏
至正8. 4. 16	南 2611, 4a	至正11. 7. 16	建言鹽法	各出本錢壹拾錢
至正8. 5	南 2610, 22b		分巡違期	准御史臺咨
至正8. 5. 5	南 2611, 4b	至正11. 7. 16	建言鹽法	用鈔壹拾壹兩…
至正8. 5. 22	南 2610, 23a	至正8. 6	照刷宣慰司文卷	御史臺官根底特奉聖旨
至正8. 6	南 2610, 23a		照刷宣慰司文卷	准御史臺咨
至正8. 7. 6	南 2611, 4b	至正11. 7. 16	建言鹽法	用鈔壹拾兩
至正8. 8	秘 9, 19a		〈典簿〉	趙謙＊
至正8. 9. 18	南 2611, 4b	至正11. 7. 16	建言鹽法	同徐于中等四名
至正8. 9. 22	南 2610, 23b	至正8. 10	書吏奏差犯贓	御史臺奏
至正8. 10	南 2610, 23b		書吏奏差犯贓	准御史臺咨
至正8. 11. 25	南 2610, 24a	至正9. 7	分司擅還	還家
至正戊子. 12. 15	山 27b			申正刻, 四黒龍降於南方

至正9年(己丑, 1349)

至正9	南 2610, 25b	至正10. 2	體覆災傷	災傷病及於民
至正9	山 32a			夏, 其家生一雞駢首惡而棄之
至正9. 4. 27	南 2610, 24a	至正9. 7	分司擅還	御史臺奏
至正9. 7	南 2610, 24a		分司擅還	准御史臺咨
至正9. 11	秘 10, 8a		〈秘書郎〉	周紀＊
至正9. 11. 19	秘 11, 8b		〈奏差〉	楊文＊

至正10年(庚寅, 1350)

至正10	秘 9, 16b		〈秘書監丞〉[271]	王貞＊
至正10	秘 9, 20a		〈管勾〉[272]	趙行簡＊
至正10. 2	南 2610, 25b		體覆災傷	准御史臺咨
至正10. 2	南 2610, 25b		體覆守令聲跡	准御史臺咨
至正10. 2	秘 11, 2b		〈令史〉	趙敏＊
至正10. 5. 21	秘 10, 8a		〈秘書郎〉	楊沈＊
至正10. 9. 30[273]	秘 11, 2b		〈令史〉	劉濟＊
至正庚寅. 10. 25	山 26a			因胎動腹痛而死
至正10. 11. 18	南 2610, 26b	至正11. 3. 12	均祿秩	欽奉詔書
至正10. 11. 18	南 2610, 28a	至正11. 3. 26	沙汰減併	欽奉詔書
至正10. 11. 22	南 2610, 27a	至正11. 3. 12	均祿秩	脱脱…等奏
至正10. 11. 22	南 2610, 28a	至正11. 3. 26	沙汰減併	脱脱…等奏
至正10. 12. 20	南 2610, 29b	至正11. 4. 5	建言職官	脱脱…等奏

至正11年(辛卯, 1351)

至正11	山 30a			夏, 余於松江普照寺僧房
至正11. 1	南 2610, 27a	至正11. 3. 12	均祿秩	自＊爲始
至正11. 1. 11	南 2611, 1b	至正11. 5. 2	建言燒鈔	省官每商量來
至正11. 2. 24	南 2610, 26a		出使官員俸給	准御史臺咨
至正11. 3. 12	南 2610, 26b		均祿秩	准御史臺咨
至正11. 3. 26	南 2610, 27b		守令	准御史臺咨
至正11. 3. 26	南 2610, 28a		沙汰減併	准御史臺咨
至正11. 4. 5	南 2610, 29a		建言職官	准御史臺咨
至正11. 5. 2	南 2611, 1a		建言燒鈔	准御史臺咨
至正11. 6. 17	南 2611, 2a		整治鈔法	准御史臺咨
至正11. 6. 17	南 2611, 3a		建言燒鈔	准御史臺咨
至正11. 7. 16	南 2611, 4a		建言鹽法	准御史臺咨
至正11. 10. 2	秘 9, 19a		〈典簿〉	劉沂＊
至正辛卯. 11. 27	山 28a			夜雨, …霹靂雷電大作
至正11. 12. 2	山 28b			杭州又復雷電大雨

至正12年(壬辰, 1352)

至正12	山 32a			紅巾燬其屋殘其家
至正壬辰	山 45b			寇起江東, 浙省調兵, 守昱嶺關

順帝至正12年 (1352)

至正12. 1. 21	南 2611, 6a		公差人員	准御史臺, 承奉中書省劄付
至正12. 1. 21	南 2611, 9b	至正12. 7. 10	譯史人等	已前職官闕裏
至正12. 1. 26	南 2611, 10b	至正12. 3. 19	完者帖木兒	迎見反賊, 不行迎敵
至正12. 1. 29	憲 2609, 1a	至正12. 2	憲臺通紀續集序	入言于上
至正12. 1. 29	憲 2609, 1b	至正12. 2	憲臺通紀續集序	衆臺官每商量了
至正12. 2	憲 2609, 1b		憲臺通紀續集序	翰林學士承旨…歐陽玄撰
至正12. 2. 9	南 2611, 11a	至正12. 3. 18	勦捕反賊	省院臺衆人商量了
至正12. 2. 22 (274)	南 2611, 10b	至正12. 3. 19	完者帖木兒	脱脱荅剌罕…等奏
至正12. 2. 26	南 2611, 7a		僉補站戸	准御史臺咨
至正12. 3. 18	南 2611, 11a		勦捕反賊	准御史臺咨
至正12. 3. 19	南 2611, 10b		完者帖木兒	准御史臺咨
至正12. 3. 24	南 2611, 9a	至正12. 7. 10	奏事	脱脱荅剌罕…特奉聖旨
至正12. R3. 16	南 2611, 9a	至正12. 7. 10	譯史人等	脱脱荅剌罕…奏
至正12. R3. 25 (275)	南 2611, 10a	至正12. 5. 22	勦捕反賊	脱脱荅剌罕…奏
至正12. 4. 28	秘 10, 8a		〈秘書郎〉	張祈 *
至正12. 4. 30	南 2611, 11b	至正12. 6. 2	勦捕海賊	脱脱荅剌罕…奏
至正12. 5. 22	南 2611, 10a		勦捕反賊	准御史臺咨
至正12. 6. 2	南 2611, 11b		勦捕海賊	准御史臺咨
至正12. 7. 10	南 2611, 9a		奏事	准御史臺咨
至正12. 7. 10	南 2611, 9a		譯史人等	准御史臺咨
至正12. 7. 10	山 42b			徽賊入寇杭城
至正12. 8. 24	南 2611, 13b	至正13. 1. 17	勦捕反賊	承奉本省劄付
至正12. 9. 14	南 2611, 13b	至正13. 1. 17	勦捕反賊	到於安慶
至正12. 9. 20	南 2611, 12a	至正13. 1. 17	勦捕反賊	巳時, 據巡哨頭目趙國用報説
至正12. 9. 20	南 2611, 12a	至正13. 1. 17	勦捕反賊	辰時, 有賊人數萬餘衆
至正12. 9. 21	南 2611, 12b	至正13. 1. 17	勦捕反賊	早, 見怯薛丹朶兒只説稱
至正12. 9. 27 (276)	南 2611, 13b	至正13. 1. 17	勦捕反賊	有反賊五六萬衆到來安慶城
至正12. 10. 2	南 2611, 12b	至正13. 1. 17	勦捕反賊	調遣怯薛丹荅剌罕僧伽等
至正12. 10. 3	南 2611, 13b	至正13. 1. 17	勦捕反賊	卑職巡哨至烏沙夾
至正12. 10. 3	南 2611, 13b	至正13. 1. 17	勦捕反賊	未時, 賊衆增多, 不能抵敵
至正12. 10. 3	南 2611, 14a	至正13. 1. 17	勦捕反賊	賊人乗坐大小船約參阡餘隻
至正12. 10. 4	南 2611, 13b	至正13. 1. 17	勦捕反賊	據益都翼萬戸李荅里麻失里申
至正12. 10. 4	南 2611, 13b	至正13. 1. 17	勦捕反賊	到於池口稍泊

至正12.11.5	南 2611,13a	至正13.1.17	勦捕反賊	脱脱荅剌罕…奏

至正13年(癸巳,1353)

至正癸巳	山 32b			冬,上海縣十九保
至正13.1.17 (277)	南 2611,11b		勦捕反賊	准御史臺咨
至正13.6	秘 11,8b		〈奏差〉	孟守恭＊
至正13.8.11	南 2611,14a		建言駝贓頭匹	准御史臺咨
至正13.8.12	秘 11,11a		〈典吏〉	孫松＊

至正14年(甲午,1354)

至正14.5.23	秘 10,8a		〈秘書郎〉	陳澤＊
至正14.10.2	秘 9,19a		〈典簿〉	白思問＊
至正14.11	秘 10,8b		〈秘書郎〉	張昉＊

至正15年(乙未,1355)

至正15	山 37b			浙憲貼書盧姓者 忽失一猫
至正15	山 48b			浙西科鵝翎爲箭 羽,督責甚急
至正15.1.27	秘 9,19a		〈典簿〉	王敬義＊
至正15.9 (278)	秘 10,13a		〈辨驗書畫直長〉	王中＊

至正16年(丙申,1356)

至正16.3	秘 9,16b		〈秘書監丞〉(279)	陶埜仙＊
至正16.3	秘 10,8b		〈秘書郎〉	呂之屏＊
至正16.4	秘 9,19b		〈管勾〉(280)	尚經＊
至正16.7	秘 9,19a		〈典簿〉	王處道＊

至正17年(丁酉,1357)

至正17.2.29	秘 9,4a		〈秘書卿〉	買買＊
至正17.3	山 51a			上海縣…李勝一 家雞伏七雛
至正17.8	秘 9,4a		〈秘書卿〉	陳愛穆哥＊
至正17.8	秘 9,16b		〈秘書監丞〉(281)	王射＊
至正17.11.1	秘 9,4a		〈秘書卿〉	劉融＊

至正18年(戊戌, 1358)

至正18	秘 9, 19a		〈典簿〉	劉惟肅＊
至正18. 1	秘 11, 11b		〈典吏〉	張傚＊
至正戊戌. 1. 3	山 51b			錢唐盧子明家白雞伏九隻
至正18. 2 (282)	秘 10, 13a		〈辨驗書畫直長〉	洪壽山＊
至正18. 3 (283)	秘 11, 2b		〈令史〉	李鑒＊
至正18. 4	秘 9, 4a		〈秘書卿〉	孔希學＊
至正18. 5	秘 9, 7b		〈秘書太監〉	觀奴＊
至正18. 8. 9 (284)	秘 11, 2b		〈令史〉	王惟一＊
至正18. 11. 13	秘 9, 16b		〈秘書監丞〉 (285)	張士孚＊

至正19年(己亥, 1359)

至正19	永 15950, 13b		〈漕運〉 蘇州志	至二十三年張士誠所運
至正19. 3. 29	秘 9, 12a		〈秘書少監〉	安寶＊
至正19. 4. 29	秘 9, 8a		〈秘書太監〉	拜住＊
至正19. 7. 21	秘 9, 4b		〈秘書卿〉	咬閭＊
至正19. 11	秘 10, 8b		〈秘書郎〉	詹獻＊
至正19. 12. 20	秘 9, 12b		〈秘書少監〉	楊恭＊

至正20年(庚子, 1360)

至正20. 2	秘 9, 19a		〈典簿〉	殷俛＊
至正20. 3 (286)	秘 10, 8b		〈秘書郎〉	王敬禮＊
至正20. 3	秘 11, 11b		〈典吏〉	張汝弼＊
至正庚子. 3	山 56b		山居新話後序	…楊瑀識
至正20. 5. 19	驛 2, 下174		牛站	…大臣平章塔失迭木兒等官奏
至正20. R5. 29	秘 9, 4b		〈秘書卿〉	大都＊
至正20. R5. 29	秘 9, 8a		〈秘書太監〉	嚢加歹＊
至正20. R5. 29	秘 9, 12b		〈秘書少監〉	珊旦班＊
至正20. 6 (287)	秘 10, 9a		〈秘書郎〉	劉芳＊
至正20. 7. 6 (288)	秘 10, 13a		〈辨驗書畫直長〉	趙伯顏達兒＊
至正20. 7. 15	驛 2, 下174		又(牛站)	…省官毎商量

至正21年(辛丑, 1361)

至正21. 2	秘 11, 8b		〈奏差〉	李仁＊
至正21. 3. 26	秘 9, 12b		〈秘書少監〉	許寅＊
至正21. 3. 28	秘 9, 12b		〈秘書少監〉	程徐＊
至正21. 4	秘 11, 8b		〈奏差〉	完者不花＊

至正21.10.23	秘 11,11a		〈典吏〉	王居信＊

至正22年(壬寅, 1362)

至正22.1.20	秘 9,4b		〈秘書卿〉	曩嘉歹＊
至正22.5.6 (289)	秘 11,6a		〈知印〉	呂敬＊
至正22.8.2	秘 9,4b		〈秘書卿〉	定童＊
至正22.10	秘 9,15a		〈典簿〉(290)	買住＊
至正22.10	秘 9,15a		〈典簿〉(291)	王維方＊
至正22.11	秘 11,11b		〈典吏〉	王思孝＊

至正23年(癸卯, 1363)

至正23	永 15950,13b		〈漕運〉蘇州志	至正十九年至＊ 張士誠所運
至正23.7	秘 10,8b		〈秘書郎〉	朱渠＊
至正23.8.30	秘 9,4b		〈秘書卿〉	高元佩＊
至正23.9 (292)	秘 10,9a		〈秘書郎〉	呉玨＊
至正23.10.19 (293)	秘 11,11b		〈典吏〉	温徳＊
至正23.11	秘 9,4b		〈秘書卿〉	燕赤不花＊

至正24年(甲辰, 1364)

至正24.4 (294)	秘 10,9a		〈秘書郎〉	范泰＊
至正24.5	秘 9,12b		〈秘書少監〉	韓欽＊
至正24.6.24	秘 9,4b		〈秘書卿〉	太不花＊
至正24.8.26	秘 9,4b		〈秘書卿〉	五魯思不花＊
至正24.11	秘 9,17a		〈秘書監丞〉(295)	桑哥實理＊
至正24.12 (296)	秘 10,9a		〈秘書郎〉	張士明＊

至正25年(乙巳, 1365)

至正25.8.11	秘 9,4b		〈秘書卿〉	劉傑＊
至正25.9	秘 9,7a		〈秘書太監〉	五十六＊
至正25.9	秘 9,15a		〈典簿〉(297)	蒙大學＊
至正25.9.26 (298)	秘 9,17a		〈秘書監丞〉	張主善＊
至正25.12.2	秘 9,5a		〈秘書卿〉	奇三寶奴＊

至正26年(丙午, 1366)

至正26.2.26	秘 9,17a		〈秘書監丞〉	呉珏＊ (299)
至正26.3	秘 9,15a		〈典簿〉	王敬禮＊ (300)
至正26.4.2 (301)	秘 9,12b		〈秘書少監〉	張庸＊

至正27年(丁未, 1367)

至正27. 12	秘 9, 13a		〈秘書少監〉	曲出帖木兒＊

至正28年(明洪武元年、戊申, 1368)

至正28. 6. 25 (302)	秘 9, 13a		〈秘書少監〉	賈瑞＊

年次未確定、不明のもの

牛兒年9. 2	典 33, 禮6, 9b	☆	〈白蓮教〉	寫來
兎兒年7. 2	典 33, 禮6, 3a	☆	寺院裏不許筵席	寫來
龍兒年2. 29	典 34, 兵1, 26b	☆	札撒逃走軍官軍人	寫來
蛇兒年3. 6	典 36, 兵3, 13a	☆	禁約差役站戸	寫來
蛇兒年3. 6	站 9, 下110	☆	禁約差役站戸	寫來
蛇兒年7. 11	典 57, 刑19, 18a	☆	禁宰獵刑罰日	寫來
猪兒年7. 17	典 33, 禮6, 7b	☆	閣皁山行法籙	寫來
皇慶6. 12	賦 84a		契同於符矣	嶺北行省咨
泰定7. 7	賦 36a		首從之法	江西行省咨准
皇元8. 9	賦 40b		罪囚捜檢而得	部檢舊例
至治8. 7. 10	賦 47a		會赦會降	中書省咨
至大12. 2	賦 81a		手足法齊於他物	部議建康百戸
	典 11, 吏5, 11a		解由體式	皇帝聖旨裏
	典 14, 吏8, 6b		行移月日字様	尚書戸部承奉省剳
至元年間	典 20, 戸6, 8a		課程許受昏鈔	福建行省准中書省咨
	典 21, 戸7, 3b		毋擅開収税糧	江西行省剳付
	典 21, 戸7, 11b		又 (擬支年銷錢數)	中書省, 戸部
	典 22, 戸8, 56b		關防税用契本	先奉湖廣省剳付
	典 26, 戸12, 7a		水路和雇脚價	平章政事, 制國用使司照得
	典 30, 禮3, 8a		畏吾兒喪事體例	行御史臺准
	典 30, 禮3, 14b		祭祀三皇錢數	湖廣等處行中書省爲三皇聖帝
	典 32, 禮5, 9b		禁私造授時暦	太史院欽奉聖旨
	典 34, 兵1, 15b		免新簽軍人差發	欽奉聖旨
	典 34, 兵1, 26b		札撒逃走軍官軍人	聖旨
	典 35, 兵2, 8a		隱藏軍器徒年	中書右三部承奉
	典 41, 刑3, 10a		謀反處死	濟南路捉獲謀反賊人胡王先生
	典 41, 刑3, 10a		誣告謀反者流	東平路歸問到
	典 41, 刑3, 10a		失口道大言語	河間路申
	典 41, 刑3, 25a		闌入禁苑	都堂鈞旨
	典 42, 刑4, 9a		又 (因鬬誤傷傍人致死)	濟南路申
	典 42, 刑4, 12a		又 (走馬撞死人)	尚書刑部據益都路申
	典 42, 刑4, 12b		車碾死人	中都路申
	典 42, 刑4, 16a		渰死有罪男	益都路申
	典 42, 刑4, 16b		帶酒殺無罪男	上都路申

	典 44, 刑6, 2a		毆所屬吏人	省劄
	典 46, 刑8, 2b		定擬給没贓例	一, 官吏取受
?. 3. 20	典 50, 刑12, 5a	☆	父首子燒人房舍	洛兗州申
	典 52, 刑14, 2a		無官詐稱有官	益都路申
	典 52, 刑14, 2b		又例（無官詐稱有官）	省劄
	典 52, 刑14, 4a		詐雕縣印	中書刑部
	典 52, 刑14, 5a		僞造鹽引	中書戸部降到鹽引内一款
	典 54, 刑16, 2a		枉勘部民致死	眞定路南宮縣
	典 54, 刑16, 11a		虚捏病狀	官醫提領并大椿狀招
	典 55, 刑17, 1b		又（脱囚監守罪例）	一起, 大都路歸問
	典 58, 工1, 3b		棕線機張料例	袁州路申奉到都堂鈞旨
	典 59, 工2, 11a		隨處廨宇	尚書右三部呈奉到中書省劄付
	典 59, 工2, 11a		按察司公廨鋪陳	御史臺呈奉到
?. 8	正 條23, 倉庫18		?	刑[部議得]
	正 斷7, 戸婚234		檢踏官吏	今後以熟作荒
	正 斷12, 廐庫393		鐵課	中書省欽奉聖旨
	正 斷12, 廐庫395		茶課	中書省欽奉聖旨
	憲 2610, 24a		整治臺綱	長生天氣力裏
	憲 2611, 9b		開讀	上天眷命皇帝聖旨
	洗 新例5b		初復檢驗體式	

註

(1)　參看小林高四郎·岡本敬二『通制條格の研究譯註』第一冊。
(2)　原作中統五年，今改正。
(3)　原作中統五年，今改正。參看岡本敬二『通制條格の研究譯註』第三冊。
(4)　至元下原空一格，今補元字，或疑當補七字。參看拙稿「元代條畫考」(三)。
(5)　原作七年，今改正。參看小林高四郎·岡本敬二『通制條格の研究譯註』第一
(6)　同註(4)。
(7)　至元三年下，原空一格，今補七字，又原作十三日，或疑當作二十三日。
(8)　原作閏十月，今改正。
(9)　原缺其月，據抄本補。
(10)　同註(9)。
(11)　原作至正十四年，當作至元十四年。
(12)　原作九年，今改正。
(13)　原本二十之下，空一格，待攷。
(14)　同註(13)。
(15)　原作至正,當作至元。
(16)　原作三十三年，今據陳垣校補，改作二十三年。
(17)　原缺其日，據抄本補。
(18)　原缺其時，據抄本補。
(19)　原缺月日，據抄本補。
(20)　同註(19)。
(21)　原作二月，據抄本補閏字。
(22)　原作閏三月，當作閏二月
(23)　原作二月，據抄本補閏字。
(24)　同註(19)。
(25)　元刻作一十五年，今據沈刻本改正。
(26)　是年閏月非二月，待攷。
(27)　同註(19)。
(28),(29)　同註(18)。
(30)　原缺年月，並係至元新格。參看拙稿「彙輯『至元新格』並びに解說」。
(31)～(40)　同註(30)。
(41)　原止作二十八年，今補六月字。
(42)～(49)　同註(30)。
(50)　同註(41)。
(51)～(54)　同註(30)。
(55)　同註(41)。
(56)～(79)　同註(30)。
(80)　同註(41)。
(81)　同註(30)。
(82)　原缺年月，或疑非至元新格。
(83)　同註(82)。
(84)　同註(9)。
(85)　原作臬，今從抄本改。
(86)　參看岡本敬二『通制條格の研究譯註』第三冊。
(87)～(89)　同註(86)。
(90),(91)　同註(19)。
(92)　原本無此人，據抄本補入。

(93) 同註(18)。
(94) 同註(19)。
(95) 原作闊闊台，今據抄本改。
(96) 同註(95)。
(97) 原作二月七日，據元史高麗傳改正。
(98) 原作秦國端，今據抄本改。
(99) 同註(18)。
(100) 同註(19)。
(101) 同註(95)。
(102) 原作八月，據抄本補閏字。
(103) 同註(19)。
(104) 同註(98)。
(105),(106) 同註(19)。
(107) 原作初六日，今改正。
(108) 原作二月，當改作十二月。
(109) 同註(17)。
(110),(111) 同註(19)。
(112) 同註(18)。
(113) 原作三日，當作八日。
(114) 同註(95)。
(115) 同註(18)。
(116) 是年無閏十二月，待攷。
(117) 同註(98) 。
(118) 同註(18)。
(119) 同註(19)。
(120) 原作十三年，今改正。
(121) 原作十二年，今改正。
(122) 同註(19)。
(123) 同註(17)。
(124) 原缺年月。
(125) 同註(124)。
(126) 同註(17)。
(127) 此條書式，與典章三十三張天師戒法做先生條相類，故且列於此。
(128) 同註(127)。
(129) 同註(19)。
(130) 原作至元，疑當作至大。
(131) 同註(17)。
(132),(133) 同註(18)。
(134) 同註(19)。
(135) 原作閏十月，當作閏十一月。
(136) 原作至大二年正月，今改正。
(137) 同註(136)。
(138),(139) 同註(17)。
(140) 同註(19)。
(141) 原誤作朶兒赤班，今據抄本改。
(142) 同註(18)。
(143) 原作至元，據永樂大典卷一萬五千九百四十九所引經世大典改正。
(144) 原作至元，當作至大。

(145)～(147)　同註(18)。
(148) 原作至元四年，今改正。
(149) 此條書式，與典章五十三都護府公事約會條相類，故且列於此。
(150) 同註(18)。
(151) 同註(17)。
(152),(153)　同註(18)。
(154) 原作祐延,今改正。
(155) 同註(19)。
(156) 同註(17)。
(157) 同註(19)。
(158) 同註(17)。
(159) 原作二月，當作三月。
(160) 同註(17)。
(161) 同註(19)。
(162) 原作二月，當作五月。
(163) 原缺年月。
(164) 原作閏八月，疑是閏正月之譌。
(165),(166)　同註(18)。
(167) 同註(92)。
(168) 原本誤入典簿目，據抄本改正。
(169) 同註(19)。
(170)～(173)　同註(18)。
(174) 同註(19)。
(175) 同註(18)。
(176) 同註(168)。
(177) 同註(17)。
(178) 同註(9)。
(179) 同註(19)。
(180) 同註(18)。
(181) 同註(19)。
(182) 同註(18)。
(183) 同註(17)。
(184) 同註(168)。
(185) 原缺其時，據元史卷二十九泰定帝紀，至治三年十二月丁亥，下詔改元。
(186) 同註(19)。
(187) 同註(17)。
(188) 同註(168)。
(189) 同註(17)。
(190),(191)　同註(18)。
(192) 同註(168)。
(193)～(195)　同註(18)。
(196) 同註(19)。
(197) 原本誤入管勾目，據抄本改正。
(198) 同註(197)。
(199) 同註(19)。
(200) 同註(168)。
(201) 同註(19)。
(202) 同註(18)。

(203) 同註(19)。
(204),(205)　同註(197)。
(206) 同註(168)。
(207) 同註(18)。
(208) 同註(197)。
(209) 同註(17)。
(210) 三月或疑譌，當在五月二十一日之後。
(211) 同註(17)。
(212) 同註(19)。
(213) 同註(18)。
(214) 同註(168)。
(215) 同註(197)。
(216) 同註(18)。
(217) 同註(197)。
(218) 條文中利用·中尚·章佩諸監，並至元十年以後置。
(219),(220)　同註(168)。
(221) 同註(197)。
(222) 同註(17)。
(223) 同註(19)。
(224) 條文中萬億綺源庫，至元二十五年置。
(225) 原缺其年，據抄本補。
(226) 同註(18)。
(227) 條文中，有集慶路。
(228) 同註(19)。
(229) 條文中清流縣，在福建汀州路。
(230) 同註(197)。
(231) 條文中御史臺，至元五年立，侍儀司至元八年置。
(232) 同註(17)。
(233) 條文中度支監，至大四年，改度支院爲度支監。
(234) 條文中，有海運之事。
(235),(236)　同註(168)。
(237) 同註(197)。
(238),(239)　同註(19)。
(240) 條文中，有江西省河泊所提領。
(241),(242)　同註(19)。
(243),(244)　同註(197)。
(245) 同註(92)。
(246) 同註(168)。
(247) 條文中襄寧王之事，校註本已論之。
(248) 條文中度支監，至大四年，改度支院爲度支監。
(249) 同註(18)。
(250),(251)　同註(168)。
(252) 同註(197)。
(253) 同註(168)。
(254) 同註(92)。
(255) 原作人日，當據抄本作十八日。
(256) 原作至元，當據抄本作至正。
(257) 同註(168)。

(258),(259)　同註(197)。
(260)～(263)　同註(19)。
(264)　原缺年月。
(265)～(268)　同註(264)。
(269),(270)　同註(19)。
(271)　同註(197)。又至正十之後，原空一格。
(272)　同註(168)。又至正十之後，原空一格。
(273)　同註(17)。
(274)　原作三月,或當作二月。
(275)　原作十三年。
(276)　原作八月,當作九月。
(277)　原作十二年，當作十三年。
(278)　同註(18)。
(279)　同註(197)。
(280)　同註(168)。
(281)　同註(197)。
(282)　同註(18)。
(283)　同註(9)。
(284)　同註(19)。
(285)　同註(197)。
(286),(287)　同註(18)。
(288)　原作至元年，今從抄本。
(289)　同註(19)。
(290)　原本誤入秘書監丞目。
(291)　同註(290)。
(292)　同註(18)。
(293)　同註(17)。
(294)　同註(18)。
(295)　同註(197)。
(296)　同註(18)。
(297)　同註(290)。
(298)　同註(197)。又同註(18)。
(299)　同註(197)。
(300)　同註(290)。
(301),(302)　同註(18)。

元典章綱目

典章1，詔令巻1		世祖　成祖　武宗　仁宗　英宗
典章2，聖政巻1		振朝綱　肅臺綱　飭官吏　守法令　舉賢才　求直言　興學校　勸農桑　撫軍士　安黎庶　重民籍　恤站赤　厚風俗　旌孝節　抑奔競　止貢獻
典章3，聖政巻2		均賦役　復租賦　減私租　薄税斂　息徭役　簡詞訟　救災荒　貸逋欠　惠鰥寡　賜老者　賑飢貧　恤流民　崇祭祀　明政刑　理冤滯　霈恩宥
典章4，朝綱巻1		政紀　庶務
典章5，臺綱巻1		内臺　外臺
典章6，臺綱巻2		體察　體覆附　按治　照刷
典章7，吏部巻1	官制1	資品　職品
典章8，吏部巻2	官制2	選格　承廕　承襲　儤使　當使　月日
典章9，吏部巻3	官制3	流官　軍官　投下　教官　醫官　陰陽官　倉庫官　局院官　場務官　站官　首領官　捕盗官
典章10，吏部巻4	職制1	告敍　聽除　授除　守闕　赴任　不赴任
典章11，吏部巻5	職制2	職守　假故　代滿　丁憂　作闕　給由　致仕　封贈
典章12，吏部巻6	吏制	儒吏　職官吏員　令史　書吏　典史　譯史通事　宣使奏差　司吏　典史　獄典　庫子
典章13，吏部巻7	公規1	座次　署押　掌印　公事
典章14，吏部巻8	公規2	行移　差委　案牘
典章15，戸部巻1	禄廩	俸錢 禄米附　職田
典章16，戸部巻2	分例	使臣　官吏　祇應　雜例
典章17，戸部巻3	戸計	籍冊　軍戸　分析　承繼　逃亡
典章18，戸部巻4	婚姻	婚禮　嫁娶　官民婚　軍民婚　休棄　夫亡　收繼　不收繼　次妻　軀良婚　樂人婚　服内婚
典章19，戸部巻5	田宅	官田　民田　荒田　房屋　家財　典賣　種佃
典章20，戸部巻6	鈔法	(鈔法)　昏鈔　僞鈔　挑鈔　雜例
典章21，戸部巻7	倉庫	(倉庫)　義倉
	錢糧	収　支　不應支　押運　追徴　免徴　雜例
典章22，戸部巻8	課程	(課程)　茶課　鹽課　酒課　市舶　常課　契本　洞冶　竹課　河泊　雜課　匿税　免税
典章23，戸部巻9	農桑	立司　立社　勸課　栽種　水利　災傷
典章24，戸部巻10	租税	納税　投下税　軍兵税　僧道税
典章25，戸部巻11	差發	(差發)　影避　減差
典章26，戸部巻12	賦役	戸役
	科役	和買　和糴　物價　脚價　夫役
典章27，戸部巻13	錢債	斡脱錢　私債　解典
典章28，禮部巻1	禮制1	朝賀　進表　送迎
典章29，禮部巻2	禮制2	服色　印章　牌面　誥命
典章30，禮部巻3	禮制3	婚禮　喪禮　葬禮　祭祀
典章31，禮部巻4	學校1	蒙古學　儒学
典章32，禮部巻5	學校2	醫學　陰陽學

典章33，禮部巻６	釋道	(釋道) 釋教 道教 白蓮教 頭陀教 也里可温教
	雜禮	孝節 行孝 雜例
典章34，兵部巻１	軍役	軍官 軍戶 正軍 新附軍 侍衛軍 探馬赤軍 乾討虜軍 軍驅 出征 逃亡 病故 替補 占使 軍糧 軍裝
典章35，兵部巻２	軍器	拘収 許把 隱藏 雜例
典章36，兵部巻３	驛站	站赤 使臣 脱脱禾孫 站官 站戶 給驛 鋪馬 長行馬 船簥 押運 違例 雜例
典章37，兵部巻４	遞鋪	整點 入遞 不入遞 禁例
典章38，兵部巻５	捕獵	打捕 圍獵 飛放 違例
典章39，刑部巻１	刑制	刑法 贖刑 流配 遷徙 刑名
典章40，刑部巻２	刑獄	獄具 察獄 繫獄 鞫獄 審獄 斷獄 提牢
典章41，刑部巻３	諸惡	不孝 不睦 謀反 大逆 謀叛 惡逆 不義 內亂 不道 大不敬
典章42，刑部巻４	諸殺１	謀殺 故殺 鬪殺 劫殺 誤殺 戲殺 過失殺 殺親屬 殺卑幼 奴殺主 殺奴婢娼佃 因奸殺人 老幼篤疾殺人 醫死人 自害 雜例
典章43，刑部巻５	諸殺２	檢驗 燒埋
典章44，刑部巻６	毆詈	諸毆 拳手傷 他物傷 品官相毆 保辜 雜例
典章45，刑部巻７	諸姦	強奸 和奸 嚇奸 縱奸 指奸 凡奸 主奴奸 奴婢相奸 官民奸 僧道奸 奸生子
典章46，刑部巻８	諸贓１	取受 以不枉法論 以枉法論
典章47，刑部巻９	諸贓２	侵盜 侵使
典章48，刑部巻10	諸贓３	回錢 過錢 首贓 贓罰 禁例 雜例
典章49，刑部巻11	諸盜１	強竊盜 偸盜 評贓 刺字 免刺 流配 免配 首原 窩主 警跡人 雜例
典章50，刑部巻12	諸盜２	掏摸 搶奪 拐帶 放火 發塚
典章51，刑部巻13	諸盜３	防盜 捕盜 獲盜 失盜
典章52，刑部巻14	詐僞	詐 僞
典章53，刑部巻15	訴訟	書状 聽訟 告事 問事 元告 被告 首告 誣告 稱冤 越訴 代訴 折證 約會 停務 告攔 禁例
典章54，刑部巻16	雜犯１	違枉 違錯 違慢 非違 違例 私役 擅科 虛妄
典章55，刑部巻17	雜犯２	脱囚 縱囚 放賊
典章56，刑部巻18	闌遺	孛蘭奚 宿藏
典章57，刑部巻19	諸禁	禁誘略 禁典雇 禁宰殺 禁夜 禁遺漏 禁刑 禁賭博 禁豪覇 禁毒藥 禁聚衆 禁局騙 雜禁
典章58，工部巻１	造作１	段疋 雜造
典章59，工部巻２	造作２	橋道 船隻 公廨
典章新集，國典	詔令	
典章新集，朝綱	中書省	紀綱 政務
	御史臺	紀綱 體察 追問 照刷
	公規	公務 公移
典章新集，吏部	官制	總例 職官 儒官 醫官 倉庫官 院務官 運司官
	職制	除赴 假故 作闕 告敍 丁憂 起服 給由
	選格	承廕

	吏制	總例　書吏　譯史　令史
典章新集，戸部	禄廩	職田　俸鈔
	鈔法	倒鈔　僞鈔
	倉庫	（倉庫）　義倉
	錢糧	關收　犯盜
	課程	鹽課　茶課　銀課　酒課　契本
	賦役	差發　差役
	勸課	農桑
	田宅	交易　災傷　家財
	婚姻	嫁娶　服内成親　不收繼
	錢債	私債
典章新集，禮部	禮制	禮儀　服色
	儒教	學校
	僧道	僧道犯法
典章新集，兵部	軍制	整治軍兵
	驛站	整治站赤　鋪馬
典章新集，刑部	刑制	刑法
	刑獄	詳讞
	諸姦	職官犯奸
	諸盜	總例　偸盜　偸官糧　偸頭口　偸盜諸例　徵贓　出軍　再犯賊人　騙奪　拐帶　發塚
	巡捕	獲賊　不獲賊　防盜
	詐僞	僞造
	諸殺	戲殺　誤殺　檢驗　燒埋
	諸毆	毆傷肢體　毀傷眼目
	訴訟	約會　追理　停務
	贓賄	取受　回錢　雜例
	雜犯	違枉
	人口	隱藏人口　逃軀
	頭疋	禁宰殺
	刑禁	禁搔擾　禁聚衆　禁奸惡　禁賭博　雜禁
典章新集，工部	造作	工役
	遞鋪	急遞
都省通例		

通制條格存巻目録

巻 2	戸令	戸例　投下收戸　官豪影占　非法賦斂　以籍爲定　冒戸　搔擾工匠
巻 3	戸令	隱戸占土　親在分異　收養同宗孤貧　戸絶財産　醫戸析居　太醫差役　年老侍丁　寺院佃戸　被虜平民　賣子

		圓聚 儒人被虜 蒙古人差發 怯薛元役 弓手差發 祗候曳剌税糧 交換公使人隷 婚姻體制 夫亡守志 收嫂 收繼嬸母 良嫁官戸 嫁娶所由 驅女由使嫁 樂人婚姻 良賤爲婚
巻4	戸令	嫁娶 親屬分財 畏吾兒家私 鰥寡孤獨 務停 訴良人口 過房男女 典雇妻室 嫁賣妻妾 擅配匠妻 典賣佃戸 奸生男女 娼女姙孕 驅婦爲娼 均當差役 僞鈔妻屬 女多慌死 闌遺人畜
巻5	學令	廟學 科擧 蒙古字學 習學書算 亦思替非文書 傳習差誤
巻6	選擧	選格 五事 殿最 廕例 軍官襲替 廕敍錢穀 遷轉避籍 服闋求敍 病闋 終制 致仕 給由 公罪 擧保 除授身故 投下達魯花赤 到選被問 教官不稱 行省令譯史 匠官 俸月 令譯史通事知印
巻7	軍防	差遣 口糧醫藥 軍官課最 巡軍 禁治擾害 單丁雇覓 存恤 差遣官物 押送官物 押送軍器 屯田 看守倉庫 起補軍丁 擅差 私役 私代 管押
巻8	儀制	朝現 表牋私費 臣子避忌 賀謝迎送 器物飾金 祝壽
巻9	衣服	服色
巻13	禄令	俸禄職田 工糧 宿衞糧 工糧則例 衣裝則例 大小口例 尅除俸禄 作闕住俸 馬疋事料
巻14	倉庫	關防 部糧 覺察侵盗 計點 糧耗 附餘短少 揭借閉納 沮壞漕運 運糧作弊 倒換昏鈔 燒毀昏鈔 押運 司庫 關發鈔本 錢糧去零 酒牌侵鈔 務官欺課
巻15	廏牧	抽分羊馬 鷹食分例 擅支馬駞草料 冒支官錢糧 大印子馬疋
巻16	田令	理民 立者巷長 農桑 司農事例 佃種官田 妄獻田土 官田 典賣田産業事例 軍馬擾民 准折事産 墳塋樹株 異代地土 田訟革限 逃移財産 江南私租 撥賜田土 影占民田 撥賜田土還官 召賃官房 打量田土
巻17	賦役	地税 學田地税 科産 主首里正 雜泛差役 田禾災傷 孤老殘疾 壹産參男 上都站 押運使臣 弓手税糧 差發祗候 濫設頭目 孝子義父節婦
巻18	關市	關渡盤詰 牙保欺蔽 濫給文引 和雇和買 市舶 下番 中寶 牙行 雇船文約 私䑺
巻19	捕亡	防盗 捕盗責限 捕盗功過 巡警 倉庫被盗 追捕
巻20	賞令	告獲謀反 軍功 獲賊 捕虎 獲僞鈔賊 私酒 私曆 平反冤獄 會赦給賞 獲逃驅
巻21	醫藥	醫學 科目 試驗太醫 惠民局 假醫
巻22	假寧	奔喪遷葬 曹状 給假
巻27	雜令	上用甲 兵杖應給不應給 擅造兵器 禁約軍器 鐵禾叉 買賣軍器 供神軍器 造低弓箭 賣鷹鶻 禁捕禿鷹 禁捕天鵞 捕白花蛇 筵會宰馬 漢人毆蒙古人 諸王經行科斂 詐稱賜酒 非理行孝 前代遺跡 文廟褻

		瀆　侵占官街　解典　卑幼私債　私宴　蒙古男女過海　投下千分　拜賀行禮　障車害禮　拘滯車船　搬詞　山場　金銀
巻28	雜令	燻金　佛像西天子段子　分間怯薛　野火　擾民　圍獵　船路阻害　祈賽等事　屠禁　闌羅　違例取息　闌遺　地内宿藏　刺驅面　蒙古人毆漢人　妖書妖言　禁書　格位下陰陽人　受納饋獻　率斂　差使人宿娼　監臨營利　冒支官物　蒙古人粥飯　銘旌忌避　豪避遷徙
巻29	僧道	給據簪剌　選試僧人　寺觀僧道數目　還俗　姦盜　詞訟　河西僧差税　替人索債　拈鬮執把文字　過錢　俗人做道場
巻30	營繕	造作　織造料例　投下織造　堤渠橋道　官舍　嶽祠　私下帶造　判署提調　驛路船渡

至正條格存巻目録

條格巻23	倉庫	倒換昏鈔　關撥鈔本就除工墨　[添]撥鈔本　關防行用庫　倒鈔作弊　押運昏鈔　燒毀昏鈔　庫官相妨不須等候　燒鈔官不許差除　庫官庫子託病在逃　添設六行用庫　官司庫　行用庫被火　行用庫子遺火　起運官物　侵使脚價遇革　取要起發錢遇革　起運短少遇革　太府監計置　支請怯薛襖子　冒支怯薛襖子　冒關衣裝賞錢遇革　住罷眼飽錢　衣裝則例　投下歳賜　退下打角物件　大都路支持錢
條格巻24	廐牧	大印子馬疋　印烙軍人馬疋　喂養馬駝　馬駝草料　宿衛馬疋草料　冒支馬匹草料　監臨乞索冒支遇革　抽分羊馬　闌遺　隱藏闌遺官物遇革
條格巻25	田令	理民　立社　農桑事宜　[農桑?]　勸農勤惰　種區田法　秋耕田
條格巻26	田令	禁擾農民　禁索官田　佃種官田　占種官田遇革　撥賜田土　河南自實田糧　新附軍地土　探馬赤地土　異代地土　江南私租　逃軍戸絶地租　豪奪官民田土　打量軍民田土　影占官田　妄獻地土　妄獻田土遇革　爭訟田宅革限　告爭草地　典賣田産　典質合同文契　僧道不爲鄰　公廨不爲鄰　貿易田産　典賣隨地推税　典質限滿不放贖　禁賣墳塋樹株　典賣係官田産　召賃官房　逃移財産　准折事産
條格巻27	賦役	科撥差税　科差均平　科差文簿　冒科差發遇革　種地納税　學田免税　投下税糧　弓手税糧　祗候差税　回回納税　税糧折納麻布　災傷申告限期　災傷隨時檢覆　風憲體覆災傷　冒除災傷差税遇革　學田災傷　屯田災

		傷　孤老殘疾開除差額　禁投下擅科擾民　禁投下横科　雲南差發　均當雜泛差役　均當主首里正　濫設郷司里正　差役輪流　差役不許妨農　海運船戸當差　江南雇役　停罷不急之役　孝子節婦免役　禁押運擅差人夫
條格巻28	關市	關度盤詰　濫給文引　雇船文約　違禁下番　番船抽税　私發番船遇革　漏舶船隻遇革　舶商廻帆物貨遇革　番船私相博易遇革　拗番博易遇革　脱放漏舶物貨遇革　衝礁閣淺搶物遇革　舶商身故事産　舶商雜犯遇革　抽分市舶　雲南私馹　禁中寶貨　和雇和買　豪奪民財　禁減價買物　減價買物遇革　派賣物貨遇革　和買多破遇革　買賣金銀　牙行欺弊　船戸脚錢遇革
條格巻29	捕亡	防盜　申報盜賊　捕盜責限　殺人同強盜捕限　軍民官捕盜　巡尉專捕　録事司捕盜　軍官捕賊　捕盜功過　倉庫被盜　捕草賊不差民官　弓兵不許差占　捕盜未獲遇革
條格巻30	賞令	優禮致仕　泛濫賞賜　平反冤獄　告獲謀反　招釐有功軍功　捕賊被害　獲僞鈔賊　告獲私鹽　告冒受官職　告獲私酒　告捕私暦　獲逃驅　捕虎　會赦給賞　不應給賞遇革　闌遺頭疋
條格巻31	醫藥	醫學　科目　試驗太醫　惠民局　官員藥餌　假醫
條格巻32	假寧	給假　倉庫不作假　奔喪遷葬假限　喪葬赴任程限　曹状
條格巻33	獄官	重刑覆奏　恤刑　重囚結案　闘毆殺人結案詳斷　刑名備細開申　處決重刑　决不待時　囚案明白聽決　刑名作疑咨稟　斷決推理　犯罪有孕　二罪倶發　二罪倶發遇革　老幼篤廢殘疾　廢疾贖罰遇革
條格巻34	獄官	審理罪囚　禁審囚科擾　臺憲審囚　推官審囚　推官理獄　權攝推官　越分審囚　禁私和賊徒　禁轉委公吏鞠獄　非理鞠囚　非法用刑　禁鞭背紅泥粉壁申稟　獄具囚暦　男女罪囚異處　提調刑獄　司獄掌禁　獄囚博戲飲酒　罪囚衣糧等　囚病醫藥　試驗獄醫　病囚分數　囚病親人入侍
斷例巻 1	衞禁	闌入宮殿　肅嚴宮禁　分揀怯薛歹　侵耕納鉢草地　巡綽食踐田禾　門尉不嚴　津渡留難致命
斷例巻 2	職制	擅自離職　託故不赴任　應直不直　沮壞風憲　遺失印信　拘占印信　典質牌面　隱藏玄象圖讖　各位下陰陽人　漏泄官事　稽緩開讀　官文書有誤　漏報巻宗　照刷文巻　迷失巻宗　妄申水撿文巻　漏附行止　私家頓放公文　誤毀官文書　棄毀官文書　發視機密文字　關防公文沉匿　季報官員遲慢　投下達魯花赤重冒　遠年冒廕　廢疾不許從仕　拆扣解由　匿過求仕　遷調司吏發補不赴役　關防吏弊
斷例巻 3	職制	失誤祀事　差攝齋郎　不具公服　失儀　失誤迎接　失誤拜賀　僭用朝服　回納公服稽緩　服色等第　私用貢物　失誤賜帛　賑濟遲慢　修隄失時　造作　造作違慢　造作違期　織造不如法　監収段匹不如法　監臨中物

		中賣站馬　中賣站船　帶造段匹　帶繡段匹　違法買引　賒買鹽引　詭名買引　聘賣末茶　減價買物　減價買馬　借民錢債　違例取息　勒要借錢文契　虚契典買民田　侵使贍學錢糧　和雇和買違法　巡鹽官軍違期不換　縱軍搶取民財　軍官軍人劫奪遇革　致死軍人
斷例巻 4	職制	被盗勒民陪償　虚稱被劫封裝　親故營進　與民交往　交通罷閑官吏　私役部民　挾勢乞索　縱吏擾民　罰俸令人代納　草賊生發罪及所司　喪所丁憂　冒哀從仕　不丁父母憂　聞喪不奔訃　詐稱親喪　妄冒奔喪　軍官奔喪　虚稱遷葬　推稱遷葬遇革
斷例巻 5	職制	泛濫給驛　增乘驛馬　強質驛馬　枉道馳驛　冒名乘驛　擅起鋪馬　借騎鋪馬　走死鋪馬　枉道不詰　私用站車　多支分例　增起站車分例　取要長行馬草料　使臣廻還日程　稽留鋪馬箚子　規劃祗應夾帶己錢　私用計置羊口　被差令人代替　軍官承差不赴　軍官被差違限　獨員不差　差委有俸人員　公差不許截替　整點急遞鋪　設立郵長　禁擾鋪兵　體覆站戸消乏
斷例巻 6	職制	取受十二章　枉法贓滿追奪　取受雖死徵贓　取受身死貧乏遇革　贓罪再犯　前任取受改除事發　未任取受　已任未受犯贓　去官取受　風憲犯贓　軍官取受值喪　運司取受茶商分例　遠方遷調官取受　土官受贓　出使人員取受　湖務站官犯贓　奴賤爲官犯贓　捕盗官匿贓　弓手犯贓　盗用侵使封裝　侵使軍人寄收錢糧　冒易封裝軍數　受要拜見錢　受要離役錢　強取民財　軍官挾勢乞索　乞索糧籌　齊斂財物　勒要貼戸錢物　揹除俸給　請求受贓　子受贓不坐父罪　家人乞受　知人欲告回主　悔過還主　出首不盡　回付不盡　非眞犯不追封贈　說事過錢　過錢剋落　違例接首錢状
斷例巻 7	戸婚	逃戸差税　置局科差　賦役不均　私取差發　隱蔽包銀　影避差徭　科斂擾民　虚供戸絶　投下占戸　妄獻戸計　誣姪爲義子　壓良爲驅　非法虐驅　擅披剃僧　背夫爲尼　屯田賞罰　失誤屯種　私種官田　不修圩田　冒獻地土　虚申義糧　虚報農桑　侵耕煎鹽草地　多收公田　虚包公田　闕官公田　典賣田宅　僧道不許置買民田　檢踏災傷　檢踏官吏　災傷不即檢覆　饑荒不申　蟲蝻失捕　水災不申　地震不申
斷例巻 8	戸婚	命婦不許再醮　禁收庶母并嫂　有妻娶妻　許婚而悔　同姓爲婚　西夏私婚　禁叔伯成婚　兄妻配弟　弟婦配兄　娶男婦妹爲妾　居喪嫁娶　娶有夫婦人娶定婚婦　嚇娶女使　夫亡召婿　入廣官員妻妾　妄嫁妻妾　轉嫁男婦　逐壻嫁女　典雇妻妾　休妻再合　擅嫁匠妻　男婦配驅　勒娶民女驅使　姪女嫁驅　娶逃驅婦爲妾　冒娶良人配驅　娶囚婦爲妾　定婚聞姦強娶　定婚夫爲盗斷離　僧道娶妻　禁娶樂人　職官娶倡
斷例巻 9	廐庫	私宰馬牛　私宰病馬牛　受雇干犯宰牛　宰牛再首不准

		藥針刺牛　懷恨割牛舌　私宰驢騾　抽分羊馬　闌遺頭疋　闌遺不行起解　私賣闌遺頭疋　拘收筋角　喂養駝馬程限　倒換昏鈔　監臨倒鈔　昏鈔不使退印　檢閘昏鈔　閘鈔官有失關防　提調官不封鈔庫　昏鈔違期　結攬小倒　盜官本知情寄放　騷擾燒鈔庫　帶鈔入庫　擅開生料庫　納鉢物色　主守分要輕賣　監臨抵換官物　監臨私借官錢　抵換官錢　關防漕運　漕運罪賞
斷例巻10	廐庫	海運帶裝私麥　揷和盜賣海運糧　綱翼運糧短少　綱船擾民　倉官少糧　監臨官買軍糧　盜賣官糧　虛交糧籌　不由運司支糧　接買支糧荒帖　用斛支糧　火者口糧　放支工糧　賑糶紅帖罪賞　敖板損壞追陪　税糧限次　計點不實　虛出通關　詭名糴糧　監臨攬税　取受附餘糧　倉官盜糶分例糧　侵使糧價　中糧揷和私米　倉官帶收席價　倉庫軍人交換　倉庫軍人交換　倉庫被盜　拗支草料　尅落草料　收草官折受輕賣　冒料工物　尅落金箔　尅落皮貨　解典造甲鐵　漏報匹帛　起運上都段匹　押運官物短少　押運官物損壞　官物有失關防　段匹有違元料　照算錢帛
斷例巻11	廐庫	鹽課　追問私鹽欺隱斷没錢物　私鹽罪賞　増虧鹽課陞降　婦人犯私鹽　巡鹽誣賴平人　私鹽轉指平民　犯界鹽貨　無権貨不坐　軍民官縱放私鹽　縱放私鹽遇革　官軍乞取官鹽　受寄私鹽　私鹽遇革　船戸盜賣客鹽　船戸偸跑客鹽　食用無主鹽　尅除工本遇革　糧船廻載鹽泥　掃刮鹻土　官鹽揷土　滷水合醬　買食滷水鹻土　醃浥魚鰕　醃造鹽梅　醃魚不禁轉販　滷水醃魚　促獲醃魚給賞
斷例巻12	廐庫	鐵課　茶課　私茶生發　妄獻課程　納課程限　綽斂圏税　匿税　誣人匿税　無契本同匿税　職官不納契税　貿易收税　欺隱増餘課程　虧折契本　務官抑取錢物遇革　市舶
斷例巻13	擅興	臨陣先退　擅自領軍廻還　軍官遇賊不捕　軍民官失捕耗賊　詐避征役　交通賊人　激變猺人　分鎮違期　交換不即還營　逃軍賞罰　代軍罪名　私役軍人　私役弓手　私[代]軍夫　代[替]軍役錢糧遇革　私役軍人不准首

あとがき

研究生活の驅け出しの頃、『元典章年代索引』を東洋史研究資料叢刊の一冊として編んだ。恩師宮崎市定先生から同書に「はしがき」を頂戴したことは、地方の大學の講師に就任したばかりの若輩の私にとって大きな激勵を賜った想いであった。赴任に際し、先生から地方にあっての心構えの言葉をいただいたことを思い出す。「研究と教育を混同しないことが大切です」と。師の言葉をそのままには實踐できなかったと忸怩たる感慨はあるが、それでもなんとか研究を忘れぬよう踏みとどまろうとしてきたつもりではあった。

定年により退職したいま、仕殘していることどもはあまりに多い。それにもかかわらず、本書のような手間のかかる作業を手がけたところにも、なにかしらめぐり合わせのごときものを感ずる。元代史の研究を志し、なかでも多くの人が難解と敬遠してきたように思えた『元典章』に取り組んでみようと、基礎作業のつもりで年時を索引カードにとったのが前書の成り立ちの由來である。ところがいま新しい展開が起こった。失われたと思われていた元末の法典『至正條格』が世に現れたのである。しかも思いもよらず、韓國から。『元典章』や『通制條格』とも關連するこの新發見の法典出現を前にして、當初私が志したような方法に、私自身で決着をつけておかねばという氣になったのである。ただしカードに代ってコンピュータを用いての作業となったが。

コンピュータは單に便利な道具というにとどまらず、學問的環境にも一大變化を招來した。私も稚拙ながらその變化に對應しようと努めてきたつもりである。その變化のなかには、舊來の索引というものの意味の減少も含まれるかもしれない。しかし歴史への接近の方法はさまざまあってよいと思う。大きな展望をもつことは究極的なことと信じてやまないが、小さな史實の確認や史實相互の繫がりを手がかりに「そんなことが實際にあったのだ」と發見することもまた歴史を研究する者にとっての醍醐味であり、それが大きな把握につながる場合もあろう。このような索引を作った當初の意圖もそんなところにあった。なんだか若い頃の思考からあまり進歩がないようであるが、私なりの方法を再度提示しておきたいと思う。

出版事情も容易でないところ、汲古書院の相談役坂本健彦氏と社長石坂叡志氏にはこのような工具書についてご理解いただき、出版を引き受けていただいた。心から感謝の意を表する次第である。

平成18年5月

大津市平津の書齋にて

植松　正

編者略歴

植 松　正（うえまつ　ただし）

1941年、名古屋市に生まれる。
1964年、京都大学文学部史学科東洋史学専攻卒業。
1970年、京都大学大学院文学研究科博士課程単位修得退学。
香川大学教育学部講師、助教授、教授、京都女子大学文学部教授を経て、定年により退職。
博士（文学）
編著書：『元典章年代索引』、『宋元時代史の基本問題』（共編著）、『元代江南政治社会史研究』、『東アジア海洋域圏の史的研究』（共編著）など。

元代政治法制史年代索引

2008年 9 月 5 日　発行

編　者　植 松　正
発行者　石 坂 叡 志
印　刷　富士リプロ㈱
発行所　汲 古 書 院

〒102-0072 東京都千代田区飯田橋2-5-4
電話03（3265）9764　FAX03（3222）1845

ISBN978 - 4 - 7629 - 2846 - 8　C3022

KYUKO-SHOIN, Co., Ltd. Tokyo.